重庆市出版专项资金资助项目

黄希庭心理学文集⑥

探寻时间认知

黄希庭 著

西南大学出版社
SWUP
国家一级出版社 全国百佳图书出版单位

图书在版编目(CIP)数据

黄希庭心理学文集：全十卷 / 黄希庭著. -- 重庆：西南大学出版社, 2021.10
ISBN 978-7-5697-0994-0

Ⅰ. ①黄… Ⅱ. ①黄… Ⅲ. ①心理学－文集 Ⅳ. ①B84-53

中国版本图书馆CIP数据核字(2021)第146884号

黄希庭心理学文集(全十卷)第六卷

探寻时间认知

TANXUN SHIJIAN RENZHI

黄希庭 著

出 版 人：张发钧
总 策 划：周 松 郑持军
责任编辑：曹园妹
特邀编辑：陈有国
责任校对：尹清强
装帧设计：观止堂_未 氓
排　　版：夏 洁
出版发行：西南大学出版社(原西南师范大学出版社)
地址:重庆市北碚区天生路2号
邮编:400715 市场营销部电话: 023-68868624
网址:http: // www.xdcbs.com
印　　刷：重庆新金雅迪艺术印刷有限公司
幅面尺寸：185mm×260mm
印　　张：27.25
插　　页：4
字　　数：572千字
版　　次：2021年10月 第1版
印　　次：2021年10月 第1次印刷
书　　号：ISBN 978-7-5697-0994-0

定　　价(全十卷)：2680.00元

黄希庭（摄于2013年）

西南大学资深教授，1937年生于浙江台州温岭。曾任中国心理学会第七、八届副理事长兼心理学教学工作委员会主任，国务院学位委员会第五届心理学学科评议组召集人，全国博士后管理委员会第六届专家组成员及教育学组召集人，教育部高等学校心理学教学指导委员会副主任，教育部长江学者评审专家组成员及教育学科组召集人。在中国开创了时间心理学、健全人格养成教育、中国特色社区心理学研究，出版了一系列高等学校心理学的优秀教材和教学参考书。曾荣获“国家级有突出贡献的中青年专家”（1992）、“首届国家级教学名师奖”（2003）、“全国先进工作者”（2005）、“重庆直辖10年建设功臣”（2007）、“新中国成立60周年重庆杰出贡献英模”（2009）、“全国优秀科技工作者”（2010）、“中国心理学会终身成就奖”（2011）、“全国教书育人楷模”（2012）、“当代教育名家”（2017）等荣誉及荣誉称号。

·2005 年，黄希庭与夫人孙承惠和孙女在一起。

·2001 年 7 月，黄希庭夫妇与女儿女婿游览美国旧金山花街合影。

·2005 年，与儿子一家。

·2005 年 4 月，黄希庭与夫人孙承惠参观广西百色地区。

·2005 年 7 月，黄希庭与夫人孙承惠参观美国加州伯克利分校。

·1997 年 12 月 23 日，夫人孙承惠与儿子黄巍、孙女在一起

·1997 年，夫人孙承惠与孙女在美国

·1998 年，黄希庭与孙女在美国。

· 2008 年，黄希庭教授给学生们传授学习经验。

· 黄希庭教授给研究生讲课。

·2003 年 1 月，黄希庭教授与秦启文教授、李永健教授商讨应用心理学专业的发展。

·2004 年 4 月，黄希庭教授于办公室。

总 序

我生于浙江台州温岭。我的启蒙小学是村里的鲸山小学，小学毕业后因家境困难失学一年在家干农活。初一我在离家较近的大溪中学读书。从初二开始我一直就读于温岭中学；考大学填升学志愿时，我的班主任李子英老师鼓励我向巴甫洛夫学习，报考北大心理专业。1956年9月开学那天上午，北京大学哲学系心理专业主任孙国华教授在迎新会上以“不卑不亢”为主题，教导我们做人做事都应遵循这一原则，他的教导深深地印刻在我的心里。1964年我被北京大学录取为研究生，师从沈迺璋教授；我的最大收获是学会了无师自通，并养成了终身学习和终身锻炼身体的习惯。在1961年至1964年的三年里，我在西南师范学院担任张增杰先生的助教，耳濡目染其教学的态度和技能，这为我当教师打好了基础。1977年，十年浩劫的“文化大革命”已经结束，但心理学教学并未解禁。我被校方聘为自然辩证法授课教师。

自1978年我开始讲授普通心理学，此后讲授过公共课心理学、现代心理学流派、青年心理学、心理学教学法等本科课程，还讲授过人格心理学、认知心理学、教育心理学、心理学研究方法等专题课，主持完成了40多项国家级和省部级研究课题。下面扼要地谈谈我在心理学四个领域里的教学和研究的点滴心得。

一、我与普通心理学的结缘

1978年，我开始一边撰写讲义，一边为教育系一年级学生讲授普通心理学，后经两次修改的这本讲义以《普通心理学》之名由甘肃人民出版社于1982年出版，当时读者对该书的反映较好。1984年，人民教育出版社资深编辑戚长福先生主动向我约稿。于是我重新撰写了一本《心理学导论》。这本《心理学导论》1991年5月由人民教育出版社出版。它是根据国家教委1985年武汉文科教材会议推荐的高校心理学专业、教育系有关专业的要求而撰写的普通心理学教材；后经修订，于2007年人民教育出版社出版了它的第二版。

我在普通心理学教学中特别注重以下四个环节：一是培养学生的辩证唯物主义的心理观，即用事实来论证心理是脑的机能，是客观现实的主观反映。既反对以化约的方式来解释复杂心理现象的还原论，也反对把心理现象视为与大脑活动毫不相干的副现象论；既反对把复杂的心理和行为视为对客观现实的机械反映的理论，也反对把心理和行为看作与客观现实毫不相干的唯心论；力求从当代心理学的多种取向整合的角度以事实来论证辩证唯物主义的心理观。二是在教学中既注重基础知识的传授，也重视系统分析观的传授；既重视学生记忆能力的培养，也注意他们思维能力的培养；同时注重帮助学生养成勤奋、严谨、创新、求实的品质。三是在教学中尽量引导学生学以致用，把学到的知识应用到自己的生活实际中去，使学生感受到学习心理学确实会促进自己健康成长。四是编译教学参考书以扩大学生的学习视野。我组织翻译出版了戴维·迈尔斯著《心理学（第七版）》（人民邮电出版社2006年版），《心理学与我们》（人民邮电出版社2008年版），主编了《简明心理学辞典》（安徽人民出版社2004年版），等等。

值得提及的是我在讲授普通心理学时十分注重联系实际。例如，在讲解“注意”时我提出以下一些问题，引导学生学以致用。

·课前预习时，勾出教材中的重点难点，为什么记笔记和听课的效率会明显提高？（注意指向重点难点，对教材的理解深刻了）

·为什么有些人能做到认认真真学习，痛痛快快玩耍？（全神贯注，目标管理，学习效率提高了）

·为什么专心学习时觉得时间过得快，无所事事或注意力涣散时觉得时间过得慢？（注意指向的对象不同所导致）

·为什么注重体育锻炼、睡眠充足的人比不进行体育锻炼、经常失眠的人学习效率要高？（学习需要注意资源的付出，前者有足够的注意资源，后者可能缺少足够的注意资源）

·在寝室里读书与在教室和图书馆里读书，效果为什么大不相同？（环境氛围不同，注意力受干扰的程度也不同）

·为什么读书时眼到、嘴到、手到、耳到、心到，效率会显著提高？（多种感官协同活动更有助于注意力集中）

我认为，普通心理学的其他章节也可以提出类似的问题，这样做既能引导学生学以致用又能活跃课堂学习氛围。在普通心理学的教学中，我除了对学生为人为学进行引导之外，还要求学生树立终身学习的理念。在教学之余，我常叮嘱他们要努力学好马克思主义哲学、中国哲学概论、高等数学和英语。

二、我与时间心理学的结缘

算起来，我与时间心理学的结缘迄今已经有65个年头了。记得1957年，程乃颐先生给我们班讲授普通心理学，他讲到人们对时间往往容易产生错觉。当时我觉得很新奇，很想设计一个实验进行研究。到了工作岗位上，我还一直在思考有关时间心理的研究：

·什么是时间？我们能从心理学的角度进行研究吗？

·为什么有的时间过得很快？有的时间过得很慢？

·所有心理活动都有时间参与，时间无始无终，我们该怎样加以研究呢？

·我们没有专门的时间感受器，但我们为什么能觉知到时间呢？

·为什么人们对待时间的态度是如此的不同？……

通过阅读文献，设计研究，我和我的学生们曾做过许多时间心理学的研究，例如：时间的无意识加工(unconscious processing of time)或时间的内隐加工(implicit processing of time)。我们的研究表明，内隐时间表征具有方向性、顺序性、连续性和认知不可渗透性；时间修饰词和汉字字组顺序蕴含着内隐时间信息，在对时间修饰词的概念加工时会自动激活其内隐时间属性表征，内隐时间顺序表征受知觉表征系统的支配也具有自动加工和提取的特点。我们还探讨过时序知觉中意识和无意识的贡献，以及不同动态条件下的内隐时间特征及时间信息自动加工与控制加工的电生理学指标。

时间知觉(time perception)是指个体对时间的"直接"反映。但时间瞬息即逝，时间知觉依赖于同质刺激的自发组织，即在大约3秒的限度内把一些相继事件知觉为相对同时的一个单元，即知觉到的现在(perceived present)，包括对时间持续性和顺序性的知觉。我们研究过刺激的感觉通道性质(包括拓扑性质的变化)、复杂度、强度、呈现时间的长短以及人格因素、刺激的空间特征等对时间知觉的影响，得到了不少有趣的结果；探讨过时序知觉的重复启动效应，时序知觉的中枢计时与分布计时，以及多感觉整合的时间再校准；还用事件相关电位初步探讨了时间知觉的神经加工及其相关脑区的激活状况。

时间估计(time estimation)也称时间判断(time judgment)，是指个体依据主观经验对客观时间的持续性和顺序性的认知，可以用多种方法(例如比较法、产生法、估计法、再现法、等级评定法、ERP方法等)进行时间估计(包括时距或时序估计)实验。所有这些时间估计方法都会产生误差，即使是短时距估计也是如此。我们研究过时距估计中的锚定效应、重复刺激效应、标量效应、注意效应、视听通道效应以及回溯式时距估计的一些特点；发现了不同年龄段儿童时间估计准确性与利用时间标尺有关，儿童越幼小，越倾向利用空间关系来估计时间，Kappa效应越明显。

对长于5秒的刺激序列的时间认知称为时间记忆(time memory)。时间记忆包括对时距、时点和时序这三种时间信息的记忆。时间记忆可以以钟点、日期等确切的线索为参照，但大多数时间记忆实验是以某个事件的时间线索而实现的，没有任何明确的言语编码形式，仅依靠有关事件对时间信息进行编码、保持和提取。个体对时间的记忆与计时工具测量出来的时间通常是不一致的。我们曾探究过回溯式时间记忆、预期式时间记忆以及时间性前瞻记忆的某些特点：用新闻片段和公众性新闻事件为实验材料，考查了回溯式时间记忆表征的特点，发现老年人回溯式时间记忆能力下降可能是与大脑中的海马功能衰退导致信息加工速度减慢和情节记忆加工能力衰减相关。还对预期式的时点、时距和时序信息在长时记忆中的表征特点做过研究，结果发现时间记忆既有层次网络的特征也有线性结构的特征；还探讨过时间性前瞻记忆与事件性前瞻记忆具有不同的认知机制问题。此外，我们还对时间记忆的层次网络模型和变化分割模型做过实验。

我们在整合国内外一系列研究成果的基础上，于1999年的一篇论文中提出了一个理论构想——时间认知的分段综合模型(range-synthetic model of temporal cognition)。时间无始无终而又瞬息即逝，时间与人类的生活形影不离且时间就是生命，我们是怎样来把握时间的呢？一个合理的答案是人类采用分段式来把握时间。最有力的证据是人发明了各种时间标尺(如毫秒、秒、分、小时、日、周、月、年、期、纪等)并用它们来标记时间。个体心理世界的各种成分是普遍联系、相互作用的，虽然时间与人生形影不离但人却没有专门的时间感受器，人类总是凭借经验综合各种因素来认知时间。人类对不同时距具有不同的表征，我们的许多研究都表明，无论对于哪一种时距的认知均受多种因素(例如事件的数量与结构，通道性质和特点，时距、时序和时点的性质，注意资源，编码方式，提取策略，实验指标，以及个体的时间信念、情绪、人格特征、疾病等)的影响；不仅如此，还受心理的其他成分如动机、兴趣、爱好、价值观等影响。人类时间认知的分段综合模型能很好地解释爱因斯坦的时间相对性问题，他说："把你的手放在很热的炉子上一分钟，感觉起来好像一小时；而坐在一位漂亮姑娘身边整整一个小时，感觉起来却像一分钟。"用心理学家的话来说，这就是给感受打上了不同的时间标尺之故。我和我的团队做了许多实验来论证时间认知的分段综合模型，结果表明人类的时间认知确实具有分段性和综合性的特点。这是我们研究时间认知的一个主要收获。

我们既关注人们时间认知上的共同性，也关注人们时间人格上的差异性。时间给每个人以相同的机会，但每个人对于时间的感受、把握、管理、使用和爱惜却是不同的，人们在时间上的这些稳定的个体差异，我们称之为时间人格上的差异。时间人格(time personality)就是个人对待时间的方式。人们对待时间的方式有许多差异。时间最公平，它给勤奋的人留下智慧和力量，而给懒惰的人留下空虚和懊恼；时间瞬息即逝，有的人总是在检查自己对时间抓得紧不紧，而有的人总是白白消耗时光还埋怨时间过得太慢；平庸者坐失良机，智慧者能抓住良机并且能创造良机。凡此种种实例，到处可见。

从1997年开始我们对时间人格的研究主要集中在下列三个方面：(1)时间管理倾向研究。在深入实际调查的基础上我们编制了由时间价值感、时间监控观及时间效能感三个指标构成的"青少年时间管理倾向量表"，该量表的信效度均符合心理测量学的要求，还探讨过青少年的时间管理倾向与学业成绩、个人能力、自我观念、工作成就的关系。(2)时间洞察力研究。时间洞察力是指个体对于时间的认知、体验和行动的一种人格特质，它既具有能力的性质(由认知加工、时间管理和决策等构成)，也具有动力的性质(由价值观、责任感、义务感、荣誉感、事业心等构成)。人生从过去、经现在、向着未来，时间洞察力还包含过去时间洞察力、现在时间洞察力与未来时间洞察力，其中所含的认知、情感和行动倾向成分也不相同；其中有些属于状态时间洞察力(state time perspective)，有些则属于特质时间洞察力(trait time perspective)，后者才是时间维度上的人格特质。我们从我国的实际出发探讨过时间洞察力的结构成分，编制过两个(过去、未来)时间洞察力量表。(3)不同自我同一性状态下的时间洞察力研究。我们考查了不同自我同一性状态下的被试在其过去、现在和未来的时间体验上的差异；还探讨过时间自我评价的理论意义和实践意义。

我们在时间人格领域还有许多问题需要进一步深入探讨：

(1)时间管理倾向、时间洞察力、时间自我同一性的实质是什么？其核心指标是什么？怎样区分状态时间洞察力与特质时间洞察力？

(2)时间洞察力是先天的还是后天的？

(3)时间自我同一性的稳定性与变异性有怎样的关系？

(4)时间管理就是自我管理，那么我们怎样来塑造自己的时间人格呢？

三、我与人格心理学的结缘

我曾给大学生做过几次人格心理学的专题讲座。张春兴先生邀我参加他主持的"世纪心理学丛书"撰写，我很乐意接受《人格心理学》的撰写工作。接受此任务后用什么框架来建构全书使我很是纠结。当时教科书的结构大多是理论范型取向，由于交书稿时间的限制，我便采用了人格理论范型取向加人格研究专题的方式来撰写《人格心理学》(1998年由台北东华书局出版，2002年由杭州浙江教育出版社出版)。

我的《人格心理学》虽然已经完成，但内心并不满意。怎样撰写一本中国特色的人格心理学著作呢？这成了我久久难以释怀的难题。在学习《论语》的过程中我终于找到了答案：孔子推崇的君子人生便是我要寻找的人格样板。君子人生格调也就是君子人格。孔子所推崇的君子人格都是从知、情、意、行的整体角度提出来的。例如，“子谓子产：‘有君子之道四焉：其行己也恭，其事上也敬，其养民也惠，其使民也义。’”(《公冶长》)子曰：“君子成人之美，不成人之恶；小人反是。”(《颜渊》)子曰：“君子矜而不争，群而不党。”(《卫灵公》)司马牛问君子，子曰：“君子不忧不惧。”曰：“不忧不惧，斯谓之君子已乎？”曰：“内省不疚，夫何忧何惧？”(《颜渊》)《论语》中孔子推崇的君子人格就包含了人生追求、人生态度、人生智慧和人生修养。我做了初步的归纳，今后如果要撰写中国特色的人格心理学著作，我将按这四个部分加以构建。

(一)君子的人生追求

人生追求(life purpose)也称人生目标、人生抱负，是个人内心的动力坐标，指个人以积极的行动来争取某个目标的达成，因而具有方向性和持久性。君子的人生追求是仁、义、忠、恕。

1.仁、义

子曰：“君子道者三……仁者不忧，知者不惑，勇者不惧。”(《宪问》)又说：“君子去仁，恶乎成名？君子无终食之间违仁，造次必于是，颠沛必于是。”(《里仁》)“樊迟问仁。子曰：‘爱人。’”(《颜渊》)爱人有各种表现：爱护、同情、怜悯、体谅、厚道、忍让、慈爱、友善、善良、报恩等。仁是爱人的态度。

子曰：“君子喻于义，小人喻于利。”(《里仁》)子曰：“君子义以为上，君子有勇而无义为乱，小人有勇而无义为盗。”(《阳货》)子曰：“君子之于天下也，无适也，无莫也，义之与比。”(《里仁》)子曰：“君子义以为质，礼以行之，孙以出之，信以成之。君子哉!”(《卫灵公》)孔子认为义的本质是实行仁，是对原则的态度。

2.忠、恕

《论语·颜渊》篇记载：“仲弓问仁。子曰：‘……己所不欲，勿施于人。’”又说：“己欲立而立人，己欲达而达人。”(《雍也》)推己及人的肯定方面是“尽己为人”，孔子称之为“忠”；而推己及人的否定方面是“己所不欲，勿施于人”，孔子称之为“恕”。“子曰：‘参乎！吾道一以贯之。’曾子曰：‘唯。’子出。门人问曰：‘何谓也？’曾子曰：‘夫子之道，忠恕而已矣。’”(《里仁》)忠恕之道就是行仁道。

“忠”的对象有多种，除了忠于君，如“君使臣以礼，臣事君以忠”(《八佾》)，还有忠于人，如“居处恭，执事敬，与人忠”（《子路》）；忠于长上，如“孝慈则忠”（《为政》）；忠于朋友，如“子贡问友，子曰：‘忠告而善道之……’”（《颜渊》）；忠于职守，如“子张问曰：‘令尹子文三仕为令尹，无喜色；三已之，无愠色，旧令尹之政，必以告新令尹。何如？’子曰：‘忠矣！’”（《公冶长》）。

（二）君子的人生态度

人生态度（life attitude）是指对人生所持的举止心情，它是一种具有持久性和一致性的倾向，这种倾向是与对人生目的的理解相联系的。通常人生态度包含认知、情感和行为倾向三种成分。君子的人生态度如下：

1. 知命而行

子曰：“不知命，无以为君子也。”（《尧曰》）孔子说的“命”就是内心的使命感。子曰：“君子有三畏，畏天命，畏大人，畏圣人之言。小人不知天命而不畏也，狎大人，侮圣人之言。”（《季氏》）孔子的人生态度坚定不移，具有“知其不可而为之”的献身精神。

2. 践行仁道

子曰：“唯仁者能好人，能恶人。”（《里仁》）又曰：“我未见好仁者，恶不仁者，好仁者无以尚之，恶不仁者，其为仁矣。”（《里仁》）

子贡问：“乡人皆好之，何如？”子曰：“未可也。”“乡人皆恶之，何如？”子曰：“未可也，不如乡人之善者好之，其不善者恶之。”（《子路》）

君子好善恶恶而践行仁道。

3. 言行一致

子曰：“君子耻其言而过其行。”（《宪问》）又曰：“……故君子名之必可言也，言之必可行也。君子于其言，无所苟而已矣！”（《子路》）

4. 心怀宽广

子曰：“君子坦荡荡，小人长戚戚。”（《述而》）子曰：“富与贵，是人之所欲也；不以其道得之，不处也。贫与贱，是人之所恶也；不以其道得之，不去也。君子去仁，恶乎成名？君子无终食之间违仁，造次必于是，颠沛必于是。”（《里仁》）讲求安贫乐道，心安神泰。

（三）君子的人生智慧

人生智慧（life wisdom）是对人生的独特的理性思考，也是对人生的持久的创造性的智力活动。君子的人生智慧有哪些特点呢？

1. 行中庸

子曰：“中庸之为德也，其至矣乎！民鲜久矣。”（《雍也》）在《中庸》中，仲尼曰：“君子中庸，小人反中庸。君子之中庸也，君子而时中；小人之中庸也，小人而无忌惮也。”

2.尊理性

“樊迟问知(智)。子曰:‘务民之义,敬鬼神而远之,可谓知(智)矣。’”(《雍也》)。《论语》中谈仁很多,谈智较少。但“知”与“智”的含义有相似之处。子曰:“知者不惑”(《宪问》),“择不处仁,焉得知”(《里仁》)。这里的知都有明智、智慧、理性的意思。《中庸》列出的三达德,智甚至排在首位,居仁之首,说明孔学是十分重视智慧、理性的,但孔学的智慧既不是技术思维,也不是聪明计算,更谈不上是探求科学的手段,而是一种修德从善的理性思考。

(四)君子的人生修养

人生修养(moral upbringing of life)指养成正确对待自己人生的行为方式,人生修养即修身。在《论语》中孔子关于君子修身的论述很多,下面择其要者而述之。

1.好学

子曰:“君子食无求饱,居无求安,敏于事而慎于言,就有道而正焉,可谓好学也已。”(《学而》)子曰:“有颜回者好学,不迁怒,不贰过。不幸短命死矣,今也则亡,未闻好学者也。”(《雍也》)

子曰:“由也!女闻六言六蔽矣乎?”对曰:“未也。”“居!吾语女。好仁不好学,其弊也愚;好知不好学,其蔽也荡;好信不好学,其蔽也贼;好直不好学,其蔽也绞;好勇不好学,其蔽也乱;好刚不好学,其蔽也狂。”(《阳货》)好学是君子必须具备的人格特征,在仁、知、信、直、勇、刚的形成中起着重要作用。同时,孔子还指出好学才能增长才干。子曰:“小子何莫学夫诗?诗,可以兴,可以观,可以群,可以怨。迩之事父,远之事君;多识于鸟兽草木之名。”(《阳货》)孔子还强调:“君子病无能焉,不病人之不己知也。”(《卫灵公》)

2.自省

子曰:“见贤思齐焉,见不贤而内自省也。”(《里仁》)

子曰:“君子有九思:视思明,听思聪,色思温,貌思恭,言思忠,事思敬,疑思问,忿思难,见得思义。”(《季氏》)又说:“君子有三戒:少之时,血气未定,戒之在色;及其壮也,血气方刚,戒之在斗;及其老也,血气既衰,戒之在得。”(《季氏》)曾子曰:“吾日三省吾身——为人谋而不忠乎?与朋友交而不信乎?传不习乎?”(《学而》)因此,“躬自厚而薄责于人”(《卫灵公》)便成了修身之方。

3.谨言敏行

子曰:“巧言令色,鲜矣仁。”(《学而》)“巧言、令色、足恭,左丘明耻之,丘亦耻之。”(《公冶长》)子曰:“君子耻其言而过其行。”(《宪问》)子曰:“先行其言,而后从之。”(《为政》)又曰:“古者言之不出,耻躬之不逮也。”(《里仁》)君子“敏于事而慎于言”(《学而》),“君子欲讷于言而敏于行”(《里仁》)。“子曰:‘能行五者于天下为仁矣。’……‘恭、宽、信、敏、惠。恭则不侮,宽则得众,信则人任焉,敏则有功,惠则足以使人。’”(《阳货》)

孔子虽然没有在《论语》中提出“修身”的概念,但却提过与之相类似的,如“克己”“修己”“正身”“求诸己”“自省”“自讼”等概念,十分重视人生修养。

2000年底,我在大学生中做过一个开放式问卷调查:“你认为什么样的行为是心理健康者的特征性行为?依据你的看法,请写出5至10条。”收回问卷49份,提出的特征性行为共计393条,经内容分析可以看出当代大学生对心理健康的追求大多已超出了心理是否有疾病的标准。他们所追求的心理健康标准更高,可以将大学生的心理健康期盼概括为:

对世界抱开放态度,乐于学习和工作,不断吸取新经验;

以正面的眼光看待他人,有良好的人际关系和团队精神;

以正面的态度看待自己,能自知、自尊、自我悦纳;

以正面的态度看待现在和未来,追求现实且高尚的生活目标;

以正面的态度对待挫折,能调控情绪,心境良好。

综合孔子推崇的君子人格以及西方心理学家关于健康人格的理论和当代大学生对最佳的心理健康者的期盼,我提出了健全人格理论(perfect personality theory)。我认为,当代大多数大学生所追求的理想人格或优秀人格就是源自孔子推崇的君子人格。心理健康是一个连续体,连续体的一端是最差的心理健康状态,即心理疾病或心理障碍,而它的另一端是最佳的心理和行为状态,即健全人格。健全人格是个人最佳的心理和行为的有机结合,是当代大学生所期盼的人格,也是当代的君子人格。

健全人格是一个动态系统,它是由许多心理成分组成的复杂组织,其中最主要的是三个具有独立功能的成分。这三个成分可以用三个同心圆来表示,其中最核心的是正确的价值观。价值观是每个人区分好坏、美丑、对错的信念系统,它通常是充满情感的,不仅引导人们追求自己的理想,而且还决定着人生中的种种选择。健全人格的第二层次是积极的自我观,即个人积极主动地面对自己的人生,包含自爱、自立、自信、自省和自强等。健全人格的第三层次是追求未来梦想的优良品格,属于相对表层的要素,如好学、有责任心、肯实干、宽恕、同理心、互助合作、心境平和以及勇气、节俭等品格。上述这三类心理成分也就是健全人格的三个子系统,它们又是相互关联、相互影响的。我们还对健全人格系统的稳定性和可变性做过一些研究。

四、我与应用心理学的结缘

虽然我主要从事基础心理学的教学和研究,但对心理学的应用也一直十分重视。

因为我认为一门学科是否有生命力，它的影响力大小，在很大程度上取决于该学科对社会的贡献。中国心理学研究，不仅应当对学科的理论建设有更大的贡献，还应该更多地参与解决社会中的各种实际问题。无论是基础理论抑或是社会实用问题，我们都应努力进行探究。

2005年，由我担任首席专家的教育部哲学社会科学重大研究课题攻关项目“中国心理健康服务体系现状及对策研究”获得批准(批准号:05JZD00031)。我们用了五年时间完成该项目，在全国取样五万余份，其最终成果《中国心理健康服务体系建构》约50万字，内容包括第一编心理健康服务的理论基础(含三章)，第二编需求方分析(含四章)，第三编服务方分析(含三章)，第四编心理健康服务的影响因素(含三章)，第五编心理健康服务的效果与对策(含四章)，总计五编十七章构成。

20世纪初期，西方心理健康服务的理论和方法传入中国，但在我国古代典籍中早已有心理健康服务的理论和方法。例如在理论方面，孔子(前551—前479年)的仁学，倡导忠以克己，恕以待人，“知其不可而为之”的处世态度；《老子》是战国时期道家的一部经典著作，除了有其论述的修身养性之道外，还包含有丰富的辩证法思想，如以柔克刚、以弱胜强、祸福相倚、物极必反、要从反面入手才能取得正面结果等等。浩如烟海的我国儒释道经典著作无疑可以成为中国特色心理健康服务的理论根基。

关于维护心理健康的方法，我最近学习了早在春秋战国时期成书的《黄帝内经》，感慨很多。《黄帝内经》不仅是中医学的理论基础，而且在心理治疗方面也有许多独到的见解，很值得我们研究。

例如，《黄帝内经·素问》中阴阳应象大论篇和五运行大论篇都指出：“怒伤肝，悲胜怒”，“喜伤心，怒胜喜”，“思伤脾，怒胜思”，“忧伤肺，喜胜忧”，“恐伤肾，思胜恐”，这说明“情志相胜”的基本原理，即有意识地采用一种情志活动，去控制、调节因另外一种情志而引起的疾病，从而达到治疗心身疾病的目的。脏象五行学说把人的情志分为怒、喜、思、悲、恐五类，并用五行学说来表示它们的联系，但我们也不能机械地照搬五行相克之说，因为某种疾病可能是由某种情志之偏而导致的，也可能是多种原因造成的。例如情绪表达要适度，不可过度，“悲哀动中者，竭绝而失生。喜乐者，神惮散而不藏。愁忧者，气闭塞而不行。盛怒者，迷惑而不治。恐惧者，神荡惮而不收”(《灵枢·本神》)。对于过度的情绪，医家则设法加以制止。例如，一般而言，喜对身体有益，但喜乐过度，就会导致喜极气散不能收藏。《素问·举痛论》提出“恐则精却”“恐则气下”，以治疗喜乐过度而导致的精神疾患。

又例如，《素问·移情变气论篇》说：“闭户塞牖，系之病者，数问其情，以从其意。得神者昌，失神者亡。”即是说，关好门窗，向病人详细询问病情，使他愿意如实地说出病情。经过问诊并参考色脉之后，便可作出判断：如果病人面色光华，脉息和平，这叫“得神”，预后良好；如果病人面色无华，脉不应时，这叫“失神”，预后不佳。也就是说，在进行言语开导时，医生必须取得患者的信任，在安静无干扰的环境下以严肃、亲切的态度对待患者。这既有利于让患者诉说病痛，具有心理疏导之功效，同时也能使患者提升战胜疾病的信心。《灵枢·师传》中还说：“岐伯曰：人之情，莫不恶死而乐生。告之以其败，语之以其善，导之以其所便，开之以其所苦。虽有无道之人，恶有不听者乎？”岐伯说，人之常情，没有不怕死的，人们都喜爱活着。告诉他哪些对人有害处，哪些对人有好处，用适宜的方法指导他，解开他心中的苦痛。即使是不懂道理的人，难道会不听劝告吗？这正是心理疏导的精髓。医生通过阐述、解释、鼓励、安慰、保证、暗示等方法晓之以理、动之以情、喻之以例，这种开导式心理治疗对患者是很有帮助的。

从2013年起，我和陈红教授开始筹划和推进社区心理学专业委员会的建立。2014年10月10日，中国心理学会常务理事会批准筹建社区心理学专业委员会。2015年9月，中国心理学会社区心理学专业委员会（筹）首届学术会议在苏州大学召开。同年10月，在中国心理学会十一届八次常务理事会上，与会的常委们以全票通过社区心理学专业委员会（筹）的转正申请。社区心理学专业委员会挂靠西南大学心理学部，第一届主任是陈红，副主任包括马建青、王振宏、赵俊峰、刘电芝、夏凌翔（兼任秘书长，2016年底改由吕厚超担任），标志着我国制度化的社区心理学正式建立。至今，中国心理学会社区心理学专业委员会已成功举办六届学术年会。社区心理学正在我国蓬勃兴起，重庆、江苏、北京、上海、天津、湖南等地先后建立了研究机构，并开展了大量关于社区心理学的研究和实践工作。2017年11月2日，中国社区心理学服务与研究中心（China Community Psychology Service and Research Center）在西南大学举行揭牌仪式，首个中国社区心理学服务与研究中心正式成立。

为了扩大学术影响力，促进社区心理学的研究和交流，2014年12月社区心理学专业委员会（筹）决定主办《社区心理学研究》集刊，并成立了以我为主编，陈红、韩世辉（后由苏彦捷担任）、马建青、毕重增（常务）为副主编的首届编委会，至今已出版了10卷；2021年4月被南京大学中国社会科学评价中心认定该刊为CSSCI（2021—2022）收录集刊。在中国心理学会社区心理学专委会成立初期，以我为顾问，陈红教授为主任，联合二十余位心理学家翻译出版了《社区心理学译丛》（共10本）。由我任主编，毕重增、苏彦捷、陈红任副主编的《社区心理学导论》教材即将在人民教育出版社付梓出版，全书涵盖了中国特色社区心理学的观点和方法、社区氛围与社区价值观、社区亚群体心理、社区应用心理以及社区心理学的未来方向等部分。我们决心把心理学的成果写在社区千家万户的心坎里，努力构建中国特色社区心理学的话语体系。

实事求是是中国特色社区心理学生存和发展的命脉。我们要到社区中去研究，把仁爱、正义、文明、和谐、诚信作为中国特色社区心理学的理论基础。这五项价值原则不仅符合新时代的社区建设的要求，而且它源自中华传统文化的核心价值观（仁、义、礼、智、信），已经根植在中国人的内心，潜移默化地影响着我们的思维模式、情感倾向和行事风格，有助于中华优秀文化传统在我国社区的传承和弘扬。社区五价值理论（five-values theory of community psychology）弘扬了人性的真善美，鞭挞了假恶丑，为居民健全人格的养成及和谐幸福社区的建设提供理论支撑。心怀着服务国家富强、民族复兴、人民幸福安康的愿望，我相信中国特色社区心理学必定有大的发展，在理论建设和践行服务等方面取得辉煌的成绩。

心理学是一门探寻心迹、理解人生、点燃心灵真善美的学问。我热爱心理学，心理学成了我生命的一部分；它给了我欢乐和满足，也使我迷茫和焦虑。我从事心理学教学和研究61年的心得体会对于后来者少走些弯路可能是有益的。

是为序。

黄希庭 谨识

2021年5月于西南大学心理学部

序言

时间是客观实在的，但是我们的时间感却来自主观经验：专注时觉得时间变快了，无聊时觉得时间变慢了；欢乐时觉得时间变快了，期待（或烦恼）时觉得时间变慢了；精力充沛时觉得时间变快了，生病发烧时觉得时间变慢了；与儿童的时间感相比，成年人随着年龄的增大，会感到时间过得越来越快。时间认知还具有可逆性：我们既可以忆往昔，估计逝去的光阴；也可以展望未来，梦想那遥远的时光。我们的时间感或时间认知，为什么这样神奇？受哪些因素的影响？谜团重重，引人入胜，令人神往！

我对时间认知的兴趣始于大学时期，1961年大学毕业后刚参加工作我便开始做儿童时间认知的研究，要求5至9岁儿童对纸做的小汽车的行驶距离、速度与时间的长短进行评估。从那时起我一直对心理时间很感兴趣，如今算起来，已有将近60个年头了。我和我的学术团队在探寻时间认知的道路上做过一些研究，也取得了一些成果。我们主要探究时间知觉、时间估计、时间记忆、时间的无意识加工、时间推理、时间压力与决策、时间语词的模糊赋值以及时间人格等问题。《探寻时间认知》这本书主要收集了我们在前四个方面，即时间知觉、时间估计、时间记忆以及时间的无意识加工等的研究论文。

专题一时间知觉研究，由9篇论文组成。时间知觉是知觉到的现在，包含个体对时间的持续性和顺序性的知觉。该专题综述了时间知觉的理论模型，包括时距知觉、时序知觉以及两者综合的理论模型，探讨了时间信息对非时间信息的依赖性，比如，注意分配机制如何调整时间和非时间信息的资源分配；再比如，环境中的时间信息如何预测目标刺激出现的时间，等。同时，还用事件相关电位初步探究时序知觉的有关研究，比如时序知觉重复启动效应、多感觉整合等问题，并总结了近年来时序知觉的行为、脑损伤、脑成像与电生理研究成果，分析了时序知觉的影响因素及脑的激活区，探讨了时序知觉的两种计时机制。

专题二时间估计研究，由11篇论文组成。时间估计是指根据某些线索，对事件出现的时点、持续性和顺序性做出的大概判断。该专题包含了两部分内容：预期式时距估计和回溯式时距估计。重点围绕预期式时距估计的影响因素，探究刺激变量，如刺激的重复性及其运动特征，机体变量，如年龄、注意特征等，以及因变量等对时距估计的影响及其内在机制；回溯式时距估计的研究则主要围绕目标时距和年龄两个因素，用新闻片段和公众性新闻时间为实验材料，考查了回溯式时间记忆表征的特点，发现老年人回溯式时间记忆能力下降可能是由于信息加工速度减慢和情节记忆加工能力衰减所致。

专题三时间记忆研究，由9篇论文组成。时间记忆是指个体对经历的时间信息进行编码、储存和提取的过程。该专题从信息加工的观点出发探究了时间记忆的实验范型和主要结果，回顾了预期式时间记忆理论与实验模型；对预期式的时点、时距和时序信息在长时记忆中的表征特点进行了研究，发现它们的时间记忆既存在层次网络的特征，也存在线性结构的特征；还集中探讨了时间性前瞻记忆的性质和影响因素，并详细探究了时间性前瞻记忆与事件性前瞻记忆具有不同的认知机制问题。

专题四时间的无意识加工研究，由9篇论文组成。时间的无意识加工是指我们身上普遍存在的、不知不觉的、没有觉知到的时间历程。自传体记忆（autobiographical memory）中许多内容长期处于无意识状态，例如所有尚未注意到的已经完全成形的表象及其神经模式的时间加工，又如所有维持体内平衡的时间加工系统，等。该专题讨论了时间无意识加工研究方法的理论依据。以表征动量范式探究了人类存在着时间信息的无意识认知的加工机制，表明内隐时间表征具有方向性、顺序性、连续性和认知不可渗透性；还探讨了时间修饰词的概念加工会自动激活相关的内隐时间属性表征，内隐时间顺序表征受知觉表征系统的支配，具有自动加工的特点。采用跨通道延迟反应oddball范式探讨了听觉和视觉时间知觉自动加工的ERP特点。

我们探究时间心理花了近60年时光。回想起来，转瞬即逝的60年我们主要采用信息加工取向来研究心理时间，虽然我们也采用了神经科学和社会文化的取向来探究时间知觉、时间估计和时间记忆，但总感到还做得不够。今后我们应从以下两方面下功夫：一是要采用综合多种取向的方法来研究心理时间；二是在涉及心理学的核心问题上加强研究，例如我们要加强对时间知觉和意识的关系，时间记忆、心理时间旅行与核心自我的关系，有意识的心理时间与无意识的时间加工的关系等问题的研究。可以预期我们未来的研究将会取得更加光彩的成绩。

是为序。

黄希庭谨识
2019年6月于西南大学有容斋

目 录

专题一：时间知觉研究

虽然时间知觉是意识的一个基本维度，但是至今我们对大脑是如何产生时间知觉的这一问题的解答却依然在努力探索中。

引 言

通常,时间知觉包含对时间持续性和顺序性的知觉。时间瞬息即逝,人们不可能像空间知觉那样进行反复的感知。时间知觉不同于时间记忆。时间知觉是对时间的“直接”感受,但是人类没有直接感受时间的感受器,因此时间知觉就是对同质的事件刺激的自发组织,即在大约几秒的限度内把一些相继的事件知觉为相对来说是同时的。人们觉得这些事件可以排列有序并被知觉为一个单元,如一个电话号码、一个节律结构、一个简单的句子、一个曲调的主旋律等。因此,时间知觉的含义实际是指“知觉到的现在”,而不同于时间估计(time estimation)和时间记忆(time memory)。因为时间估计和时间记忆是涉及经验的过去时间。

时间是不能离开事件刺激而单独存在的。那么我们知觉到的现在的时间到底是多少时间呢?要回答这个问题先要分清时间知觉的两种经验:一种是从瞬时(instantaneity)体验过渡到持续(duration)体验的时距知觉,另一种是从同时(simultaneity)体验过渡到相继(succession)体验的时序知觉。研究发现,这两种时间知觉是分离的,不属于连续体,顺序性阈限略高于持续性阈限。持续性阈限在视觉通道上的阈限相对听觉高(视觉通道的换能速度慢于听觉通道),而顺序性阈限则不受换能作用的影响,表现出跨通道的一致性。

知觉到的现在的上限是按照一个刺激序列被知觉为一个整体所持续的时间来衡量的。这个时限不仅取决于人的认知加工能力,也取决于事件刺激的性质及其环境属性。早期的一些研究表明,知觉到的现在的上限是有差异的:对英语诗句的平均持续时间为3 s,对光刺激的平均持续时间约为6 s,对乐音的平均持续时间为2~5 s。法国心理学家保罗·弗雷斯(Paul Fraisse,1981)总结了这方面的研究,认为知觉到的现在一般为3 s,特殊情况可达5 s。德国心理学家恩斯特·波佩尔认为知觉到的现在的时限大约为3 s,这个时限就是意识的限度。大约3 s之内我们的大脑能将发生的事件按顺序整合在一起。耐克尔立方体等实验也表明,“任一个意识内容都只能最多保持3 s,而且在这个时间内只能有一个意识内容存在”。当然我们也能感知到少于3 s的意识对象,但这个时间范围不能任意扩大,它的平均值上限是3 s,超过这个平均值持续5 s或6 s很可能就是时间估计了。其实,意识也是一个复杂的系统,它包含焦点意识(focal conscious)、边缘意识(marginal conscious)、下意识(subconscious)、前意识(preconscious)、潜意识(unconscious)等。大脑以何种神经机制产生时间知觉,至今我们仍知之甚少。

本专题由9篇论文组成，我们领导的学术团队对时间知觉的下列三个问题做过较深入的探讨。第1个问题探讨时间知觉的理论模型，《时间知觉理论和实验范型》和《时间知觉的理论模型与展望》两文都探讨了时间知觉的理论模型，但两者侧重不同。《时间知觉理论和实验范型》一文回顾时间知觉界定上的纷争，并在分段综合的框架下考查了时间知觉的内涵，侧重于时距知觉，对时间知觉的理论模型和研究范式进行了探讨。《时间知觉的理论模型与展望》一文先分别介绍了时距知觉和时序知觉单独的理论模型，再探讨了将两种知觉结合起来的综合模型。第2个问题探讨时间信息对非时间信息的依赖性。《认知加工中时间与非时间信息的相互关系》一文探讨了注意分配机制会根据事件结构的不同来调整对时间信息和非时间信息的资源分配，从而形成时间信息和非时间信息之间不同的关系。除了非时间信息会影响时间认知，一些时间信息本身也会影响时间认知，例如利用环境中的时间信息预测目标刺激何时出现的能力称为时间期待。《时间期待的认知与神经机制》分析了时间期待的认知模型以及时间期待不同类型、不同过程激活脑区的差异。第3个问题是对时序知觉的研究。过去我们曾对时距知觉做过研究，近年来我们课题组对时序知觉做了比较多的研究。《时序知觉影响因素与思考》一文从认知加工角度出发概述了自上而下和自下而上两种取向对时序知觉的影响。《时序知觉重复启动效应的作用机制》通过两个实验对双加工表征匹配调节假说进行检验，结果证实双加工表征匹配调节假说能较完整地综合解释时序知觉重复启动效应的作用机制。《多感觉整合的时间再校准》一文讨论了时间再校准的通道效应与潜在机制。《时序知觉：中枢计时与分布计时》总结了近年时序知觉的行为、脑损伤、脑成像与电生理研究成果，分析了时序知觉的影响因素以及激活脑区，并对时序知觉的两种计时机制进行了探讨。最后一篇英文论文，*Pre-stimulus beta and gamma oscillatory power predicts perceived audio-visual simultaneity*（《刺激前β和γ神经振荡预测视听同时性知觉》）采用EEG技术探讨了视听刺激出现前的振荡能量对随后刺激的同时性知觉。

时间知觉理论和实验范型

1 时间知觉的概念纷争和理论模型

1.1 时间知觉的概念纷争

真正心理学意义上的“时间知觉”一词,最早见于 William James 的《心理学原理》(James,1980)。他把对“现在”的知觉称为“似是而非的现在”(specious present),它能够持续数秒,超过此时限,持续的就不再是知觉的对象而需要符号建构。这实际上和 Fraisse 所谓的“知觉到的现在”的内涵大致相同(Fraisse,1984)。“时间知觉”有别于空间知觉,迄今未找到有机体中存在特殊的“时间感受器”,脱离具体的物理刺激,“时间”并不能激发感受器或细胞膜变化。因此,Gibbson 认为对时间的知觉实际上是对事件和运动的知觉,时间信息加工不能脱离非时间信息(Allan,1979);时间并非是一个知觉维度,而是一个“衍生的实体”(Gibbons,Brandler,& Rammsayer,2003)。Fraisse 因此将时间知觉建立在对周期性和非周期性变化的知觉基础上,物理上相继的刺激引起的心理反应在某个时间限度内被整合为大致同时的系列知觉(Fraisse,1984;Fraisse,1963,1981);在时间限度内,随着刺激间隔不断增大,时间经验从“同时”过渡到“相继”(succession)或“分离”,从“瞬时”过渡到“持续”(duration)。时间知觉的研究内容主要包括“对事件持续性和顺序性的知觉”以及与之相联系的“同时”经验、时间知觉阈限等(黄希庭,1991)。

在时间知觉的研究史上,心理学家更多地关注主观时间估计同物理时距测量的差异以及与之相关的时距估计准确度、知觉到现在的持续时距等问题,时距知觉的理论和实验范型大行其道(Fraisse,1981),再加上研究者习惯使用较大的时距范围(通常从不足1秒到几十分钟,甚至几个小时、几天或更长时间)以获得一致的结果,导致时间知觉概念上的混淆和纷争,时至今日,时间知觉在大量的文献中几乎被等同于“时间估计”(estimation of time)或“时距估计”(Fraisse,1984;Fraisse,1981)。为避免麻烦,许多研究者干脆只提时间体验或时间判断,一定程度上掩盖了时间知觉和时间估计这两种时间加工方式的区别。Fraisse 比较系统地概括了两者间的差异:时间知觉和依赖于长时记忆(LTM)的“时间表征”(representation of time)是分别由有机体的知觉系统和符号系统控制的两种不同的时间适应模式:知觉到的现在不超过 5 s,平均在 2~3 s,该时段内的时间适应对于有机体的生存和进化有着极其重要的意义。超过该时间上限,对变化的理解就只能借助于存放在个人记忆中来自其自身或他人的经验,这称为“时间表征”或“时间估计”,即对“构成物理时间、生物时间、历史时间以及个体生命时间的变化”的表征。时间知觉虽然不涉及长时记忆，但不可避免地涉及工作记忆或者意识这类心理成分。正如亚里士多德所说“知觉时间的器官就是记忆时间的器官”，时间必然和记忆相联系，因此要将上述两种心理模式截然分开似乎也十分困难。同样，不同时间信息加工系统和其他心理过程的关系也似乎同样模糊难辨，比如“知觉到的现在”的限度显然和我们通常所说的工作记忆容量、注意或知觉的广度甚至意识等概念紧密联系，但知觉到的现在主要强调时间限度，而工作记忆容量、注意或知觉广度等可能杂糅着空间限度；Pöppel甚至认为时间知觉本质上就是意识的限度，它是人类一切认知活动和动作技能的基础（Pöppel著，李百涵，韩力译，2000）。

时间知觉如此重要却又模糊难辨，研究时间和知觉的双重困难迫使研究者做出许多折中和变通。在“分段综合”的框架下，时间知觉属于极短时距研究范畴，其加工机制不同于其他时距范围内的时间信息加工（黄希庭，李伯约，张志杰，2003；黄希庭，郑涌，1995）。因此我们认为，作为“知觉到现在”的时间知觉，其概念的内涵应当包括：①“时间知觉”是将一些时间上相继的事件知觉为大致同时或一个整体；②是对事件持续性和顺序性的知觉；③虽然也牵涉时距，但不同于时间估计，不牵涉长时记忆，是对“当前”刺激的直接反应；④虽然也牵涉时序，但有一定的时限，顺序“知觉”依赖于同质刺激的自发组织，不同于对顺序的记忆重构。在知觉到现在的时间限度内谈时间知觉，并不意味着它独立于任何先前经验，但又不同于对事物的回忆和再现。

1.2 时间知觉的理论模型

寻找物理时间和心理时间之间系统差异的变异源和建立时间信息加工模型一直是时间心理学家研究和争论的焦点。对这两个问题的认识大体有三种取向：生物模型、认知模型和综合模型。由于时距知觉是时间认知研究的传统焦点，这方面的研究成果主要集中在时距知觉领域，其中一些理论实质上主要是关于时距估计的（Allan，1979），并不都适用于这里界定的时间知觉理论范畴。

2 时间知觉的生物模型、时间知觉的认知模型、时距知觉的综合模型和时序知觉模型

2.1 时间知觉的生物模型

生物模型假设有机体大脑内存在一个生物钟或内部时钟来掌握时间，它产生的时间信息是有机体基本知觉的前提。内部时钟参照外界环境中的周期性变化保持相对稳定的频率，因而有机体的时间知觉相对稳定，随机误差较小；凡是对生物钟频率产生影

响的机体变量都会对时间知觉产生系统影响;而如果干扰或破坏脑内生物钟的定位区域就会损伤时间知觉能力。这些假设有的得到证实,有的则没有。生物模型更多关注内部变量,如体温、年龄增加会导致高估时间,女性倾向于高估短时间和低估长时间,男性则相反,这些效应可能和更一般的代谢机能差异有关。给被试分别注射安非他明和镇静剂会导致高估和低估时间,其他如智商、疲劳等(Fraisse,1984;Fraisse,1963,1981)。研究尚未发现局部脑损伤会完全消除时间知觉,但右脑大部分的功能障碍会提高时间顺序阈限。精神分裂症和抑郁症患者会分别产生时距高估和低估。此外,研究也涉及不同脑区在时间信息加工上的功能定位(Mangels,Ivry,& Shimizu,1998)和大脑左、右半球在时间知觉上的功能不对称性(Nicholls,1994)。

时间知觉的生物模型(见表1)强调有机体的计时法主要是受大脑内部的某种遵循韦伯律或类似于时钟-计数器装置的机制制约。早期的"计数器模型"(counting model)中只有节拍器和计数器两个成分,节拍器以固定频率λ发放脉冲,则固定时距d中累加的脉冲数λd的方差和刺激时距呈线性关系。后来的验证发现λ几乎不会恒定,模型中又相继添加了其他参数而变得更加复杂。"韦伯律模型"(Weber's law model)则认为时距估计的方差和刺激时距的二次方呈线性关系;与此相似的是"梯度计时模型"(scalar timing model)。不过由于信息加工方式的特点,后者目前只适用于动物的时间知觉,而很难用于人类的时距知觉。生物模型中比较有代表性的是"内部时钟模型"(internal clock model),该模型完整地包含了节拍器、计数器和比较机制等成分,后又加入校准单位用来调节脉冲发放频率。该模型关于时距估计的主要假设仍然是韦伯律(Allan,1979)。

表1　时间知觉的主要理论模型

	时距模型	时序模型
生物模型	计数器模型(Creelman,1962) 韦伯律模型(Getty,1975;Povel & Essens,1985) 梯度计时模型(Gibbon,1977) 内部时钟模型(Treisman,1963)	
认知模型	Eisler's模型(Eisler,1975) 实时标准模型(Kristofferson,1974) 加工整合模型(Thomas & Weaver,1975) 干扰模型(Massaro & Idson,1978)	注意转换模型(Kristofferson,1967) 知觉潜伏期模型(Allan & Kristofferson,1974;Baron,1969;Gibbon & Rutschmann,1969) 一般阈限模型(Ulrich,1987)
综合模型	内部知觉模型(Jingu,1989) 注意闸门模型(Zakay & Block,1998) 分段综合模型(黄希庭,1995)	周期性振荡器模型(Pöppel & Wittmann,1999) 分段综合模型(黄希庭,1995)

2.2 时间知觉的认知模型

认知模型主要强调外部刺激因素、环境因素以及其他认知活动过程对时间知觉的影响，认为时间是从刺激环境特别是刺激的变化中加以抽象和建构而来的，是认知过程的间接结果，尤其是记忆和注意的结果。因此认知模型认为：有机体的时间知觉具有很大的随机误差；刺激环境的系统变异会对时间判断产生系统的、可预测的影响；大脑的局部损伤不会消除时间知觉（Michon，1972）。

研究者报告的主要外部影响因素有：刺激变化速度、数量、强度和标记（marker）属性（Fraisse，1963），刺激属性（Fraisse，1984）、熟悉度、复杂度（Allan，1979）以及日常生活步调和对危险情境的知觉（Flaherty，1991）。研究还涉及刺激感觉道个数、感觉道受刺激的先后顺序（柳学智，1993）。关于注意对时距估计的效应，结论多是集中注意到"时间流"上会高估时间，而注意卷入到一个活动上则会压缩知觉到的时间（Fraisse，1963，1981；Block，George，& Reed，1980）。认知模型强调个体在不同情境下的认知加工过程及其特点是影响时间知觉的主要方面，特别是注意努力、任务要求和反应标准等。

Kristofferson的"实时标准模型"（real-criterion model）认为刺激时距经潜伏期在主观上开始后激活了一个内部计时间隔作为判断标准，时距判断是将呈现刺激和该标准进行比较的结果。Eisler的模型假设个体总是基于对两个内部时距（标准时距加比较时距的总时距心理值和比较时距的心理值）的同时调节或并行加工进行比较作业。标准时距的心理值被连续地计算并和比较时距进行比较产生外显反应。与上述模型不同，Thomas和Weaver的"加工整合模型"（processing integration model）假设大脑内存在两种独立的并行信息加工器：f加工器和g加工器，分别负责对刺激物理时距和非时间信息的加工。被试根据任务要求和刺激情境在两种信息之间分配注意资源，因此估计时距是两个加工器输出的加权结果。Massaro和Idson的"干扰模型"（interruption model）也认为时距估计依赖于信息加工时间：第一个刺激进入感觉登录并不断被提取时，若第二个刺激的登录干扰了第一个刺激的加工导致其被擦除，则知觉到的第一个刺激的时距会缩短，随着测试刺激和掩蔽刺激的刺激间隔（ISI）增加，被试更多地将测试刺激报告为更长，而掩蔽刺激的主观时距被整合到测试刺激的主观时距判断中（Allan，1979；Michon，1972）。

2.3 时距知觉的综合模型

上述的时距加工模型大多不局限于5 s以内的时间限度，但即便是在该时距范围内，它们仍然不能解释所有的实验数据和复杂的时间知觉现象。其实不论是纯粹的生物观还是纯粹的认知观，都承认时间知觉仍然是各种内部、外部因素混合作用的结果，因此,综合模型可能更具有生态学效度,这也是当前该领域的研究焦点和理论发展趋势。Zakay和Block提出的“注意闸门模型”(attentional-gate model)被认为是较成熟的综合模型(Buccheri, Gesù, & Saniga, 2000)。该模型中除了包括节拍器、计时器、比较机制等传统生物模型成分外,还增加了计时器开关、注意开关(闸门)、工作记忆、反应机制等认知成分,模型中还包括用于解释长时距时间估计的参照记忆(长时记忆)成分。其中节拍器的活动只受体温、新陈代谢率等生理条件的限制,而与认知因素无关。注意的主要功能是根据不同的任务要求在时间信息和非时间信息之间分配加工资源,它按照“全或无”的方式工作。当注意主要集中于时间信息加工时,闸门处于开放状态,计数器才能累计脉冲数量,并转化为相应的内部时间表征存储在工作记忆中。随后计时器中的信息转化到短时记忆或工作记忆中,通过反应机制来做出判断。如果是对时距的再现,标准时距的信息存储在参照记忆中,与再现阶段的目标时距在认知比较机制中进行比较做出反应。当注意主要集中于非时间信息时,闸门处于关闭状态。因此,时距估计主要的依据是工作记忆中存储的有意义分割片段或背景变化的数量。

客观上连续的时间只能被片断地知觉,这种性质被称为时间信息的非连续性(Fraisse, 1963)。Jingu在此基础上提出:基于离散内部事件形成“意识”到的、主观上连续的时间是一种无意识和自动化的过程(Nagai, 1996)。他提出的时间“内部知觉模型”(internal perception model)的主要特点在于突出了工作记忆的作用。模型中的节拍器按约600 ms的内部时钟频率释放脉冲,生理时间和内部主观时间之间存在一种比较机制。脉冲计数器记录下的脉冲数进入时间寄存器(chrono-store),它相当于图像记忆和回声记忆,即瞬时记忆。时间信息进入短时记忆后被组块化,使得实验中短时记忆的“时间”广度远超出7±2的离散时间信息容量上限。组块化的时间信息形成新的更大单元,同时产生主观时间。因此,对于时距长短不同的刺激,可能存在某种模式转换机制作用于计数器。

2.4 时序知觉模型

在大多数时间心理学家关注时距加工的同时,另一些研究者则从时间顺序判断(time order judgment, TOJ)的角度认识时间知觉,这方面的成果虽然不多,但时序判断中反映出的“时间分辨力”在有机体的许多认知活动和动作技能中却至关重要。表1中列出了三个主要的时序知觉认知模型和一个综合模型。

Sternberg和Knoll系统综述了有关顺序判断的数量模型(Sternberg & Knoll, 1973),Allan和Kristofferson对之进行了系统验证(Allan & Kristofferson, 1974)。“知觉潜伏期模型”(perceptual latency model)是有关时序判断的一个早期模型,该模型假设知觉到的时

序取决于刺激到达中枢的潜伏期差异。该模型虽然很快被后继研究否定,但Allan提出的多重心理函数的分析框架(multiple function framework)却产生了广泛影响。“注意转换模型”(attention-switching model)假设内部计时机制产生一系列独立于外部刺激的等间隔时间量子,只有在这些时间点上注意才能发生转换。要知觉两刺激的先后,必须至少有一个这样的时间点出现在刺激间隔中,两刺激到达中枢并经过注意的转换依次被登录。该模型虽然比知觉潜伏期模型效度更好,但也存在一些问题。如Allan等的实验采用的都是跨通道联合判断任务,在单通道条件下,时序判断误差的产生是否是因为注意转换的等待时间尚需进一步研究。Ulrich在上述模型的基础上提出“一般阈限模型”(general threshold model)(Ulrich,1987)。该模型的主要特点是在到达时间知觉潜伏期的基础上增加了一个顺序判断阈限成分,要得到正确的顺序判断,两刺激的时间间隔必须超过阈限,而阈限又依赖于感觉信息的中枢到达顺序。

时序判断的综合模型中比较经典的是Pöppel和Wittmann的“周期性振荡器模型”(periodic oscillation model),该模型主要强调时间知觉受大脑中两个独立的时间加工机制控制:第一是针对时距大约为30 ms的高频系统,其证据来源于对时间顺序阈限的研究。Pöppel认为这一系统的脑机制是内部时钟(internal clock),他称为“张弛振荡器”(relaxation oscillator),刺激引起的主观感知触发了这个周期性的振荡过程,使之立即与刺激同步化,如同方程式求解中的张弛算法一样。要判断也即确认不同的刺激,它们必须在时间上分别落在不同的振荡周期中。每秒钟只能有大约30个识别机会和“选择点”,因此我们并不是随时都能够对刺激做出反应。第二个系统是处理3 s以内的事件系列的低频系统,它将连续事件整合成知觉和动作的单元,其证据是对双关图形知觉中的注意转换频率以及时间估计的研究。该低频系统就是“知觉到的现在”或者“主观的现在”的基础(Pöppel著,李百涵,韩力译,2000)。该模型的最大特点是综合解释了感知、动作技能、音乐和节奏知觉等人类基本认知和动作活动的计时机制,但关于两种时间加工系统之间的关系以及其内部工作机制模型还有待充实和完善。

3 时间知觉的实验范型

由于时间信息的非独立性,时间信息加工任务不可避免地受到任务条件和要求的影响。Allan对传统的时间知觉的研究范型进行了系统总结(Allan,1979),不过在她看来,似乎时间知觉主要是指时距估计(见表2),只有一部分适用于这里所界定的极短时距范围内的时间知觉研究。Block及Zakay总结的时距知觉或时间估计实验范型也主要适用于时间表征或时间记忆(Buccheri et al.,2000)。

表2 时间知觉的实验研究范型

	时距量表法	时距辨别法
时距估计方法	1.言语估计法	1.比较法*
	2.数量估计法	2.单刺激法*
	3.类别评定法	3.多对少法
	4.产生法	4.确认法
	5.比率设定法*	
	6.同步法*	
	时序知觉方法	时序判断法*

注:据 Allan(1979),* 表示研究"知觉到现在"的适宜范型

Allan所谓的"时间量表法"是要求被试在一组较易区分的时间间隔中根据知觉到的时距做出反应,多属于心理物理法的范畴,其中传统的如"言语估计法",要求被试对所呈现的时间间隔以时钟时间为单位估计其时距。"产生法"则要求被试根据主试提供的时钟时间产生出该时距。"数量估计法"是"言语估计法"的一种变式,被试的言语反应并非以时间为单位,而是用连续数字来表示。"类别评定法"则是用离散的m个有序类别进行评定。此外"比率设定法"要求据所呈现的间隔长度产生一个特定比例的时距,如果比率为1则为"复制法"。"同步法"要求被试根据呈现的固定时距标准做出同步复制,或者对系列短刺激进行节奏复制。另一类"时距辨别法"的特点是要求被试在一组很难区分的时间间隔中做出辨别反应。"比较法"要求在标准刺激和比较刺激中辨别出标准刺激。"单刺激法"则要求对逐个呈现的时距做长、短判断;作为其变式,"多对少法"呈现的可能刺激更多,但仍然要求做二重反应。"确认法"的时距类别和反应类别则都扩展为多种。最常用的时序范型为时序判断(TOJ)任务,间隔呈现两个刺激要求被试做出顺序判断。Ulrich在该传统方法基础上提出的"三重"时序判断模式(ternary TOJ)则要求被试或将两刺激判断为同时,或判断为A先于B或B先于A(Ulrich,1987)。

同样牵涉到时距判断,时间知觉和时间估计在方法上往往很难区分,一些研究者往往通过控制刺激呈现到反应间的延迟时间来"阻止"长时记忆的参与,即呈现后立即反应,但这样做究竟是否有效尚需讨论。时间知觉研究从方法上需要简单的刺激和简单的反应,从这一点来说,上述时距判断研究范型中似乎只有即时"复制法"和"同步法"以

及“比较法”和“单刺激法”比较适用,“同步法”可能是所有这些方法中效度最好的。此外,如果控制好时间间隔,“时序判断法”也适用于时间知觉研究。

4 小结

时间知觉就是研究“知觉到的现在”,包括对这一时限内的持续性和顺序性知觉以及与此相关的时间知觉阈限问题。对时间知觉的研究也应当考虑各种影响因素,采用多个角度、多种方法加以综合研究。

合作者:凤四海。原文载于:《心理科学》2004年第27卷第5期。

时间知觉的理论模型与展望

1 引言

时间信息加工(temporal information processing)的研究范围非常广泛,从微秒至数十年的时间范围均可以作为研究对象。微秒范围的时间信息可以用于定位发声源;毫秒范围的时间信息加工是运动控制、语言、音乐知觉等行为的基础;秒、分和小时范围的时间信息加工涉及决策、觅食和有意识的时间估计;生物钟负责天范围的时间信息加工(Buhusi & Meck,2005;Buonomano,2007)。如图1所示,对各个范围的时间信息进行加工的精确性和灵活性也不同,天范围的生物节律具有较高的精确性,但缺乏灵活性;秒、分和小时范围时间加工的精确性较低,但灵活性较高;秒以下的时间加工的精确性的变化范围较大,主要取决于神经系统的内部属性(Buhusi & Meck,2005)。

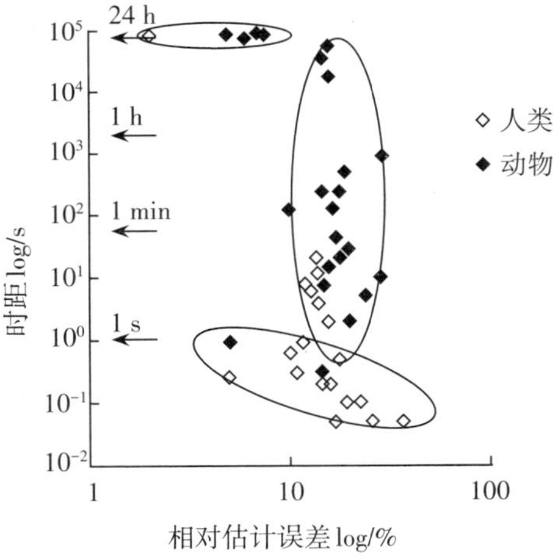

图1　时间信息加工的范围和误差(Buhusi & Meck,2005)

时间知觉(time perception)研究毫秒至大约3 s内的时间信息加工,而大约3 s以上的时间信息加工称为时间估计(time estimation)(Fraisse,1984)。时间知觉与“知觉到的现在”的内涵大致相同,是指将一些时间上相继的事件感知为大致同时或一个整体的经验;虽然也牵涉时距,但不同于时间估计,不牵涉长时记忆,是对当前刺激的直接反应;虽然也牵涉时序,但有一定的时限、顺序,知觉依赖于同质刺激的自发组织,不同于对顺序的记忆重构(凤四海、黄希庭,2004)。

时间知觉对人的生存具有重要意义,一直受到研究者的关注。图2为1952—2009

年每年发表的时间知觉相关论文的数量。从图2可以看出：1970年以前每年发表论文在100篇以下；1970—2000年间，每年发表论文100篇左右；2000年以后发表论文数迅速增加，2009年发表论文452篇，说明研究者意识到时间知觉研究具有非常大的意义，并且研究兴趣在逐年增加。持续性和顺序性是时间知觉研究的重要内容，本文将从时距知觉和时序知觉这两个方面对时间知觉的理论模型进行介绍。

图2　1952—2009年每年发表的时间知觉相关论文的数量（陈有国，2010）

2 时距知觉的理论模型

时距知觉仅限于大约3 s内的持续性知觉，该范围内的时距信息被整合为一个整体进行加工，持续性和整体是时距知觉的两个重要特征。按照时距信息的表征方式，可以把时距知觉的理论模型划分为：起搏器-累加器模型、资源分配模型、记忆衰减模型和状态依赖网络模型。

2.1 起搏器-累加器模型

起搏器-累加器（pacemaker-accumulator）的思想来源于机械钟表，最早是由Treisman所提出来的（Treisman，1962），这一思想成为随后所提出来的一系列时间信息加工模型的基础。内部时钟模型（internal clock model）假设脑内存在一个起搏器（pacemaker）或振荡器，它按照一定的频率稳定地发出脉冲，这些脉冲被一个计数器记录整合，成为表征时间的基础。计数器所记录的时间信息可以进入存储器和比较器，比较器将当前时间信息与存储器中的时间信息进行比较（Treisman，1962）。

标量计时理论（scalar timing theory）是在内部时钟模型的基础上发展起来的。该理论最初称为标量期待理论（scalar expectancy theory），其名称来源于时距估计的标量属性，即时距的内部表征并非完全与物理时距一样，而是符合正态分布，其标准差除以平均值为一常数，标量属性说明时距估计也符合韦伯定律（Weber's law）（Gibbon，1977）。该模型包括时钟、记忆和决策三个水平。时钟阶段通过起搏器以一定的频率产生脉冲，注意时间特征会使起搏器和累加器之间的开关联通，从而使脉冲通过开关进入累加器。记忆阶段由工作记忆和参照记忆组成，累加器把有关的时间信息传送至工作记忆和参照记忆中，并形成相应的时间表征。决策阶段主要对工作记忆中的当前时距和参照记忆中的时距表征进行比较（Allan，1998；Gibbon，Church，& Meck，1984）。

以起搏器-累加器的思想为基础，结合神经生物学领域的研究，Meck等（Matell & Meck，2004）提出了纹状体振荡频率模型（striatal beat frequency model，SBF）。该模型认为，在皮质-纹状体回路中，对皮质中神经元振荡的同步检测（coincidence detection）是时间信息表征的神经基础。前额叶皮质神经元可以采用振荡（oscillation）对刺激进行表征，纹状体（位于基底神经节）可以检测皮质神经元的振荡模式，刺激的物理特征信息可由振荡神经元获得，而时间信息可由振荡的相对相位提取（Lustig，Matell，& Meck，2005）。如图3所示，前额叶皮质中的神经元A，B和C以一定的频率进行振荡，纹状体的中型棘神经元（medium sinyneuron）接受皮质神经元的输入，能够检测皮质神经元的振荡情况，整合皮质神经元的不同振荡频率，按照整合后的频率发放脉冲。时距加工开始时，大脑释放多巴胺提示计时开始，使皮质振荡同步化，并重置纹状体棘神经元的状态水平；时距加工结束时，再次释放多巴胺，改变棘神经元的突触连接，形成时距的神经表征（Buhusi & Meck，2005；Meck，Penney，& Pouthas，2008）。

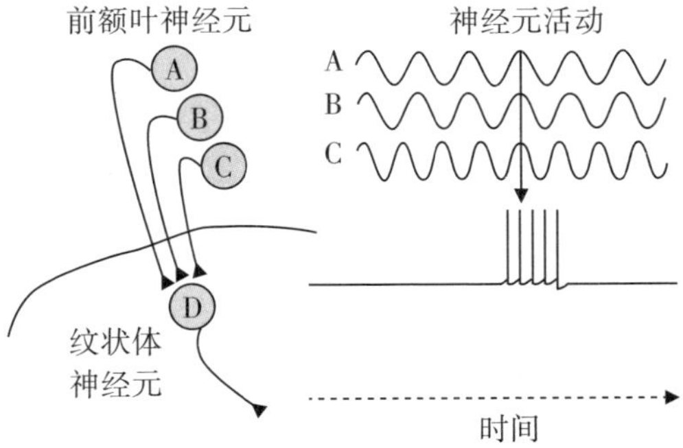

图3　纹状体振荡频率模型示意图（Meck et al.，2008）

2.2 资源分配模型

对事件的呈现时间越注意，该事件的时间显得越长。加工时间模型（processing time model）（Thomas & Weaver，1975）认为刺激可以由视觉信息加工器和计时器进行加工。计时器加工时间信息，视觉信息加工器加工刺激的视觉物理特征信息。根据任务要求和重要性的不同，可以将有限的注意资源按不同的比例分配到这两个加工器上，分配给计时器的注意资源越多,知觉时间越长。

Zakay将该模型与预期式和回溯式时距估计范式联系起来,提出注意的资源分配模型(resource allocation model)(Zakay,1989)。在实验前要求被试注意时间信息时,被试会将大部分的注意资源分配于时间加工器,为预期式时距判断;在实验前没有要求被试注意时间信息,而在实验最后要求被试回忆实验所用时间,被试会将大部分注意资源分配于非时间加工器,为回溯式时距判断。随后,Zakay和Block将注意资源分配模型和标量计时模型整合起来,提出了注意闸门模型(attention-gate model)(Zakay & Block,1997)。在起搏器和开关之间加入一个注意闸门,注意闸门的打开程度可以连续变化。在回溯式判断时,注意闸门完全关闭,没有脉冲进入累加器;在预期式判断时,闸门打开的程度反映了分配在时间加工器上的注意资源的比例。

Buhusi和Meck提出了一个扩展的资源分配模型(Buhusi & Meck,2009),认为时间信息加工和背景加工共享注意和工作记忆资源。该模型与以上三个注意相关模型最大的区别在于,以上三个模型认为非时间信息与时间信息加工只共享注意资源,而扩展的资源分配模型认为非时间信息与时间信息加工共享注意资源、工作记忆资源以及监控和分配这些资源。

在资源分配模型的基础上,Eagleman等在神经层次上提出了一个能量模型(Pariyadath & Eagleman,2007),认为时距加工过程中消耗的能量越多,则知觉时距越长。

2.3 记忆衰减模型

多重时间尺度模型(multiple time scale model,MTS)(Staddon,2010)是一个建立在感觉记忆痕迹衰减基础上的时间信息加工模型。刺激的记忆强度会以艾宾浩斯遗忘曲线的形式进行衰减,即开始衰减的速度快,随后衰减的速度逐渐减慢。图 4 为遗忘曲线与时间测量示意图。三条重叠的记忆痕迹为三个空时距。记忆强度以固定的方式衰减,当记忆的强度衰减到某一反应阈限时,便说明经历了一定的时间,故可以通过记忆痕迹强度的变化测量时间。反应阈限会伴随一定的系统噪声,因此对时距的反应会呈现标量性质(Staddon,2005)。

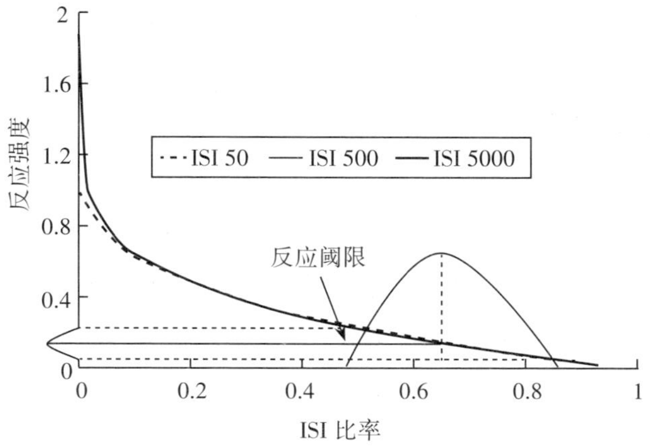

图 4 遗忘曲线与时间测量示意图(Staddon,2005)

多重时间尺度模型没有假定存在特异的时间信息加工系统,而认为时间感是记忆衰减的副产品,已有研究提供了记忆痕迹衰减的生理证据(Glantz,1998;Uusitalo,Williamson,& Seppä,1996)。右侧背外侧前额叶皮质的部分神经元的活动类似记忆衰减曲线,可能是工作记忆和时间加工的共同神经基础(Lewis & Miall,2006)。

2.4 状态依赖网络模型

状态依赖网络模型(state-dependent network model,SDN)认为神经网络状态的变化反映了时间信息加工,Buonomano 等构建了一个神经网络模型来检验这一思想(Buonomano,2000;Buonomano & Merzenich,1995),该神经网络模型拥有许多分子和网络的特性,能够分辨毫秒范围的空时距,以及复杂的时空模式。神经网络的状态包括激活态(active state)和隐蔽态(hidden state),这两种状态均用于编码听觉空时距(Buonomano & Maass,2009)。时间信息加工是外部输入刺激与内部神经网络状态交互作用的结果(Buonomano & Maass,2009;Karmarkar & Buonomano,2007)。SDN 模型可以对一些实验结果进行解释,例如用两个极短的声音刺激标记一个听觉的空时距,则第二个声音刺激所激活的神经群活动将表征这两个声音刺激间的时间间隔,通过比较第二个刺激的神经网络反应,可以分辨两个不同的刺激间隔(如 100 ms,200 ms)。

3 时序知觉的理论模型

时序知觉是时间知觉的一个重要组成部分,反映的是个体对短暂时间内出现的客观事件顺序性的知觉。时序知觉包括同时性、非同时性和顺序性三种经验成分。当两个短促的声音不完全发生在同一个时刻,并且该间隔足够微小(如 2 ms)时,则在主观上听到的仍然是一个声音。如果继续增大两个声音刺激的间隔,最终会达到一个阈限,超出该阈限就可以听到两次声音。该阈限即为由“同时”至“非同时”的同时性阈限。这个阈限因人而异,2~5 ms不等。刚刚能听到两次声音刺激时,并不能区分两次声音的顺序,继续增大两次声音刺激的间隔,直到可以区分两次声音的顺序。从“非同时”到“顺序”的阈限称为顺序阈限,顺序阈限约为30~40 ms(波佩尔,2000)。时序知觉的理论模型中,中枢计时机制和特定特征机制均假设加工器按照信息到达的先后确定其时间顺序;但是近年出现了一种新的信息强度假设,认为刺激信号的强度也会影响时序知觉。

3.1 中枢计时机制

中枢计时机制(central-timing mechanism)的观点认为,存在一个负责时间排序的中枢机制,能够比较任何感觉通道信号的到达时间,不受感觉通道本身的限制。中枢计时机制的理论模型主要包括一般阈限模型和两阶段模型。

早期的知觉潜伏期模型认为,时序知觉取决于每个刺激诱发的感觉信号到达中枢加工器的顺序,把时序知觉仅归于感觉信号到达中枢加工器的潜伏期差异。但该模型不能解释当两个刺激的时间间隔较小时,为什么不能区分它们的顺序。一般阈限模型(general threshold model)在知觉潜伏期的基础上增加了时序判断的阈限成分,当两个感觉信号到达中枢加工器的时间间隔大于阈限时,才能判断它们的先后顺序(Ulrich,1987)。

两阶段模型(two-stagement model)认为在大脑中有同时中心和顺序中心,同时中心负责识别两个刺激是否连续,顺序中心负责确定两个刺激的先后顺序(Jaśkowski,1991)。在时序辨别任务中,两个感觉通道的信号首先到达大脑中的某一点,信号从这一点分别被传递到同时中心和顺序中心,中枢加工器先对同时中心的信息进行分析,如果两信号到达同时中心的时间间隔小于同时性阈限,则加工结束;如果两个信号到达顺序中心的时间间隔大于顺序阈限,能够记录到两个刺激的时间顺序;如果时间间隔小于顺序性阈限,但大于同时性阈限,则不能正确辨别刺激的顺序,这时个体会随机做出反应。

3.2 特定特征机制

特定特征机制(feature-specific mechanism)认为不同刺激属性的时序知觉差异是由不同感觉通道内的特定知觉机制引起的(Fink,Ulbrich,Churan,& Wittmann,2006;McFarland,Cacace,& Setzen,1998)。特定通道内的特征觉察机制能够为刺激时序的辨别提供附加线索，成为时序知觉产生的依据。例如，在视觉通道内，两个不同颜色刺激的顺序阈限，与两个不同位置刺激的顺序阈限是不同的，位置的顺序阈限低于颜色的顺序阈限。两个刺激位置不同时，位置变化引起的似动可以作为时序知觉的线索。

3.3 信息强度假设

以上模型主要关注自下而上的加工，但是自上而下的加工也会影响时序知觉。当两个刺激同时呈现时，被注意的刺激会被知觉为先出现。McDonald等发现被注意刺激诱发ERP成分的波幅增大，但潜伏期并没有缩短，说明注意增加了信号强度，但并未加速信息加工（McDonald，Teder-Sälejärvi，Russo，& Hillyard，2005）。McDonald等提出了信息强度假设，认为注意能够在视觉加工的早期阶段增加信号强度，在晚期的比较阶段会将信号强度的差异解释为计时的差异，因此诱发信号越强的刺激会被知觉为越早出现。

4 综合模型

综合模型指将时距知觉与时序知觉结合在一起考虑的模型，主要有层级周期振荡模型和时间认知分段综合模型。

4.1 层级周期振荡模型

Pöppel等提出了层级周期振荡模型（hierarchical periodic oscillation model）（Pöppel，1997），该模型认为时间知觉受大脑中两个独立的时间加工机制控制。对时间顺序阈限的研究推测存在振荡周期为30 ms的高频加工系统。连续呈现两个刺激，当这两个刺激落在同一振荡周期时，则不能区分它们的顺序；当两者落在不同的振荡周期时，则可以区分它们的顺序。对“知觉到的现在”的上限的研究确定了2.5~3 s周期的低频系统，该系统将几秒内连续事件整合为知觉的单元。

4.2 时间认知分段综合模型

时间认知分段综合模型（range-synthetic model of temporal cognition）（黄希庭，2001；黄希庭、徐光国，1999；黄希庭、李伯约、张志杰，2003）吸收了目前时间认知研究的合理部分，并在一系列研究的基础上提出了研究时间的理论框架。该模型认为人类对时间的认知具有分段性，不同时距具有不同的表征，个体无论对哪一种时距的认知均受多种因素的影响，例如事件的数量与结构、通道的性质和特点、时序和时点的性质、注意资源、编码方式、分段和提取策略、实验指标，以及个体的时间信念、情绪、疾病等。综合上述诸种因素才能对时间认知做出科学的解释。黄希庭等将时间认知分段综合模型应用于时间知觉的各个领域，提出了解释时距知觉和时序知觉的模型。

黄希庭和陈有国提出了解释时距知觉加工机制的时间知觉双加工模型（陈有国，2010；陈有国、袁宏、黄希庭、刘光远，2011），图5为时间知觉双加工模型神经回路示意图。该模型指出，时间知觉是状态性的，在非注意条件下为自动加工，在注意条件下包含自动加工和受控加工。时间知觉的自动加工是建立在感觉记忆加工的基础上的，无需运用注意，可以对时间信息进行自动的感觉分析、存储和比较，θ和α波在感觉加工区的同步振荡是自动加工的神经基础。而受控加工是建立在注意控制加工的基础上的，受意识的控制，可以分为增益感觉信息加工、抑制感觉信息加工、增益时间信息加工、时间信息的知觉加工和决策加工，其相关神经结构可以分为四个系统：θ和α波在感觉加工区的同步振荡构成了增益控制回路；θ波在辅助运动区、纹状体和丘脑的同步振荡构成了编码加工回路；β和γ波在前扣带皮质、前额叶皮质和后顶皮质同步振荡构成了工作记忆回路；θ波在前额叶皮质、纹状体、丘脑和内侧颞叶的同步振荡构成了长时记忆回路。

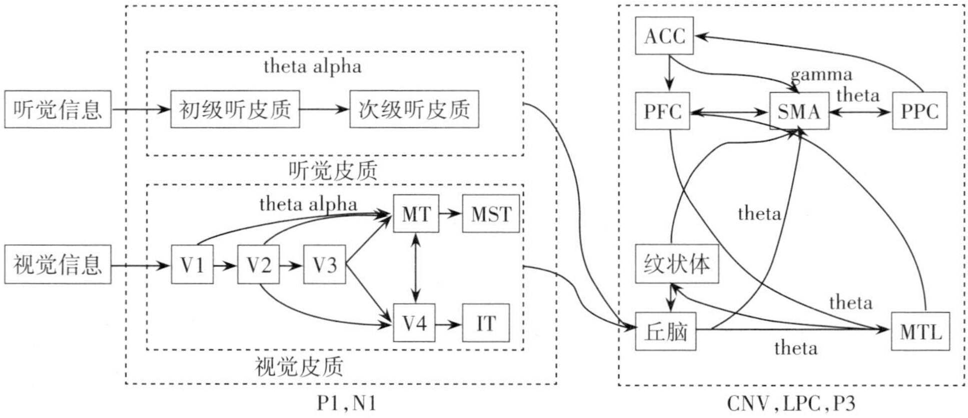

图5　时间知觉双加工模型神经回路示意图（陈有国，2010）

MT-中颞区，MST-上内颞区，IT-下颞区，PFC-前额叶皮质，SMA-辅助运动区，PPC-后顶皮质，MTL-内侧颞叶，ACC-前扣带皮质

黄希庭和张锋提出了解释时序知觉重复启动效应的双加工表征匹配调节模型（张锋，2009；张锋、黄希庭、郭秀艳，2008，2009）。时序知觉的重复启动效应指被重复启动的靶刺激在时序判断任务中被知觉为先于未启动靶刺激出现的现象。图6为双加工表

征匹配调节模型的示意图,该假说有两个要点:一是启动图形的加工包含了两个加工过程,即表征激活过程和反应抑制过程;二是这个双加工过程对时序知觉的影响是通过表征匹配环节进行调节的。如先出现的靶刺激与启动刺激的表征相匹配,则反应抑制加工会继续下去,抑制对该刺激的知觉加工,从而把启动的刺激判断为后出现的,即发生了重复启动效应的反转;如先出现的靶刺激与启动刺激的表征失去匹配,则反应抑制加工会减弱,而留存的启动刺激的表征激活加工会易化对被启动的刺激的加工,从而把启动的刺激判断为先出现的。

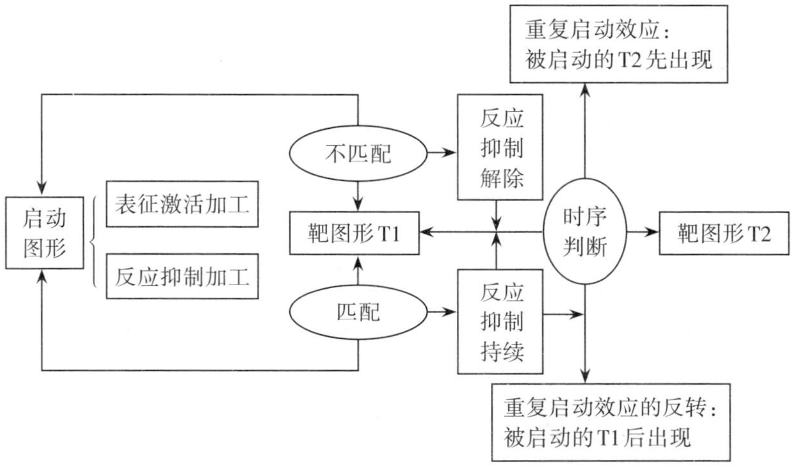

图6 双加工表征匹配调节模型示意图(张锋,2009)

5 展望

近30年来,时间心理学的发展与认知神经科学的诞生有密切的关系。心理学与脑科学的结合诞生了认知神经科学,脑成像技术的应用使这一领域得到飞速的发展。时间问题也得到了心理学家、哲学家、神经科学家、计算机科学家以及其他领域科学家的广泛关注。当前时间知觉的研究呈现出几个重要的发展趋势。

5.1 探明时间知觉与意识的关系

意识起源是当今世界的四大科学难题之一。有关意识的研究大多是在视觉空间认知领域开展的,空间维度的"有限性"与"整合"问题是意识研究的基本问题。意识在空间维度的"有限性"指意识类似于选择性注意的"探照灯",探照灯之内的客体是有意识的,探照灯之外是无意识的。现代认知神经科学关于捆绑问题的研究回答了意识如何在空间维度对信息进行整合。

与视觉空间维度类似，时间维度也存在意识的“整合”和“有限性”问题，这两个问题是时间知觉研究的基本问题。时间的“整合”指大脑如何在时间维度上将事件进行整合，从而提取出时间信息。这与视觉意识研究中空间维度的捆绑问题类似。在时间维度上对事件进行捆绑，涉及对事件及其时间关系的表征，要回答这一问题，需要将时序、时距和时点三个属性统一起来进行多维度的研究（黄希庭等，2003）。时间的“有限性”指人脑对事件进行整合的最大时限是多长，最大时限是由什么机制决定的，人脑能够在一定的时间范围内将事件整合为主观的“现在”，“现在”的时限就是意识的限度（波佩尔，2000）。正如空间维度的意识类似于被模糊事件包围的“亮点”（Baars，1988，1997），时间维度的意识也可能没有清晰的时限，是在时间维度上被模糊事件包围的“亮点”。时间知觉的研究将为探讨意识的特点和功能提供崭新的研究视角。

5.2 扩展时间知觉的应用领域

时间知觉的研究不仅仅着眼于基础理论的探讨，其方法与结果可以应用于多个领域，比如在医学方面可以用于帕金森病（Parkinson's disease，PD）的早期甄别、评估治疗效果，在航天领域可以测量和改善航天员的时间知觉能力，等等。

中国正在逐渐进入老龄化社会，更多的老年人会受到帕金森病的威胁。帕金森病是一种常见于中老年人的中枢神经系统变性病，该疾病的初期表现为运动功能障碍，随着病情的发展可能导致抑郁和痴呆。由于该病起病缓慢，是逐渐发展的，因此对该病的早期甄别显得尤为重要。帕金森病人的时间信息加工能力存在严重的障碍，其原因在于帕金森病人黑质-纹状体区内多巴胺神经元的死亡、缺失（杨珍、黄希庭，2005）。如果在帕金森病人完成时间知觉任务的同时记录其脑电数据，可以获得反映其神经结构状况的特定信息。因此，时间知觉任务可以发展成为甄别早期帕金森病人、评估治疗效果的一套标准化的方法。

航天技术是一个国家现代技术综合发展水平的重要标志。由于各国航天员在太空中的时间越来越长，许多航天员的时间知觉出现了一定的误差，导致航天员和地面飞行控制人员的意见不合。良好的时间知觉能力是避免航天事故的重要因素，因此有必要将时间知觉能力作为挑选航天员的指标之一。此外，时间知觉能力既与个体的先天因素有关，也与注意、执行控制等能力有关。在日常训练中，航天员可以通过一定的认知策略改善时间知觉能力，从而在太空中能够进行自我调整，保持最佳的身心状态，避免事故发生。

5.3 多学科的交叉融合

多学科的交叉融合是心理学研究的趋势,也是时间知觉研究的趋势。心理学和神经科学是时间知觉研究的核心学科,心理学是从自上而下的角度研究时间信息加工的特点,神经科学则是从自下而上的角度探讨时间信息加工的神经基础。此外,运动科学、音乐学、美学、管理学等学科都会面临时间知觉的具体问题。例如,在音乐学中,为什么人会有美妙乐音的感觉?这种美妙的感觉是如何由音符的顺序、时距和节奏产生的?不同领域的研究可以相互佐证,也存在相互矛盾的地方,如果不对各个领域的研究成果加以整合,就会迷失在数据的海洋中。计算机科学可以通过建立计算机模型,将这些学科的研究加以整合,找到时间知觉与脑之间的本质关系。

5.4 多方法的有机结合

新理论往往伴随着新的研究方法。时间知觉的研究可以分为"基因—细胞—组织—功能—行为"五个层次,在不同的层次可以采用不同的研究方法。在基因层次,可以采用遗传控制的方法,如对果蝇和老鼠进行选择性的培育,从而确定时间知觉与基因表达的关系;在细胞层次,单细胞记录是最为重要的一项技术,如对猴子的单细胞记录研究可以揭示计时行为与神经细胞放电的关系;在组织层次,可以采用同时记录多个神经元活动的多细胞记录技术;在功能层次上,功能性磁共振成像和脑电图技术分别具有毫米级的空间分辨率和毫秒级的时间分辨率,可以探明时间知觉相关脑结构的功能连接通路;在行为层面上,认知心理学提供了有效的研究行为的方法(如反应时技术)。这些研究方法也是不断发展的,例如,独立成分分析(ICA)、主成分分析(PCA)和时频分析等技术越来越多地出现在脑成像研究领域。同时,这些方法均存在自身的优点与缺点,将其合理地加以应用,才能有助于我们逐渐揭示时间的本质。

合作者:陈有国、尹天子、张锋。原文载于:《西南大学学报(社会科学版)》2011年第37卷第5期。

认知加工中时间与非时间信息的相互关系

1 引言

在认知心理学领域，事件的时间信息和非时间信息之间的关系一直是研究的焦点。时间信息和非时间信息是定义事件的两类必需因素，因为现实世界中所有事件都是动态的，并且以一定的时间进程呈现出来，而且，这个时间进程的存在通常是由非时间信息来标记的(Boltz,1998)。时间信息包括时距(客观现象的持续性)和时序(客观现象的顺序性)两个方面。时距是指两个连续事件间的间隔或某一事件持续的时间段；时序是指事件出现的顺序、位置和间隔，也就是个人所知觉到的事件的相继性和顺序性(黄希庭、孙承惠、胡维芳,1998)。时序依赖于我们对变化的体验，两个事件可以先后发生，也可以同时发生，从而被感知为按顺序组织的不同事件(徐青、魏琳,2002)。非时间信息则是事件项目本身的一些属性，比如音调就是音乐事件的非时间信息。

在现实世界中，时间与非时间信息是紧密结合、不可分割的。比如音乐，这一长久以来备受瞩目的领域，就是时间信息和非时间信息高度结合的产物。音乐中，音高或音调联系的形式(包括音阶、和弦、旋律等不同等级)体现的是非时间信息，而节奏、重音等体现的是时间信息(节奏包括拍子、节拍等)。而且这两种信息间有密切关系，音乐中的音高联系能够标志旋律的开始和结束，节奏的各种规律能够易化旋律的知觉。再比如人类语言，它也是两类信息相结合的产物，其非时间信息以语音、语调的形式呈现，而时间信息则表现为发音长短、停顿等形式。由此可知，时间信息通常以语音等非时间信息为载体，而非时间信息则会随时间信息的变化而变化，如单词发音持续时间的长短不一、先后顺序的不同，能够表达不同的语气、情绪，反映不同的含义。

然而，时间信息与非时间信息如何在认知系统中被加工？这是很久以来争论不休的焦点问题。有些研究者认为它们是以各自独立的形式被认知系统加工的，两种信息不能同时被学习和记忆；而另一些研究者认为它们是联合起来被认知系统加工的，对一个维度的注意会引发对另一个维度的学习，无论个体是先学习一个维度，还是同时学习两个维度，最终它们都能够被学习和记忆。由于研究者们所使用的实验方法各不相同，研究内容各不相同，故而他们各有侧重、各执一词，都不能全面地阐述时间信息与非时间信息的相互关系。

为了对时间信息与非时间信息的认知加工过程有较全面的认识，本文分析、整理了对特定条件下时间信息与非时间信息的关系的研究,并尝试对它们进行一定程度上的整合。

2 时间信息与非时间信息相互独立

有研究表明,时间信息与非时间信息在认知系统中是独立加工的,一个维度的加工不依赖于另一个维度的特性(Monahan & Carterette,1985;Palmer & Krumhansl,1987)。

Monahan 和 Carterette 在 1985 年进行了一项实验:在各种音高模式下,要求听者对不同旋律做相似性判断,结果发现无论音高模式如何,特定的节奏都使听者的判断准确性提高,反应速度加快(Monahan & Carterette,1985)。Palmer 和 Krumhansl 在 1987 年的一个实验中要求听者对旋律的完成与否做判断(音乐理论表明:和谐的旋律容易使人在心理上产生一种旋律完整感、完成感,而不和谐的旋律则会使人产生心理上的不完整感和未完成感),结果也表明特定节奏可以加强听者的判断(Palmer & Krumhansl,1987)。这些实验表明,某种特定的节奏类型即时间信息能够加强注意和记忆,而并不需要音高维度即非时间信息的参与。因此他们认为:音高(非时间信息)和节奏(时间信息)是独立加工的,对一个维度的加工不依赖于另一个维度的特性。

其实,特定的节奏能够易化注意和记忆,而不需要音高模式的参与,这表明时间信息与非时间信息在认知系统中可能是独立加工的。这里可能的原因:一是节奏足够简单,听者对节奏的加工达到了自动化,根本不需要在时间信息上消耗过多的资源,或仅需很少的注意资源,剩余的大量资源使听者能够在音高模式变化的情况下,依然很好地完成实验任务;二是该节奏与听者已有的知识经验相吻合,这种熟练也使听者的时间信息加工出现了一定程度的自动化,因此听者对旋律的知觉和判断水平上升。也就是说,在认知加工中,当时间或非时间信息的加工比较简单或相对熟练,即出现一定程度的自动化时,两者会呈现出相对的独立性。接下来的实验很好地证明了这种假设。

Brown 和 Bennett 在一项实验中通过"前测—练习—后测"的范式研究了非时间信息自动化对时间与非时间信息双任务完成的影响(Brown & Bennett,2002)。在这项研究的实验一中,非时间任务为追踪屏幕上的目标,时间任务是复制 5 s 时间间隔。先是前测,告知被试时间与非时间任务是同等重要的,均要求被试很好地完成。被试用优势手拖动鼠标,追踪屏幕上运动的目标,而非优势手则按反应键,复制 5 s 的间隔。接着是练习,被试在接下来的 3 天内进行屏幕追踪任务的训练,即仅在非时间单任务条件下进行练习。最后接受双任务条件下的后测,结果发现双任务条件下,被试复制时间间隔的成绩有明显提高。这表明经过练习后,非时间任务的完成的确出现了一定程度的自动化,这大大降低了注意资源的需求,从而促进了另一任务的完成。在这项研究的实验二中,非时间任务有所变化——通过镜子阅读材料,时间任务仍为复制5 s时间间隔。实验程序不变,依然按照"前测—练习—后测"的范式进行,被试用非优势手复制时间间隔,同时大声读出镜子中的材料内容。结果也发现,3 天的阅读训练提高了被试的双任务完成水平。为了进一步研究练习的"量"对任务完成的影响,研究者还系统地变化了练习的程度,但结果发现,无论练习的程度如何,后测中被试在双任务条件下的时间复制成绩都有显著提高,这表明无论练习的程度如何,即无论任务出现何种程度的自动化,都会使所需注意资源减少,更有利于双任务的完成。

从时间信息与非时间信息的角度来看上述实验,无论非时间任务是什么,结果都会出现非时间任务的作业恒定不变,而时间任务的作业不断上升的趋势,从而反映出在认知加工中时间信息与非时间信息的相互独立性。

由以上实验结果可知,时间信息和非时间信息在认知系统中,有时可以独立加工。这可以用资源限制理论来解释。时间任务与非时间任务的完成都需要一定量的注意资源,只有在极端情况下,即其中的一种任务趋于自动化,所需资源很少时,才会呈现出一个任务的作业不变而另一个上升或下降的分离情形。

3 时间信息与非时间信息相互竞争

也有研究者认为,时间信息与非时间信息在认知加工中是相互竞争的。个体进行任何活动时,对一个维度注意的增加都会减少另一个维度的注意,即两类信息加工会出现干扰效应。相互竞争的观点中还存在一些不同的理论模型,但大多将注意资源分配作为中介机制,即通过操纵注意分配方式来考查被试时间信息和非时间信息加工的关系。注意都要被分配到时间和非时间信息上,为了完成各自的信息加工,两者自然会争夺有限的注意资源。

时间和非时间双重作业的实验范式正是为了探讨时间信息和非时间信息加工之间的干扰效应而设计的,即让被试进行时距估计作业的同时,要求其完成一项具有干扰性的作业。通过比较双重作业条件下的时间估计与控制条件下的时间估计的变化来确定干扰作业对时间估计的影响(张志杰、黄希庭,2001)。

Brown及Stubbs先后进行了这方面的研究(Brown,1985;Brown & Stubbs,1992)。他们要求被试在听取一段旋律的同时进行校对任务,一部分被试被提前告知将会做时间判断(预期式),另一些被试则不知道自己将会做时间判断(回溯式)。结果在预期式条件下,被试对旋律的时间判断很准确,但校对成绩很差;在回溯条件下,校对成绩很好,但时间判断不准。

在预期情况下，由于被试提前知道自己将做时间估计，其注意会有意识地指向时间信息；而在回溯条件下，被试的注意没有明确原因会指向时间信息，或者可以假定，被试的注意指向了非时间信息。既然在预期条件下，被试有意识地监测时间段，在时间信息加工上分配了较多的资源，那么时间估计任务的准确性、可靠性必然会提高；而在回溯条件下，事先没有告知被试将进行时间判断，由于没有明确的原因使注意分配到时间信息上，被试很可能将大量的注意资源指向非时间信息加工，因此被试的时间估计就会不准确且易变。这说明，对一个维度的注意确实影响了另一个维度的加工，两类信息出现了干扰效应，即相互竞争有限的注意资源。

而且，还有研究表明：随着任务的复杂性增加，时间估计所受的干扰就越大（Hicks，Miller，& Kinsbourne，1976）。Hicks，Miller 及 Kinsbourne 的实验要求被试对纸牌进行分类，按照颜色分成两类（简单）或按照花色分成四类（复杂），然后进行时间估计。结果发现，随着非时间任务复杂性的增加，被试在预期、回溯方式下的时间估计准确性下降，并出现不同的偏向：在预期条件下，被试对复杂操作（按花色）的时间估计比简单操作（按颜色）的时间估计产生明显的低估倾向；而在回溯条件下则相反，复杂操作的时间估计出现高估偏向。在预期条件下，被试注意资源倾向于指向时间信息，但随着非时间任务复杂性的增加，更多的注意资源不得不被分配到非时间信息加工上，即非时间信息开始争夺更多的注意资源，这导致认知系统对时间信息的编码减少，因此时间判断准确性下降并且估计时间变短；在回溯条件下，被试的注意原本就没有明确指向时间信息，而随着非时间任务复杂性的增加，越来越多的注意资源被分配到了非时间信息上，被试没有对时间信息进行编码，当要求进行时间估计时，被试不得不根据非时间信息来进行估计，因此非时间信息越复杂，被试就越倾向于认为持续时间长，因而出现高估行为。这种高估现象被称为“可得性启发”，此概念来自 Ornstein 和 Block，是指记忆中的持续时间受记忆中非时间信息数量的干扰，既然回溯式条件下没有对持续时间进行编码，被试只能依靠可得性信息资源组块的数量或非时间信息序列的变化来判断（Ornstein，1915；Block，1985）。

这种“可得性启发”引起的高估现象在 Mc Clain 语义加工的实验中也得到了证实（Mc Clain，1983）。他在语义加工任务中同时变化单词的难度和数量，结果发现，单词的增多会导致较长的回溯式时间估计，即回溯条件下的高估现象。然而，也存在一些与之相反的结论，Boltz 的系列研究中给被试多次、重复地呈现一系列旋律或自然环境中的声音，然后突击性地要求他们再认或再生总持续时间，结果发现，被试的操作成绩是高度准确和可靠的（Boltz，1992，1993，1994）。也就是说，如果有足够的学习经验，时间信息在回溯状态下也能够被认知系统编码。这可以用由于熟悉导致的自动化来解释:由于熟悉,该任务所需要的注意资源减少,因而注意能够较多地分配到另一信息资源上,这样任务就能较好地被完成。

综上所述,时间信息和非时间信息在认知加工系统中,有时也是相互竞争的。由于任务的成功完成必须满足一个条件:所需的资源不超过注意总资源提供的量(Navon & Gopher,1979)[两类信息加工所需的资源总和就是心理负荷(Brown & Boltz,2002)]。因此当心理负荷超过注意总资源时,两者便会出现争夺资源和相互竞争的现象。概言之,在时间信息和非时间信息所需的注意资源总和(即心理负荷)接近或大于注意总资源时,两类信息的加工就出现竞争和干扰。这可能是因为时间信息、非时间信息所需要的注意资源在“量”上没有明显差异,而注意总资源有限,两者便相持不下,争夺资源。此时,两类信息任务要求的不同会影响注意资源的分配。在预期条件下,时间任务要求较高,注意分配机制便将注意倾向于时间信息,因而时间任务完成好于非时间任务;在回溯条件下,任务没有明显要求,注意分配机制没有明显倾向于时间信息,因而时间任务的完成没有明显优势。

4 时间信息与非时间信息相互促进

除相互独立和相互竞争之外,还有一种观点,即认知加工中时间信息和非时间信息可以相互促进(Boltz,1992,1993,1994)。

Boltz 认为,自然事件的编码和记忆依赖于学习和事件本身的结构,事件可以分为一致和不一致事件。所谓一致性是指:有高度的内部可预测性,并且在所有的时间范围内,项目都以规律的时间顺序展开,可以组成更高级顺序的块或组(Boltz,1991)。演讲、谈话时的抑扬顿挫都是一致性事件(Grosjean,F.,Grosjean,L.,& Lane,H.,1979)。高度一致性事件的时间和非时间信息是结合起来被编码的,无需额外努力,而且对一个维度的注意会导致对另一个维度的偶然学习;不一致性事件的编码则需要选择性注意的参与。为了证实自己的假设,Boltz 做了两个实验。实验一为 2×2×4 混合设计,音乐结构为被试内变量,分为一致和不一致两个水平;被试间变量有两种:旋律(A,B)和注意指向(音高、持续时间、音高与持续时间、无)。实验时,48 名被试被分配到 8 个被试间条件中,每组 6 人。所有被试首先对旋律进行学习,试听旋律一段时间后进行等级评定。等级评定有四种:熟悉度如何,旋律规律性(可预测性)如何,旋律愉悦度如何,旋律学习和记忆容易度如何;每种 10 个等级。这种等级评定使被试对旋律进行了充分的学习。最后要求被试通过再现的方式对旋律的持续时间进行回忆。结果发现:音乐结构(一致/

不一致)的主效应显著,即无论注意维度如何,高一致性旋律比低一致性旋律更容易预测,也更容易学习和记忆;音乐结构与注意维度存在交互效应,即选择性注意的变化能够影响持续时间记忆,但这些效应也依赖于事件结构一致性的程度。实验二与实验一相似,仅在注意指向变量中增加了节奏水平。实验二的选择性注意条件有五种:一组注意总持续时间,一组只注意特定节奏,一组注意音高,一组同时注意音高和节奏,一组无任何信息。结果与实验一相同:音乐结构(一致 / 不一致)的主效应显著,音乐结构与注意维度存在交互效应。

以上两个实验说明高度一致的事件以不同方式易化了编码和记忆,研究者的解释是:由于两类信息高度一致,同时输入两个维度和单独输入一个维度需要同等数量的加工努力,那么对一个维度的注意可以促进/引发对另一个维度的偶然学习。因此,同时注意两个维度没有使作业成绩降低。这些研究表明,时间信息和非时间信息可以相互促进,前提是事件结构高度一致。其实,在认知加工中,事件结构高度一致是指,时间信息具有特定的规律并能够对非时间信息的组织产生重要作用,从而使时间信息成为非时间信息的属性之一。比如在音乐事件中,节奏(时间信息)可以成为音高(非时间信息)的辅助属性。节奏就是特殊的时间栅栏,时间栅栏是由内部生物钟或起搏器产生的一系列相等的时间间隔,当音高以特定的时间序列出现时,就落在了节奏栅栏上,这就如同给音高做了标记和组织,造成了个体直接知觉(自下而上)的易化(Krumhansl,2000)。再比如在诗歌中,韵律(时间信息)就成为语音(非时间信息)的辅助属性,易化了语音的知觉。此时,个体的知觉对象是非时间信息,而时间信息则退为背景,被纳入非时间信息的属性,因此个体只需要在非时间信息上分配注意,而个体对非时间信息的加工又会自然而然地引起对时间信息的加工,于是,个体仅需很少的注意资源就完成了两类信息的加工,时间信息和非时间信息实现了相互促进。

另外,相互促进的过程与学习经验程度也有关。学习初期,时间信息与非时间信息两个维度可能是相互独立的,随着学习经验的增加,个体就会掌握规律性组织的方法,学会用时间信息组织非时间信息,从而实现相互促进。比如初学朗读的人,其语音和节奏是分离的,不易于学习和记忆,随着朗读熟练程度的提高,语音就被停顿、长音等时间信息有机地组织,从而利于学习和记忆。这表明,时间信息和非时间信息的有机结合会促进彼此的加工。

5 小结

关于认知加工中时间信息和非时间信息的关系,仁者见仁,智者见智。相互独立观点、相互竞争观点、相互促进观点在说明时间信息与非时间信息的关系上各有贡献：相互独立观点认为时间信息与非时间信息能够独立作用于任务操作，而不依赖于另一信息的特性；相互竞争观点则强调时间信息与非时间信息在加工时存在干扰效应，对一类信息的注意增强会影响另一任务的完成；相互促进观点则引入了事件结构，尤其提出事件结构一致时两类信息是相互促进的，为研究两类信息的关系打开了新局面。但三者提出的只是总体现象的某个部分，都不能清晰、整体地说明时间信息与非时间信息的关系，因此，有必要对时间信息与非时间信息的关系进行整理和概括，其关系大致可归纳为图1。

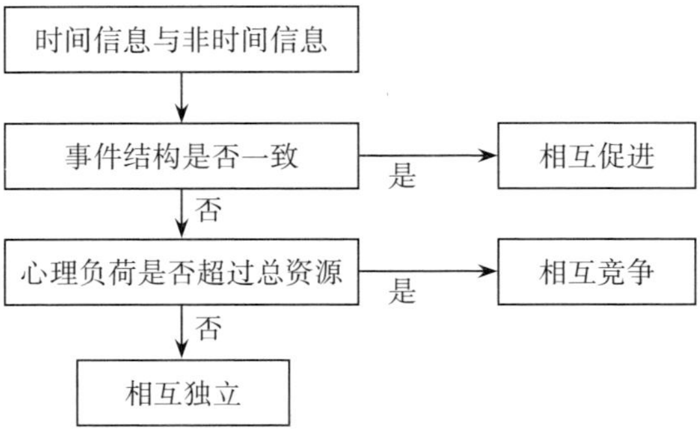

图1　认知加工中时间信息与非时间信息的关系

时间信息和非时间信息是事件的两个基本属性，共同决定事件的本质，图1表明，时间信息和非时间信息在知觉中的地位不是一成不变的，这取决于事件的结构。如果事件结构不一致，时间信息和非时间信息就分别成为知觉的对象。注意分配机制会进一步做出判断：心理负荷（即两类信息所需的资源总和）是否大于总资源？如果时间信息和非时间信息所需的资源总和（心理负荷）小于总资源，两类信息在认知系统中就相互独立。这种独立加工包括两种情形：一种是时间信息和非时间信息所需要的资源相当，由于总资源充沛，认知加工没有受到任何影响，于是对一个维度的加工就不依赖于另一个维度特性的变化，其中一个任务的完成水平是单独加工作用的结果。另一种是时间信息和非时间信息所需要的资源量有差异，比如其中之一过于简单，或与个体知识经验吻合，或者得到一定程度的练习，这种自动化会使另一个任务的完成水平提高，从而促进整体信息加工水平提高。

如果时间信息和非时间信息所需的资源总和（即心理负荷）大于总资源，两者就相互竞争，争夺到较多资源的那一方就获得较好的加工。这种竞争包括两种情形：一种是时间信息和非时间信息所需要的资源量相当，此时注意分配机制不得不根据任务要求来判断更倾向于哪一方。比如在预期条件下，注意在时间信息上分配得更多，而在回溯条件下则相反,因此在预期条件下时间任务的完成好于非时间任务,在回溯条件下则无此结果。另一种是两者需要的资源量有差异,这种差异大多是由学习和练习造成的,此时注意分配机制的压力得到缓解,由学习或练习而节省的资源就分配给另一任务。所以在该条件下任务的完成效果好于第一种条件下的。

如果事件结构高度一致,两者会相互促进,此时加工机制将对它们的知觉地位做出变换:非时间信息成为知觉对象,而时间信息退为背景。由于两类信息在结构上高度结合,时间信息被纳入非时间信息中,成为非时间信息的一个属性,从而大大节省了任务完成所需的注意资源。即使个体没有将注意分配到时间信息上,只要他对非时间信息进行注意和加工,在潜意识里对时间信息进行了偶然学习,那么个体的选择性注意也不会影响任务的完成。

时间信息和非时间信息相互促进的关系尚有许多问题值得深入研究。当时间信息和非时间信息具有高度紧密的结构关系时,非时间信息成为知觉对象而时间信息退为知觉背景,那么时间信息究竟如何对非时间信息进行组织?时间信息的认知是否是内隐的?有什么特点?学习经验程度如何影响时间信息对非时间信息的组织?可以预期,随着这些问题的解决,时间信息与非时间信息关系的研究将会更加深入。

合作者:郭秀艳、聂晶。原文载于:《心理科学》2003年第26卷第5期。

时间期待的认知与神经机制

1 引言

时间期待(temporal expectation)是指个体利用环境中的时间信息预测目标刺激何时出现的能力(Coull, Cheng, & Meck, 2010; Niemi & Näätänen, 1981)。通过抽取事件的时间信息,在目标刺激出现之前做好准备的能力,在人们日常生活中起着至关重要的作用。比如,由于视觉信息和声音信息的不同步,唇读能够增强听者对即将产生的言语的时间注意(Besle et al., 2008; Zion Golumbic, Poeppel, & Schroeder, 2012);在羽毛球运动中,羽毛球的运动速度所提供的时间信息可以帮助运动员做出何时挥拍的决定;等等。

心理学领域对时间期待的研究最早可以追溯到20世纪初,Woodrow(1914)首先进行了这方面的探索(Los, 2010)。随后,研究者发现保持警觉信号和目标刺激之间的时间间隔的可预测性能够促进行为反应的速度(Coull & Nobre, 1998)、提高知觉辨别的正确率(Barnes & Jones, 2000; Correa, Lupiáñez, & Tudela, 2005)。根据不同的时间信息类型,研究者已从不同的角度对时间期待展开了研究,但是对于时间期待具体涉及哪些认知过程还未达成一致。当今,对时间期待内在神经机制的探讨也逐渐成为一个新的热点。本文拟对以往的研究进行总结,从时间期待认知机制以及神经基础等方面展开阐述,并在此基础上探讨时间期待未来研究的方向。

2 时间期待的分类

当机体利用感觉刺激的运动速度或时间规律完成非计时的任务时,时间期待的过程便会产生。例如,根据汽车的行驶速度,判断汽车何时会到达我们面前,以便判断何时过马路比较安全。在此例子中,时间期待用来达成非计时任务的目标(安全穿过马路)而不是估计流逝的时间(比如判断当前车辆到达我们面前的时间是否长于或短于其他车辆)。在这种条件下,时间期待是由刺激本身的运动规律或运动的时间动态性信息引起的,时间信息的加工是自下而上的(外源性的线索)。但是,时间期待同样可以根据包含信息的警觉线索,采用自上而下的方式建立(内源性的线索)。例如,预测交通信号灯何时由黄色转为红色,能够有效地将感觉刺激与即将发生的事件在时间上建立起联结,这个过程即时间期待形成的过程。

尽管如此，时间预测力的感觉线索并非时间期待形成的唯一有效线索。我们在等一辆迟来的汽车时，在公交站点等待的时间越久，对汽车随后就会出现的期望便越大。这种随时间不断增加的期待称为“冒险函数”(hazard function)——目标刺激出现的条件概率随时间流逝而不断增加。这种随时间的延长而不断增加的条件概率依赖于时间流逝的单维性和不可逆性，因为时间不断流逝，我们期待的事件终将会在将来的某一刻发生。从这方面讲，时间期待的形成不仅会依赖感觉线索还会依赖时间流逝本身。

基于以上原因，Coull和Nobre(2008)将时间期待分为内源性时间期待和外源性时间期待。外源性时间期待具有不随意性的特点，主要是通过刺激本身所具有的时间动态性信息而形成的。相反，内源性时间期待具有自主性的特点。当一个前置线索包含下一个事件何时发生的预测信息时，个体就会将注意有效地分配到相应的时间点上(Coull & Nobre, 2008; Rohenkohl, Coull, & Nobre, 2011)。

3 外源性时间期待及其认知机制

外源性时间期待的时间结构包括先期时间(fore period, FP)的长度，即不含任何信息的警觉信号与目标刺激之间的时间间隔(Niemi & Näätänen, 1981)，以及刺激序列自身运动速度或动态节律性信息(Geiser, Notter, & Gabrieli, 2012)。

3.1 先期时间效应及其认知机制

3.1.1 先期时间效应

先期时间效应包括固定先期时间效应、变化先期时间效应和序列效应(Los & Heslenfeld, 2005; Wagener & Hoffmann, 2010)。在实验室中，通常先给被试呈现一个警觉信号，间隔一段时间之后，出现目标刺激，此时被试需要又快又准地做出反应(Niemi & Näätänen, 1981)。如果同一组块(block)内仅存在一种水平的FP，而不同组块间的FP不同，反应时会随着FP的增加而增加，这种现象被称为固定先期时间效应(fixed-fore period effect)。但是，如果同一组块内存在多种水平的FPs，并且每一水平的FP随机等概率地出现在某一测试(trial)中，那么反应时随着FP的增加而降低，这种现象被称为变化先期时间效应(variable-fore period effect)。此外，在变化先期时间范式中，还存在另一种被称为序列效应(sequential effect)的现象，这种效应表明当前测试的反应时不仅受到当前测试先期时间(FP_n)的影响，还受到前一测试先期时间(FP_{n-1})的影响。具体表现为，如果FP_n长于或等于FP_{n-1}，被试的反应成绩最佳。相反，如果FP_n短于FP_{n-1}，被试的反应成绩较差。有研究发现序列效应在FP_n最短的测试中最强(Los&Heslenfeld, 2005)。Steinborn, Rolke, Bratzke 和 Ulrich(2009)采用变化先期时间范式,通过操作不同实验任务(简单反应时任务和选择反应时任务)和感觉通道(视觉、听觉和触觉)亦证实无论在哪种实验条件下,反应时都会随着 FP 的增加而降低,并且同时受到 FP_n 和 FP_{n-1} 的影响。

3.1.2 固定先期时间效应的认知机制

固定先期时间效应能够很好地说明机体进行时间期待的过程,但是对于这种效应产生的认知机制却存在多种解释。一种观点认为,固定先期时间效应是由被试的准备状态随着时间增加而逐渐减弱引起的(Niemi & Näätänen, 1981; Vallesi & Shallice, 2007)。依据这个假设,呈现提示信号之后,被试迅速达到最佳的准备状态,但是保持较高的准备状态需要消耗认知资源,因此随着时间的增加,准备状态会逐渐减弱,反应时随着 FP 的增加而增加。另一种观点认为,固定先期时间效应是由于被试对不同水平时距估计的准确性差异造成的(Müller-Gethmann, Ulrich, & Rinkenauer, 2003; Wagener & Hoffmann, 2010)。依据该假设,被试预先对警觉信号与目标刺激之间的时间间隔进行估计。但是由于时距估计的标量属性(即时距越长,估计的准确性越低),被试所估计的目标刺激出现的时间点就会与目标刺激真实出现的时间点产生误差,且 FP 越长,平均误差越大。虽然这两种观点对固定先期时间期待提出了各自的解释,但是还没有发现相应的实验进一步证明。

3.1.3 变化先期时间效应和序列效应及其认知机制

由于变化先期时间效应和序列效应是在同一种实验范式下产生的,研究者通常同时考查这两种效应。传统上的策略模型(strategy model)认为,根据时间流失的单维性和不可逆性,目标刺激出现的概率会随着时间流失而逐渐增加(Niemi & Näätänen, 1981)。依据该假设,变化先期时间效应就是机体主观准备状态对这种不断增加的客观条件概率的适应。为了更好地说明这一理论,假设实验中存在3种水平的 FPs: 500 ms, 1000 ms 和 1500 ms,并且目标刺激随机等概率地出现在任一水平 FP 之后。测试开始时目标刺激出现在任一 FP 之后的概率为 1/3。但是如果 500 ms 之后目标刺激没有出现,那么出现在剩余两个 FP 中某一时间间隔之后的条件概率就增加到 1/2。如果 1000 ms 之后,目标刺激仍然没有出现,那么目标刺激出现在 1500 ms 的条件概率就增加到 1。被试利用这种条件概率变化的信息,及时地调整准备状态,反应时随着准备状态的增加而降低,即反应速度随着 FP 的增加而提高。然而,该理论的一个很大问题是它无法解释序列效应(Los, 2010; Los & Heslenfeld, 2005)。

近些年,Los 及其合作者提出了根据痕迹条件作用的模型(trace-conditioning model)来同时解释变化先期时间效应和序列效应(Los, 2004, 2010)。该模型假设时间期待的形成是动态联结学习过程(联结学习能够很好地揭示机体的计时能力),时间期待也仅是自动化的痕迹条件作用的结果。警觉信号作为条件刺激引起了时间锁定(time-locked)的条件作用,被试的准备状态随着FP的变化而动态变化。如果目标刺激出现在某一水平的FP之后,会强化该水平FP所对应的条件作用强度,而为了防止被试提前做出反应,会对短于该FP的其他水平的FP对应的条件作用进行抑制(Los,2004)。在这个过程中,最短的FP对应的条件作用受到的抑制最多,而最长的FP从不会受到抑制。该模型能够解释序列效应产生的机制,并且根据这个模型,变化先期时间效应也只是序列效应的直接结果,因为被试的反应速度与之前形成的条件作用的强度有关(Los,2010)。

但是变化先期时间效应和序列效应是否属于同一机制,近来也受到了质疑。Vallesi和Shallice(2007)以不同年龄段的儿童为被试,要求他们在变化先期时间范式下完成简单反应时任务。结果发现如果FP_{n-1}不变,最年幼的儿童组(4~5岁)表现出的序列效应在短FP_n和长FP_n条件下没有差异,而在其他年龄组儿童(6~7,8~9,10~11岁)中,序列效应在最短的FP_n条件下最强。究其原因,可能是年幼的儿童没有发展出用于监控目标刺激出现的条件概率变化的高级认知机制,Vallesi等(2007)认为变化先期时间效应和序列效应存在分离:变化先期时间效应可能受到意识控制,而序列效应可能与时间信息的自动化加工有关。此外,脑损伤病人(Vallesi, Mussoni, et al., 2007)和经颅磁刺激(TMS; Vallesi, Shallice, & Walsh, 2007)的研究进一步证实了这一点。基于以上研究结果,Vallesi和Shallice(2007)提出"双加工模型"(dual-process model)来解释变化先期时间范式中时间期待的认知过程。该模型假设变化准备范式中,时间期待的形成分为两个过程:首先,保持准备状态需要消耗认知资源,当前测试的警觉水平受到前一测试中消耗的认知资源的影响,FP_{n-1}越长,消耗的认知资源越多,对被试的警觉水平影响越大,因此当FP_{n-1}长于FP_n时,反应时较慢;其次,时间流逝本身所引起的目标刺激出现的条件概率的增加,会进一步调节被试的准备状态,FP越长,调节作用越大,反应时随着FP的增加而降低。

综上所述,策略模型认为变化先期时间效应是目标刺激出现的条件概率随时间逐渐增加引起的,但是该模型无法解释序列效应;痕迹条件作用模型认为时间期待是通过提示信号和目标刺激之间建立起条件作用的结果,在序列效应中强化和抑制起着非常重要的作用,变化先期时间效应也仅仅是序列效应的结果;而双加工模型则认为先期时间效应和序列效应属于不同的认知过程。尽管如此,目前还没有充分的证据支持哪一个模型,其中争论的焦点在于时间期待是否存在多个加工机制,以及不同机制之间如何协同作用。比如,作用于变化先期时间效应的过程可能更加灵活,但是资源有限且作用阶段较晚;而作用于序列效应的过程可能更加稳定。

3.2 节律性时间期待效应及其认知机制

虽然实验室中利用提示信号进行外源性时间期待的研究已经有很长的历史，然而现实生活中人们更多的是利用刺激的运动规律或运动速度来预测目标事件或刺激何时发生。例如，根据音乐的节律，人们能够有效地预测下一个节拍何时出现（Lange & Heil，2008）。Doherty，Rao，Mesulam 和 Nobre（2005）设计了一种更加生态化的实验范式来研究有节律的时间期待。实验操作如下：小球从屏幕的左端逐步运动到屏幕的另一端，其间需要穿过屏幕中间的实心区域，此时的运动轨迹由于被遮蔽而不可视，当小球离开遮蔽区域再现时，被试需要对小球中包含黑点的目标又快又准地做出反应。实验中除了小球自身的运动信息外，没有任何外部提示。在不同的实验条件下，运动中小球每步之间的时间间隔是同步的（500 ms，时间期待）或非同步的（200~900 ms，非时间期待），运动的轨迹是线性的（空间期待）或杂乱的（非空间期待），遮蔽区域共遮蔽时间恒定为 1100 ms。实验通过操作时间期待（存在和不存在）和空间期待（存在和不存在），结果发现在存在空间期待或时间期待的条件下，都能够增加反应的速度。由此，研究者认为被试可以利用遮蔽之前刺激的运动轨迹或节律性信息预测目标刺激出现的空间位置和时间点。但是，在上述实验中同时存在空间期待和时间期待信息，还无法充分说明节律信息能够单独用来预测目标刺激何时出现。Correa 和 Nobre（2008）排除了空间信息的干扰，仅采用节律性刺激，同样证实如果目标刺激再现的时间点能够通过遮蔽之前的运动信息进行预测，就会加快反应的速度。

针对机体是如何利用刺激的运动信息将注意聚焦于目标刺激可能出现的时间点上，Jones 等人提出“动态注意理论”（dynamic attention theory）（Jones，2010；Large & Jones，1999）。该模型包括三个主要成分：节律性的背景信息、时间注意的内部生理基础和内外偶联。节律性的背景信息指刺激序列的时间结构。时间注意的生理基础是以一定频率振荡的神经振荡器，其携带注意资源，是注意的运输工具。内外偶联揭示了神经振荡器是如何适应外部的时间结构的：当一个具有节律性时间结构的事件在时间维度上展开时，神经振荡器会与外部的节律产生共振，调整振荡的周期，以便与外部事件的节律相一致。依据该假设，在节律性时间期待中，遮蔽之前刺激的节律能够诱导内部的振荡器产生同步的周期性变化，即使在遮蔽过程中，其振荡周期也不会发生变化，因此当目标刺激再现时，能够快速做出相应的行为反应。

4 内源性时间期待及其认知机制

内源性时间期待（又称时间定向，temporal orienting）是指被试有意识地利用具有预测力的提示信息,将注意指向具体的时间点,具有灵活性和自主性的特点(Coull & Nobre,1998;Coull & Nobre,2008)。

时间定向的研究范式与变化先期时间范式相类似,差别仅在于在时间定向的研究中,警觉信号包含目标刺激何时出现的预测信息。以 Correa,Lupiáñez,Milliken 和 Tudela(2004)的研究为例。在时间定向的研究中,电脑屏幕上逐次呈现警觉符号、空屏和目标刺激。警觉符号提供了目标刺激何时出现的时间信息:短横表示目标刺激将有75%的概率出现在400 ms之后,长横表示目标刺激将有75%的概率出现在1400 ms之后。每次只呈现一种符号,之后出现的空屏持续时间为400 ms或1400 ms。在有效线索中,目标刺激出现在符号所提示的时间点;而在无效线索中,根据提示信息的不同,目标刺激出现早于或晚于提示的时间点。目标刺激"X"出现时,被试需要又快又准地做出反应。结果发现,有效线索能够加快被试的反应速度。这证实人们能够利用外显的提示信息自主地将注意指向期待的时间点(时间定向效应)。在无效线索中,目标刺激提前出现会降低被试的反应速度,而目标刺激延迟出现时,被试的反应速度不受影响(不平衡的无效线索效应)。

时间定向效应表明人们可以利用时间信息随意地将注意指向确定的时间点,但是这种效应仅仅能够在较短的FP条件下才能观察到。而不平衡的序列效应一般认为与时间再定向过程(temporary-orienting)有关(Coull,Frith,Büchel,& Nobre,2000;Rohenkohl,2011)。根据时间再定向理论,准备过程在提示符号呈现之后就已经开始,并且随着时间流逝而不断地增强,最后在期待的时间点达到最佳的准备状态。如果目标刺激提前出现会打断被试的准备,反应时会增加。而如果目标刺激延迟出现,人脑会自动地重新将注意定向于下一个可能的时间点。究其实质,时间再定向过程反映了时间流逝的单维性对被试准备状态的进一步调节,即如果在短时间间隔之后目标刺激没有出现,意味着目标刺激肯定出现在下一个时间点。

5 时间期待的神经机制

随着认知神经科学的兴起,研究者应用神经成像、经颅磁刺激和事件相关电位等技术来研究时间期待的神经机制。这方面的研究成果,同时也可以为相关的理论模型提供佐证。

5.1 外源性时间期待的神经机制

5.1.1 固定先期时间效应的神经机制

在固定先期时间范式中,反应时随着先期时间的增加而增加。有研究者认为这种效应可能与运动皮层有关(Davranche et al.,2007)。利用经颅磁刺激技术抑制左侧动作皮层(motor cortex,M1),Davranche等人(2007)检验不同长度先期时间(500 ms或2500 ms)中时间期待对动作激活电位(motor evoked potential,MEP)和静止期(silent period,SP)持续时间的影响(MEP反映了皮层—脊髓通道的兴奋程度,而SP持续时间与皮层内中间神经元的抑制程度有关)。结果发现SP持续时间会随着时间的增加而逐渐减少,并且在500 ms条件下减少的程度更加明显,表明皮层抑制的释放。而MEP仅在500 ms条件下出现了明显的降低,提示时间期待引起皮层—脊髓通道的抑制。有研究认为这种抑制和兴奋的过程在准备期间能够增加运动神经元对目标刺激的敏感性(Requin,Brener,& Ring,1991)。

此外,Stuss等人(2005)发现上内侧前额皮层(superior medial prefrontal cortex)可能也与固定先期时间效应有关。他们以脑损伤的病人为被试,根据脑损伤部位的不同将被试分为四组:右外侧(right lateral)、左外侧(left lateral)、上内侧(superior medial)和下内侧(inferior medial)。每组被试都需要完成固定先期时间任务和变化先期时间任务。在固定先期时间任务中,视觉提示信号与目标刺激之间的时间间隔为1 s或3 s,并且在同一组测试内保持不变。当目标刺激出现时,被试需要又快又准地做出反应。四组被试以及控制组都能表现出固定先期时间效应,即先期时间越长,反应时越长。但是,随着先期时间的增加,上内侧前额皮层损伤组对反应时成绩的影响更大。Stuss等人(2005)认为该脑区可能与激发准备反应有关。由此看来,固定先期时间效应的形成可能与运动皮层有关,然而效应的启动还需要上内侧前额皮层的参与。

5.1.2 变化先期时间效应的神经机制

变化先期时间范式中,同一组测试包含多个水平的FP,反应时随着先期时间的增加而缩短。神经心理学(Stuss et al.,2005;Triviño,Correa,Arnedo,& Lupiáñez,2010)、经颅磁刺激(Vallesi,Shallice,et al.,2007)和神经成像(Vallesi,McIntosh,Shallice,& Stuss,2009)的研究均表明,这种效应可能与右侧背外侧前额皮层(right dorso lateral prefrontal cortex,rDLPFC)的活动有关。右侧前额损伤的病人,无法像左侧前额损伤的或健康的被试一样,在长时间准备条件下做出更快的反应(Triviño et al.,2010)。在健康的被试中,利用TMS抑制右侧前额皮层亦证实了这一发现(Vallesi,Shallice,et al.,2007)。

Vallesi等(2009)利用功能磁共振技术(fMRI)考查了变化先期时间的神经基础。实验为2(FP:1 s和3 s)×2(实验范式:固定先期时间和变化先期时间范式)的被试内设计,当目标刺激出现时被试需要判断刺激的形状(方形或三角形)。分析fMRI数据时,以固定先期时间范式激活的脑区为参考基线,因为两种范式中包含相同的知觉和动作要求,唯一不同在于固定先期时间范式不需要对目标刺激出现的条件概率进行监控。与固定先期时间范式相比较,变化先期时间范式激活面积更大的右侧前额皮层,并且该脑区的激活程度与行为成绩成正比。基于以上研究结果,Vallesi等人(2009)认为,变化先期时间效应反映了右侧前额皮层对目标刺激出现的监控过程:随着时间的流逝,右侧前额皮层利用感觉反馈的信息及时更新时间期待状态。

尽管有些研究发现序列效应并不依赖于前额皮层(Vallesi, et al., 2007; Vallesi, Shallice, et al., 2007)和基底神经节(basal ganglia; Triviño et al., 2010),但是到目前还没有发现与序列效应有关的脑区。Vallesi和Shallice(2007)认为序列效应涉及更加自动化的加工过程,可能依赖于一些皮层下结构。这方面的研究尚需进一步探讨。

5.1.3 节律性时间期待的神经机制

根据动态注意模型,节律性时间期待与刺激运动的节律知觉有关。已有研究发现,这种节律性知觉能够激活左侧下顶叶皮层(left inferior parietal cortex; Assmus, Marshall, Noth, Zilles, & Fink, 2005)、前运动皮层(premotor area; Coull, Vidal, Goulon, Nazarian, & Craig, 2008)、壳核(putamen; Geiser, Notter, & Gabrieli, 2012)以及小脑(cerebellum; O'Reilly, Mesulam, & Nobre, 2008)。

Coull等人(2008)采用接触时间(time-to-contact, TTC)任务,要求被试根据刺激的运动速度判断刺激何时会相撞,并利用fMRI记录大脑的活动。结果表明下顶叶皮层(inferior parietal cortex)和腹侧前运动皮层(ventral premotor cortex)的活动水平增加。该结果与先前的研究结果相似(Assmus et al., 2005)。此外,O'Reilly等人(2008)发现利用刺激的运动特点预测目标刺激何时出现同样能够激活小脑,但是在Coull等人(2008)的研究中并没有发现小脑的激活。对比两组研究可以发现,在O'Reilly等人(2008)的研究中采用的时间间隔为600 ms,而Coull等人(2008)则采用了较长的时间间隔(2~3.5 s)。Lee等人(2007)的研究表明小脑主要在秒以下的计时任务中激活。因此,节律性时间期待中小脑的激活可能与采用的时距长短有关。

5.2 内源性时间期待的神经机制

如果实验要求被试利用前置线索预测目标刺激何时出现,被试能够有效地将注意指向确定的时间点。对于这种效应的神经机制的探讨,可以追溯到Coull和Nobre(1998)的研究。他们采用类似于空间注意定位的研究范式(Posner, Snyder, & Davidson, 1980),只不过呈现的提示符号表示目标刺激多长时间之后可能出现。实验采用两组不同的被试,在任务期间分别用正电子断层扫描和功能磁共振技术进行测量。通过直接比较空间和时间注意定向的神经解剖基础,发现空间定向倾向激活右侧下顶叶皮层(right inferior parietal cortex),这与以往关于空间定向的研究结果一致。相反,时间定向的激活在左侧下顶叶皮层。对时间期待研究的元分析结果也证实,左侧下顶叶皮层可能是时间定向的神经基础(Wiener, Turkeltaub, & Coslett, 2010)。然而,有研究发现左侧下顶叶皮层的活动同样与动作准备有关(比如对需要用食指还是中指做反应的预期),这说明左侧下顶叶皮层的激活同样可能仅仅是由对特定动作反应的期待引起的(Nobre, 2001; Davranche, Nazarian, Vidal, & Coull, 2011)。近些年,时间定向和动作期待的功能性分离逐渐成为研究热点之一。以其中的一项研究为例,该研究采用2×2因素设计,视觉提示线索表明目标刺激何时出现(长或短)或需要哪种效应器做出反应(按键或眼动)。由于目标刺激出现之前被试无法确定将如何做出反应,因此这种操作可以实现时间期待和动作期待分离。与中性线索相比较,时间线索和动作效应器线索都能够加快动作反应,这表明被试能够有效地利用两种提示线索。fMRI数据证实,即使目标刺激出现之前被试无法确定需要哪种效应器做出反应,仅凭有效时间线索也能激活左侧下顶叶皮层(Cotti et al., 2011)。

此外,在时间定向范式中,目标刺激提前出现增加了反应时,而目标刺激延迟出现则缩短了反应时。这种不平衡的无效提示效应表明目标刺激提前出现和延迟出现可能涉及不同的机制。目标刺激延迟出现,给被试留下了多余的时间进行注意的再定位,而目标刺激提前出现可能打断了注意的过程。Coull等人(2000)利用fMRI探讨了这两种注意转移的神经基础:目标刺激提前出现,伴随着视觉皮层活动的增加;而目标刺激延迟出现与右背侧前额皮层的活动有关。

以上fMRI的研究结果显示左侧下顶叶皮层可能是时间定向效应的神经基础,而右侧背外侧前额皮层的活动可能与期待的更新有关,即期待的产生和更新涉及不同的脑区活动。电生理学的研究结果也进一步证实了这种脑区的分离:当在右侧额区电极点记录关联性负变化(CNV:一种与准备或期待有关的慢波)电位随时间变化的情况时,发现CNV电位稳步增长直至目标刺激出现(Pfeuty, Ragot, & Pouthas, 2003);但是如果CNV电位在左侧额区(Pfeuty et al., 2003)或左侧顶区(Macar & Vidal, 2003)电极点记录,那么CNV电位仅仅增长到前置符号所表示的时间点(期待的时间点)就会停止。总之,电生理学和神经成像的研究结果表明时间期待的产生和更新存在神经基础上的分离:右侧前额皮层可能与期待的更新有关,而左侧顶叶可能与期待的形成有关。

6 小结与展望

在动态变化的环境中,利用时间信息预测事件何时会发生,对于机体的生存和发展至关重要。内源性时间期待说明利用外在的提示信息(提示目标刺激何时出现的预测信息),机体可以主动地建构时间期待。而外源性时间期待则说明根据刺激之间的时间关系或刺激自身的运动特点(不包含任何关于目标刺激何时出现的信息提示),时间期待也可以通过自下而上的方式建构起来。但是,无论是外源性的时间期待还是内源性的时间期待,都会激活左侧与运动有关的脑区,包括左侧运动皮层和顶下区。并且,这种激活与任务要求的动作反应或知觉辨认无关(Coull & Nobre,2008),这说明时间期待最主要的目的是促进将来的行为反应。此外,由于时间的单维性,如果目标刺激没有出现在最初期待的时间点,机体会及时更新期待(Nobre,Correa,& Coull,2007),这一过程与右侧前额皮层有关。基于以上的研究结果,我们认为时间期待的建构和更新属于不同的认知过程,并且存在神经机制上的分离:时间期待的建构与左侧运动皮层有关,而期待的更新与右侧前额皮层有关。

虽然研究者们从行为到神经机制对时间期待的产生与更新做了不少研究,但是还存在一些疑点,今后可以着重从以下几个方面进行研究。

第一,固定先期时间效应的认知机制。对于固定先期时间认知机制的研究,目前有两种主要解释:一种认为是由于被试的准备状态随时间的增加而降低造成的,另一种认为是由于被试对不同长度的时间估计的准确性差异造成的。前者强调认知资源的消耗,后者强调时间估计能力。但是,这两种解释均缺少进一步的实验证据。相关神经机制的研究也只是发现固定先期时间引起的时间期待与运动皮层的抑制和兴奋有关,而不能对已有固定先期时间效应的认知机制的解释进行检验和说明。由于固定先期时间效应很好地反映了机体产生时间期待的过程,弄清楚固定时间期待效应的认知机制具有重要的理论价值。

第二,不同类型的时间信息对时间期待的交互作用机制。不同类型的时间信息能够单独地引起时间期待,这一点在不少的研究中已经得到了证实。但是当同时存在多种类型的时间信息时,它们的交互作用机制并不清楚。例如,有研究发现,如果在变化先期时间范式中,在FP之前呈现一系列的节律性刺激,那么变化先期时间效应就会受到影响,表现为时间越长,反应时越长,与经典的变化先期时间效应趋势相反(Ellis & Jones,2010)。此外,当同时存在节律性线索和符号线索时,要求被试注意节律性线索,符号线索的有效性并不会影响反应速度;而当要求被试注意符号线索时,节律线索的有效性会影响到反应的速度(Rohenkohl et al.,2011)。以上研究均说明,不同的时间信息之间存在交互作用,但是对于这种交互作用的机制却鲜有研究。在现实生活中往往存在着多种时间信息,深入研究该问题有助于提高研究结果的生态效度,有助于了解个体在真实环境中对时间信息的利用。

第三,注意控制在节律性时间期待中的作用。根据 Coull 和 Nobre(2008)的表述,节律性时间期待属于时间期待自动建构的过程,不受注意的影响。这一点在大量的研究中得到了证实,比如在右侧前额皮层损伤的病人中,仍然存在节律性时间期待效应(Triviño, Arnedo, Lupiáñez, Chirivella, & Correa, 2011)。但是这些研究并不能否定节律性时间期待受注意控制的影响,有研究发现,当存在两种刺激序列时,神经振荡器的周期会与要求注意的节律性序列的周期同步(Lakatos, Karmos, Mehta, Ulbert, & Schroeder, 2008)。并且在大多数的研究中采用的节律性刺激序列,刺激之间的时间间隔是固定的,并且仅存在一种节律。而在现实生活中节律要复杂得多,比如音乐节律。弄清楚注意控制对节律性时间期待的作用,是未来重要的研究方向之一。

合作者:邱俊杰、毕翠华、袁祥勇。原文载于:《心理科学进展》2015年第23卷第3期。

时序知觉影响因素与思考

1 引言

时间知觉(time perception)对于人类的生存和发展起着至关重要的作用。我们的许多行为都依赖于对时间的知觉,如准确理解语音、欣赏音乐、参与运动、推断事件的因果关系等。时间知觉包括时距知觉(duration perception)和时序知觉(temporal order perception)。时序知觉通常是在几十毫秒到几百毫秒之内,对事件的同时性、相继性和顺序性的知觉(袁祥勇、陈有国、毕翠华、刘培朵、黄希庭,2013)。时序知觉一般涉及两个或两个以上的刺激,当两个刺激之间的时间间隔比较短时,刺激被知觉为同时出现;随着时间间隔的增加,可以知觉到两个刺激是非同时出现的,但尚不能分辨顺序;当刺激之间的时间间隔增加到一定程度时,人们可以分辨刺激出现的顺序。尽管大多数人都能在几十毫秒内辨别出两个刺激的先后顺序,但一些人还是会出错;不同个体,甚至同一个体在不同条件下时序知觉的阈限也存在差异。时序知觉同其他知觉一样不是客观的,而是主客观因素交互作用的结果。

在时序知觉研究之初,学者们大多集中在自下而上的加工上,即由外部刺激开始的加工来研究时序知觉,如探讨刺激的物理特征、被试的生物学特征,以及实验方法对时序知觉的影响。最近,学者们开始关注因果信念等知识经验对时序知觉的影响,开始了自上而下的加工,即由有关时序的一般知识开始的加工来研究时序知觉。这就引出了一些新的问题:时序知觉是否可以分为两种,即自下而上加工的被动时序知觉和自上而下加工的主动时序知觉?它们有什么特点?时序知觉也像其他知觉一样是自下而上的加工和自上而下的加工交互作用的结果吗?这些问题都有待深入研究。

2 自下而上的研究

大约从20世纪50年代至21世纪初,学者们主要侧重于从刺激物的特性(包括刺激的空间位置、通道等方面)和被试的生物学特性(包括性别、年龄、利手,以及测量方法等方面),即主要是侧重于通过自下而上的加工方式来研究时序知觉。

2.1 刺激物的特性对时序知觉的影响

刺激的空间位置对时序知觉的影响包括单通道和跨通道两个方面的证据。单通道主要体现在触觉通道，有研究发现当双手靠近时，相对于双手相隔较远时，同时性阈限更低，双手相隔较远时比双手靠近时需要多12 ms的时间间隔，才能知觉两个刺激是否是同时出现的（Geffen，Rosa，& Luciano，2000）。而采用时序判断任务的研究则发现，当双手相隔较远时，相比双手靠近时，被试的最小可觉差更小，且当两个刺激出现在双手的不同手指上时，该效应消失（Shore，Gray，Spry，& Spence，2005）。跨通道的研究则包含视听通道和视触通道。当视听刺激呈现在不同的位置，而不是都呈现在中间位置时，被试视听时序知觉的准确率提高（Bertelson & Aschersleben，2003；Zampini，Shore，& Spence，2003），并且两个通道的刺激呈现的空间距离越大，时序知觉的正确率越高（Keetels & Vroomen，2005）。同样，在视触跨通道的研究中，也发现了刺激之间的空间位置会影响跨通道时序知觉（Spence，Shore，& Klein，2001）。刺激之间的空间分离对时序知觉的影响，可能是由于当两个刺激呈现在不同的位置时，空间提供了额外的信息来提升被试的判断能力（Spence，Baddeley，Zampini，James，& Shore，2003）。

刺激通道对时序知觉的影响主要包括两个方面，一是不同刺激通道的时序阈限存在差异。早期的研究认为视、听、触三个通道的时序阈限都在20~40 ms之间，且有着共同的最小可觉差，约20 ms（Hirsh & Sherrick，1961）。但后来的研究发现，不同通道的时序知觉阈限存在着差异，听觉通道的时序阈限低于视觉通道（Fink，Ulbrich，Churan，& Wittmann，2006；Kanabus，Szelag，Rojek，& Pöppel，2002）。二是一个通道的时序知觉还会受其他通道的影响。例如触时序知觉会受视觉的影响（Gallace & Spence，2005），在该研究中，被试保持双手的实际距离不变，中间放一个镜子，使被试感觉两只手的距离发生了变化，包括远、中、近三种距离，结果发现，当镜子中的距离较小时，被试的时序判断能力越差，即最小可觉差更大，从而证实了视觉对触觉时序知觉的影响。

刺激的特性对时序知觉的影响不仅包括刺激的空间位置，以及刺激呈现的通道，研究表明，刺激的其他特性也会影响时序知觉：刺激的大小（McFarland，Cacace，& Setzen，1998）、刺激的强度（Bachmann，Põder，& Luiga，2004）、刺激的呈现时长（Boenke，Deliano，& Ohl，2009；Kuling，van Eijk，Juola，& Kohlrausch，2012）。

2.2 被试的生物学特性对时序知觉的影响

年龄对时序知觉的影响主要表现在单通道和跨通道两个方面，而单通道主要是在听觉通道。在听觉时序判断任务中，老年人比年轻人的时序知觉成绩更差（Fink，Churan，& Wittmann，2005；Hancock & Rausch，2010；Kołodziejczyk & Szelsg，2008），年轻人比老年人的时序阈限更低(Szymaszek,Szelag, & Sliwowska,2006)。这种差异不仅体现在老年人与年轻人的对比上,还表现在年轻人与中年人的对比上。研究表明,中年人的时序判断成绩不及年轻人(Humes,Kewley-Port,Fogerty,&Kinney,2010)。并且,听觉时序知觉随着年龄增长而成绩下降的趋势在单通道和双通道的表现形式上也存在着差异。研究表明,在单通道,超过60岁,时序知觉恶化严重;而在双通道,则在40岁以后就开始恶化(Szymaszek,Sereda,Pöppel,& Szelag,2009)。对视觉通道的研究也表明,随着年龄的增加,时序知觉的阈值增加(Busey,Craig,Clark,& Humes,2010;Ulbrich,Churan,Fink,& Wittmann,2009)。Busey等(2010)在研究中,选取了青年人、中年人、老年人三个群体的被试,以M,P,T,O四个字母为材料,字母相继出现在相同的位置或不同的位置,要求被试判断哪个字母先出现。结果发现,不同年龄组的时序阈限存在差异。同样,在触觉通道,研究也发现时序知觉阈值随着年龄的增加而增加(Craig,Rhodes,Busey,Kewley-Port,& Humes,2010)。不仅在单通道存在着年龄对时序知觉的影响,视听跨通道的研究表明,老年人比年轻人时序知觉的准确率更差(Settietal.,2011)。人们从50岁开始,视听时序知觉的敏感性便开始下降(De Boer-Schellekens & Vroomen,2014)。对视触跨通道的研究中也发现有类似的结果,老年人比年轻人的最小可觉差更大,要达成准确的时序知觉,老年被试需要更大的时间间隔(Poliakoff,Shore,Lowe,& Spence,2006)。

性别也会影响时序知觉。性别对时序知觉的影响主要集中在对听觉通道的研究。听觉时序判断任务中,男性比女性的时序阈值更低(Szymaszek et al.,2006),男性比女性更容易区别时序(Bao et al.,2013);而对老年人的研究表明,男性比女性的时序判断任务表现要差一些(Fink et al.,2005;Kołodziejczyk & Szelsg,2008)。也有研究表明,听觉通道的时序知觉不存在性别差异(van Kesteren & Wiersinga-Post,2007)。在听觉通道时序知觉的研究中,通常是在被试的左右耳相隔一定的时间间隔(stimulus onset asynchrony,SOA)呈现两个“咔嚓”的声音,要求被试判断哪只耳朵的刺激先出现。性别对时序知觉的影响有两种理论解释:一种假设认为可能是由于男女左半球处理时间信息的机制差异导致的,因为研究表明,左半球对于时序加工有着特殊的机制,且男性左半球处理时序的偏侧优势比女性强(Fitch,Brown,O'Connor,& Tallal,1993);另外一种假设认为时序知觉的性别差异可能是由于男女两性所使用的加工策略不同所导致的,男性可能使用的是整体加工,女性使用的是局部加工(Wittmann & Szelag,2003)。

被试的利手以及身体姿势也会影响时序知觉,这方面的研究主要来自触觉通道的时序知觉。有研究发现,当被试的手臂不交叉时,右利手比左利手被试的时间分辨率更高(Wada,Yamamoto,& Kitazawa,2004)。被试双手的距离也是影响触觉时序知觉的重要因素,距离越大,则时序知觉的最小可觉差越小(Kuroki,Watanabe,Kawakami,Tachi,&

Nishida,2010;Shore et al.,2005)。手臂交叉也会影响时序知觉。当手臂不交叉时,20~70 ms的时间间隔,被试可以达到75%的正确率(Craig & Busey,2003;Heed,Backhaus,& Röder,2012;Roberts & Humphreys,2008;Sambo et al.,2013)。当手臂交叉时,则大约需要100~200 ms才能达到同样的正确率。而另外一些研究表明,双腿交叉也会降低时序知觉阈值(Schicke & Röder,2006)。甚至想象双手交叉也会降低时序知觉阈值(Hermosillo,Ritterband-Rosenbaum,& van Donkelaar,2011)。

2.3 测量方法对时序知觉的影响

在时序知觉的研究中,最常用的是时序判断任务(temporal order judgment,TOJ)和同时性判断任务(simultaneity judgment,SJ)两种测量方法。同时性判断任务中,呈现A,B两个刺激,要求被试判断两个刺激是同时出现的还是相继出现的(Chen,Shore,Lewis,& Maurer,2016;Zampini,Guest,Shore,& Spence,2005)。而在时序判断任务中,被试则需要区分出两个刺激出现的先后顺序,即判断A先或B先(van Eijk,Kohlrausch,Juola,& van dePar,2008;Vroomen,Keetels,De Gelder,& Bertelson,2004)。当两者结合在一起,则有了三元反应任务(ternary-response task,TRT)和双任务范式(dual task,DT)。在三项反应任务中,被试有三种反应选项,即同时、A先、B先(Ulrich,1987;Zampini et al.,2007)。双任务范式则要求被试先判断同时性,再进行顺序判断(Yarrow,Jahn,Durant,& Arnold,2011)。在大多研究中主要还是使用同时性判断任务或时序判断任务。这两种时序知觉的研究方法都用主观同时点(point of subjective simultaneity,PSS)和最小可觉差(just noticeable difference,JND)作为时序知觉的指标。主观同时点是指被试认为两个刺激是同时出现时刺激之间的实际时间间隔,或者说是被试最有可能做出判断两个刺激是同时出现时的时间间隔。而最小可觉差是时序知觉的敏感性指标,是指被试能够准确进行时序判断时两个刺激之间的最小时间间隔,通常取75%和25%正确率之间的时间间隔的一半。研究表明:在时序判断任务和同时性判断任务中对同样的刺激进行测量,获得的主观同时点存在着差异。一项关于视听同步性的研究中,呈现简单的闪光和白噪声,两者之间存在着一定的SOA,SOA为正意味着声音比闪光后出现,为负则相反,SOA为0表示两者同时出现。结果发现,TOJ任务和SJ任务都能产生正的PSS,而负的PSS主要来源于TOJ任务(Aschersleben & Müsseler,1999;Fujisaki,Shimojo,Kashino,& Nishida,2004;Keetels & Vroomen,2005;Spence et al.,2003;Zampini et al.,2005)。而SJ任务与TRT相比,SJ任务获得的PSS更大,两种任务产生的PSS存在着高相关关系(Stone et al.,2001;van Eijk et al.,2008)。除了主观同时点,两种时序知觉任务的差异还表现在反应时方面。研究表明,呈现相同的实验刺激,要求被试尽量准确地进行时序知觉,被试在

SJ任务中的反应时显著低于TOJ任务(Matthews, Welch, Achtman, Fenton, & FitzGerald, 2016)。除了行为研究的证据,两种研究方法激活的脑区也存在差异。研究表明,TOJ比SJ更大地激活了左半球背外侧前运动皮层、左侧后顶叶皮层、双侧丘脑等脑区,而SJ比TOJ更大地激活了左右侧的脑岛皮层(Miyazaki et al., 2016)。

3 自上而下的研究

在时序知觉的早期研究中,所采用的刺激基本上是无时间意义的材料,如对视觉通道的研究通常采用闪光点,听觉通道主要采用纯音,触觉通道采用电刺激。且主要是从被试的生物学特征以及刺激的物理特征角度,即自下而上的加工方式来研究时序知觉。但近十几年,研究者们更多地关注自上而下的加工方式,考查个体的认知因素(如因果信念、情绪、文化等)是如何影响时序知觉的。

3.1 因果信念对时序知觉的影响

近十几年,研究者们对因果信念影响时序知觉现象产生了兴趣。不少学者对个人的因果信念对时序知觉的影响做过实验。因果信念对时序知觉的影响主要表现为,人们具有的关于事物之间的因果关系的信念会导致对事物的时序发生错误的知觉。因果信念对时序知觉的影响一开始源于跨通道的时序知觉动态校准,即当被试适应了两个刺激之间的延迟,两个刺激被知觉为同时出现。如在Stetson, Cui, Montague和Eagleman(2006)的研究中,让被试通过按键产生闪光,在大多数试次中,闪光固定地在按键后135 ms出现,当被试适应了这种延迟之后,突然缩短按键与闪光之间的延迟,被试会知觉闪光出现在按键之前。Eagleman(2008)认为这种运动—感觉时间再校准来源于个体已有的信念所形成的期待:即感觉效应是立即出现在运动行为之后的。Fernbach, Linson-Gentry和Sloman(2007)探讨了新习得的因果信念对时序知觉的影响,在该研究中,首先在计算机屏幕上呈现三个滑块,要求被试通过点击鼠标去发现它们之间的关系(如一个物体的运动,引发另外两个物体的运动),通过不断地进行反馈,使得被试形成强烈的因果信念。之后给被试呈现一段包含那三个滑块运动的视频,要求被试观看滑块的运动,并判断视频中滑块运动的先后顺序,结果发现被试倾向于做出与先前学习的因果顺序相一致的判断,而非视频中的客观顺序。Bechlivanidis和Lagnado(2013)的研究也进一步验证了新习得的因果信念对时序知觉的影响。并且,他们还关注人们在日常生活中习得的关于事物的因果信念对时序知觉的影响。在他们的一项实验中,首先要求被试在计算机上看一个视频,在视频中呈现三个相隔一定距离的物体,由最左边的物体运动去碰撞中间的物体，当碰撞发生之后，最右边的物体先运动，相隔350 ms之后，中间的物体才开始运动。要求被试看完视频之后，判断三个物体开始运动的时间顺序，结果发现很多被试错误地知觉了事件的时序，许多被试认为中间的物体比右边的物体先运动（Bechlivanidis & Lagnado，2016）。Desantis，Waszak，Moutsopoulou 和 Haggard（2016）也同样关注刺激和被试的操作之间的因果信念对时序知觉的影响，在一项研究中，在计算机屏幕中呈现许多小圆点，要求被试相隔一定的时间按键使圆点发生运动，如按左键使圆点向上运动，按右键使圆点向下运动，但实际上这些圆点并非被试按键产生，当被试相信圆点的运动是由他按键产生时，被试更多地报告圆点的运动发生在按键之后；当被试知道圆点的运动不是由于他的操作而产生时，这种效应则消失。同时，研究还发现当人们认为出现的刺激是由其自身的行为所产生的，相比那些由其他人或机器所产生的刺激，该刺激更容易被知觉为出现更早（Desantis，Roussel，& Waszak，2011；Desantis et al.，2016；Haering & Kiesel，2012）。如 Haering 和 Kiesel（2012）在实验中，让被试想象自己是一名救生员，需要救助一名反复落水的人，通过点击鼠标左键出现救生圈来实现救助。在实验中告知被试控制的是红色或绿色救生圈，另一个救生圈由另外一名被试控制。而事实上两个都是电脑自动产生的，要求被试判断哪个救生圈先出现，结果表明被试倾向于报告自己控制的救生圈先出现。不仅如此，最新的研究发现，新学到的关于刺激的归属也会影响时序知觉，在一项研究中，被试通过训练和反馈，习得某些东西是"属于"自己，而另外一些东西"属于"别人，当两个刺激同时呈现时，被试更倾向于认为"属于"自己的刺激先出现（Truong，Roberts，& Todd，2017）。因果信念影响时序知觉可能与注意有关，当被试在不确定的情况下对事件的时序进行判断时，会利用已有的因果信念对事件的发生进行补充，从而报告那些他们认为应该发生的（Fernbach et al.，2007）。也有研究者认为，人们已有的因果信念能够为未来发生的事件做出准备，包括增强对即将出现的事件的意识，以及提供选择性注意（Buehner & Humphreys，2009；Buehner，2012）。此外，还有研究者认为因果关系不仅仅影响前瞻性注意，而且能够从脑海中提取出来解释已经知觉到的事件的时序（Bechlivanidis & Lagnado，2013，2016）。

3.2 情绪对时序知觉的影响

研究者对情绪影响时序知觉的研究主要采用两种研究范式，第一种范式是以情绪图片为刺激，要求被试对情绪刺激呈现的时序进行判断。呈现的情绪刺激以面孔为材料，包括面孔简图和真人情绪面孔。采用面孔简图的研究发现，情绪面孔比中性面孔更容易知觉为先出现（Fecica & Stolz，2008；West，Anderson，& Pratt，2009）。如在 Fecica 和 Stolz（2008）的研究中，使用愉悦、愤怒、中性三种面孔图片为材料，在计算机屏幕的左右两侧分别呈现一张面孔,要求被试判断哪一侧的面孔先出现。该研究证实了积极和消极情绪面孔比中性面孔更容易知觉为先出现,甚至发现积极情绪面孔比消极情绪面孔更容易知觉为先出现,但是这种效应仅仅出现在两个面孔刺激之间的时间间隔较短时,当时间间隔较长时,该效应则消失。采用真人情绪面孔的研究结果则存在分歧。采用面孔简图和真人情绪面孔为材料,同样采用时序判断任务,结果发现愤怒情绪面孔比中性情绪面孔更容易知觉为先出现,并且真人情绪面孔相较于面孔简图,这种效应更加明显(West et al.,2009)。另一种研究范式是通过诱发被试的情绪,在此基础上进行时序知觉。在Liang,Zhang和Bao(2015)的实验中,首先给被试呈现一张情绪图片500 ms,接着呈现1000 ms的空屏,诱发被试的情绪,之后相继呈现两个长方形,要求被试判断哪个长方形先出现。结果发现不同性别的被试情绪对时序知觉的影响效应不同。男性被试在积极情绪和消极情绪条件下的时序阈限要低于中性情绪,而女性被试消极情绪下时序阈限低于中性情绪,积极情绪时序阈限高于中性情绪。并且女性被试相较于男性被试,时序知觉时更容易受到情绪的影响。无论是诱发被试的情绪状态,还是直接以情绪刺激作为时序知觉的材料,两者都体现了情绪对时序知觉的影响。但两者起作用的原因可能存在着差异。以情绪刺激作为时序知觉材料影响时序知觉,可能与选择性注意有关。积极的情绪传达的信号是机会,而消极的情绪传达的信号是危险(Anderson,Christoff,Panitz,De Rosa,& Gabrieli,2003;Anderson,2005;Crawford & Cacioppo,2002)。由于生存的需要,人们对不同的情绪图片的注意程度是不同的。来自点探测任务和视觉搜索任务的研究都发现,人们存在着负性注意偏向(Becker,Horstmann,& Remington,2011;Blagrove & Watson,2010;Hodsoll,Viding,& Lavie,2011;Huang,Chang,& Chen,2011;Olatunji,Ciesielski,Armstrong,& Zald,2011)。即与中性刺激和正性刺激相比,负性刺激更能捕获人的注意。因此,在情绪刺激与中性刺激同时存在的情况下,情绪刺激可能更能捕获注意,存在优先登录效应。而情绪状态对时序知觉的影响,则可能是通过唤醒实现的。情绪刺激相比中性刺激有更高的唤醒水平,使得刺激在脑中的加工速度更快(Liang et al.,2015)。

3.3 文化对时序知觉的影响

近些年的研究发现,文化影响下形成的心理和行为方式也会影响时序知觉。在不同的文化下个体形成了不同的心理和行为方式。在使用空间来表征时间方面显得尤为突出。大量的研究表明,在不同的文化背景下,人们普遍存在着从左到右的心理时间线(Bonato,Zorzi,& Umiltà,2012;Flumini & Santiago,2013)。在视觉领域,被试倾向于将左与先关联,右与后关联(Chen,2007;Santiago,Lupiáñez,Pérez,& Funes,2007)。而在听觉通道,也有着类似的效应。在一项研究中,要求被试对呈现的声音做出反应,结果当声音提前呈现时,被试按左键反应较快;当声音延迟呈现时,按右键反应较快(Ishihara, Keller, Rossetti, & Prinz, 2008)。然而,在不同的文化背景下,时序知觉的空间表征却是不一样的,研究表明,以英语、汉语、西班牙语为母语的被试普遍存在从左到右的时序知觉,而以希伯来语为母语的被试则存在从右到左的时序知觉(Fuhrman & Boroditsky, 2010; Fuhrman, Boroditsky, & Hall, 2007; Ouellet, Santiago, Israeli, & Gabay, 2010)。如在一项研究中,要求犹太被试对事件的先后顺序进行排序时,"早"与右边一致,"晚"与左边一致时其反应更快。跨文化研究还表明,在一些民族中存在着从上到下的时间顺序表征。中国人比外国人更擅长垂直表征时间(Boroditsky, 2001; Boroditsky, Fuhrman, & Mc Cormick, 2011)。在一项研究中,给被试呈现同一个人在不同时期的图片,要求被试采用上下按键和左右按键两种方式判断第二张图片比第一张图片出现得更早还是更晚。结果发现,以汉语为母语的人与以英语为母语的人,都体现从左到右的时间顺序知觉,而仅在以汉语为母语的人身上发现了从上到下的时间顺序知觉(Boroditsky et al., 2011)。国内的一些研究表明,实验时给予启动,能够激活被试在垂直方向上的时间表征(吴念阳,徐凝婷,张琰,2007)。在垂直方向上的时间表征还得到了眼动方面的支撑(杨林霖,张志杰,顾艳艳,周文杰,2013)。这些都是间接研究文化对时序知觉的影响,也有研究直接采用时序判断任务探究文化对时序知觉的影响。有研究者结合注意瞬脱与时序判断范式,探讨了不同文化下时序知觉的空间表征。在他们的研究中,包含注意瞬脱任务和时序判断任务,首先在计算机屏幕的中央呈现一个白色正方形,正方形的中央有一个黑色的菱形,300 ms之后,黑色菱形中的一角消失30 ms,当消失的一角恢复之后,相隔280 ms或1030 ms,在注视点的某一侧出现一个白色棒条,相隔一定的SOA(即启动刺激出现和被启动的靶刺激出现之间的时间间隔)后,在注视点的另一侧出现第二个白色棒条。之后要求被试判断菱形消失的是哪一角,以及哪一侧的棒条先出现。结果发现,以西班牙语为母语的被试倾向于报告左边刺激比右边刺激先出现。而同时学习过阿拉伯语和西班牙语两种语言的被试则不存在这种效应(Pérez, Pentón, & Valdés-Sosa, 2008; Pérez, García, Valdés-Sosa, & Jaśkowski, 2011)。文化对时序知觉的影响,可能与人们的书写以及阅读习惯有关,长期形成的阅读习惯影响了人们的空间注意,人们倾向于注意阅读开始的地方(Fuhrman et al., 2007; Ouellet et al., 2010)。

4 小结与思考

时序知觉包含人们对刺激的"同时性"经验、"非同时性"经验,以及"序列"或"先后顺序”的经验。以听觉为例,两个“嗒”声间隔2~5 ms分别作用左耳和右耳,人们听到的是一个加强了的“嗒”声,即尽管在两个刺激之间有一定的时间间隔,但我们主观感受到的是一个“嗒”声;如果两个“嗒”声的时间间隔超过了5 ms,我们能知觉到两个非同时的“嗒”声,却分辨不出它们的先后顺序。两个事件同时性经验、非同时性经验的阈限值因感官的不同而有差异。要产生非同时性经验,视觉刺激至少持续20 ms,触觉刺激至少持续10 ms,听觉刺激至少持续5 ms,而要产生先后顺序经验至少需要30~40 ms。时序知觉的经历时间很短,在刺激作用下即刻产生,似乎完全是自动化的,不依赖于过去经验和学习的,于是便认为“人对同时与不同时的感知,以及对事件的序列性的感知,都是被动的”(Pöppel & Artin,1988)。最初,学者对时序知觉的研究大多循着时序知觉是被动的,以自下而上加工的角度进行。虽然那时学者也意识到注意在时序知觉中的作用,例如Jaśkowski(1993)采用提示范式探讨了选择性注意对时序知觉的影响,但真正开启对时序知觉是主动的、以自上而下加工的角度来研究的,是近期学者对因果信念、情绪、文化等影响时序知觉的研究。这些因素对时序知觉的影响主要是通过注意或心向来实现的。一般阈限模型(general threshold model)认为时序知觉取决于刺激产生的感觉信号到达中枢加工器的顺序,由于刺激之间的知觉潜伏期存在差异,到达中枢加工器的时间存在差异(Ulrich,1987)。得到注意的刺激与没有得到注意的刺激,加工速度便存在差异,因此得到注意的刺激知觉潜伏期更短,先进入中枢加工器,被知觉为先出现。注意对时序知觉的影响,主要以优先登录效应体现。即得到注意的刺激,相比没有得到注意的刺激,更容易知觉为先出现(Hilkenmeier, Olivers, & Scharlau, 2012; Seibold, Fiedler, & Rolke, 2011; Spence & Parise, 2010; Spence et al., 2001; Yates & Nicholls, 2011)。并且主要通过启动范式来实现对注意的操作,通过启动目标刺激的空间位置(Jaśkowski, 1993; Kanai, Ikeda, & Tayama, 2007)或刺激特征(张锋、黄希庭、郭秀艳,2009;张锋、苏丹、陈有国,2015)或刺激通道(Zampini et al., 2005)来引导被试分配注意。目前已经获得了视觉(Shore, Spence, & Klein, 2001; Spence et al., 2001)、听觉(Kanai et al., 2007)、触觉(Yates & Nicholls, 2009, 2011)三个通道的证据。优先登录效应对时序知觉的影响主要采用的是外源性启动,促使被试注视某种刺激,而因果信念、情绪、文化等因素则是通过内源性启动来引导注意偏向,从而影响时序知觉。

虽然对时序知觉的影响因素已做过大量的研究,但仍然有许多问题值得深入探究。今后可以从以下两个方面进行研究。

人类没有一个专门的感觉器官用来感知时间,而时序知觉的加工速度非常快,我们通常在几十毫秒内就能准确地知觉事件的顺序,我们很难辨别时序信息的加工过程。过去,研究者们主要通过自下而上的加工方式来探讨,认为人们的时序知觉是被动的;

近十几年来研究者们才开始以自上而下的加工方式来探讨，认为人们的时序知觉是主动的。但是这方面的研究成果并非十分丰富。今后还应当加强对时序知觉中自上而下的加工方式的探讨，尤其是探究个体已有的认知经验是如何影响时序知觉的。例如，进一步研究文化对时序知觉的影响。文化对时序知觉的影响是否是由书写阅读习惯导致的？这种影响发生在早期的注意阶段还是晚期的决策阶段？这种影响效应是否是稳定的？个人早期的知识经验起决定作用的同时，是否会受到新学习的知觉经验的影响？此外，时序知觉过程的自下而上和自上而下两种加工方式是分离的吗？在早期时序知觉的研究中，所使用的刺激物多为无意义刺激，如视觉通道的闪光、听觉通道的“嗒”声、触觉通道的电刺激，这些刺激本身不具有时间意义，个体对这些刺激的反应没有受到他已有的知识经验、期待、动机等因素的影响，而仅仅是刺激本身驱动的，即一个感觉事件捕获了我们的注意，这种注意称为反射性注意（reflexive attention），看来只存在自下而上的加工。而在近十几年的研究中，通过操纵刺激的特征或操纵被试的心理状态，使得已有的知识经验起作用，这是有意注意（voluntary attention）在起作用，它是自上而下的、目标驱动的时序知觉。这样看来，时序知觉过程的两种加工方式似乎是可以分离的。当然，时序知觉也可能像其他知觉一样，在其过程中包含自下而上和自上而下两种加工方式，它们是不分离的。例如 Bechlivanidis 和 Lagnado（2016）的研究表明，当被试有足够的注意资源来加工刺激的时序时，还是会受到已有因果信念的影响，他们认为因果信念对时序知觉的影响既可能发生在早期阶段也可能发生在晚期阶段。也就是说在时序知觉的早期阶段可能进行的是自下而上的加工方式，而在晚期阶段已有的知识经验发生作用，进行的是自上而下的加工。因此，研究者认：为时序加工是自下而上的加工还是自上而下的加工，取决于刺激特征强度和已有知识经验的强度对比，当刺激特征强度大，可能进行的主要是自下而上的加工；当知识经验的强度足够大时，可能进行的主要是自上而下的加工；当两者强度相差不大时，可能两种加工方式都存在，在知觉的早期以自下而上的加工为主，到了决策阶段以自上而下的加工为主。目前，关注时序知觉过程的加工机制的研究较少，理论假设尚待进一步实验验证。可以预期，对时序过程的加工机制和特点的研究是今后的一个方向。

我们对刺激的同时性经验、非同时性经验、先后顺序经验的获得都是与注意紧密联系在一起的。注意既可以被外界环境的某个位置或客体所吸引，也可以由内心的经验所吸引，前者是反射性（被动）注意，后者是有意（主动）注意。当代认知神经科学的研究成果，特别是注意与意识的神经科学研究为时序知觉加工机制的研究打开了新的思路。ERP（event-related potential）是被试对某种刺激进行信息加工所诱发出来的一系列脑电活动在头皮上引起的电位变化，也是观察时序知觉信息加工的重要途径。P1 波敏感于空间注意的指向(Hillyard & Anllo-Vento,1998)。Hopfinger和West(2006)的研究则表明,实验中受到影响的早期成分是P1,由外源性注意控制,而内源性注意则影响更晚期的加工,出现P300的增强。因此,借助具有较高的时间精度的ERP技术可以有效地帮助我们进一步探讨时序知觉中两种加工方式的关系,就有可能加深对时序知觉质性的认识:控制时序知觉的注意系统是先后的两个还是交互作用的两个?脑内的什么系统在控制着时序知觉的加工?同时,也可以利用眼动技术来探讨时序知觉的加工机制。眼动不仅服从于任务的主动性,还包括无意注意的过程(邓铸,2005)。因此,眼动技术有利于我们进一步了解已有的知识经验是如何影响视觉时序知觉的。

合作者:潘莉。原文载于:《心理科学进展》2018年第26卷第4期。

时序知觉重复启动效应的作用机制

1 引言

时序是指两个或两个以上事件之间的时间顺序(黄希庭,1993)。时序加工是高级认知能力(如言语加工)的基础(Wittmann & Fink,2004;Tallal,Merzenich,Miller,& Jenkins.,1998;Wittmann,Burtscher, Fries, von Steinbüchel,2004)。时间认知分段综合模型认为,个体对时间的认知主要取决于时间的长短、间隔、顺序、刺激出现的时间,以及个体的认知因素和人格特征等(黄希庭、徐光国,1999;黄希庭,2001;黄希庭、李伯约、张志杰,2003)。研究发现,启动不仅对时距知觉(Witherspoon & Allan,1985;Ono & Kawahara,2005),而且对时序知觉也存在显著影响(Stolz,1999;Scharlau,2002;Scharlau,Ansorge,& Horstmann,2006)。如,在时序判断任务中,被重复启动的刺激被知觉为早于未启动的刺激出现(Burnham,Neely & O'Connor,2006),这称为时序知觉的重复启动效应。

实验研究一般采用时序判断任务来考查时序知觉的重复启动效应,即要求被试判断呈现在屏幕中央注视点的不同位置上(如上下或左右)的两个靶刺激的出现顺序,这一对靶刺激是同时或间隔极短时间出现的,在有启动条件下会在两个靶刺激之前先呈现一个启动刺激。研究显示,启动SOA(stimulus onset asynchrony)、靶刺激SOA(两个靶刺激出现之间的时间间隔)、启动刺激的呈现时长、靶刺激的类别和指导语等因素影响时序知觉的重复启动效应(Scharlau et al.,2006;Burnham et al.,2006;Scharlau & Neumann,2003a),而启动刺激的掩蔽强度、启动刺激的注意程度、靶刺激的呈现时长和靶刺激的撤除等因素则没有显著影响(Scharlau,2002;Scharlau & Neumann,2003a;Scharlau & Neumann,2003b)。

对于时序知觉重复启动效应的作用机制,目前有多种不同的理论解释。异步更新模型(asynchronous updating model,AUM)假设视觉系统刺激的加工存在两个异步的过程:前注意空间映射的特征编码和注意的定向(Scharlau & Neumann,2003a),实际上是指空间映射(spatial map)和内部模型(internal model)两种水平(Scharlau & Neumann,2003b)。内部模型是指对视觉环境的连贯描述(如客体、情景和事件),内部模型的内容是能意识到的,注意分配调节着刺激向内部模型的转换。特征编码的更新是迅速而非选择性的,内部模型的更新是缓慢而具选择性的。AUM认为,启动效应源于注意的选择机制。具体来说,启动刺激的出现引发了前注意的空间映射加工和指向该位置的注意转移,而在启动刺激的注意定向加工期间,被启动的靶刺激的前注意水平的特征编码会在启动刺激转向内部模型之前在空间映射水平上重写或替代启动刺激。而且,被启动的靶刺激的注意定向加工早于未启动的靶刺激(因为后者需依赖自身所引发的注意定向),受到注意的刺激会得到优先加工,这就导致对前者的易化加工,将其知觉为先出现。知觉修正模型(perceptual retouch model,PRM)也假设视觉信息加工包括两个异步过程:在视皮层的基本特征的特异编码加工和在非特异通路(丘脑核)的对这些编码的非特异激活加工(Bachmann,1999)。特异的加工提供了经验的内容,表征建立很快并快速衰退。但一个刺激只有经过非特异的激活才能被意识到,这种作用把经验内容提升为有意识经验(Bachmann,1994),这种调节就称为知觉修正或知觉提升(perceptual upgrading)。但是,非特异的加工是缓慢的。PRM认为,启动效应是由于启动刺激引发的非特异的激活使被启动的靶刺激能很快建构其有意识的表征,从而加快了被启动的靶刺激的加工速度。具体来说,启动刺激引发了特异加工和非特异激活的加工,当启动刺激的非特异激活到达皮层时,启动刺激的特异编码已经衰退,被启动的靶刺激的特异编码则是强的,后者的特异编码就容易被非特异激活加工而被知觉到。但是,未启动的靶刺激却必须"等待"其自身引发的缓慢的非特异激活才能被提升到意识水平。所以,被试对被启动的靶刺激的知觉会早于对未启动的靶刺激的知觉。激活扩散理论(spreading activation account)认为,来自启动刺激的激活扩散导致了被启动的靶刺激的记忆表征的预激活,当被启动的靶刺激随后出现时,这个预先被激活的表征就比未启动的靶刺激的表征更快到达识别阈限(Stolz,1999)。当两个靶刺激出现的时间较为接近时,被启动的靶刺激就被知觉为先出现的。可以看出,尽管AUM和PRM各自所假设的视觉信息加工过程的概念内容不同,但都把启动效应归因于两个加工过程的异步性,因此也可称作双加工模型。激活扩散理论主要用于解释言语材料的实验结果。尽管上述这些理论都不能单独解释所有的实验结果,但均强调启动刺激的出现增强或促进了对被启动刺激的知觉加工过程,又可统称为知觉加工增强观。

反应偏向观(response bias account)则对知觉加工增强观提出质疑。由于两个靶刺激之间的时间间隔很短,被试很难知觉到时序,在要求判别哪个靶刺激先出现时,被试实际上并没有把被启动的靶刺激知觉为先出现的,而是把被启动的靶刺激作为时序的判别标准(Pashler,1998),也就是说,在要求做"哪个刺激先出现"判断时,被试倾向于把被启动的靶刺激判断为先出现的;在要求做"哪个刺激后出现"时,被试倾向于把被启动的靶刺激判断为后出现的。这种启动效应实际上是决策水平上的反应偏向,可称为判据效应(criterion effect)。因此,反应偏向观的实质是认为启动效应是启动通过影响被试的决策(判断标准)而产生的。

时序知觉重复启动效应的作用机制仍存在较大争议。Burnham等(2006)采用单词材料的研究结果显示,时序知觉重复启动效应的机制涉及增强的知觉加工过程和决策水平的反应偏向,也就是包括知觉加工增强机制和反应偏向机制。研究(张锋,黄希庭,郭秀艳,2008)采用图形材料对此做了进一步检验,在实验中启动图形与靶图形的形状相同但边长是其一半,在启动条件下启动图形呈现在中央注视点位置上,要求被试准确地尽快判断在注视点上方或下方的图形的出现顺序。实验结果不仅出现了显著的重复启动效应,而且也存在显著的判据效应,这与Burnham等(2006)的结论一致。实验还发现,被试对启动刺激的有意识知觉水平并不影响指导语效应,指导语效应可能跟时序知觉判断任务难度有关。这说明,时序知觉重复启动效应的机制包括知觉加工增强过程和决策反应偏向过程,这两个过程不受启动刺激的有意识知觉水平影响,而可能受时序判断任务难度的影响。

更为重要的是,张锋等(2008)首次发现,在被启动的靶刺激先出现的情况下,发生了重复启动效应的反转现象,即启动的靶刺激被判断为先出现的频率不是增加,而是显著减少了。这说明,时序知觉重复启动效应的机制不仅涉及以往研究中所出现的知觉增强过程,而且也涉及对时序知觉判断的抑制过程。具体表现在,相对于无启动条件,在启动的靶刺激先出现时,被试做出启动的刺激为先出现的判断受到抑制;而在未启动的靶刺激先出现时,被试做出启动的刺激先出现的判断得到促进。在实验中,启动图形是出现在注视点位置,被试要在忽略启动图形的情况下,对随后呈现在注视点的上方或下方的靶刺激做出时序判断。因此,启动图形可能会抑制时序判断过程,出现重复启动效应的反转。

为什么重复启动对时序知觉的影响在两个靶刺激出现顺序不同时存在差异呢?也就是说,时序知觉在未启动的靶刺激先出现时出现重复启动效应,而在被启动的靶刺激先出现时产生重复启动效应的反转。前述的知觉加工增强观和反应偏向观只能解释正向的时序知觉重复启动效应,但都无法单独解释重复启动效应的反转现象,因此我们提出双加工表征匹配调节假说来试图解释其机制。该假说有两个要点:一是启动图形的加工包含两个加工过程,即表征激活过程和反应抑制过程;二是这个双加工过程对时序知觉的影响是通过表征匹配环节进行调节的。具体来说,被试在实验中会有意识或无意识地知觉到启动刺激,但是指导语要求被试忽略呈现在屏幕中央的启动刺激,而只对屏幕上方和下方的靶刺激进行时序判断,因而被试会产生对与时序判断任务无关的启动刺激的反应抑制。当随后先出现的靶刺激(被启动的靶刺激)与启动刺激相同时,则反应抑制加工过程会持续下去,抑制对该靶刺激的知觉加工,从而把被启动的靶刺激判断为后出现的,即发生了重复启动效应的反转;当随后先出现的靶刺激(未启动的靶刺激)与启动刺激不同时,则启动刺激的反应抑制加工过程会减弱(甚至消失),但启动刺激的表征激活过程会引发后出现的靶刺激(被启动的靶刺激)表征的预激活,导致把被启动的靶刺激知觉为先出现的,即出现了重复启动效应。

本研究的目的是对双加工表征匹配调节假说进行实证检验,以提供进一步的支持证据。一方面,如果把启动图形呈现在被启动的靶刺激位置上,则重复启动效应的反转将下降或消失。因为此时的启动图形虽然会引发双加工过程,但是由于启动图形和被启动的靶图形的出现位置相同,启动图形会起到空间位置的提示作用,启动图形的抑制加工过程的影响则相对大为降低,导致重复启动效应反转的减弱或消失。实验一对此进行了考察。另一方面,同样采用把启动图形呈现在注视点位置的方法,为什么 Stolz (1999)在时序知觉的语义启动效应和 Burnham 等(2006)在时序知觉的重复启动效应中没有发现启动效应的反转呢?仔细分析可以发现,这两个研究都对启动单词进行了掩蔽,虽然在注视点呈现的启动单词是一种要求忽略的刺激,会引发表征激活和反应抑制加工,但随后出现的掩蔽刺激与启动单词的表征不匹配,因而反应抑制加工就消退了,所以没有发生启动效应的反转。因此,如果表征匹配调节机制存在的话,则在启动图形出现之后呈现一个与之不同的掩蔽图形,重复启动效应的反转将减弱甚至消失。因为此时的掩蔽图形的表征与启动图形的表征不匹配,从而减弱了反应抑制的加工过程。实验二对此进行了检验。

2 实验一

2.1 目的

探讨启动图形出现在被启动的靶图形位置时的重复启动效应的反转。

2.2 方法

2.2.1 被试

西南大学30名本科生(11名男生,19名女生,平均年龄21岁)自愿作为被试,所有被试的视力或矫正视力正常,实验后均获得适量报酬。

2.2.2 材料

采用 Scharlau(2004)实验中的一对图形材料:正方形和正菱形。靶图形的边长是4 cm,靶图形间的距离是9 cm。启动图形与靶图形的形状相同,边长是2 cm。

2.2.3 设计

2×9×2的混合设计,自变量为:(1)启动,分有启动和无启动两个水平;(2)SOA,即两个靶图形出现(onset)之间的时间间隔,有±112 ms,±84 ms,±56 ms,±28 ms和0 ms九个水平,正值表示启动的靶图形先出现,负值与之相反,0 ms表示两个靶图形同时出现;(3)启动刺激位置,分为位置不一致(启动刺激在屏幕中央)和位置一致(启动刺激在被启动的靶图形位置)。前两个因素为被试内因素,启动刺激位置为被试间因素。

2.2.4 程序

程序采用E-Prime软件编制。每个被试在单个实验房间内进行实验,与显示器(17英寸彩色显示器,垂直频率75 Hz)的距离为60 cm。14名被试做位置一致条件的实验:首先在屏幕中央呈现注视点"+"500 ms,然后在被启动的靶图形位置上呈现启动图形(无启动条件下则为空白图形)14 ms,间隔70 ms后,在注视点上方或下方分别呈现两个靶图形(SOA是±112 ms,±84 ms,±56 ms,±28 ms和0 ms),靶图形的呈现时间均为28 ms。要求被试准确地尽快判断哪个靶图形是先出现的,用优势手按键反应。方形先出现按"1",菱形先出现按"2";或者与之相反。16名被试做位置不一致条件的实验:启动刺激呈现在屏幕中央,其他程序与位置一致条件实验相同。每名被试在正式实验中要完成72个条件(2启动×9SOA×2靶图形×2靶图形出现的空间位置),重复10次,共720次实验,所有变量条件均随机呈现。实验前先进行72次练习。做完90次实验休息片刻,实验共需时约45 min。

2.3 结果与分析

统计时把被试的反应转换为在各种条件下做出"被启动的靶图形先出现"判断的频率,位置不一致和一致条件下的结果见图1和图2。重复测量方差分析结果表明,位置的主效应显著,$F(1,28)=31.96$, $p < 0.001$;启动的主效应显著,$F(1,28)=72.32$, $p < 0.001$;SOA的主效应显著,$F(8,224)=289.95$, $p < 0.001$;所有的二阶交互作用均显著($ps < 0.001$),三阶交互作用不显著($p=0.217$)。

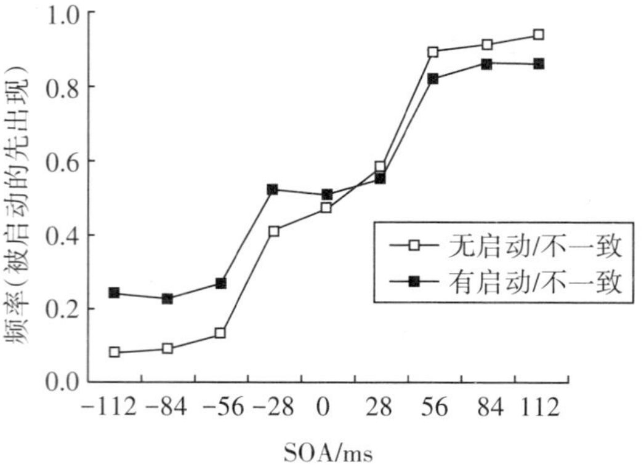

图1 位置不一致时的结果

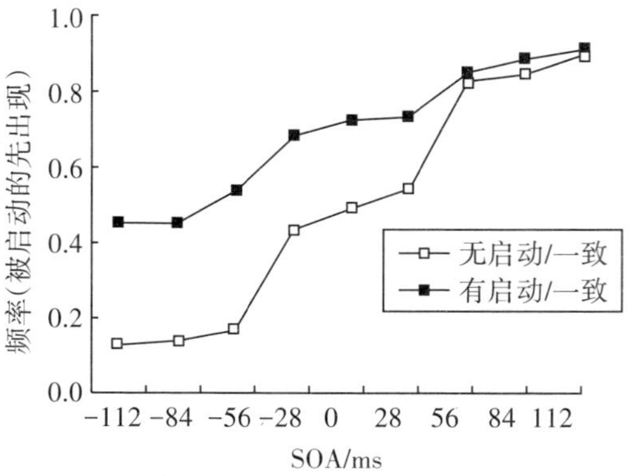

图2 位置一致时的结果

图1所示的位置不一致时的结果与先前的实验结果（张锋，黄希庭，郭秀艳，2008）相同，在SOA为负（即未启动的靶图形先出现）时存在显著的重复启动效应，$F(1, 15)=41.02$，$p < 0.001$；在SOA为正（即启动的靶图形先出现）时发生了重复启动效应的反转，$F(1, 15)=9.63$，$p=0.007$。但是，从图2可以看出，位置一致条件下，在SOA为正时的重复启动效应是正向的，此时的重复测量方差分析结果显示，启动的主效应显著，$F(1, 13)=38.44$，$p < 0.001$；SOA的主效应显著，$F(3, 39)=34.41$，$p < 0.001$；两者交互作用显著，$F(3, 39)=13.02$，$p < 0.001$。简单效应分析结果表明，在SOA为28 ms和84 ms时存在显著的启动效应（$ps < 0.05$）。这说明，在位置一致时的重复启动效应的反转，在启动的靶图形先出现时消失了。

对位置一致条件的总数据（包括SOA为正、0和负）进行重复测量方差分析的结果表明，启动的主效应显著，$F(1, 13)=56.27$，$p < 0.001$；SOA的主效应显著，$F(8, 104)=83.06$，$p < 0.001$；两者的交互作用显著，$F(8, 104)=12.98$，$p < 0.001$；简单效应分析结果显示，除了56 ms和112 ms之外，SOA在其他所有水平上均存在显著的启动效应（$ps < 0.05$）。

实验一的假设得到了实验结果的支持，即当启动图形呈现在启动的靶刺激位置时，因其能够预测靶图形的出现位置而成为被试进行时序判断的有效线索，导致被试对启动图形的反应抑制加工的减弱或消失，启动图形的表征激活加工以及启动图形引发的提示作用使被试把启动的靶图形判断为先出现的，表现出重复启动效应的反转的消失。

3 实验二

3.1 目的

探讨对启动图形加以掩蔽情况下的重复启动效应的反转。

3.2 方法

3.2.1 被试

西南大学32名本科生（16名男生，16名女生，平均年龄21岁）自愿作为被试，所有被试的视力或矫正视力正常，实验后均获得适量报酬。

3.2.2 材料

掩蔽图形是直径为2 cm的圆形，内含16条均匀分布的直径线段。启动图形和靶图形同实验一。

3.2.3 设计

2×9×2的混合设计，自变量为：(1)启动，分有启动和无启动两个水平；(2)SOA，有±112 ms，±84 ms，±56 ms，±28 ms和0 ms九个水平；(3)掩蔽，分为对启动刺激加以掩蔽和没有掩蔽。前两个因素为被试内因素，掩蔽为被试间因素。

3.2.4 程序

16名被试做有掩蔽条件的实验：启动图形呈现在屏幕中央注视点位置，呈现时间为14 ms，随后出现掩蔽图形70 ms，掩蔽图形消失后立即在注视点上方或下方分别呈现两个靶图形。由于无掩蔽条件与实验一中的位置不一致条件下的实验操作完全一致，所以实验二中的无掩蔽条件下的被试和实验结果均是实验一中的位置不一致条件下的被试和实验结果。其余与实验一相同。

3.3 结果与分析

统计时把被试的反应转换为在各种条件下做出“被启动的靶图形先出现”判断的频率，图3和图4分别为无掩蔽和有掩蔽条件下的实验结果。重复测量方差分析结果表明，掩蔽的主效应不显著，$F(1,30)=0.19$，$p=0.671$；启动的主效应显著，$F(1,30)=14.46$，$p=0.001$；SOA的主效应显著，$F(8,240)=309.96$，$p < 0.001$；掩蔽与启动、SOA之间以及启动与SOA之间的交互作用均显著($ps < 0.001$)，其他交互作用都不显著($ps > 0.05$)。

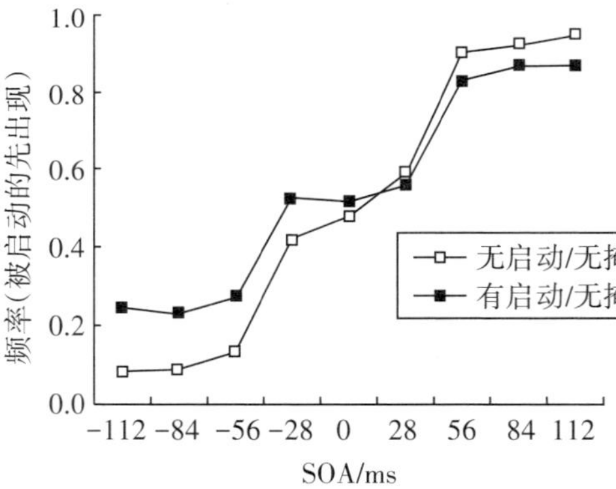

图3　无掩蔽时的结果

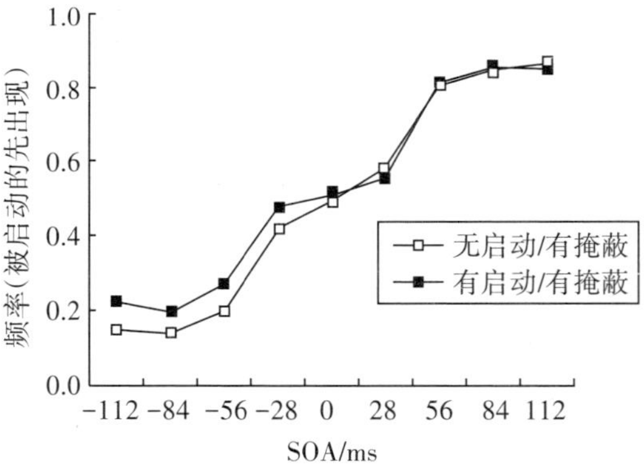

图4　有掩蔽时的结果

图3所示的无掩蔽时的结果模式与先前的实验结果(张锋，黄希庭，郭秀艳，2008)是一致的，在SOA为负(即未启动的靶图形先出现)时存在显著的重复启动效应，$F(1,15)=41.02$，$p < 0.001$；在SOA为正(即启动的靶图形先出现)时发生了重复启动效应的反转，$F(1,15)=9.63$，$p=0.007$。但是，从图4可以看出，有掩蔽条件下在SOA为正时的重复启动效应的反转减弱或消失了，此时的重复测量方差分析结果显示，启动的主效应不显著，$F(1,15)=0.14$，$p=0.712$；SOA的主效应显著，$F(3,45)=72.78$，$p < 0.001$；两者的交互作

用不显著，$F(3, 45)=0.97$，$p=0.416$。这说明，在有掩蔽时的重复启动效应的反转在启动的靶图形先出现时消失了。

在有掩蔽条件下，方差分析结果显示，启动效应在SOA为0时不显著，$F(1, 15)=0.98$，$p=0.338$；在SOA为负（即未启动的靶图形先出现）时，启动的主效应显著，$F(1, 15)=13.01$，$p=0.003$；SOA的主效应显著，$F(3, 45)=61.64$，$p < 0.001$；两者的交互作用不显著，$F(3, 45)=0.13$，$p=0.942$。

实验二的假设得到了实验数据的支持，即重复启动效应的反转在启动的靶图形先出现时减弱直至消失。这说明，当启动的靶图形先出现时，由于掩蔽图形的表征与启动刺激的表征失匹配，启动图形的反应抑制加工大为减弱，几乎没有导致被试把启动的靶图形判断为后出现的，表现为重复启动效应反转的减弱或消失。

4 总讨论

对时序知觉重复启动效应的作用机制，很多理论都试图做出自己的解释，但并没有一个理论能够单独解释所有的实证数据。由于以往研究中存在实验方法上的缺陷（张锋、凤四海、黄希庭，2007），研究（张锋、黄希庭、郭秀艳，2008）采用把启动图形呈现在屏幕中央，要求被试判断屏幕中央上面和下面的图形的出现顺序的方法，考查了时序知觉的重复启动效应。结果表明，时序知觉重复启动效应的机制是一个包含知觉加工增强过程和决策反应偏向的综合机制，这与Burnham等（2006）采用言语材料的研究结果是相同的。这说明，时序知觉重复启动效应是受知觉加工增强过程和决策反应偏向的共同影响而产生的。

然而，张锋等（2008）在研究中进一步发现，重复启动效应在被启动的靶刺激先出现时发生了反转。这暗示，知觉加工增强过程只是重复启动效应的复杂机制的一个方面，另一方面，其作用机制也涉及知觉加工抑制过程。本研究（见图1和图3）再次重复了张锋等（2008）的实验结果，这种结果模式是以往的理论模型都无法单独进行综合解释的，因为这些理论只能解释正向的时序知觉重复启动效应，但无法解释重复启动效应的反转现象。所以有必要发展出新的理论解释其作用机制。在张锋等（2008）的实验中，要求被试只对出现在注视点上面或下面的两个图形刺激做出时序判断；对于呈现在屏幕中央的启动刺激，实验告知被试该图形与任务无关并且要加以忽略。这种“忽视”指导语能够引发负启动效应（Ortells，Fox，Noguera，Abad，2003；王勇慧、王军妮，2008）。Tipper和Cranston（1985）认为，抑制过程并不是压制了干扰项表征的激活状态，而可能是阻止了知觉表征转译成反应代码。在启动测试中抑制项激活了内部表征，却抑制了反应输出。ERP研究也显示,N200成分与先前忽略的刺激的抑制机制有关(Frings & Groh-Bordin,2007)。这暗示,被试对呈现在屏幕中央但与任务无关的启动刺激的加工过程,可能既有对启动刺激的内部表征的激活又有对启动刺激的反应抑制。时序判断过程同其他认知加工一样,也具有双向性(自上而下和自下而上的加工过程)(黄希庭,谢红灵,2000)。基于此,我们提出了双加工表征匹配调节假说,用以综合解释重复启动效应的作用机制。双加工指对启动刺激的加工包含表征激活加工和反应抑制加工两个过程。双加工过程通过表征匹配过程而调节时序知觉判断,即如果先出现的靶刺激是未启动的靶刺激,由于该刺激和启动刺激不同(即表征失匹配),则启动刺激的反应抑制过程对未启动的靶刺激的影响会减弱(甚至消失),但启动刺激的表征激活过程会对被启动的靶刺激的表征产生预激活作用,因而被试把被启动的靶刺激知觉为先出现的,表现出重复启动效应;如果先出现的靶刺激是被启动的靶刺激,该刺激和启动刺激相同(即表征相匹配),则启动刺激的反应抑制过程会延续到被启动的靶刺激上,抑制对该刺激的加工,导致被试把被启动的靶刺激判断为后出现的,发生了重复启动效应的反转。

本研究通过两个实验对双加工表征匹配调节假说进行了初步检验。在实验一中,当启动图形与被启动的靶图形的呈现位置相同时,启动图形所引发的提示作用,导致被试减弱了对启动图形的反应抑制加工,甚至不再进行反应抑制加工。启动图形的表征激活加工以及启动图形引发的提示作用使被试把启动的靶图形判断为先出现的,表现出重复启动效应的反转的消失,呈现为正向的启动效应(见图2)。相反,呈现在注视点位置的启动图形不能预测靶图形的出现位置,所以就出现了较强的反应抑制加工。当首先出现的靶图形与之相匹配时,这个抑制加工会继续下去,因而把启动的靶图形反而判断为后出现的,即产生了重复启动效应的反转(见图1),这就是先前实验研究(张锋等,2008)中出现的结果模式。因此,实验一的结果暗示了本研究所假设的双加工过程的存在。在实验二中,启动图形的反应抑制加工由于掩蔽图形的表征与启动图形的表征失匹配而减弱,使被试把启动的靶图形判断为后出现的频率大为降低,导致重复启动效应反转的减弱直至消失(见图4)。另一方面,实验二中的重复启动效应在未启动的靶图形先出现(SOA为负)时是显著的。这说明掩蔽图形除了起到掩蔽作用以外,还通过表征匹配调节机制而影响到随后的靶图形的时序知觉判断。当启动图形的反应抑制加工由于表征失匹配而消退时,剩余的表征激活加工仍会增强对启动的靶图形的知觉加工过程,因而就出现了显著的重复启动效应。实验二的这些结果说明,时序知觉重复启动效应的机制涉及表征匹配调节过程。因此,实验一和实验二的结果为双加工表征匹配调节假说提供了支持证据。

根据双加工表征匹配调节假说,时序知觉在未启动的靶刺激先出现时出现重复启动效应,而在被启动的靶刺激先出现时产生重复启动效应的反转(张锋等,2008)。因此,实验中的"时序知觉重复启动效应的反转"消失不等于"时序知觉重复启动效应"消失。如,在实验一中,当启动图形出现在被启动的靶刺激位置时,在被启动的靶刺激先出现的实验条件下,重复启动效应的反转现象消失了,出现了正向的重复启动效应。也就是说,在所有的SOA条件下,被试都倾向于把被启动的靶刺激判断为先出现的。而且,简单效应分析结果表明,在SOA为-112 ms,-84 ms,-56 ms,0 ms,+56 ms和+84 ms时,时序知觉的重复启动效应是显著的($ps < 0.05$)。

实验一的结果显示,重复启动效应量在未启动的靶图形先出现(SOA为负)时随着SOA绝对值的增大而增大,这主要与启动刺激引发的注意选择加工过程有关。尽管随着靶刺激时间间隔的增大,重复启动效应量会逐渐降低,但启动图形引发的启动的靶刺激出现线索的提示作用所引发的加工易化效应量,却随着靶刺激时间间隔的增大而增大(Scharlau et al.,2006;Scharlau & Neumann,2003a)。在实验一中,当SOA为-28 ms,-56 ms,-84 ms和-112 ms时,启动图形和被启动的靶图形之间的SOA依次为112 ms,140 ms,168 ms和196 ms,此时的启动效应量会随着SOA绝对值的增大而增加。实验一的结果还表明,在两个靶图形同时出现时存在显著的启动效应,这也是由启动图形所引发的提示作用的影响所致。这些结果与有关的实验研究(Scharlau et al.,2006;Scharlau & Neumann,2003a)是一致的。

在实验一中的位置一致条件下,启动图形是呈现在被启动的靶图形位置上的,这就产生了两种不同的效应,即启动图形本身引发的重复启动效应和启动图形位置引发的空间提示效应。研究发现,一个靶图形被相同图形或相异图形所启动时,其产生的启动效应是相同的(Scharlau,2002;Scharlau & Neumann,2003b)。这说明,这种条件下的启动效应主要源于空间提示作用,这极大地消除了启动图形的反应抑制加工过程,表现为没有发生重复启动效应的反转。另一方面,研究表明语义启动和外源提示不存在交互作用(Stolz & Stevanovski,2004)。按照Sternberg(1969)加因素法的逻辑,如果两者涉及同一机制的话,则语义启动和空间提示应该存在交互作用。虽然该研究采用的是语义启动范式和词汇决策任务,但在一定程度上暗示,重复启动和外源提示可能会影响不同的机制。未来研究需对此进一步探讨。

按照实验二的最初设想,在SOA为正和0 ms时会存在显著的重复启动效应。实验二之所以没有出现这个预期结果,是因为掩蔽图形本身对启动图形有掩蔽作用,这降低了对启动图形的有意识知觉水平,相应的表征激活加工强度就会下降,因而在随后的时序知觉判断中并没有显著促进启动的靶刺激的知觉加工过程,重复启动效应也没有达到统计学上的显著水平。从SOA为负的情况来看,重复启动效应由于掩蔽作用也有所下降。这说明,掩蔽图形的掩蔽作用导致对启动图形的表征激活加工强度减弱了,这也是在两个靶刺激同时出现时没有产生显著的重复启动效应的原因所在。因此,在SOA为非负时没有出现显著的重复启动效应可能与启动图形的掩蔽作用有关。

尽管目前提出的双加工表征匹配调节假说扩展和深化了对时序知觉重复启动效应机制的理解,不过仍有很多问题有待解决。如,该假说在汉语材料实验结果中的解释力如何?时序知觉重复启动效应的脑机制是怎样的?以后的研究应该对此做出回答。

5 结论

实验结果为双加工表征匹配调节假说提供了支持证据。双加工表征匹配调节假说能较完整地综合解释时序知觉重复启动效应的作用机制。

合作者:张锋、郭秀艳。原文载于:《心理学报》2009年第41卷第3期。

多感觉整合的时间再校准

1 引言

生活中的事件一般具有多感觉的性质。在交谈时，人们能够将他人连续的嘴唇运动与发出的语音知觉为一个统一体，而非割裂的部分。多感觉整合(multisensory integration)指来自某个感觉通道的信息与其他通道信息的交互影响，包括这些信息被整合为一个统一、连贯、完整的多感觉事件的加工过程(Stein & Stanford, 2008; Talsma, Senkowski, Soto-Faraco, & Woldorff, 2010)。跨通道刺激的时间同步性是多感觉整合的必要条件，只有在时间上同步或接近的跨通道刺激才会引发多感觉整合(Meredith, Nemitz, & Stein, 1987)。但由于各种感觉信息物理传播速度的差异(如光在空气中的传播比声音快得多)，它们不可能同时到达相应的感觉器官，而且不同感觉信息的神经传导与加工速度也存在差异，即使来自同一事件的跨通道刺激在知觉上也可能存在着时间延迟。只有重新校准它们的时间信息，使得延迟最小化后，多感觉整合才会发生。大脑适应跨通道刺激间很短的时间延迟的现象称为时间再校准(temporal recalibration)(Keetels & Vroomen, 2007; Vroomen & Keetels, 2010)。

2 时间再校准与多感觉整合、同时性知觉的关系

表面上看，只有同时发生的跨通道刺激才能引发多感觉整合，而实际上由于时间再校准的参与，大脑能够灵活地应对跨通道刺激间的延迟，这就使得多感觉整合在时间维度上具有了一定的可塑性(Yu, Stein, & Rowland, 2009)。反过来，既然跨通道刺激的时间同步性是多感觉整合的必要条件，那么发生整合的跨通道刺激也应当被知觉为是同时发生的，即获得同时性知觉(temporal synchrony)。时间再校准的最终效果是使原本存在延迟的刺激重新被知觉为是同时发生的，即重塑同时性知觉。

需要注意，跨通道刺激的时间同步性或同时性知觉并非绝对客观的：只要它们落入整合的时间窗口(temporal window of integration)内(如 20 ms)，就可以被知觉为一个统一体(Spence & Squire, 2003)，但是当刺激间的延迟超出了时间窗口时，就需要通过再校准来调整它们的时间关系，在此基础上才能引发多感觉整合或同时性知觉。因此在加工阶段上，时间再校准不应晚于多感觉整合和同时性知觉。后两者的研究成果对前者也具有相当的借鉴意义。

3 时间再校准的研究范式

在实验室中，研究者一般人为地使跨通道刺激有某种时间延迟，然后采用“适应—测验”范式来观察被试适应这种延迟后的表现。这种适应后效（adaptation after effect）主要是通过同时性判断任务（simultaneity judgment task，SJ）或时序判断任务（temporal order judgment task，TOJ）来测量——即以不同的SOA（stimulus onset asynchrony）连续给被试呈现跨通道的刺激对，前者要求判断这两个刺激是否为同时出现的，后者要求判断其中哪个先出现。

与适应同时呈现的跨通道刺激对相比，适应相继呈现的刺激对后，主观同时点（the point of subjective simultaneity，PSS）会偏向时间延迟的方向（Fujisaki，Shimojo，Kashino，& Nishida，2004；Keetels & Vroomen，2007；Vroomen，Keetels，de Gelder，& Bertelson，2004）。PSS指主观认为两个刺激同时出现时，它们实际存在的时间间隔，即SJ任务中判断两个刺激同时出现的概率达到最大值时的SOA，或TOJ任务中判断某一刺激先出现的概率为50%时的SOA。以视听刺激为例，有两种相继呈现方式，即视觉先于听觉呈现与听觉先于视觉呈现，每种相继呈现方式分别进行测试。重复呈现同时或继时的视听刺激3分钟后，再执行SJ或TOJ任务。与适应同时的视听刺激相比，适应继时的视听刺激后，由SJ或TOJ任务求得的PSS在时间上会偏向优先呈现的感觉通道。继时与同时PSS的差值或者两种相继呈现方式PSS差值的一半即为PSS偏移量。比如一个闪光总是先于一个声音100 ms出现，适应了这种时间延迟后，原本被知觉为同时出现的视听刺激（此时声音先于闪光8 ms出现，$PSS_{同时}$为-8 ms，负号表方向），现在却被知觉为声音先出现（此时闪光先于声音10 ms出现，两者被知觉为同时出现，$PSS_{闪光优先}$为10 ms），即PSS偏向了闪光先出现的情况（PSS偏移量为18 ms）。

从研究范式上看，时间再校准建立在适应的前提下，表现为一种延时的校准而非即刻的校准，这一点有别于时间腹语术效应（temporal ventriloquist effect，对两个闪光的时序判断会因在第一个闪光前和第二个闪光后呈现两个声音刺激而变容易，就好像闪光的出现时刻受到了声音的吸引）（Morein-Zamir，Soto-Faraco，& Kingstone，2003）。

4 时间再校准的通道效应与潜在机制

通道效应是指时间再校准与感觉通道及其组合的关系，主要涉及两个问题：(1)各通道组合是否都能够进行时间再校准，其适应后效是否相同；(2)适应后效能否从一种通道组合类化到另一种通道组合，即适应了某种继时的跨通道刺激对后，另一种跨通道刺激对的PSS是否也会发生偏移。通道效应反映出时间再校准的潜在机制。

4.1 各通道组合适应后效的异与同

视听与运动-感觉通道都能够进行时间再校准。在视听通道,PSS偏移量与时间延迟的比率(偏移率)为6%~13%(Di Luca, Machulla, & Ernst, 2009; Fujisaki et al., 2004; Heron, Roach, Whitaker, & Hanson, 2010; Keetels & Vroomen, 2007; Vroomen et al., 2004),在运动-感觉(视听触)通道,PSS的偏移率达到29%以上(Heron, Hanson, & Whitaker, 2009; Stetson, Cui, Montague, & Eagleman, 2006; Sugano, Keetels, & Vroomen, 2010)。情境的变化会引起视听物理传导的时间差异。离观察者越远的视听事件,听觉刺激到达感觉器官的时刻就越晚。为了将视听事件知觉为一个整体,必须重新校准视听刺激的时间关系。动作执行后,其感觉反馈也可能会延迟出现,所以也需要时间再校准。动觉是人们主动参与的行为,能够与环境互动且唤醒水平较高,因此运动-感觉通道的再校准能力更强。

相比之下,触觉(被动的触觉,如针刺)发生于体表,其知觉到的时刻更准确地标记了事件发生的真实时刻,可能缺乏灵活性与可塑性(Miyazaki, Yamamoto, Uchida, & Kitazawa, 2006),有关触觉通道时间再校准的研究也揭示出其复杂性。Harrar和Harris(2008)研究了视触与听触通道是否存在时间再校准,及其适应后效能否类化到其他通道组合。他们的实验设置了三种适应条件:视觉先于听觉100 ms,触觉先于听觉100 ms和触觉先于视觉100 ms。在每种适应条件后的TOJ任务中,都需要判断视听、视触与听触三种跨通道刺激对的时序,因此一共有9种适应与测验的组合。比较适应前后的TOJ任务所求的PSS,发现适应了视听与视触延迟后,视听PSS发生了偏移(31.82 ms与30.34 ms),而所有条件下的视触与听触PSS都未发生偏移。因此视听、视触和听触通道的同时性知觉可能是由彼此独立的机制负责的,仅视听通道具有可塑性(Harris, Harrar, Jaekl, & Kopinska, 2008)。与此相对,Hanson, Heron和Whitaker(2008)同样比较了适应前后视听、视触和听触通道的PSS,却发现视触与听触PSS同样会偏向时间延迟的方向,与视听通道相比,在偏移量上也没有显著差异。Keetels和Vroomen(2008)在视触通道上的实验也验证了这一结果。这表明时间再校准并不是某个通道组合(如视听通道)的功能,它可能表现为一个超通道机制(Hanson et al., 2008; Heron et al., 2009)。不过,视触与听触通道是否存在时间再校准也可能与跨通道刺激的持续时间有关:Harrar和Harris等人所采用的刺激均呈现50 ms,而后两个研究中的跨通道刺激只呈现10 ms。

如果时间再校准是一种晚期的时间加工,即超通道的,那么不仅在各个通道组合观察到的偏移率相似(且PSS偏移随时间延迟变化的趋势也应相似),更重要的是这种适应后效可以类化到其他通道组合。有两个运动-感觉通道的研究发现了这种类化。在Heron等(2009)的实验中,某种感觉反馈(视、触或听)出现在动作执行后200 ms。被试适应了这种关系后,需要分别判断动作与视、听或触三种感觉反馈的时序。结果发现,所有运动-感觉通道的PSS都发生了偏移,且偏移量与发生适应的通道组合无关。Sugano等(2010)的研究结果与此类似。显然,通道组合特异性的机制无法解释这种结果,不过适应后效的类化却未必是超通道机制的充分条件。对比视听触与运动-感觉通道的适应后效,后者更强的可塑性或许正反映了动觉的特性。因此并不能排除另一种更简单的解释,即时间再校准只是借助于某个通道实现的。在运动-感觉通道,如果知觉到的动作执行时刻发生了偏移,同样可以解释适应后效的类化。

4.2 知觉潜伏期的改变与刺激知觉时刻的偏移

对于视听触通道,最近的研究(Di Luca et al.,2009)揭示,以耳机呈现声音时,分别适应视觉与听觉优先150 ms呈现的视听刺激对后,两次TOJ任务得到的听触PSS差异显著大于0(22.2 ms),表明视听通道的适应后效可以类化到听触通道。采用同样的方法,以喇叭呈现声音时,视听通道的适应后效则类化到视触通道(11.9 ms)。对比Harrar和Harris(2008)的结果,这个研究不仅观察到适应后效从视听通道类化到视触和听触通道,还发现时间再校准可能与听觉或视觉通道知觉潜伏期(perceptual latency)的改变有关。在视听通道,分别适应听觉先于视觉150 ms呈现与视觉先于听觉150 ms呈现两种条件,然后比较被试在适应视听延迟后对听觉或视觉刺激的简单反应时,结果发现,以耳机呈现声音时,在后一种适应条件下,被试对听觉刺激反应显著快于前一种条件,以喇叭呈现声音时,在前一种适应条件下,被试对视觉刺激反应显著快于后一种条件(Di Luca et al.,2009)。通过加快对“落后的”刺激的知觉加工,或者减慢对“优先的”刺激的知觉加工,就可以在一定程度上缩短它们之间的延迟。知觉潜伏期的改变引起了通道刺激知觉时刻的偏移,因此PSS也随之变化,得以重塑同时性知觉。

虽然在视听触三个通道组合间,Harrar和Harris(2008)只观察到适应后效从视触通道类化到视听通道,但他们也发现了时间再校准会影响单通道刺激的简单反应时。相比适应前,在适应了视觉优先的视听延迟后,视觉刺激的反应时有显著的延长(249 ms vs 277 ms),而听觉反应时无显著差异,同样以喇叭呈现声音,但在适应100 ms的视听延迟后,所观察到的视触PSS偏移量(-4.52 ms)和听触PSS偏移量(18.74 ms)均未达到显著水平。而Di Luca等(2009)以喇叭呈现声音时,却观察到了视触PSS的偏移。这种显著性的差异可能与触觉刺激或研究范式有关。1.前者的触觉采用针刺刺激,而后者为振动刺激;2.两个研究揭示PSS偏移的设计思路不同,前者关心适应前后PSS的差异是否显著大于0,而后者关心两种相继呈现条件下PSS的差异是否显著大于0,因此后者的因变量实际为PSS偏移量的两倍。尽管由于实验条件的差异,知觉潜伏期改变的通道不同,这种现象却是存在的(Navarra, Hartcher-O'Brien, Piazza, & Spence, 2009)。保守地说,时间再校准在某个通道内完成,即通道刺激知觉时刻偏移的解释力更强。一方面它可以将与触觉相关的复杂性归因于触觉通道的特性,动作-感觉反馈较强的可塑性归因于动觉的特性,从而涵盖通道组合特异性机制的解释;另一方面目前尚未见适应与测验通道完全不同的研究(如从运动-视觉通道到听触通道),并且已知时间再校准引起了知觉而非高级认知(如决策)的改变(Fujisaki et al., 2004)。因此,即使存在晚期的超通道机制,它更可能的角色也是校准的启动者和调节者,而非时间加工的执行者;时间再校准很可能发生在某个通道内,借助于改变知觉潜伏期来引起通道刺激知觉时刻的偏移。只是尚不清楚为什么知觉潜伏期的改变存在着通道差异,这种改变发生在哪个加工阶段。

5 时间再校准加工过程中存在的两个问题

5.1 时间再校准的初始阶段:时间窗口的增大

除了PSS的偏移,时间再校准的研究还观察到整合的时间窗口的增大。在TOJ与SJ任务中,一般采用最小可觉差(just noticeable differences, JND)作为时间窗口的指标。JND指主观上刚刚能够辨别出两个刺激是相继呈现时,它们的时间间隔,即SJ任务中判断两个刺激同时出现的概率经正态拟合后的标准差,或TOJ任务中判断某一刺激先出现的概率为75%与25%所对应的SOA的差值的一半。PSS与JND相当于绝对阈限与差别阈限,两者并不存在明显的相关。

Navarra等(2005)采用即时适应范式(online adaptation method)发现了时间窗口的增大。在这种范式下适应与测验是同时进行的,两种适应条件分别是视频与音频同时播放和视频先于音频300 ms播放。被试需要监控这两种适应条件下出现的靶刺激(如男性的名字)。同时,当LED闪光和白噪声出现时,还需要进行TOJ判断。结果发现与同时播放的条件相比,相继播放时JND更大。在听触与运动-触觉通道也有研究报告,相比同时的刺激对,适应继时的刺激对后,TOJ或SJ任务的JND也会增大(Navarra, Soto-Faraco, & Spence, 2007; Winter, Harrar, Gozdzik, & Harris, 2008)。比较两类适应后效的研究结果可以发现,PSS偏移更多出现在"适应-测验"范式、运动与视听通道和TOJ任务中,而时间窗口的增大则更多地与即时适应范式、触觉通道、适应与测验刺激内容的改变和SJ任务相关。尽管如此,增大时间窗口仍然是有意义的,大脑通过降低时序判断的分辨率,来减小相继出现的感觉刺激所带来的不适,从而有助于形成整合的知觉与记忆。基于此,研究者将时间再校准解释为三个阶段:时间窗口的增大、PSS的偏移、时间窗口的恢复；在整个加工过程中，时间窗口是可以不断调整的（Navarra et al.，2005；Navarra，Soto-Faraco，& Spence，2007）。与PSS的偏移一样，时间窗口的改变也是知觉而非决策的变化，这种变化是非特异性的，其方向（增大或缩小）取决于先前的经验（Powers，Hillock，& Wallace，2009）。

5.2 时间再校准独立于刺激内容的加工

同一通道组合，改变刺激内容（stimulus content），适应后效仍然存在。在视听通道，Navarra等（2005）的研究已经证实了，即使适应刺激与测验刺激内容不同，仍然能够观察到时间窗口的增大。Fujisaki等（2004）以极短的视听材料为适应刺激，以穿越/反弹错觉（stream/bounce illusion，两个小球沿一条直线从左右两端相向运动，如果在相遇的时刻伴随一个声响，则它们更多地被知觉为相撞后反弹而非穿过对方继续沿原方向运动）作为测验刺激，发现被试报告两个小球相撞反弹的PSS也偏向了时间延迟的方向，且偏移量也不随刺激内容的变化而显著地变化。在听触通道，适应后效同样可以不受刺激内容变换的影响（Navarra et al.，2007）。这些研究不仅证明了时间再校准的知觉性质，更进一步表明它与刺激内容的加工互不干扰。

需要注意的是，仅此并不能排除两者同时发生的可能。同时性知觉的研究发现，时间特征（temporal feature）的加工（"when"通路）与跨通道刺激内容或意义的加工（"what"道路）是独立的（Fujisaki & Nishida，2010），只有刺激周期性变化的特征，如脉冲式刺激的频率或刺激的变化模式（突变式或渐变式），会影响时间特征加工（Fujisaki & Nishida，2005；Nishida & Johnston，2002）。作为重塑同时性知觉的过程，时间再校准也可以与内容加工同时进行，只是它涉及重新校准从刺激序列中抽取的时间特征，很可能会受到刺激周期性变化的特征的影响。仍然困惑的是这种校准时间特征的解释如何与知觉潜伏期改变的解释统一起来。

6 时间再校准的主要影响因素

6.1 空间因素

空间因素主要包括空间一致性（spatial coincidence）与跨情境一致性。空间一致性指跨通道刺激空间位置的一致性，与时间同步性一样，它也是多感觉整合的重要线索（Stein & Stanford，2008）。对于空间分离的视听刺激，只要可以发生多感觉整合，在时间维度上就应当具有可塑性。Keetels和Vroomen（2007）将一个LED闪光置于中央，通过操纵声音源的位置（LED后，被试左侧或右侧70 cm），使视听刺激具有空间分离与重合两种关系。适应100 ms的延迟后,两种空间关系下测得的PSS偏移量没有显著差异,说明时间再校准不受空间一致性的影响。另外,研究还发现即使适应与测验的听觉刺激来自不同的空间位置,适应后效也不受影响,可见时间再校准是知觉而非特异性的认知策略的改变。

在运动-感觉通道中,时间再校准的跨情境一致性比空间一致性更重要。它指的是在某种情境中校准的时间关系可以在其他情境中表现出来。研究者设计了一个虚拟的驾驶情境,在转动方向盘130 ms,230 ms或430 ms后,才能看出汽车在转弯。在前测阶段,分别测得被试跑完4种路况的成绩,在适应阶段反复进行另一种路况的测试,在后测阶段,选择最初的4种路况和4种全新的路况进行测试。结果发现,被试在后两种延迟下跑完相同或不同路况的成绩相比前测都有显著的提高(130 ms时有趋势但不显著)且两种路况的成绩间没有显著差异(Cunningham, Chatziastros, von der Heyde, & Bülthoff, 2001)。这个研究再次印证了时间再校准是感知动作系统而不是认知策略的改变,因为针对具体空间关系或情境的策略不应当迁移到新的关系中。正因为如此,适应后效可能与动作-感知参考坐标有关。相关研究表明,在视触通道,一只手的适应后效无法传递给另一只手(Takahashi, Saiki, & Watanabe, 2008)。

6.2 时间延迟

时间再校准可以使跨通道刺激间的延迟最小化,但是这种最小化并非无条件的,如果延迟超出时间窗口太多,大脑将不会对其进行再校准,反映到适应后效上即PSS偏移量减小。无论视听通道,还是运动-感觉通道,无论在SJ任务还是TOJ任务中,当某一通道刺激优先呈现时,随着两个刺激间延迟的增大,适应后PSS的偏移量都表现为先增大后减小的趋势,峰值出现在延迟为100 ms至200 ms左右(Fujisaki et al., 2004; Heron et al., 2009; Stetson et al., 2006; Vroomen et al., 2004)。这种PSS对时间延迟的变化趋势可以很好地拟合为一个线性递增与指数递减相乘的函数,因此可能有两个因素决定了这种趋势(Heron et al., 2009)。在动作-感觉通道,一方面根据人们的生活经验,自发的动作与感觉反馈在时间上应当是紧密联系的,任何延迟都被看作误差,需要进行时间再校准,因此PSS偏移量随延迟增大而线性递增。另一方面,随着时间延迟的增加,动作与感觉反馈所形成的因果关系,其可信性会迅速变弱,两者将不再被知觉为统一的整体,因此又表现为PSS偏移量随延迟增大而指数递减。在视听通道,这种趋势则可能与整体性假设(unity assumption,跨通道刺激被认为来自于同一个多感觉事件,Vatakis & Spence, 2007)有关。其他研究也证明再校准的时间限制是普遍存在的(Navarra et al., 2005; Stetson et al., 2006)。虽然时间再校准是知觉水平的变化,但无论因果归因还是整体性假设,都说明只有高级认知才能启动再校准。

6.3 特征选择性注意

特征选择性注意会影响时间再校准。与非注意条件相比，将注意指向某个感觉通道并不会引起PSS更大的偏移（Fujisaki et al.，2004），但是在适应阶段将注意指向视听刺激的时间结构（temporal structure）却可以增大PSS的偏移量。Heron等（2010）设置了三种注意条件：注意注视点对比度的变化；注意视觉或听觉刺激内容的变化（如视觉刺激的大小与听觉刺激的空间偏移）；注意视听刺激时序的变化（如适应刺激为听觉先于视觉120 ms，靶刺激为视觉先于听觉120 ms），并要求被试在适应和再适应阶段检测这些变化，在随后的TOJ任务中判断刺激的先后顺序。结果发现这三种注意条件下的PSS都有显著偏移，前两个条件下偏移量相同（约16 ms），均显著小于第三种条件（约56 ms）。另外，对比注意时序变化与另一种单纯注意时间（注意视听刺激对彼此的ISI变化）的条件相比时，发现前者所引发的PSS偏移量更大（约67 ms vs 40 ms），但后者所引发的PSS偏移也要大于注意刺激内容。这说明与注意视听刺激内容相比，注意其时间结构，甚至仅仅将注意引向时间维度，都能够增大PSS的偏移量。适应视听刺激的时间结构可以引发后效，选择性地注意时间结构则可能有助于抽取刺激的时间特征，因而能够在更大程度上校准PSS。这种解释与时间再校准独立于刺激内容加工的推论相一致，也提示自上而下的加工可能会影响再校准。

7 需要进一步探讨的问题

7.1 时间再校准能否发生于早期加工阶段

PSS的偏移与JND的增大不受刺激通道组合的影响，也不受空间与情境关系的影响，具有非特异性，因此并非认知策略而是知觉水平的改变。然而，适应后效并不受刺激内容的影响，注意视听刺激的时间结构能够增大适应后效，因此时间再校准与刺激内容加工无关，而与知觉潜伏期的改变或校准所抽取的时间特征有关。同时性知觉的研究发现，时间特征的抽取与匹配是一个系列加工的过程，属于中等水平的特征匹配加工（Fujisaki，Koene，Arnold，Johnston，& Nishida，2006）。时间再校准是重塑同时性知觉的过程，在加工阶段上不会晚于后者。由于SJ与TOJ任务的指标为被试能够报告出的时间关系，这种意识水平的指标只能够得到最终的结果，所以还不清楚时间再校准能否发生于更早的加工阶段，即能否表现出自动加工的特点。

与同时性知觉不同，多感觉整合可以发生在上丘（superior colliculus，SC）和初级感觉皮层（Koelewijn，Bronkhorst，& Theeuwes，2010；Talsma et al.，2010；Stein & Stanford，2008），具有自动加工的特点。在一个视空间搜索任务中，分心线段与靶线段都在不停地改变颜色，被试需要从中搜索水平或竖直朝向的靶线（只有一条），如果靶线颜色改变的同时伴有一个声音，搜索靶线的反应时就不受分心线段个数的影响（Van der Burg，Olivers，Bronkhorst，& Theeuwes，2008）。这种视空间搜索促进效应表明，视听刺激的时间关系引发了多感觉整合，使得靶线的特征更加突出，从而自动捕获了注意。只有时间同步的跨通道刺激才能引发多感觉整合，因此时间再校准也不应晚于多感觉整合。从更早的可能性来看，也就需要发生于早期加工阶段。将适应过程加在视空间搜索任务上，创造新的范式将有益于探索时间再校准的早期加工阶段。

7.2 时间再校准是一个单向还是双向的认知过程

同时性知觉是一个单向的过程，只需要判断当前刺激序列是同时的还是继时的，或者谁先谁后，这种判断取决于刺激的时间特征。然而多感觉整合却并非一个单向的过程，动物单细胞研究表明如果用低温冷冻阻断猫的联结皮层（AES或rLS）对上丘多感觉神经元的下行输入信息，其在朝向反应中表现出的多感觉增强效应将消失（Jiang，Jiang，& Stein，2002）。时间再校准，作为多感觉整合时间维度上的可塑性，也不会是一个单向的过程。虽然时间再校准发生于知觉水平，但有关时间限制的研究也提示，再校准需要高级认知加工的参与（如经验或预期）。综合来看，它可能体现为一个双向的认知过程：由于整体性假设或因果归因，需要重新校准跨通道刺激的时序信息；在某个通道内，通过校准刺激知觉到的时刻，使得跨通道刺激重新被知觉为同时的。这种知觉时刻的校准，可能既体现为知觉潜伏期的改变，也体现为时间特征的抽取匹配。将来的研究需要直接地证实这种认知过程的双向性，比如没有对多感觉整合的预期，可能不会发生时间再校准或表现在适应后效上PSS的偏移量减小。

7.3 空间选择性注意是否影响时间再校准

注意与多感觉整合的关系比较复杂，有时多感觉整合可以捕获注意或者不受注意影响，有时注意能够引起更大的整合效应（Koelewijn et al.，2010；Talsma et al.，2010）。相比之下，同时性知觉是一个系列加工过程，可能需要注意的参与，提前将注意导向靶刺激的空间位置或内容都有助于视听同时性判断（Fujisaki et al.，2006；Fujisaki & Nishida，2008）。特征选择性注意可以影响时间再校准，但是已有研究都倾向于将注意引向适应刺激对所处的空间位置，而空间选择性注意是否影响时间再校准却缺乏证据。要探讨这个问题首先需要清楚时间再校准是否具有空间特异性。已有的研究仅从刺激的感觉通道与内容两个方面探讨了时间再校准后效的类化，只有少量研究涉及了适应后效在特定空间中类化的问题（如跨情境一致性）。视时距知觉具有空间特异性，适应了呈现于某一空间位置的运动的光栅后，能够缩短随后呈现在同一位置的光栅的时距（Johnston，Arnold，& Nishida，2006）。从综合的视角看，时序、时距和时点是同一时间经历的不可分割的三个属性（黄希庭，李伯约，张志杰，2003），那么PSS的偏移是否也仅局限于适应发生的空间位置？尽管有一项研究支持时间再校准是空间特异的（Hanson，Roach，Heron，& McGraw，2008），但仍需要更多研究来证实并深入探讨这种空间特异性及空间选择性注意在其中的作用。

7.4 知觉潜伏期与抽取时间特征的关系

早期时序知觉的理论（Sternberg & Knoll，1973）认为，TOJ或SJ判断取决于刺激的知觉潜伏期，所比较的信息其实是知觉潜伏期结束的时刻。从这个观点出发，改变某一通道的知觉潜伏期就能够实现时间再校准。而Dennett和Marcel（1992）指出，主观时序并不是客观时序的映射，也不需要等待所有刺激的知觉潜伏期结束后才做出判断，而是在加工刺激内容时，根据早期抽取的某些时间特征来建构、补充并解释主观时序。Nishida和Johnston（2002）发现，在快速变换（4 Hz）的序列中，虽然知觉到运动方向改变或颜色改变的潜伏期相同，但运动方向改变的物理时刻必须早于颜色改变的物理时刻100 ms，它们才能被知觉为是同时发生的，说明同时性知觉不能完全用知觉潜伏期来解释。在快速序列中，由于运动变换的时刻不像颜色变换那样突出，只有匹配两种特征的变化模式，如颜色变换采取渐变形式，才能消除这种知觉延迟。这说明同时性知觉需要抽取并匹配刺激标志性的时间特征，而这一过程无法在快速变换的刺激序列中自动完成。跨通道领域的结果也是如此（Fujisaki & Nishida，2005，2010）。时间特征提示在时间进程中的某一时刻刺激发生了某种变化，是建构时序的元素，也是再校准的元素。问题在于：同时性知觉的研究多采用脉冲式突变或振荡式渐变的刺激，而在时间再校准的研究中，通常采用孤立的、极短的跨通道刺激对（如持续10 ms，刺激对间隔750 ms）。在视空间搜索任务中，有研究发现只有视觉靶刺激具备低频、突变的特性，同步的听觉刺激才有助于视觉靶的搜索（Van der Burg，Cass，Olivers，Theeuwes，& Alais，2010）。刺激的变化模式（即时间结构）会影响同时性知觉和多感觉整合，也可能影响时间再校准，进一步的研究需要澄清这种范式和材料的差异，才能更好地协调这两种理论解释。

7.5 时间再校准与同时性知觉和多感觉整合的脑机制是否有重叠

同时性知觉的神经机制体现为“when”通路，主要包括颞顶联合部和右顶下小叶（Battelli，Pascual-Leone，& Cavanagh，2007），Hamilton，Shenton和Coslett（2006）报告了一

个无法正常地整合视听言语信息的案例,检查发现他的视听初级皮层功能正常,损伤可能在双侧顶叶,尤其是右顶叶。这种一致性提醒研究者,视听时间再校准可能与"when"通路有关。视听整合能够激活许多脑区,如上丘、脑岛、初级感觉皮层、高级联结皮层(颞上沟、顶内沟等)、右前额叶,以及左侧小脑等(Calvert, Hansen, Iversen, & Brammer, 2001; Bushara, Grafman, & Hallett, 2001; Koelewijn et al., 2010; Talsma et al., 2010),成年猫上丘的多感觉神经元在适应了相继呈现的视听刺激后,对优先呈现的刺激,放电的强度和持续时间都会增大(长);对落后的刺激,放电的潜伏期会减少(缩短)(Yu et al., 2009),这种变化与知觉潜伏期改变的结果十分类似。因此,人类的视听时间再校准也可能激活上丘。迄今为止,只有一个研究用fMRI探索了动作-视觉反馈的时间再校准所激活的脑区,结果显示前扣带回(anterior cingulate cortex, ACC)和额叶内侧皮层(medial frontal cortex, MFC)激活最大。由于知觉到的时序经过了校准,因此与物理时序存在着冲突,所观察到的激活可能是由两种表征的冲突引起的(Stetson et al., 2006)。时间再校准的神经与脑机制还有待更多的研究,这些研究将从更基础的层面揭示其加工阶段。

合作者:袁祥勇。原文载于:《心理科学进展》2011年第19卷第5期。

时序知觉：中枢计时与分布计时

1 引言

时间具有层次性，大到年、月、日，小到时、分、秒甚至毫秒。时序知觉（temporal order perception）主要是在几百毫秒以内，对两个事件是否同时出现以及相继出现时彼此先后顺序的知觉，包括同时性、顺序性与两者之间的模糊状态（能分辨出不同时，但不能清楚地知觉到顺序）3种经验成分（尹天子、陈有国、黄希庭，2010；尹天子、黄希庭，2009）。时序知觉能力在语言、音乐和运动等精确计时活动中是不可或缺的，像失语症（aphasia）、诵读困难（dyslexia）和自闭谱系症（autism spectrum disorders）患者的时序分辨能力都要差于常人（Ben-Artzi，Fostick，& Babkoff，2005；Fink，Churan，& Wittmann，2006；Kwakye，Foss-Feig，Cascio，Stone，& Wallace，2010）。时间知觉中普遍存在的一个争议就是精确的计时行为到底是由大脑中某个特定脑区负责的，还是在许多脑区中独立实现的？前者称为中枢计时（central timing），后者称为分布计时（distributed timing）。这种争议发端于时距知觉（duration perception）（Eagleman & Vani，2009；Ivry & Schlerf，2008），但是由于至少涉及一对刺激的时间关系，时序知觉也有自己独特的特点。

近10年的行为和脑机制研究已经从不同侧面揭示出单通道与跨通道、刺激不同属性或特征、外显与内隐任务的时序知觉各有特色，为时序的中枢与分布计时提供了相当多的证据。综合来看，时序信息在整个大脑中的加工既表现出中枢计时也表现出分布计时的特点。

2 时序知觉的类别

时序知觉涉及至少一对刺激的时间关系。这对刺激既可以来自相同的通道，比如判断作用于两只手的触觉刺激的顺序（Toshimitsu，Kenji，Makoto，Satoshi，& Shigeru，2013），也可以来自跨通道，比如判断一个声音与闪光是否同时出现（Vroomen，Keetels，De Gelder，& Bertelson，2004），还可以是某一通道的两个不同属性，比如判断颜色变换与运动变换是否同时发生（Shin'Ya & Alan，2002）。这对刺激的空间位置可以相同，也可以不同（Charles，Roland，Massimiliano，Robert，& Shore，2003）；可以是闪光、音调、针刺或振动等简单刺激，也可以是说话时的嘴形与发出的语音等复杂刺激；既可以是一对持续时间非常短暂的刺激(即一般在100 ms以下的刺激对),也可以是一对持续变化的刺激序列。刺激序列又包括3种情况:(1)刺激特征每隔固定的时间发生突然的改变,即突变性质,如特征变化函数为方波(Erik, John, Olivers, Jan, & David, 2010);(2)刺激特征随时间流逝逐渐变化,即渐变性质,如正弦波(Erik et al., 2010);(3)刺激特征具有不规则变化的性质,比如语音。

除了刺激本身的特性,时序知觉还可以依据任务的不同分为外显与内隐两种方式。外显时序知觉是指实验任务明确要求被试去判断一对刺激的时序关系的加工。像经典的同时性判断任务(simultaneity judgment, SJ)(Shin' Ya & Alan, 2002; Vroomen et al., 2004)、时序判断任务(temporal order judgment, TOJ)(Charles et al., 2003; Toshimitsu et al., 2013; Vroomen et al., 2004),都明确要求被试判断两个刺激是否同时或谁先谁后,因此都属于外显时序任务。而内隐时序知觉是指没有明确要求被试去判断刺激的时序,但为了完成任务却又必须处理时序信息的加工(Battelli, Pascual-Leone, & Cavanagh, 2007)。比如以下4个任务:(1)时间分辨任务(temporal discrimination, TD),分辨间隔很短时间出现的两个刺激被知觉为一个刺激还是两个刺激。频率越低(听觉约80 Hz以下,视觉约40 Hz以下,触觉约20 Hz以下),两个刺激越容易区分(Fujisaki & Nishida, 2005; Pastor, Macaluso, Day, & Frackowiak, 2006; Pastor, Day, Emiliano, Friston, & Frackowiak, 2004)。(2)似动任务(apparent motion),如图1(a),首先在屏幕对角线的位置同时呈现两个点,然后在另一条对角线相同的位置再同时呈现两个点,被试的任务是分辨当前的刺激序列是上下两个点的左右运动还是4个点在闪烁。频率越高(8~10 Hz以上),这种交替的刺激序列越容易被知觉为4个点的闪烁(Battelli et al., 2001, 2007)。(3)连续转轮错觉(continuous Wagon Wheel Illusion, c-WWI),如图1(b),10 Hz左右的周期运动可能会导致运动方向反转的错觉,如当一个环形栅格的一半沿顺时针方向,另一半沿逆时针方向转动时,有时会知觉到整个圆环朝着其中一个方向(如逆时针)运动(Reddy, Remy, Vayssiere, & VanRullen, 2011; VanRullen, Pascual-Leone, & Battelli, 2008)。(4)听觉解析任务(auditory stream segregation),当一个高频与一个低频音调重复交替呈现时,它既可以被知觉为一种奔驰而去的感觉(HLH-LHL…),也可以被解析为两段独立的、重复的高音序列(H-H…)与低音序列(L-L…)。高低音调之间的频率差异和音调之间的间隔时间都会影响这一现象。其中高低音调交替得越快,被试越容易知觉到两个序列而不是一个序列(Cusack, 2005)。

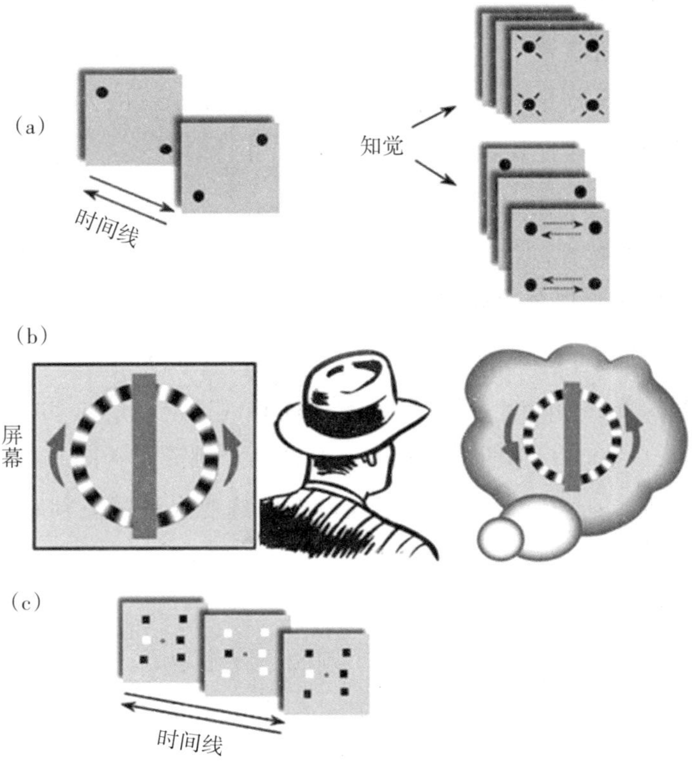

图1 三个代表性内隐时序任务的示意图

(a)似动任务;(b)连续转轮错觉;(c)相位分辨任务。(a),(c)修改自文献(Battelli et al.,2007);(b)修改自文献(VanRullen et al.,2008)

无论涉及哪个通道,这些任务都有一个共同之处,就是都需要分辨相继或连续呈现的刺激出现与消失的时刻,并且正确地将前一个刺激的消失与后一个刺激的出现绑在一起,从而形成整体或运动的知觉(Battelli et al.,2007;Battelli,Walsh,Pascual-Leone,& Cavanagh,2008)。以似动任务为例,不正确地绑定先后刺激的时刻必然会形成闪烁的知觉。除了先后两个刺激的时刻,内隐时序任务也涉及绑定两个刺激序列的特征,比如相位分辨任务(phase discrimination task),如图1(c),视野中几个物体的对比度在黑白之间交替,被试的任务是指出其中一个与其他物体的相位变化不一致的物体。在7~8 Hz以下,这种区分相对容易(Battelli et al.,2007;Lorella,Patrick,Paolo,& Barton,2003)[3.3节中的绑定任务(binding task)也同时绑定了时刻与特征,但属于外显时序任务]。与外显时序任务相似,内隐时序任务也可以针对跨通道刺激。由于两个刺激同时或同步是多感觉整合(multisensory integration)的必要条件(Bischoff et al.,2007;Bushara,Grafman,& Hallett,2001;Calvert,Hansen,Iversen,& Brammer,2001;Dhamala,Assisi,Jirsa,Steinberg,& Kelso,2007;Noesselt et al.,2007),若操纵跨通道刺激的时间关系,一旦观察到多感觉整合则必然表明存在内隐时序知觉（若在这种情境下要求被试判断跨通道刺激对是否同时属于外显时序知觉）。但需要指出，内隐时序任务，特别是多感觉整合任务除了包括时序加工之外，还包括许多其他的认知加工过程（如跨通道交互），因此在分析时序知觉的中枢与分布计时的证据时，我们主要利用了无关加工过程较易分离或者实验操纵比较严密的内隐时序任务的结论。

3 行为研究的证据

从中枢到特异，时序知觉可以是超通道的（modality-independent / supramodal）、通道特异的（modality specific）甚至特征特异的（feature-specific）计时。如果针对不同的刺激通道或特征的时序判断任务得到的差别阈限不存在相关，或者时序知觉在不同的实验条件之间不存在学习或适应效果的迁移，或者分辨两类刺激序列同步与否的时间分辨率（temporal resolution）有明显的差异，则反映了许多彼此独立的、分布式的计时机制；反之，时序知觉可能在某一水平上共享同一机制。

3.1 时序判断能力的知觉学习研究：单通道刺激对的时序知觉

单通道刺激对是时序知觉研究中最早也是最经常采用的一种刺激类型。尽管有研究发现某些视觉与听觉刺激的时序差别阈限存在显著的相关（Fink，Ulbrich，Churan，& Wittmann，2006），但是对TOJ进行知觉学习的效果却并不能从视觉通道迁移到听觉通道，反之亦然。因此，研究者认为时序知觉不可能表现为超通道的中枢机制（Alais & Cass，2010）。在听觉通道内，虽然纯音与咔声的时序差别阈限存在显著相关（Fink，Ulbrich，et al.，2006），但不同任务（时序判断与同时性判断）和不同时间位置（刺激开始与结束时刻）之间只存在有限的、单向的迁移（如训练对刺激结束时刻的同时性判断，其效果能迁移到对刺激开始时刻的判断，反之则不可以）；且刺激频率之间完全不存在迁移（Alais & Cass，2010；Mossbridge，Fitzgerald，O'Connor，& Wright，2006；Mossbridge，Scissors，& Wright，2008）。相比之下，在视觉通道，判断不同属性（颜色与位置）的刺激的时序，其差别阈限之间存在显著相关（Fink，Ulbrich，et al.，2006），并且同一属性不同特征间的迁移效果也很明显，如判断左右刺激的时序学习效果能够迁移到上下刺激（Alais & Cass，2010）。因此，对于单通道刺激对的时序知觉，并不存在唯一的中枢计时机制，听觉时序知觉是一种特征特异的加工，而视觉时序知觉的特异程度要相对低一些，可能处于通道特异的水平。

3.2 时序知觉的短期快速适应研究:跨通道刺激对的时序知觉

对于跨通道时序知觉,有研究发现经常玩动作类游戏可以促进视听时间分辨能力(Donohue,Woldorff,& Mitroff,2010),但视听通道的学习效果只能迁移到视觉通道,而视觉和听觉通道的学习效果都不能迁移到视听通道(Alais & Cass,2010),表明跨通道时序知觉可能具有与单通道不同的特点。与知觉学习范式相似,适应范式也可以用来推断时序知觉的计时方式。一种短期快速适应范式称为时间再校准(temporal recalibration),它指适应跨通道刺激之间的一段时间延迟后(如视先于听 100 ms)再来判断时序时,与所适应的时间关系一致的刺激对(如视先出现)更容易被判断为同时(Vroomen et al.,2004;Waka,Shinsuke,Makio,& Shin'Ya,2004)。

时间再校准的研究也支持跨通道计时至少在通道水平是分布式的。虽然时间再校准可以在跨通道刺激的不同特征,比如视觉刺激的类型、纯音的频率或者不同讲话者的嘴形与发音之间迁移(Argiro,Jordi,Salvador,& Charles,2007;Navarra,García-Morera,& Spence,2012;Waka et al.,2004),但只有在满足特定条件时才能从适应的通道迁移到其他的通道,如以喇叭呈现声音时从视听通道迁移到视触而非听触通道(Massimiliano,Tonja-Katrin,& Ernst,2009;Vanessa & Harris,2008)(相关综述参见文献:袁祥勇,黄希庭,2011)。

此外,时间再校准只有基于空间或客体时才能发生迁移(James,Roach,Hanson,Mcgraw,& David,2012;Roseboom & Arnold,2011;Xiangyong,Baolin,Cuihua,Huazhan,& Xiting,2012;袁祥勇,黄希庭和毕翠华,2012)。若同时在左侧空间适应红光先于低音 117 ms 呈现,在右侧空间适应绿光晚于高音 117 ms 呈现后,调换这两个刺激对的空间位置,此时绿光与高音处于左侧空间,而对它的时序判断仍以适应空间为准,即偏向于将视觉先出现定义为同时,对红光与低音也是如此(Yuan et al.,2012);反之对于复杂刺激,特别是讲话者的嘴形与发音,时间再校准则会以视听刺激对组成的客体为准,比如在左右侧空间同时适应一个嘴动先于发音的男性讲话者和一个发音先于嘴动的女性讲话者后,即使男性讲话者之后出现在右侧空间,被试仍倾向将嘴动先于发音的情况判断为同时(Roseboom & Arnold,2011)。这两个研究结果表明,时序信息的抽取是在空间或客体内进行的,换句话说,适应后的时序知觉需要对不同的空间与客体分别进行校准,不可能反映为中枢计时机制。因此,跨通道刺激对的时序知觉即使不受刺激特征的制约,也会受刺激的通道、客体或空间的限制。总的来看,单通道与跨通道时序知觉都反映了一种相对分布式的计时机制,并不存在一个超通道、唯一的中枢计时机制。

3.3 时间绑定的研究:单通道与跨通道刺激序列的时序知觉

虽然单通道与跨通道刺激对的时序知觉都倾向于分布计时,但是对于刺激序列的时序知觉,情况则略有不同。与知觉学习和时间再校准范式不同,以刺激序列为材料的时序知觉研究通常操纵刺激变换的频率,要求被试判断两个刺激序列是否在时间上同步(同步性判断任务),或者与某一个特征同时出现的另一个特征是谁(绑定任务,同样是一种外显时序任务),并以这种判断刚刚能够完成,即正确率达到75%的频率为时间分辨率,然后通过考察不同刺激通道、刺激属性与特征之间的时间分辨率来推断时序知觉的机制。

在同步性判断任务中,匹配两个视觉闪烁或听觉颤动的时间分辨率在26 Hz或89 Hz左右,而视听结合的时间分辨率却只有4 Hz(Fujisaki & Nishida,2005),并且不因刺激特征的不同而改变(Fujisaki & Nishida,2007),在信息噪杂的背景中,还会受到空间与客体选择性注意的调节:被注意的刺激其同步性更容易判断(Fujisaki,Koene,Arnold,Johnston,& Nishida,2006;Fujisaki & Nishida,2008)。因此在外显任务中,单通道刺激序列的时序知觉可能更多地依赖于早期感觉水平的加工,属于分布计时;而跨通道刺激序列的时序知觉则处于中期或晚期水平的加工,更接近中枢计时。最新的研究(Fujisaki & Nishida,2010)也证实,在视觉通道内匹配两个颜色序列、亮度序列或者颜色与亮度结合的序列的时间分辨率在7~9 Hz,而跨通道匹配视听与视触刺激序列的时间分辨率只有4~5 Hz;不过听触通道的时间分辨率仍保持在7~9 Hz。就是说,尽管跨通道刺激序列的时序知觉更接近中枢计时,却并非完全是超通道的。

在绑定任务中,研究发现,无论单通道还是跨通道条件,绑定刺激属性的时间分辨率多数不高:当呈现两种不同的视觉属性(比如在左侧交替呈现红色或绿色的实心圆,而在右侧以同样速率呈现向左或向右倾斜的栅格,要求被试判断与红色同时出现的栅格是向左还是向右),或者呈现视听、视触、听触通道的刺激序列时,绑定任务的时间分辨率都比较低,约2~3 Hz;只有绑定视觉通道内的相同属性,比如运动方向、朝向、亮度与颜色的时间分辨率略高,约3~9 Hz(Bartels & Zeki,2006;Fujisaki & Nishida,2010)。与同步性判断相比,绑定的时间分辨率更加独立于刺激属性、独立于跨通道组合,更低也更为一致,因此更接近非特异且较慢的中枢加工(Fujisaki & Nishida,2010)。

不过,考虑到绑定任务不像同步性判断任务那样只需时序加工结束即可获知,它还必须将刺激特征与它的时序信息结合起来,因此由绑定任务得到的结论并不能表示时序知觉一定是中枢加工。而且,并非所有的绑定任务都具有较低的时间分辨率(Holcombe,2009),比如在视觉通道内绑定位于同一位置的颜色(或亮度)与朝向的时间分辨率就比较高,约为19(或36)Hz(Holcombe & Cavanagh,2001),有些跨通道的内隐时序任务也反对中枢加工(Erik et al.,2010)。所以对刺激序列来说,仍可能存在空间、属性或特征特异的分布计时,时序信息的抽取也能够基于特征进行。研究表明,相同时间内呈现的刺激个数越多(即时间密度越高)的刺激序列,其同步性判断越难,但若仅仅在其中插入一些“新”特征而保持总的时间密度不变,如在低音白光序列中插入零散的高音红光刺激,同步性判断又会变得比较容易(Fujisaki & Nishida,2007)。如果不能单独抽取“新”特征的时序信息,也不可能达到这种促进效果。

综合行为研究的结果,不难看出,对单通道与跨通道、刺激对与刺激序列来说,并不存在一个超通道的、唯一的、能够处理所有时序信息的中枢。不过,也没有充足的证据支持完全特征特异的分布计时。时序知觉更像是介于中枢计时与分布计时之间,时序信息的抽取是在刺激通道、空间、属性或特征的基础上完成的。相比之下,跨通道(或跨属性)刺激序列的时序知觉更接近中枢计时,而单通道的时序知觉更接近分布计时。

4 脑机制研究的证据

脑机制中的脑损伤与脑成像研究为时序知觉的中枢与分布计时提供了更直接的证据。如果能够在全脑中找到一个处理不同类别的时序知觉的核心脑区,则表明时序知觉属于中枢计时;否则,若不同类别的时序知觉表现出分布式的激活模式,以致所有的通路并没有汇聚到某一区域,也就不可能存在一个唯一的中枢计时机制。

4.1 脑损伤和经颅磁刺激研究:视时序知觉

脑损伤的研究主要集中在视觉通道。Battelli 等人发现右顶叶,包括顶上叶(superior parietal lobule)、缘上回(supramarginal gyrus)与角回(angular gyrus)损伤的患者在似动任务和相位辨别任务上的表现很差:只有在刺激交替的频率低于正常人的一半时(似动任务:4~5 Hz;相位辨别任务:~3 Hz),他们才能知觉到似动现象或分辨出相位不一致的物体,而且这种时间分辨率的下降在对侧与同侧视野中均是如此,即双侧的时序知觉都与右顶叶有关(Battelli et al.,2001;Lorella et al.,2003)。还有研究发现,当视觉刺激相继出现在左右两侧时,右侧颞顶皮层中风的患者更倾向于报告同侧的刺激先于对侧出现,而当两个刺激相继出现在左侧或右侧的上下角时,它分辨对侧时序的能力要更差(Snyder & Chatterjee,2004)。经颅磁刺激(transcranial magnetic stimulation,TMS)的研究也证明,右顶叶后部及顶下叶(inferior parietal lobule)在 TOJ 任务和连续转轮错觉中起重要作用(VanRullen et al.,2008;Woo,Kim,& Lee,2009)。因此,研究者最初认为右顶叶后部与顶下叶,特别是颞顶联合部(temporoparietal junction,TPJ,包括顶下叶的角回与缘上回、颞上回与颞中回后部)主要负责处理“when”信息,称为“when 通路”(when pathway)(Battelli et al.,2007,2008)。

然而近期的研究揭示左脑TPJ受损同样使患者在TOJ任务上的表现变差(Wencil, Radoeva, & Chatterjee, 2010; Wittmann, Burtscher, Fries, & Von, 2004)。视听跨通道的研究也得到了与视时序知觉不完全一致的结果:一位双侧顶叶特别是右顶叶损伤的具有视听言语整合障碍的患者,他自述如果边看讲话人的嘴形边听他说话会有一种视听不同步的体验,检测表明他只是在一些视听同时呈现的跨通道任务(如数字广度任务)上表现更差,而在视听单通道的TOJ任务上与正常人表现相似(Hamilton, Shenton, & Coslett, 2006)。这些都表明即使右顶叶受损,其他区域也能够完成单通道的时序加工。尽管有例外,大多脑损伤和TMS研究还是相对一致地指出顶叶及TPJ区域与视时序知觉有关,表现出中枢计时的特点。但由于这些研究很少涉及视觉以外的通道,也基本没有考虑视觉通道内不同的刺激属性,所以还不能完全否定分布计时。

4.2 脑成像研究:单通道与跨通道时序知觉

与脑损伤和TMS研究只能探讨某个或某片特定区域不同,功能性核磁共振(functional magnetic resonance image, fMRI)与正电子断层扫描成像(position emission tomography, PET)能够观察到时序任务所激活的全部脑区,对"when通路"进行有益的补充。我们按照单通道与跨通道的时序知觉分类,选择控制任务明确或者对比条件涉及时序关系(同时与不同时)、操纵严密的16个研究,将它们所报告的激活点坐标全部转化为MNI(montreal neurological institute)坐标后,重新绘制为图2(原始坐标点的来源参见图注)。

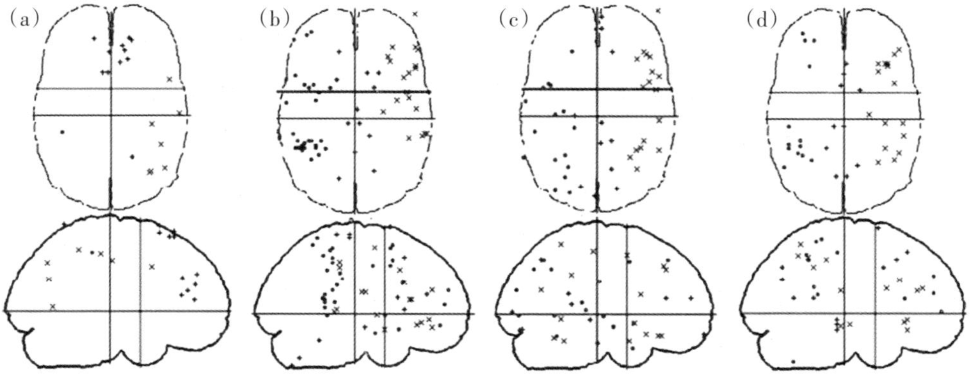

图2 时序知觉的脑成像研究激活坐标汇总

方块、十字与叉号分别代表左脑、内侧和右脑的激活点。(a)单通道内隐时序知觉的激活坐标;数据来自采用TD任务,听觉解析任务和连续转轮错觉的4个研究。(b)单通道外显时序知觉的激活坐标;数据来自4个研究中控制任务最严密的对比。(c)跨通道内隐时序知觉的激活坐标;数据来自3个研究中比较同时与相继的刺激对时所激活的坐标点。(d)跨通道外显时序知觉的激活坐标;数据来自5个研究中激活结果明确以及不同知觉状态间有差异的条件。

首先,单通道内隐时序知觉更多地激活右半球(图2a),包括前运动(premotor cortex)与辅助运动区(supplementary motor area)、顶下叶、顶内沟(intraparietal sulcus)以及前扣带皮层(anterior cingulate cortex)和脑岛(insula)附近的区域(Cusack,2005;Pastor et al.,2006;Pastor et al.,2004;Reddy et al.,2011);当比较内隐时序分辨的难易或正误判断时,右顶内沟表现出更强的激活(Cusack,2005;Reddy et al.,2011),这与脑损伤研究的结论非常一致(Battelli et al.,2008)。不过,单通道外显时序知觉则在双侧半球都有激活,左侧主要激活TPJ,顶内沟,运动与前辅助运动区;右侧主要激活前运动与辅助运动区,TPJ,前额叶(prefrontal cortex),脑岛和顶内沟(图2b)(Ben,John,& Christopher,2009;Binder,2015;Toshimitsu et al.,2013;Wada et al.,2012)。当严格匹配了控制任务后,外显时序知觉更强地激活了左侧TPJ(Ben et al.,2009),而且时序判断越偏离真实情况,左顶下叶和顶内沟的激活就越强(Wada et al.,2012)。因此,除了右侧TPJ,左侧TPJ等许多区域也是“when通路”的重要组成部分(Ben et al.,2009;Wencil et al.,2010)。单通道时序知觉更倚重TPJ,但也与时距知觉共享辅助运动区、前额叶、脑岛和顶内沟等区域(Lewis & Miall,2003),不过两者的半球特异性不同:内隐时距知觉主要激活左半球,而外显时距知觉主要激活右半球(Coull & Nobre,2008)。这些表明时间知觉既有特殊性(Smith,Taylor,Lidzba,& Rubia,2003)也有综合性(黄希庭,2001)。

其次,有别于单通道时序知觉,跨通道外显/内隐时序知觉的研究均集中在视听通道,通常借助于对比同步与不同步的视听刺激,大多报告了颞上沟(superior temporal sulcus)、脑岛及其附近区域,包括屏状核(claustrum)与壳核(putamen)、顶下叶与顶内沟、上丘(superior colliculus)、梭状回(fusiform gyrus)、前额叶以及枕颞初级感觉区的激活(图2c,d)(Bischoff et al.,2007;Bushara et al.,2001;Calvert et al.,2001;Dhamala et al.,2007;Miller & D'esposito,2005;Noesselt et al.,2007;Olson,Gatenby,& Gore,2002;Stetson,Cui,Montague,& Eagleman,2006),从总体上看也没有明显的半球特异性。不过,对于动物与人类多感觉整合的研究表明,视听交互作用也会激活相同或相近的区域(Ghazanfar & Schroeder,2006),仅仅操纵刺激同步性,很可能使跨通道时序知觉淹没在多感觉整合中,因此对待这些激活必须要谨慎。有3个研究通过严密的实验设计或者结合行为指标得到了较为清晰的结果:在一个前额叶、初级感觉皮层、顶下叶和上丘共同组成的神经网络中,刺激不同步时需要顶下叶而拒绝上丘的参与,刺激同步时则恰恰相反,而模糊状态时两者都不参与(Dhamala et al.,2007);虽然上丘在刺激同步时激活更强,不同步时激活受抑制,但一些其他的区域,如右侧额下回、双侧脑岛等也表现出相同的反应模式(Calvert et al.,2001),而且刺激同步性越高,右侧脑岛的激活就越强(Bushara et al.,2001);而在控制了视听整合后,通过对比视听同步与不同步的言语刺激却得出了相反的结论,即上丘、前脑岛和顶内沟在刺激同步时的激活更弱(Miller & D'esposito,2005)。

尽管脑区激活强弱与时序知觉的对应关系还有争议,但综合脑成像的研究可以发现,单通道与跨通道时序知觉的激活模式,单通道外显与内隐时序知觉的激活模式并不相同(图2),所以大脑中并不存在一个唯一的中枢区域负责处理所有类别的时序信息。不过,当时序任务的控制条件更严密,或者计算与时序分辨相关的激活时,一些核心脑区如TPJ经常在单通道时序知觉中被激活,而另一些核心脑区如顶下叶、上丘和脑岛则经常在跨通道时序知觉中被激活,因此不同的脑区很可能在不同类别的时序知觉中扮演着重要的角色。

总的来看,行为与脑损伤和脑成像研究的证据并不支持超通道的、唯一的中枢计时,但也未能支持完全特征特异的分布计时,而且两类证据本身还存在着一些矛盾。第一,对于单通道时序知觉,脑机制研究揭示了TPJ等脑区可能具有计时中枢的功能,而行为研究则认为时序知觉更接近分布计时,是在通道、空间与刺激属性的基础上获得的。第二,对于跨通道时序知觉,脑成像研究发现顶下叶、脑岛和上丘等区域在计时中的重要作用,而行为研究虽然也认为跨通道时序知觉更接近中枢计时,但仍然受到跨通道组合、跨通道属性的影响。目前两类研究的设计思路和实验程序本就不同,出现争议也可以理解。考虑到时序知觉至少包括时序信息的抽取与比较这两个加工过程(Shin'Ya & Alan,2002;Fujisaki & Nishida,2007),中枢计时与分布计时的争议或许与加工过程有关,正如行为研究所揭示的,时序信息的抽取可能是分布式的。

4.3 电生理研究:视听单通道与跨通道的时序知觉

电生理研究揭示了时序知觉的时域与频域指标(Joliot, Ribary, & Llinas, 1994; Lewandowska, Bekisz, Szymaszek, Wróbel, & Szelag, 2008),但是不像脑损伤与脑成像研究,它只能为中枢与分布计时的争议提供间接的证据。一般说来,越是超通道的中枢机制,加工越慢,越对应晚期的电生理成分;而越是通道特异或特征特异的分布计时,加工越快,越对应早期的电生理成分。因此若时序知觉的电生理指标出现在早期,也就从另一个角度为分布计时提供了佐证。

在视觉通道,尽管许多研究(Akyürek, Riddell, Toffanin, & Hommel, 2007; Akyürek, Schubö, & Hommel, 2010; McDonald, Teder-Sälejärvi, Di Russo, & Hillyard, 2005; Stekelenburg, Sugano, & Vroomen, 2011; Stekelenburg & Vroomen, 2005)采用了外显/内隐时序任务,但实验目的却在于探索时序知觉(或视觉整合)受到注意或适应的影响而产生偏差的机制,因此虽然它们发现P1(90~160 ms)、N1(135~250 ms)、P2(180~230 ms)、N2(220~300 ms)、P3(250~600 ms)的波幅或潜伏期也会随着外显/内隐时序判断的变化而变化,

却很难确定其中哪些成分只与时序知觉有关。在听觉通道,若两个听觉刺激的间隔较短(10 ms)以至于更不容易体验到顺序时,P2(150~275 ms)的波幅更大,并且P2的波幅与TOJ任务的正确率具有显著的负相关(Lewandowska et al.,2008)。电神经成像(electrical neuroimaging)的研究还揭示听时序知觉与左后外侧裂区域(posterior sylvian region),包括初级听觉皮层、颞上回与颞中回后部的活动有关;在刺激出现100 ms内即可观察到TOJ正确与否(39~77 ms)或练习效应(43~76 ms)所引起的头皮电场的差异(Bernasconi, Grivel, Murray, & Spierer, 2010b, 2010a)。因此,听时序知觉与事件相关电位(event-related potentials, ERPs)的早中期成分有关,能够发生在早期加工阶段,溯源的结果也基本落在初级听觉皮层,相比TPJ更靠近颞叶(Bernasconi et al., 2010b, 2010a)。这些结果与行为研究的结论——听觉通道一般具有更高的时间分辨率,其时序知觉的特异程度也更高——相吻合。

除了听觉通道,视听时序知觉的电生理研究也得到了一些早中期水平的指标。除了P2(85~150 ms)(Stekelenburg et al., 2011),研究者通过给被试呈现同步或不同步的视听言语刺激(Doesburg, Emberson, Rahi, Cameron, & Ward, 2008),要求判断它们的时间关系,还发现相比同步的刺激,在不同步的刺激出现后170~250 ms,左颞叶与其他电极之间,37~44 Hz振荡的相位一致性(即两个脑区以彼此相同的相位振荡)增强。研究者认为gamma(> 30 Hz)波在皮层间的相位同步化(phase synchronization)可以作为检测到视听言语不同步的指标。除了这个基本与N1处于相同时程的活动,他们还发现相比不同步的刺激,在同步的刺激出现后更早的时程(40~70 ms)、23~28 Hz的beta振荡就表现出相位一致性的增强,这很可能反映了初级感觉皮层的交互作用。结果提示对刺激序列同步的检测可能要比不同步时更快。

电生理研究与行为、脑损伤和脑成像研究的结论基本相似,至少听觉通道与视听通道的时序知觉与一些早中期的电生理指标相关联,因此不支持超通道、唯一的中枢计时,但事实上这些研究也同样不能直接证明分布计时的存在。更重要的是,目前行为与脑机制研究的结果与最终解释两种计时机制的本质差异还相距甚远。必须深入研究时序信息的神经表征与加工过程,才能从根本上解决中枢与分布计时的争议。

5 时序信息的神经表征

目前的研究证据只能否决超通道的中枢计时,尽管时序知觉表现出分布式的特点,仍很难判断从超通道到通道水平再到或刺激属性或特征水平是否存在独立的计时中枢。问题在于中枢与分布计时的本质差异何在。要说明它必须从时序信息的神经表征入手。

时序信息的神经表征是指大脑利用何种神经关联物来表征两个刺激的时序关系。根据已有的研究，这种表征主要有3种取向，可以分别称之为时间取向、能量取向和混合取向。时间取向的代表是潜伏期模型（latency model），时序可以通过刺激潜伏期的长短来表征（相关综述参见文献：尹天子 et al.，2010），也就是说加工更快的刺激更容易被知觉为先出现（Bartels & Zeki，2006；Massimiliano et al.，2009；Vibell，Klinge，Zampini，Spence，& Nobre，2007）。能量取向的代表是闸门模型（gating model），即用刺激所诱发的神经反应的强度来表征时间（Eagleman & Vani，2009；McDonald et al.，2005）（尽管神经反应强弱与时序知觉的关系还不确定）。更为复杂的能量取向模型是神经元集群编码模型（neural population coding model），即时序知觉可以通过神经元的集群编码来获得：低水平神经元各自具有自己最优编码的SOA（stimulus onset asynchrony），然后以不同的权重将各自的激活信息传递给更高水平的决策神经元，那么后者就可以做出时间上"先"或"后"的判断了（Cai，Stetson，& Eagleman，2012；Roach，Heron，Whitaker，& McGraw，2010）。混合取向的代表可以称为振荡模型（oscillation model），即通过刺激所诱发的相位同步化或相位重置（phase-reset）来实现（Doesburg et al.，2008；Naue et al.，2011）。视听整合的研究发现，听觉刺激能够在视觉区诱发相位一致的beta振荡，而听视刺激先后出现时，视觉beta波段的能量则会随着SOA的改变以接近30 Hz的频率变化（Naue et al.，2011）。换句话说，听觉刺激能够通过相位重置使视皮层对随后不同时刻出现的视觉刺激做出不同的反应。虽然振荡作为认知过程基本的时间单元早已有过论述（Pöppel，1997；VanRullen & Koch，2003），但这种时间单元是否能够用于时序表征仍存在争议（VanRullen & Koch，2003）。

基于时序表征的不同模型，中枢计时与分布计时的本质可以解释为是否存在专门用于计时的装置。像潜伏期模型与神经元模型，隐含着或假设存在专门用于时序判断的中枢（Shin'Ya & Alan，2002），而像闸门模型与振荡模型，则没有对此做出假设，时序知觉仅凭一般的神经活动就足以获得。前者统称为专享模型（dedicated model），而后者则统称为内在模型（intrinsic model）。考虑到两种计时机制的本质差异涉及时序信息的表征，这种争议也就变得更加立体与复杂，即使在各方面证据更充足的时距知觉领域，也仍处于莫衷一是、悬而未决的状态（Ivry & Schlerf，2008）。

6 小结与展望

时序知觉的行为、脑损伤、脑成像与电生理研究业已发现，单/跨通道、刺激对/序列、外显/内隐的时序加工各有一定的特色,但各方面的证据在许多环节仍没有达成共识,中枢计时与分布计时的争议仍然存在。

首先,需要研究方法的创新来统一现有的行为与脑机制研究结论的差异。行为研究的逻辑更注重认知过程,而脑机制研究的逻辑更倾向于发现特定的加工激活特定的脑区。因此如何在脑机制研究中结合行为研究的思路,而不是单纯地对比时序任务与非时序任务(或同时与相继条件)的差异,可能对于揭示各个脑区的功能更有意义。此外,对于内隐时序任务,如何更有效地排除非时序加工过程也是非常重要的,像如何在跨通道时序知觉中排除多感觉整合的影响,这些也需要更精细的实验设计(Miller & D'esposito,2005)。而且无论行为还是脑机制研究,欲解决中枢计时与分布计时的争议,还需要对更多相关的问题展开联合探讨,比如基于空间与基于客体的时序知觉的差异何在,刺激对与刺激序列的时序知觉是否存在差异。

其次,需要从时序信息的神经表征和加工过程的角度来探讨两种计时机制。对专享模型来说,时序信息存在抽取(或编码)和比较(或决策)两个独立的加工过程,而对内在模型来说,时序信息内在于其他神经活动之中,在抽取的同时也就完成了比较。因此中枢计时与分布计时的分歧也可能与时序加工过程有关。有研究发现,尽管检测视觉、听觉与触觉刺激特征的突然改变一致地激活了TPJ,额下回,辅助运动区,脑岛等区域,但也特异性地激活视觉联结皮层、听觉初级与次级感觉皮层和触觉次级感觉皮层(Downar,Crawley,Mikulis,& Davis,2000)。由于时序知觉的本质是判断一对刺激的时间关系,因此单个刺激变换的时刻其实就构成了时序知觉的基本元素(Shin'Ya & Alan,2002)。根据Downar等人的研究结果(Downar et al.,2000),考虑到时序知觉受到刺激通道(Alais & Cass,2010;Fujisaki & Nishida,2005)、属性或特征(Fujisaki & Nishida,2007)、客体(Roseboom & Arnold,2011)、所处的空间(James et al.,2012;Xiangyong et al.,2012)甚至眼动的制约(Morrone,Ross,& Burr,2005),以及抽取加工不会晚于比较加工,我们推测时序信息的抽取更可能发生在初级感觉皮层,而比较过程更适合发生在联结皮层,因而时序信息的抽取是分布式的,需要以刺激特征为载体,并且在抽取后一直附着在该刺激特征上,但若仅仅执行时序分辨,就不需要利用刺激特征的信息,所以时序知觉既有分布计时又有中枢计时的特点。如果对时序知觉的训练是建立在刺激特征之上的,这一假设也就从过程的角度解释了知觉学习范式下时序知觉的特异性(Alais & Cass,2010;Mossbridge et al.,2006)。不过对它的验证还需要一些后续工作。

最后,中枢计时与分布计时的争议在时序与时距知觉领域都存在。只考虑秒以下的时距知觉,两者在脑机制上的确存在一定的重合[对比图2与相关综述(Coull & Nobre,2008;Lewis & Miall,2003)],而且同一现象能同时引起与时序和时距有关的两种错觉体验,如在原因与相应的结果事件间插入一段延迟后既能引发意向绑定(intentional binding)(Haggard, Clark, & Kalogeras, 2002),也能引发时间再校准(Stetson et al., 2006)。因此,时距与时序很可能是时间这个统一体的两个侧面。根据时间分段综合模型(黄希庭,2001),时距与时序是不可分割的、统一的整体,我们认为这种综合并统一时距与时序的观点并非空想,只是需要更有力的证据。总的来说,近10年对时序知觉的探索已经指明了研究的方向,在此基础上许多工作还有待慢慢展开。

合作者:袁祥勇、陈有国、毕翠华、刘培朵。原文载于:《科学通报》2013年第58卷第28期。

Pre-stimulus beta and gamma oscillatory power predicts perceived audio-visual simultaneity

1 Introduction

Ongoing oscillations in the brain often correlate with intrinsic perceptual and attentional status. It has been shown that sensory awareness, illusory percepts, "transient" and "sustained" attention fluctuate over time along with the power and phase of spontaneous oscillations in a wide range of frequency bands (Busch and VanRullen, 2010; Dugué et al., 2014; Hanslmayr et al., 2007; Hipp et al., 2011; Mathewson et al., 2009; Romei et al., 2008; Song et al., 2014; van Dijk et al., 2008; VanRullen et al., 2006; Wyart and Tallon-Baudry, 2009).

The power of dynamic oscillation usually determines and predicts upcoming perceptual states even when the physical simulation remains unchanged. First, conscious detection of near-threshold visual targets usually negatively relates to the power of occipital alpha oscillations (8~13 Hz; Hanslmayr et al., 2007; van Dijk et al., 2008), with the explanation that alpha activity serves as an active inhibition mechanism in information processing (Jensen and Mazaheri, 2010; Klimesch et al., 2007). Second, beta band activity (14~30 Hz) has recently been proposed to represent sensorimotor and cognitive states and their endogenous changes that are not driven by stimulus information (Engel and Fries, 2010). For example, stronger beta oscillations are associated with the dominant direction of the illusory motion reversal phenomenon (Piantoni et al., 2010) and they precede illusory sound-induced double flashes and McGurk speech compared to veridical perception (Keil et al., 2012, 2013). Third, bistable perceptions controlled by top down endogenous processes are accompanied by gamma activity (Mathes et al., 2006; Strüber et al., 2000). Ehm et al. (2011) used a Necker cube, which has two different three-dimensional interpretations of its orientation, to observe a transient right-hemispheric gamma modulation preceding by 200 ms the endogenous reversals between bistable interpretations.

The topic of the present study is the temporal discrimination of two closely presented events, whose perceptual states also alternate irrespective of constant physical stimulation (Aghdaee et al., 2014). It is well known that two events will be perceived as issuing from different rather than common sources when they are separated by large intervals. However, if separations are small, discrimination of their temporal relationship will alternate between simultaneity and non-simultaneity percepts, similar to the aforementioned endogenous switching between illusory and veridical percepts, or between bistable perceptual states. Several studies have investigated the neural correlates of temporal discrimination of two consecutive events. It has been revealed that temporal discrimination may correlate with oscillatory activities of alpha (Cecere et al., 2015; Samaha and Postle, 2015; Varela et al., 1981), beta, and gamma bands (Doesburg et al., 2008; Joliot et al., 1994; Senkowski et al., 2007). Moreover, the fluctuating state of the pre-stimulus oscillation has been revealed to prepare and predict subsequent temporal discrimination. For two auditory stimuli, stronger beta oscillatory activity (18~23 Hz) is associated with accuracy of temporal order judgments (Bernasconi et al., 2011). For two tactile stimuli, when the oscillatory power increases in the high beta band (–20 to 40 Hz) prior to the onset of tactile stimuli with an SOA of 30 ms or 45 ms, the stimuli are more likely to be misperceived as simultaneous (Lange et al., 2012). Pre-stimulus alpha power in the contralateral somatosensory and occipital areas can also predict the veridical temporal discrimination of two tactile stimuli, and correlates with decisional confidence (Baumgarten et al., 2014). Recently, it has been demonstrated that the phase angle of the alpha and low beta oscillations differed independent of power, when observers perceived one tactile pulse (i.e., simultaneity) as opposed to two pulses (i.e., non-simultaneity), with larger phase differences resulting in larger perceptual differences (8~20 Hz, and more prominent in the 14~20 Hz band; Baumgarten et al., 2015).

Although the neural predictors of temporal discrimination have attracted research interest, most studies considered only unimodal stimulation. However, there is a critical difference between unisensory and multisensory simultaneity, especially for audiovisual stimulation. When two stimuli are of the same modality, simultaneity will be perceived as long as they are temporally close, regardless of which stimulus order. However, for audiovisual stimulation, although audition-then-vision and vision-then-audition sequences can both be perceived as simultaneous, they are physically different. There is abundant evidence that the critical interval for the auditory-leading sequence to be perceived as simultaneous is smaller (30~150 ms) than that for the visual-leading sequence to be perceived as simultaneous (150 ms or larger; van Eijk et al., 2008, 2009; van Wassenhove et al., 2007; Yarrow et al., 2011). Although a recent study found that for audio-tactile stimuli, local power and global connectivity of alpha activity ubiquitously predisposed perceptual integration or segregation regardless of stimulus order (Leonardelli et al., 2015), it remains unclear whether perceived simultaneity for these two physically different audiovisual sequences can be predicted by the same or separated fluctuating states of oscillatory activities.

Accordingly, we investigated how pre-stimulus neural oscillations modulate subsequent discrimination of perceived simultaneity from non-simultaneity. The neural oscillations were separately analyzed for auditory-and visual-leading sequences, to explore whether their respective perceived simultaneity could be predicted by different frequency bands or different oscillatory power states. As summarized above, we focused on neural oscillations in alpha, beta, and gamma bands, which have been previously found relevant to temporal discrimination.

2 Methods

2.1 Participants

Eighteen paid volunteers (10 males, 8 females; mean age 21.1 years) participated in this study. All participants had normal or corrected to normal vision and normal hearing. The study was approved by the local ethics committee of Southwest University and formal consent was provided by each participant before the start of the study.

2.2 Apparatus and stimuli

The monitor had a refresh rate of 85 Hz, with a 1024×768 resolution. The participant sat comfortably at a distance of about 60 cm from the monitor. The visual stimulus was a white Gaussian blob (sigma=0.91°, with an average luminance of 35.4 cd/m^2, x=0.285, y=0.296) lasting 35 ms, displayed at the center of a gray background (CIE: 13.2 cd/m^2, x=0.285, y=0.301). The auditory stimulus was a 35 ms tone of 2000 Hz, binaurally presented via insert ear phones (Sennheiser MX80). The whole experimental protocol was controlled by Eprime 2.0 software.

2.3 Task and procedure

A classical simultaneity judgment task (SJ task) was used, which required the participant to judge whether the Gaussian blob and tone occurred simultaneously. Each trial started with the appearance of a black fixation dot at the center of the screen, followed by the audiovisual sequence within a random interval of 900~1400 ms (Fig. 1a). The participant judged whether the blob and tone were simultaneous by pressing "4" (simultaneous) or "5" (not simultaneous) on the numeric keypad, using the index and middle fingers of the right hand. The fixation disappeared until a response occurred, and visual feedback was provided after the response (correct: green square; incorrect: red square; no response made within 2000 ms: yellow square). The visual feedback was displayed for 500 ms and the next trial began 1500 ms after the feedback offset.

The SOAs between auditory and visual stimuli were determined by a pilot test. Each participant was individually tested to find the critical SOAs for auditory-leading and visual-leading sequences. The SOAs for which he/she misperceived non-simultaneity as simultaneity on 40% and 10% of trials (i.e., 60% and 90% correct responses) were obtained using the method of constant stimulus, using a range of SOAs between ±212 ms with steps of 35 ms, each repeated 40 times over 10 blocks (Fig. 1b). Negative SOAs indicate auditory-leading sequences. The critical SOAs for 40% (rather than 50%) and 10% simultaneity reports were adopted in the EEG experiment in order to slightly reduce the uncertainty of each judgment and avoid random guesses.

In the EEG experiment, each participant completed 12 blocks of 52 trials. In each block, the individually determined SOAs for 40% simultaneity judgments for auditory–leading (A40%–SOA) and visual–leading (V40%–SOA) sequences were each repeated 20 times. The SOAs for 10% simultaneity judgments for auditory–leading (A10%–SOA) and visual–leading (V10%–SOA) sequences were each repeated thrice, while an additional 0 ms condition was repeated 6 times. Each trial was slightly modified so that no feedback was given during the formal EEG recording, except for cases of no response within 2000 ms.

2.4 EEG acquisition and preprocessing

Continuous EEG was recorded with a 64-channel scalp cap (Brain Products GmbH, Germany) conforming to the extended 10~20 system of channel locations, referenced to the FCz electrode and sampled at aerate of 500 Hz. The horizontal and vertical eye movements were measured using electrodes placed below the lower eyelids and at the outer canthus of the right eye. Impedances were kept below 10 kΩ for all electrodes. Raw EEG data were preprocessed and analyzed using EEGLAB (Delorme and Makeig, 2004) running on the MATLAB plat form. The online reference electrode was restored after offline referencing to the average mastoid signal. The raw data were offline high-pass filtered at 0.5 Hz and low-pass-filtered at 80 Hz. Bad channels were rejected and spherically interpolated for subsequent analyses (EEGLAB eeginterp). Only EEG data recorded at the individually determined A40%-SoAs and V40%-SOAs were analyzed. Data were first segmented and artifacts such as eye blinks and movements were removed using independent component analysis (ICA). Epochs with amplitude exceeding ±100 μV between-800 ms and 1300 ms were automatic ally marked and then manually confirmed and rejected through visual inspection.

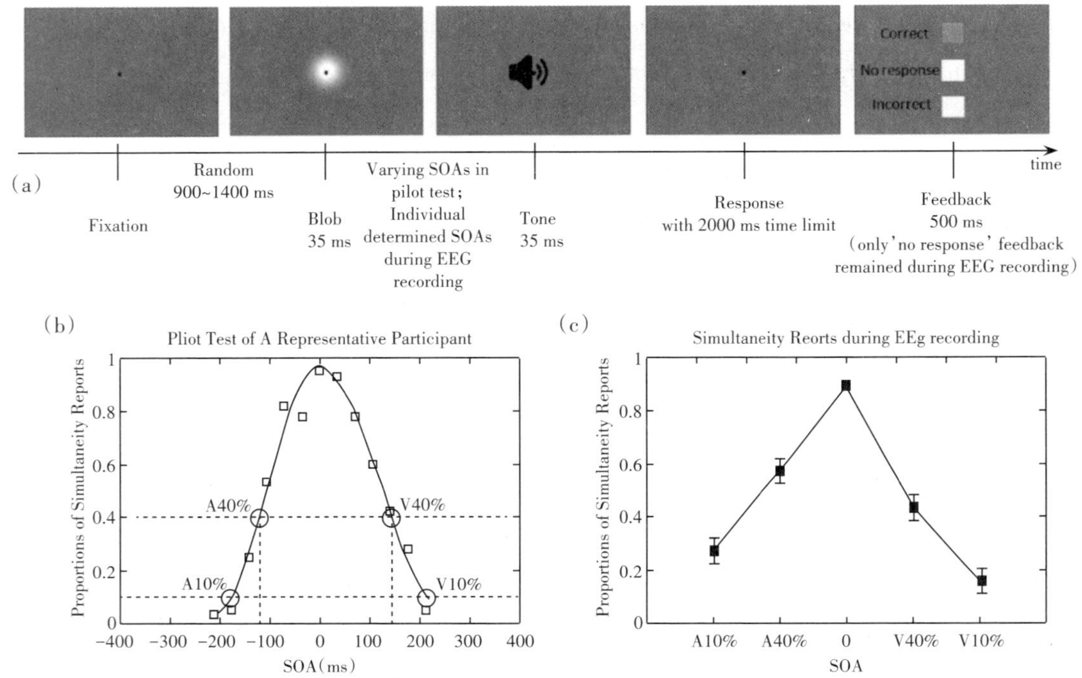

Fig. 1. Schematic of experimental procedure and proportions of simultaneous responses as a function of SOAs between auditory and visual stimuli. Panel (a) depicts the experimental procedure in the pilot test and formal EEG test. The example is of the visual-leading sequences. Panel (b) shows the proportions of simultaneous responses from a represent active participant tested in advance to measure his/her threshold of temporal discrimination. Two cumulative Gaussian functions were fitted to estimate the A10%-, A40%-, V10%-, and V40%-SOAs when participants reported simultaneity with 10% or 40% of the time for auditory-leading and visual-leading sequences. Panel (c) shows the behavioral results during formal EEG recording. Only the A10%-, A40%-, V10%-, and V40%- SOAs individually estimated from the pilot test and the objectively synchronous 0 ms were used. Data are presented as means ±1 SEM.

2.5 EEG analysis

After preprocessing, the epochs time-locked to the auditory stimulus (auditory-leading sequences) or visual stimulus (visual-leading sequences) were separately analyzed. Two participants were excluded when the EEG signals for the visual-leading sequences were analyzed because one made too few simultaneous responses (12 in total) and the other made two few non-simultaneous responses (10) at the V40%-SOAs, such that there were too few valid for subsequent analysis.

To estimate the oscillatory power, the 300 ms pre-stimulus segments were tapered by a hanging window, zero-padded, and transformed by fast Fourier transform (FFT) for each trial and each participant. We considered only the 300 ms pre-stimulus segments to target the oscillatory activity immediately before the first stimulus and to avoid the possible influence of the fixation appearance, i.e., at least 500 ms after the fixation appearance (Bernasconi et al., 2011). The power spectra were computed as the squared absolute values of the FFT complex, and transformed into decibel scale ($10\times\log10[\mu V2]$). Next, we separated all trials per subject into simultaneity and non-simultaneity conditions according to his/her reports. To maintain equivalent signal-to-noise ratios, the number of trials used for each condition was made the same for each participant (Baumgarten et al., 2015; Bernasconi et al., 2011; Leonardelli et al., 2015). This was implemented by first determining the condition (either simultaneity or non-simultaneity) with the lowest number of trials per participant and then randomly selecting that number of trials from the other condition. On average, there were 162 trials remaining across participants (each condition: $n=81$, $SD=26$) for the auditory-leading sequences and 156 trials (each condition: $n=78$, $SD=28$) for the visual-leading sequences. To exclude potential effects due to specific trial selection, we repeated the trial selection process 100 times, and computed the median of the power spectra across these repetitions for each frequency-channel sample in each condition (Baumgarten et al., 2015), which entered the next stage of analysis.

The power spectra for simultaneity and non-simultaneity conditions for each channel, for each participant were then separately averaged over different frequency bands (alpha: 8~13 Hz; low beta: 14~20 Hz; high beta: 20~28 Hz; low gamma: 30~45 Hz; high gamma: 55~80 Hz; band around 50 Hz was excluded due to power decrease caused by the hardware notch filter). Without any prior hypothesis, we pooled nearby channels into 9 ROIs to increase statistical power (for similar ROI divisions, see Chen et al., 2015; Gleiss and Kayser, 2013). Asshown in Fig. 2a, these ROIs cover the frontal (left: F3, F5, F7, FC3, FC5, and FT7; central: F1, Fz, F2,

FC1, FCz, and FC2; right: F4, F6, F8, FC4, FC6, and FT8), centro-parietal (left: C3, C5, T7, CP3, CP5, and TP7; central: C1, Cz, C2, CP1, CPz, and CP2; right: C4, C6, T8, CP2, CP4, and TP8) and parieto-occipital areas (left: P1, P3, P5, P7, PO3, and PO7; central: POz, Oz, O1 and O2; right: P2, P4, P6, P8, PO4, and PO8). For auditory-leading and visual-leading sequences separately, a band×condition×ROI repeated measure ANOVA was conducted to evaluate their effects on the power spectra as the first step. Then separate ANOVAs on the power spectra for each band with condition and ROI as independent variables were conducted, if the band×condition×ROI interaction was proved significant. To reveal whether the pre-stimulus oscillatory power differed between conditions, only the main effect of condition and the interaction between condition and ROI were of our interest, so the results below primarily consider these effects. All p-values for the main effects and interactions reported below were Greenhouse-Geisser corrected when appropriate and if not mentioned, all the p-values for paired t-tests to evaluate simple effects after significant interactions are reported after Bonferroni correction.

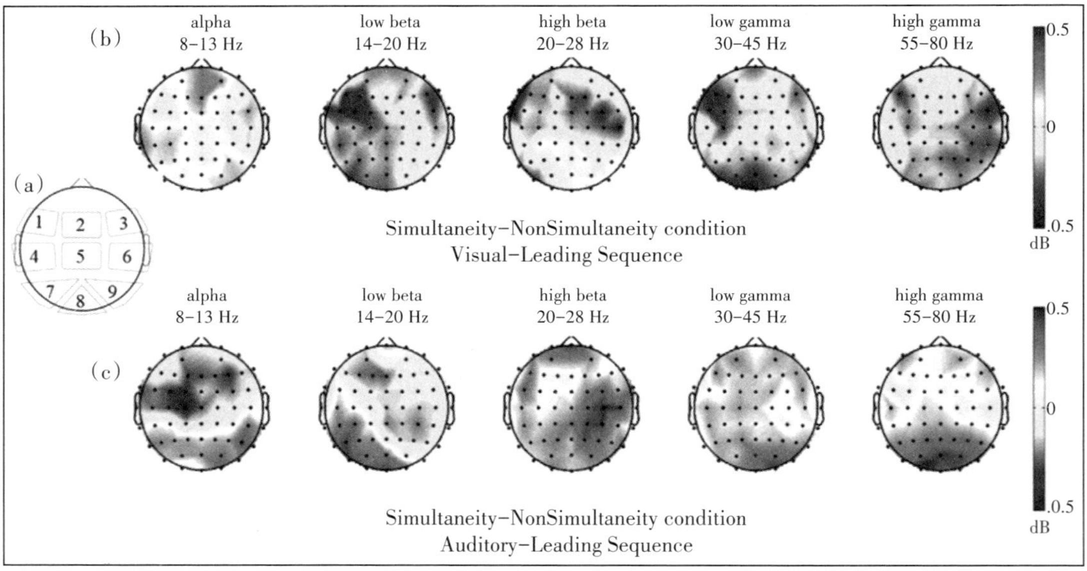

Fig.2. Topographic power differences of pre-stimulus EEGs between simultaneity and non-simultaneity conditions. Panel (a) shows the 9 ROIs of the whole brain. (b)(c) The power differences for each frequency band and channel between simultaneity and non-simultaneity conditions were plotted at corresponding scalp locations.

Further, we investigated the predictive efficiency of the pre-stimulus power spectra with respect to perceived simultaneity on a trial-by-trial basis. For each participant and trial, we first averaged the power spectra with common and fixed channel-frequency samples determined by the previous repeated-measure ANOVAs. Specifically, for each band separately, the power spectra were averaged across channels covering the whole scalp (all 9 ROIs) if the main effect of condition was significant, or across channels covering the ROIs if the interaction was significant (the alpha band was also included as a contrast, although no statistical significance was found for this band, see Results). Subsequently we sorted the single trials of each participant in ascending order according to the averaged power spectra for each band and divided all trials into 7 bins. For each bin, we calculated the mean number of simultaneity reports and normalized the results by dividing by the overall number of simultaneity reports for each participant (Baumgarten et al., 2014; Lange et al., 2012; Linkenkaer-Hansen et al., 2004), and then examined the differences of simultaneity reports across the 7 bins by repeated measure ANOVA. Finally, we computed the mean simultaneity proportions across participants, and fit linear functions to these data to estimate the associations between pre-stimulus power spectra and perceived simultaneity (Fig. 4).

3 Results

Only the behavioral and EEG data obtained for the individually determined A40%-SOAs (-138.42 ms, SD=43.83 ms) and V40%-SOAs(167.98 ms, SD=52.73 ms) were analyzed because they yielded sufficiently many trials to analyze each condition. On average, participants reported simultaneity on 57.56% of trials for A40%-SOAs (SD=17.61%) and 43.13% for V40%-SOAs (SD=19.94%), as illustrated in Fig. 1c. Note that the individually determined A40%- and V40%-SOAs do not guarantee that participants always reported simultaneity on40% of trials at these SOAs but their reports did not deviate greatly from 40% so that there were enough trials available for analysis for each condition.

For the auditory-leading sequence, the band×condition×ROI repeated-measure ANOVA on power spectra first revealed a signifificant 3-way interaction, $F(32, 544)=1.512$, $p=0.037$, $\eta 2=0.082$, and a significant interaction between condition and ROI, $F(4.60, 78.19)=4.663$, $p=0.001$, $\eta 2=0.215$. All other effects can be found in S Table 1 (Supplemental Information). This result indicated that the power spectra significantly differed among different bands and ROIs. Then, subsequent repeated-measure ANOVAs with condition and ROI as independent variables revealed a significant main effect of condition in the high beta band, $F(1, 17)=10.219$, $p=0.005$, $\eta 2=0.375$, implying the oscillatory activities were significantly stronger in the simultaneity than non-simultaneity condition over the scalp (interaction: $F < 1$). There were significant interactions in the low beta [$F(4.47, 76.01) = 4.098$, $p = 0.003$, $\eta 2 = 0.194$)] and high gamma bands [$F(4.67, 79.36) = 3.664$, $p = 0.006$, $\eta^2 = 0.177$)], with insignificant main effects of condition (low beta: F b 1; high gamma: $F(1, 17) = 3.228$, $p = 0.090$). Post-hoc paired t-tests showed that pre-stimulus oscillatory power before simultaneity reports were significantly stronger than before non-simultaneity reports only in the parieto-occipital ROI. As shown in Figs. 2c and 3b, the low beta power in ROI7 and ROI8 [$t(17) = 3.217$, $p = 0.0456$; $t(17) = 3.426$, $p = 0.0290$], plus the high gamma power in ROI8 [$t(17) = 3.176$, $p = 0.0497$], differed significantly between conditions. All other main effects of condition and interactions between condition and ROI in the alpha and low gamma band were non significant (Fig 3). Details of all effects were listed in S Table 2.

For the visual-leading sequence, the band×condition×ROI repeated-measure ANOVA on power spectra revealed that the main effect of condition was near significant, $F(1, 15) = 4.157$, $p = 0.059$, $\eta 2 = 0.217$. It seemed that the pre-stimulus activity was weaker in the simultaneity condition than the non-simultaneity condition for a broad range of bands and over a large region of the scalp [main contribution from the beta and gamma bands, as the main effect of condition was significant: $F(1, 15) = 7.179$, $p = 0.017$, $\eta^2 = 0.324$, when the alpha band was excluded], in contrast to the power differences between conditions for the auditory-leading sequence (Figs. 2 and 3). However, the 3-way interaction and 2-way interactions between condition and band/ROI were not significant, Fs b 1.4 (S Table 1). Therefore, it is not appropriate to conduct separate ANOVAs to examine the effects of condition and ROI on each band for the visual-leading sequence, as this may increase the type I error. Nevertheless, the results of such analysis could be found in the Supplemental Information, S Table 2, but should be treated cautiously.

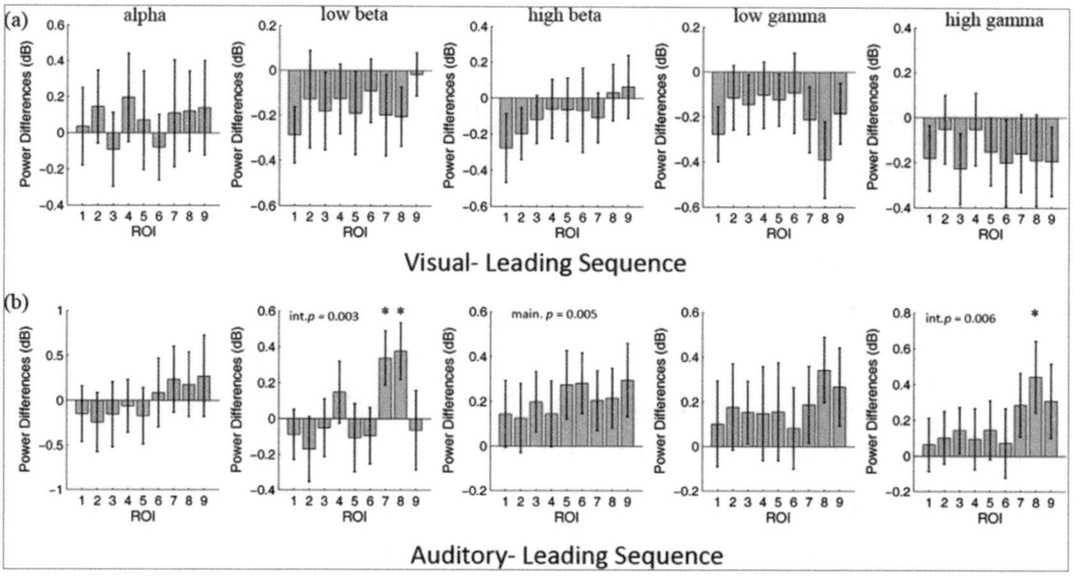

Fig. 3. Power differences of pre-stimulus EEGs between simultaneity and non-simultaneity conditions in 9 ROIs. The significant main effect of condition and the interactions between condi - tion and ROI for each band are indicated by main.p and int.p labels, respectively, for the auditory-leading sequence only because of a significant band × condition × ROI interaction (refer to S Table 2 for other detailed results). Significant interactions were post-hoc examined by paired t-test (Bonferroni corrected, * b < 0.05)

In order to further confirm these findings, we tested whether the pre-stimulus power spectra predicted subsequent perceived simultaneity on a trial-by-trial basis. For each participant, we sorted all the trials in ascending order according to the spectral power, divided them into 7 bins, and averaged the normalized simultaneity proportions in each in separately for each band. As the first step, separate ANOVAs within as independent variable and normalized simultaneity as dependent variable were performed to evaluate the differences of simultaneity judgments across power bins. Briefly, for the auditory-leading sequence, significant main effect of bin appeared in the high beta [$F(6, 102)=2.698$, $p=0.018$, $\eta 2=0.137$)] and gamma bands [$F(3.04, 51.70)=3.925$, $p=0.013$, $\eta 2=0.188$]. It was further confirmed by post-hoc t-tests that the bin with the highest power rank yielded significantly higher proportion of simultaneity judgments than the bins with much lower power ranks [High beta: bin 7 vs bin 1, $t(17)=2.294$, $p=0.035$, vs bin 2, $t(17)=2.819$, $p=0.012$, vs bin 3, $t(17)=2.973$, $p=0.009$; High gamma: bin 7 vs bin 1, $t(17)=2.952$, $p=0.009$, vs bin 3, $t(17)=3.159$, $p=0.006$, vs bin 4, $t(17)=2.871$, $p=0.011$; with p values uncorrected). However, for the visual-leading sequence, not a single main effect of bin was significant (Fs < 2.4). All the above-mentioned results were demonstrated in S Table 4 in detail.

Because there were no significant main effects of bin on the simultaneity judgments for the visual-leading sequence, possibly suggesting that the prediction of pre-stimulus power on simultaneity was not so robust as that for the auditory-leading sequence, in the next step we estimated the linear relationships between pre-stimulus power and the mean normalized simultaneity proportions across participants only for the auditory-leading sequence. The results revealed significant relationships for the beta and gamma bands. Specifically, as Fig. 4 illustrates, the high beta power estimated from the whole scalp, and the low beta and high gamma power estimated from the left and central parieto-occipital ROIs (with two significant ROIs collapsed for the low beta band) were positively related to perceived simultaneity (ps < 0.03). In contrast, relationships involving the alpha band were not signifificant.2 As these results were calculated on a trial-by-trial basis, they provide strong confirmation that beta and gamma oscillation can effectively predict the temporal discrimination of audiovisual stimuli. The exact F and p values for each fit could be found in S Table 3. Unfortunately right now, it is premature to verify a robust trial-by-trial relationship between pre-stimulus power spectra and perceived simultaneity for the visual-leading sequence from our data.

4 Discussion

Precise discrimination of temporal information is beneficial in our daily life for we always need to deduce causal relationships according to the order of two consecutive events, synchronize our actions with outside signals in sensorimotor tasks (e.g., when dancing, playing music), and so forth. The present study investigated the neural predictors of audiovisual simultaneity and found that the oscillatory power in the beta and gamma band before stimulus onset was greatly correlated with perceived simultaneity.

In particular, we revealed that the perceived simultaneity for auditory-and visual-leading sequences was mediated by opposing pre-stimulus oscillatory power states (Figs. 2 and 3): perceived simultaneity for auditory-leading sequence was associated with stronger beta (parieto-occipital: 14~20 Hz; whole scalp: 20~28 Hz) and gamma (parieto-occipital: 55~80 Hz) power, while perceived simultaneity for visual-leading sequence was related to the power decrease in a broad range of bands, especially the beta and gamma bands over the scalp. Furthermore, the predictive efficiency was further confirmed in a trial-by-trial manner for the auditory-leading sequence (Fig. 4).(.2 Although the data were not shown in Fig. 4, negative correlations appeared significantly in the central frontal and centro-pareital areas between pre-stimulus alpha power and perceived simultaneity for the auditory-leading sequence (ps < 0.02; if these 2 ROIs were collapsed, p=0.0796). But as no significant power differences were found between simultaneity and non-simultaneity conditions in these ROIs, the reliability of such correlation may be questioned.

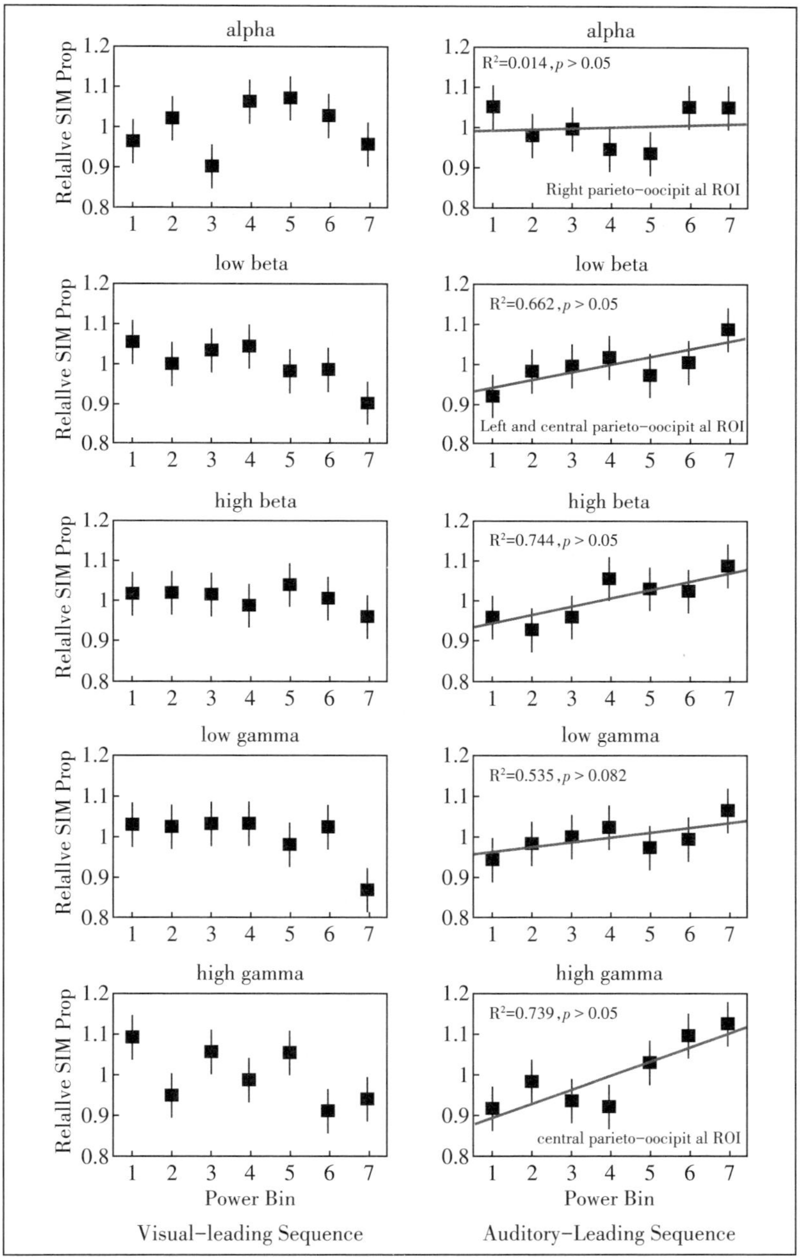

Fig. 4. Relationships between normalized simultaneity reports and power spectra. Each panel represents the normalized simultaneity reports in consecutive power bins. Power increases from the

1st to the 7th power bin. For auditory−leading sequence, the prediction efficiency is indexed by the R−square values, which indicate the variance explained. The p−values denote model significance. The correlation over the low beta and high gamma bands was calculated only for the significant ROIs in which the power spectra dramatically differed between simultaneous and non−simultaneous judgments, as shown in Fig. 3. The alpha band over the right parieto−occipital ROI was included in this analysis as a contrast. More detailed results can be found in S Table 3. The normalized simultaneity reports are presented as the mean ± 1 SEM.

Although beta and gamma oscillation serve several functions (Engel and Fries, 2010; Hermann et al., 2004; Jensen et al., 2007; Tallon-Baudry, 2009), both act as representations of alternative perceptual states and their reversals, such as when discriminating the dominant direction of illusory motion reversals (Piantoni et al., 2010), illusory versus veridical reports of the sound-induced flash illusion and the McGurk effect (Keil et al., 2012, 2013), and the interpretation of Necker cubes (Ehm et al., 2011). As discriminating the temporal relationship between successive stimuli is perceptually ambiguous when they are separated by few milliseconds, e.g., at observer' s perceptual threshold, the perceptual switch between perceived simultaneity and non-simultaneity on a trial-by-trial basis is completely endogenous and comparable to the switch between illusory and veridical preceptor between alternative bistable percepts. Therefore, it probably depends on their functions of representing the change of endogenous states that the power of beta and gamma band activity effectively predicted perceived audiovisual simultaneity.

Additionally, beta and gamma oscillations functionally support audiovisual integration (Hipp et al., 2011; Senkowski et al., 2007). Gamma activity is also sensitive to temporal offsets between audiovisual stimuli (Doesburg et al., 2008; Joliot et al., 1994; Senkowski et al., 2007). Furthermore, beta oscillations within a broad range (14~40 Hz) predispose simultaneity (integration) for two auditory or tactile stimuli (Baumgarten et al., 2015; Bernasconi et al., 2011; Lange et al., 2012). All these lines of evidence cumulatively support the present findings that beta and gamma oscillations also relate to the discrimination of audiovisual simultaneity.

However, there are some inconsistencies between the previous and present results. First, regarding alpha oscillations, although others have shown that alpha power signifies the discrimination of two successive tactile stimuli or audio-tactile stimuli as integrated or segregated (Baumgarten et al., 2014; Leonardelli et al., 2015), and inversely correlates with the illusory percept of double flashes induced by two beepsand one veridical flash (Cecere et al., 2015), we did not find any reliable predictive power for auditory-or visual-leading sequences. With respect to visual stimuli, alpha power can indicate whether an upcoming sensory input will be consciously detected (Hanslmayr et al., 2007; Linkenkaer-Hansen et al., 2004; Mathewson et al., 2009; van Dijk et al., 2008) and signify endogenous reversals of bistable motion (Strüber and Herrmann, 2002; VanRullen et al., 2006); however, it uncorrelates with temporal resolution of two flashes (Samaha and Postle, 2015). Thus, it seems there is no direct evidence that supports a determinant role of alpha power in visual or audio-visual temporal discrimination.

Second, in contrast to the predictive efficacy of beta and gamma oscillations for unisensory auditory or tactile modalities (Baumgarten et al., 2015; Bernasconi et al., 2011; Lange et al., 2012), it is interesting that here, perceived simultaneity for auditory-leading and visual-leading sequences were indicated by opposing oscillatory power states, as Figs. 2 and 3 shows. Consistent with findings that stronger beta power indicates greater tactile simultaneity (Lange et al., 2012) and illusory audio-visual perception (Keil et al., 2012, 2013), and that stronger gamma power correlates with temporally close audio-visual stimuli (Senkowski et al., 2007), we also found that stronger beta and gamma power efficiently separate simultaneous from non-simultaneous percepts, but only when audition precedes vision. When vision precedes audition, the increase in pre-stimulus power over beta and gamma bands denotes greater perceived non-simultaneity (Figs. 2 and 3, Table 2), consistent with Bernasconi et al. (2011). This opposing oscillatory pattern echoes the behavioral evidence that simultaneous percepts require visual stimuli to precede auditory stimuli by a larger temporal offset than auditory stimuli need to precede visual stimuli (van Eijk et al., 2008, 2009; van Wassenhove et al., 2007; Yarrow et al., 2011).

Temporal discrimination can be explained using the phase-reset model framework, in which a first stimulus may phase reset the oscillatory activity of other cortices that receive the input of the second stimulus and prepare it for the subsequent perceptual processing (Lakatos et al., 2007; Naue et al., 2011; Thorne et al., 2011). Particularly, a high coherence of phase at the beta frequency band occurred in brain areas related to the modality of the second stimulus when audio-visual stimuli were perceived as simultaneous (Kambe et al., 2015). The present findings may extend the phase-reset model, by suggesting that the pre-stimulus oscillatory power, as a fluctuating baseline, may interact with subsequent phase-reset processing to jointly determine simultaneity perception. Specifically, for auditory-leading sequence, stronger pre-stimulus beta and gamma fluctuations over visual areas (reflecting local oscillatory synchrony) may be beneficial for auditory-driven phase-reset processes to induce simultaneity perception.

These implications are partially supported by the observation that apparent beta and gamma power differences between simultaneity and non-simultaneity conditions were unequally distributed across the scalp for the auditory-leading sequence (Figs. 2c and 3b). The most pronounced power differences were distributed across the parieto-occipital areas, which are commonly regarded as recording visual activities (Hanslmayr et al., 2007; Kambe et al., 2015; Naue et al., 2011; Senkowski et al., 2007), and the right centro-parietal areas, which constitute the visual "when" pathway (Aghdaee et al., 2014; Battelli et al., 2007). Such a scalp distribution partially evidences that even before the forthcoming stimulation, increased oscillatory power over the visual areas may have been better prepared for the phase reset processes and are thus predictive of simultaneity. But for the visual-leading sequence, the power differences between conditions did not apparently converge onto a specific area (hopefully the auditory areas as hypothesized), and the simultaneity reports did not significantly vary as the function of power increase on a trial-by-trial basis, it wait for more empirical examination in the future.

Overall, the opposing neurophysiological predictors of audiovisual simultaneity suggest that although both auditory-leading and visual-leading sequences can elicit the same subjective experience of "simultaneity", their order of presentation can be sufficiently encoded and discriminated by fluctuating oscillatory power in beta and gamma bands. However, it should be noted that neural oscillation is characterized not only by power but also phase. Several studies have shown that oscillatory phase also relates to temporal discrimination (Kosem et al., 2014; Van Rullen et al., 2014; Varela et al., 1981), with different phase angles predisposing integrated or segregated percept (Baumgarten et al., 2015; Chakravarthi and VanRullen, 2012). Recently, it is further convinced that the speed of alpha fluctuation can individually predict whether two successive stimulations were integrated or not (Cecere et al., 2015; Samaha & Postle, 2015). Thus, in future studies it is important to elucidate whether oscillatory phase and speed differs between simultaneity and non-simultaneity for audio-visual sequences.

5 Conclusion

In the present study, we investigated how pre-stimulus oscillatory activity modulates perceived audiovisual simultaneity. We found that the pre-stimulus beta and gamma oscillatory power efficiently predicted subjects' reports of simultaneity. Stronger beta (20~28 Hz) power over the scalp and the parieto-occipital beta (14~20 Hz) and gamma (55~80 Hz) power related to more simultaneity reports for the auditory-leading sequence. Weaker power on a broad range of bands, primarily the beta and gamma bands over the scalp related to fewer simultaneity reports for the visual-leading sequence. It implies that there are opposing neural predictors for different audiovisual sequences to be perceived as simultaneous. And the predictive efficiency of pre-stimulus beta and gamma power trial-by-trial on relative timing for the auditory-leading sequence suggests that the preparatory fluctuating activities are also important for the upcoming phase-reset processing to determine the final perceptual reports.

合作者:袁祥勇、李海江、刘培朵、袁宏。原文载于:*International Journal of Psychophysiology*,2016年第107期.

专题二：时间估计研究

所有的时间估计都多少有一种太阳周期强加给我们的元素。我们以时、分、秒来估计时间，难道与太阳周期没有关系？

引 言

时间估计(time estimation)是指根据某种情况,对时间的持续性和顺序性做出大概的揣测。

可以从不同的角度对时间估计进行分类。从时间估计的任务不同来看,可以把时间估计分为时距估计(duration estimation)和时序判断(succession judgment)。时距估计针对时间的持续性,而时序判断则是对时间的顺序性进行推断。从对时距估计的刺激变量能否操作来看,可将其分为实验室和日常生活中的时间估计。日常生活中的时距估计的自变量不可操纵,多采用问卷和访谈并结合口头报告法进行估计;而实验室中的时间估计的自变量是可操纵的。根据是否预先告知被试进行时间估计任务,可分为预期式和回溯式的时间估计。预期式时间估计是预先告知被试要进行时间估计,强调注意的作用;回溯式时间估计具有"事前不知,事后才知"的特点,看重记忆的作用。通常回溯式时间估计的准确性要低于预期式时间估计。依据时间估计是针对自发发生在日常生活中与自我的时间经验相联系或是与公众的时间经验相联系,可将其分为自传体的时间估计和公众事件的时间估计。此种时间估计多聚焦于日、周、月、年等的长时距,多运用问卷或访谈的测量方式,其时间估计值具有较大的变异性。

时间估计往往是不准确的,有较大的主观性,受多种因素的影响。首先,刺激变量的影响。比如,刺激的数量、复杂度、分割的段数等均影响时间估计。一般而言,一定时间内,事件发生的数量越多,性质越复杂,人们倾向于把时间估计得越短。而事件数量少,性质简单,人们倾向于把时间估计得较长。例如,一节课、一个报告,如果内容丰富、有趣味,听众会觉得时间过得快;相反,内容贫乏、枯燥,听众会把时间估计得较长。有趣的是,事后进行时间回溯时,情况正好相反。同一时间段内,事件内容数量越多、越复杂、经历越丰富,其时间估计越长;事件内容越少、经历越简单,时间估计越短。其次,机体变量的影响。比如个体的人格特点、情绪状态、注意力、记忆力、思维能力等都会影响时间估计。例如,我们早期研究表明,与五六岁儿童相比,七八岁儿童由于计数能力的发展,已能主动使用数数的时间标尺,其时距估计已接近成人水平。还有,情境变量的影响。例如在某种环境中,处于红色情境中的个体,可能情绪更加高昂,从而影响时间估计的准确性。

时距估计研究具有重要的应用价值。它可作为评估异常群体(如阿尔茨海默症、柯萨可夫症患者以及注意缺陷多动障碍)的记忆或执行功能的临床指标,对案件侦查过程中测查目击者证词的准确性具有重要的参考价值。除此之外,与日常生活的紧密联系使时距估计研究在未来具有一定的发展前景，可考虑不同现实情境下如何利用有效的内部或外部线索准确估计时间，以提高事件的完成效率。比如大型考试中，在缺乏明确时间线索的情况下，可利用已有经验对时间进行准确估计，避免慌乱以使考试顺利进行。

本专题所收录的11篇论文展示了我们学术团队对时间估计领域的研究，重点围绕两大问题进行细致而深入的探讨。第1个问题为针对预期式时距估计的影响因素研究，包含6篇论文。《时距估计中的锚定效应》和《时间估计的加工机制：因素分析的方法》重点探究目标时距和时距估计方法对预期式时距估计的影响及其内在机制。两篇论文侧重点不同：前者采用口头报告法和产生法关注不同锚定值对时距估计的影响；后者采用复制法和产生法，并结合因素分析法探究目标时距和时距估计方法是否存在共同的加工机制。《时距估计中的重复刺激效应》和《短时距估计中的标量特性》两篇论文分别探讨刺激的重复性及其运动特性对预期式时距估计的影响。前者详细综述了时距估计中重复刺激效应产生的机制及其理论模型和影响因素，后者着重探究刺激物的运动、变化、速度和目标时距在短时距估计中的重要变异。《时距估计年龄差异的认知机制》和《注意在短时距估计中的作用》两篇论文主要从机体变量出发，关注年龄及注意在预期式时距估计中的作用。第2个问题为针对回溯式时距估计的研究，共包含5篇论文。其中《回溯式时距估计的计时机制》一文从整合的角度分别详细介绍了近时和远时回溯式时距估计的计时机制。《回溯式时距估计的动态性及心理机制》和《回溯式时距估计的年龄差异》两文较详细地介绍了从秒和分的短时延迟到青年甚至老年的不同阶段回溯式时距估计的发展变化情况。《回溯式时间记忆特点的实验研究》和《公众时间回溯式记忆的特点》两文均涉及回溯式时间估计的特点，侧重点有所不同：前者调查了自传体的和公众新闻事件的时间估计，后者仅探究公众新闻事件的时间估计。

时距估计中的锚定效应

1 引言

时距(duration)是界于两个相继事件之间的间隔时间(黄希庭,1993)。对时距的估计一直是时间心理学关注的焦点之一。大量的研究表明,个体无论是对长时距还是短时距的估计都是不准确的(Foley, Michaluk, & Thomas, 2004;刘瑞光,黄希庭,2006)。变化/分割模型(change/segment model)指出,对时距信息的加工受到多种因素的影响,如刺激的数量、事件的可记忆性、注意、态度、动机、目标以及组织过程等均影响个体的时距估计,并且得到了实证研究的支持(Angrilli, Cherubini, Pavese, & Manfredini, 1997; Nicole & Areni, 2006; Pouthas & Perbal, 2004)。此外,背景因素也是影响时间估计的一个重要因素,例如Bobko等人考察了背景因素(contextual factors)在时距估计中的作用,发现当刺激时距是刺激序列中最短的时距,被试倾向于高估时距,当刺激时距是刺激序列中最长的时距,则倾向于低估,即时距估计中存在背景效应(contextual effects)(Bobko, Schiffman, Castino, & Chiappetta, 1977)。

Thomas, Handley 和 Newstead 等的研究发现了类似背景效应的现象(Thomas, Handley, & Newstead, 2004, 2007)。他们发现预期任务持续时间时,个体会根据先前完成该任务所花费的时间进行预期。当先前的任务所用时间较短时,被试低估完成当前任务的时间;而当先前任务所用时间较长时,被试则高估完成当前任务的时间。Thomas 等认为出现这种效应是因为个体应用了锚定策略,先前任务的持续时间被用作时距预期的根据。采用这种策略导致个体低估那些比先前任务时间长的任务的时距,高估比先前任务时间短的任务的时距。产生这种错误是因为个体的判断受到了锚定值的影响。

在锚定效应(anchoring effect)的开创性研究中,Tversky 和 Kahneman 发现,当被试先前选择的任意数字比较大时,对联合国里非洲国家所占比例的百分数估计得较高;而先前选择的数字较小时,则估计百分数较低(Tversky & Kahneman, 1974)。后来,有研究表明,将数字作为判断的锚定值会使一般知识(Chapman & Johnson, 1999)、概率估计(Switzer & Sniezek, 1991)、价格估计(Mussweiler, Strack, & Pfeiffer, 2000),以及谈判(Galinsky & Mussweiler, 2001)等任务的判断不准确。锚定效应是一种强烈而持久的心理现象,即使锚定值明显与数字判断没有信息相关性,即使在数字判断前一周就给被试呈现锚定值,即使被试努力控制自己不被其他事物影响,锚定效应仍然会持续存在于个体的心理过程中(Wilson,Houston,Etling,& Brekke,1996)。

锚定值在时间预测中的作用是由König发现的(König,2005)。在他的研究中,先给被试呈现一个时距值(即锚定值),然后要求被试预期完成目录搜索任务要花费的时间,结果发现当给被试呈现的锚定值较小时,被试会低估任务完成时间,当呈现的锚定值较大时,则高估任务时间,表明不同的时距锚定值影响对任务持续时距的预期。

虽然König和Thomas等人的研究都表明时距估计中存在锚定效应,但他们的研究是对未经历事件的时距进行预测,而对经历过的事件的时距估计未做出检验。时间预测与时距估计是不同的,二者可能基于不同的认知过程。时间预测需要被试更多地利用与任务相关的信息对任务持续时间做出推测判断,如利用当前任务的组成成分之类的信息(即单一信息,singular information)或者根据先前完成类似任务的成绩之类的信息(即分布信息,distributional information)预测任务的持续时距(Kahneman & Tversky,1977)。而时距估计则要求个体对时距本身进行认知加工,做出估计判断。

锚定效应的相关研究表明,人类的大多认知判断活动中存在锚定效应(Mussweiler,2002)。本研究将采用产生法与口头估计法,以时距值(如1 s,5 s等)为锚定值,试图探讨不同时距锚定值对时距估计的影响。同时,本研究中还将讨论相同语义、不同单位表述的时距锚定值(如1 s,1000 ms等)条件下的时距估计值,以确定时距锚定值的表述方式是否影响个体的时距估计。

2 实验一:口头估计法中的锚定效应

实验中给被试呈现不同单位、大小的时距锚定值,采用口头报告法,探讨锚定值如何影响个体的口头时距估计。根据前人的研究结果,本研究预期,时距估计中存在锚定效应,在不同锚定值条件下被试对时距的估计值存在差异;语义相同的时距锚定值,采用不同单位表述(如1 s,1000 ms),对时距估计的影响没有显著差异。

2.1 方法

2.1.1 被试

1~4年级本科生39名,其中男生16名,女生23名,年龄16~26岁,视力或矫正视力正常,均自愿参加本实验。

2.1.2 实验材料

实验中,给被试呈现的时距锚定值为1 s,1000 ms,5 s,5000 ms,要求被试估计的时距为2 s,4 s。回答比较问题时,给被试随机呈现的问题为“飞机从开始在跑道上滑行到离开地面所需要的时间比屏幕中呈现的时间长还是短”或“肥皂泡泡在空气中从形成到破裂所持续的时间比屏幕中呈现的时间长还是短”。

2.1.3 实验设计

实验为2(估计时距:2 s,4 s)×2(锚定时距:1 s,5 s)×2(时距表述方式:ms为单位,s为单位)被试内设计,要求被试对各种锚定值条件下的两种时距进行估计。

2.1.4 实验程序

实验方法为口头估计法。整个实验在计算机上完成。被试进入实验室后,主试打开实验程序,屏幕呈现指导语:实验开始时,我们会在屏幕上呈现一个时间词(如“1 s”),接下来将呈现一个问题,请按要求回答。然后会出现一个由“*”持续呈现的时间段,待“*”呈现完毕之后,请对这个由“*”呈现的时间段的长短进行估计,明白后按“空格键”开始练习。被试按“空格键”开始后,屏幕中央出现一个时间词(如“1 s”),2 s后该时间词自动消失,接着出现一个比较问题,要求被试将问题与前面出现的时间词进行比较,并在键盘上按键回答(“C”表示长,“D”表示短)。被试回答完比较问题,屏幕出现持续500 ms的黑屏,然后出现一个由“*”持续呈现的时距,待“*”消失,屏幕再次出现问题:“请问刚才‘*’呈现了多长时间?请用小键盘的数字输入估计值(以ms为单位),结束后按空格键。”被试对每种锚定值条件下的时距估计9次,锚定值以随机方式呈现。实验开始时,主试询问被试是否知道时间单位“秒”与“毫秒”的进制关系,如果被试不知道,主试告诉被试两者的关系。实验结束后,主试对被试进行访谈,了解其实验过程及感受。

2.2 结果与分析

运用SPSS11.0软件包进行数据分析(下同)。

删除各种条件下被试时距估计值上下三个标准差以外的极端数据,以及没有按照要求进行实验的被试数据,实际进入结果分析的被试人数为38人。为了增加时距估计数据分布的对称性以及方差齐性,根据Wong和Kwong等人采用的方法,对数据进行对数转换,然后统计分析。对原始数据的分析结果表明这两种数据的分析结果完全一致。表1为不同时距锚定值条件下时距估计平均值(ms)与标准差。

重复测量方差分析表明,锚定时距主效应显著,$F(1,37)=8.03$,$p<0.01$,被试对不同锚定时距条件下的时距估计存在显著差异;时距表述方式主效应不显著,$F(1,37)=0.47$,$p>0.05$,同一时距锚定值,采用不同的时间单位表述,对时距估计的影响不存在显著差异;各变量间交互作用均不显著($ps>0.05$)。

表1 不同时距锚定值条件下时距估计平均值(ms)与标准差

锚定值	估计时距			
	2 s		4 s	
	M	*SD*	*M*	*SD*
1 s	1823.43	466.83	3534.58	925.26
5 s	2036.48	686.46	3730.15	1041.50
1000 ms	1823.54	521.50	3536.61	931.96
5000 ms	2066.37	655.51	3770.02	949.65

分析结果表明，无论是估计较短时距(2 s)还是较长时距(4 s)，锚定值均对估计值产生显著影响。当给被试呈现较小锚定值(如，1 s，1000 ms)时，被试对时距的估计显著短于呈现较大锚定值(5 s，5000 ms)时的估计值。表述方式不同、语义相同的锚定值(1 s与1000 ms，5 s与5000 ms)条件下的时距估计值没有显著差异，表明时距锚定值的语义而不是其单位或数字对时距估计产生影响。图1为各锚定值条件下估计2 s，4 s时距的直方图。

对访谈结果进行分析，78%的被试报告看清楚了屏幕中呈现的时间词，并根据时间词对比较问题进行回答，说明大部分被试对时距锚定值进行了有效加工。当询问被试屏幕中呈现的时间词是否影响后边估计“*”呈现时距时，66%的被试报告前边呈现的时间词不影响对后边“*”时距的估计，此结果说明大部分被试没有注意到锚定值对时距估计的影响；64%的被试报告回答问题时将ms单位的时间转换成s单位的时间。

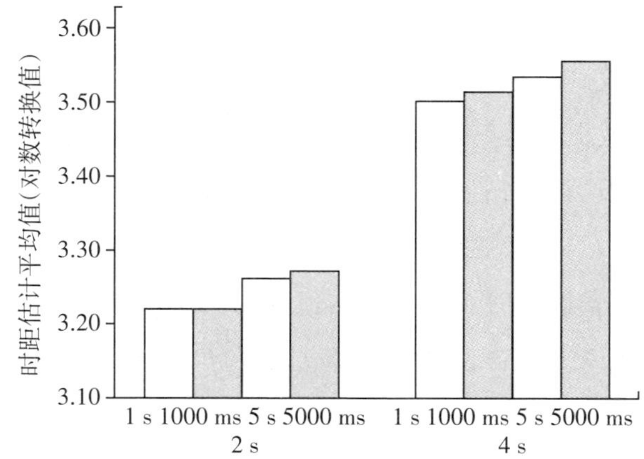

图1 不同时距锚定值条件下对2 s，4 s时距的估计值

3 实验二:产生法中的锚定效应

采用产生法,检验个体对不同时距锚定值的估计。表征时间单位的语义记忆可能参与时距估计过程,因此本研究预期,对相同语义、不同单位表述的时距锚定值的估计不存在显著差异。

3.1 方法

3.1.1 被试

1~4年级本科生被试24名(男生4名,女生20名)。年龄为16~26岁,视力或矫正视力正常,均为自愿参加。

3.1.2 实验材料

实验中给被试呈现的时距锚定值为1 s,1000 ms,5 s,5000 ms。

3.1.3 实验设计

2(锚定时距:1 s,5 s)×2(时距表述方式:ms为单位,s为单位)被试内设计,要求被试对各时距锚定值进行估计产生。

3.1.4 实验程序

被试进入实验室后,主试打开实验程序,屏幕呈现指导语"本实验是一项关于时间的实验,首先在屏幕上将会出现一个时间词,在时间词呈现完毕之后,请您按两次'空格键'再现这个时间词所代表的时间,第一次按'空格键'时在屏幕上会出现'*',第二次按'空格键''*'消失。明白后按'空格键'开始练习"。被试按"空格键"开始后,屏幕中央出现一个时间词(如"1 s"),2 s后该时间词自动消失,被试开始按"空格键",在屏幕上出现一个"*",然后被试第二次按"空格键","*"消失,出现黑屏,持续1 s之后进入下一个实验。被试对每种锚定值条件下的时距产生12次,各时间词以随机方式呈现。实验开始时,主试询问被试是否知道时间单位:"秒"与"毫秒"的进制关系,如果被试不知道,主试告诉被试两者的关系。实验结束时,对被试进行访谈,了解其实验过程及感受。

3.2 结果与分析

结果分析时,删除各种条件下被试产生时距值上下两个标准差以外的极端数据。同实验一,将数据进行对数转换,然后统计分析。对原始数据的分析结果表明两种数据的分析结果完全一致。重复测量方差分析表明,时距表述方式主效应不显著,$F(1,23)=1.74$,$p > 0.05$,同一锚定时距,表述方式不同,其产生的时距值没有显著差异($M_{1\ s}=1561.08$ ms,$M_{1000\ ms}=1622.70$ ms;$M_{5\ s}=4626.16$ ms,$M_{5000\ ms}=4667.47$ ms);锚定时距与表述方式交互作用不显著，$F(1,23)=0.37, p>0.05$。

实验结果进一步表明时距锚定值的表述方式对时距估计没有产生显著影响。个体对语义相同但是单位不同的时距的估计没有显著差异，这说明个体对以s和ms为单位的时间可能是以语义形式进行加工表征，而不仅仅是采用数字或单位形式表征。图2为产生不同时距锚定值的直方图。

对访谈结果进行分析，72%的被试报告由于对ms单位的时间不熟悉，在估计时距时将其转换成s为单位的时间后再行估计。

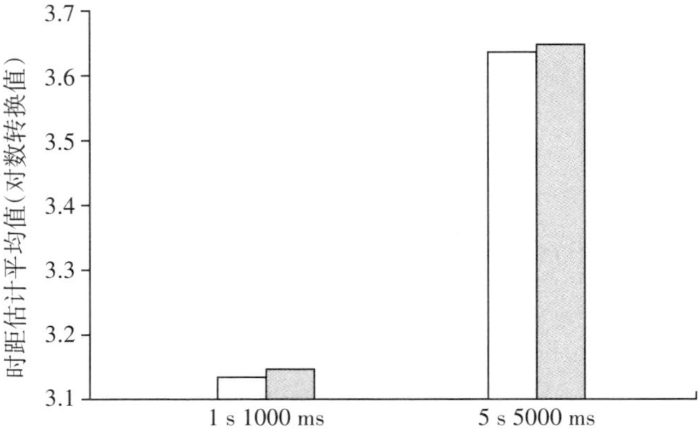

图2　对不同时距锚定值的估计值

4 讨论

本研究结果表明，不同时距锚定值条件下，被试对时距的估计值不同。当呈现的锚定值较大时，被试倾向于高估时距，呈现锚定值较小时，被试则低估时距；锚定值的表述方式不影响时距估计，不同单位(s和ms)表述的时距锚定值条件下的时距估计值差异不显著。时距估计中存在锚定效应，时距估计受锚定值大小的影响。实验一的结果表明，对同一时距，高锚定值使被试高估时距，低锚定值使被试低估时距。Thomas和Handley的研究也发现锚定值影响个体对任务持续时间的预测(Thomas & Handley，2008)。他们认为出现这种效应是因为个体在预测任务持续时距时参考了先前任务的时距信息，从而低估比先前任务时距长的当前任务的时距，高估比先前任务时距短的当前任务的时距。Thomas和Handley的研究是基于时间预测的，不难理解被试会以锚定值为参照，对时距长短进行预期。锚定值又是如何影响个体对经历过时距的估计的呢？Pohl等人提出SARA(selective activation，reconstruction，and anchoring)认知加工模型，解释判断任务中的锚定效应。该模型假定所有的认知加工过程，即产生估计值、编码新信息(如锚定值)以及重构先前估计值，都是基于随机抽样过程(probabilistic sampling process)。抽样过程将长时记忆中的信息提取至工作记忆中。这种提取依赖于信息与提取线索之间的联结强度。对锚定值的编码能够改变这种联结形式(selective activation),或者锚定值可以成为提取线索引导记忆偏向搜索与锚定值有关的信息(reconstruction)。两个过程都可能导致提取可能性的系统改变,引起锚定效应。SARA模型认为对锚定值的编码以及锚定值可能作为提取线索,都可能会导致锚定效应的产生(Pohl, Eisenhauer, & Hardt, 2003)。

本研究中,研究者认为个体在对"*"时距进行估计时,时距锚定值可能被作为提取线索,从而引起锚定效应。实验要求被试在时距估计前回答一个与时距锚定值有关的问题,这使个体对时距锚定值进行了编码,并将这种编码信息存储到记忆中。当个体对记忆中"*"时距的长短进行数值估计时,先前存储在记忆中的锚定值信息可能被作为提取线索,引导记忆偏向搜索与锚定值有关的信息,因此个体的时距估计值受到锚定值干扰,引起锚定效应。

时距锚定值表述方式不影响时距估计。实验一和实验二发现,对同一锚定时距,以s为单位表述与以ms为单位表述时的时距估计值没有显著差异。个体对时距信息可能是以语义方式进行表征,时距估计时、锚定值的语义对估计值产生影响。Wong和Kwong等人认为锚定值在短时记忆中是表层表征(superficially represented)的,其表征方式由绝对值加上附件构成(如数字加上单位)。数字估计中,锚定值的绝对值对随后的数字估计起影响作用,其语义对数字估计不产生影响,不管两个锚定值的语义等价性如何,绝对值较大的锚(如7300 m)比绝对值小的锚(如7.3 km)促使更大的数字估计(Wong & Kwong, 2000)。本研究结果与Kwong等人的研究结果不一致,发现绝对值大的锚定值(如1000 ms)与绝对值小的锚定值(如1 s)条件下的时距估计没有显著差异,因此不能用数字启动结论加以解释。个体在对以ms和s为单位的时距锚定值进行表征时,并不是仅仅由数字加上单位的表层表征,而可能因为不熟悉以ms为单位的时间而对其进行语义转换,从而对其进行基于语义的表征,被试的自我报告中也证实对ms单位的时间进行了语义转换。

探讨个体如何表征时距信息具有重要的理论及现实意义。不同的表征方式给个体带来不同的时间压力或紧迫感。本研究借助经典的锚定效应研究范式,首次探讨了时距锚定值在估计经验时距中的作用,证实时距估计中存在锚定效应,研究同时也发现时距锚定值表述方式对时距估计没有影响,个体对非习俗时距信息可能以语义形式进行表征,而不是简单的数字加单位的表层表征形式。在今后的研究中,我们将进一步以习俗单位时间作为研究对象,系统探讨各种单位时间对时距估计的影响,并讨论个体对不同单位的时间是语义表征还是表层表征。

合作者:张志杰、彭春花。原文载于:《心理学报》2008第40卷第2期。

时间估计的加工机制:因素分析的方法

1 引言

不同的时间估计长度、时间估计方法是否基于共同的加工机制一直是时间认知研究中的一个焦点。虽然目前大多数时间认知模型,如时间信息加工模型(Allan,1998)、注意闸门模型(Zakay & Block,1997)都没有对此进行说明和解释,但是很多研究的证据都表明存在时间估计的长度效应和方法效应。

Fraisse曾认为3 s以内的短时距依赖感觉机制只能被知觉,而3 s以上的时距才能够被估计,主要受注意和记忆的影响(Fraisse,1984)。行为研究(Ulbrich,Churan,Fink,& Wittmann,2007)、脑损伤研究(Kagerer,Wittmann,Szelag,& Steinbüchel,2002)以及脑成像研究(Lewis & Miall,2003a;Lewis & Miall,2003b;张志杰、袁宏、黄希庭,2006)都支持了不同时距加工存在不同的认识和神经机制。但是也有研究发现(Rammsayer & Ulrich,2005),长短时距存在共同的加工机制。时间估计方法也是影响时间估计的重要因素之一(Zakay,1993)。Baudouin等的研究认为不同的时间估计方法基于不同的加工机制(Baudouin,Vanneste,Isingrini,& Pouthas,2006),产生法主要与内部时钟的速度有关,而复制法更多地依赖于工作记忆的容量。

除了已有研究常采用的双任务作业和脑成像的研究法来揭示时间估计加工机制的方法外,还有两种方法可以用来探讨不同的时间任务之间是否基于共同的加工机制,即相关分析法(Rammsayer & Brandler,2004)和斜率分析法(Ivry & Hazeltine,1995)。相关分析法基于的假设认为如果不同的时间任务存在共同的加工机制,那么作业成绩或估计的变异性之间存在高相关。而斜率分析法则认为,可以通过对不同时间任务的变异性和标准时距之间的关系来进行判断,如果不同时间任务变异函数的斜率相等,就可以推论存在共同的加工机制。Rammsayer等曾采用因素分析的方法发现时间顺序判断、节律知觉时间辨别等时间任务的基于共同加工机制。Bandouin等也采用因素分析的方法揭示时距估计方法所涉及的加工机制。

由于以前的研究只是分别探讨不同时间长度或不同估计方法是否基于共同的加工机制,因此本研究尝试采用相关分析法中因素分析技术来综合探讨不同估计方法(复制法和产生法)、不同时距长度(2 s,5 s和8 s)的时间任务之间的关系,以及是否存在共同的加工机制。

2 方法

2.1 被试

西南大学在校本科生29名(男生21名,女生8名),平均年龄19.4±1.4岁,被试皆为右利手,没有生理或精神方面的疾病。实验完成后均获得适量报酬。

2.2 实验仪器

实验程序由E-Prime1.1编写,并通过ViewSonic17寸专业显示器呈现,刷新频率100 Hz。

2.3 实验程序

整个实验阶段由练习阶段和测试阶段构成。练习阶段的目的在于使被试熟悉实验任务。在正式测试阶段,复制法和产生法出现的顺序在所有被试内进行平衡,不同的估计时距也在不同的估计方法内等概率随机出现。每种时距各出现15次,共90次实验。

2.3.1 练习阶段

计算机屏幕呈现时距估计的指导语,主试进行必要的解释,直到被试报告完全理解之后进入测验阶段。产生法(production method):屏幕上显示出所要产生的目标时距(如6 s),按压“空格键”同时出现一个图形“*”,图形持续到再次按压“空格键”。以图形持续时间的长度来产生出目标时距。复制法(reproduction method):要求对屏幕上的图形“*”呈现的时间长短进行复制(呈现时间),即两次按压“空格键”复制出“*”图形呈现的时间。

2.3.2 测试阶段

在计算机屏幕显示“正式实验”1 s后,被试采用复制法或产生法来估计目标时距。产生过程:屏幕显示产生法的指导语后,被试按任意键在屏幕中央出现将要产生的目标时距(2 s,5 s和8 s),被试按“空格键”后出现图形“*”,当被试主观感觉图形呈现时间达到目标时距后,即按压“空格键”,图形消失。计算机自动记录被试产生的时距(精确到0.1 s)。复制过程:屏幕显示复制法的指导语后,被试按任意键出现图形“*”,图形呈现一段时间后(2 s,5 s和8 s)消失,这段时间即为目标时距。然后显示要求被试进行复制的指导语,被试按“空格键”后再次出现“*”图形,当被试主观感觉两者的呈现时间相同时,即按压“空格键”,图形消失。计算机自动记录被试复制的时距(精确到0.1 s)。

3 结果

不同时距和不同估计方法的时间估计结果如表1所示。

表1 不同时距和不同估计方法的时间估计(单位:ms)

	平均数(*M*)	标准差(*SD*)
复制 2 s	1731.113	306.120
复制 5 s	4593.465	622.679
复制 8 s	7372.392	940.898
产生 2 s	2504.226	873.972
产生 5 s	5835.577	2070.763
产生 8 s	8777.688	3407.497

本研究采用两种统计分析指标:时间估计的准确性(time estimation accuracy)和变异性(time estimation variability)(Perbal, Droit-Volet, Isingrini, & Pouthas, 2002)。时间估计的准确性由估计的时距除以目标时距所得比率构成,因此也称为比率分数,这样可以在不同时距估计的结果间进行比较。时间估计的变异性则由变异系数来表示(coefficient of variation, CV),通过时距估计的标准差除以时距估计的平均数来进行计算。

对时间估计准确性进行探索性因素分析,采用主成分分析(principal components)的方法来提取公因素,以特征值大于1作为提取公因素的标准,并通过极大方差(varimax)的正交旋转来获取清晰的因素结构,结果如表2所示。结果表明存在两个清晰的因素结构,两个因素共解释总变异的83.704%。因素1与产生法有关,而因素2与复制法有关。

表2 时间估计准确性的因素分析结果

	因素 1	因素 2
产生 8 s	0.953	
产生 5 s	0.980	
产生 2 s	0.899	
复制 8 s		0.926
复制 5 s		0.950
复制 2 s		0.724
特征值	3.036	1.986
贡献率(%)	50.600	33.105

表3 时间估计变异性的因素分析结果

	因素1	因素2
产生8 s	0.871	
产生5 s	0.801	
产生2 s	0.735	
复制8 s		0.916
复制5 s		0.939
复制2 s		0.838
特征值	1.491	3.160
贡献率(%)	24.846	52.664

采用同样的方法对时间估计的变异性即变异系数(CV)进行分析,结果如表3所示。结果表明也存在两个清晰的因素结构,两个因素共解释总变异的77.511%,因素1与产生法有关,因素2与复制法有关。

4 讨论

本研究的目的在于通过因素分析的方法来揭示不同的时间估计长度和估计方法是否基于不同的加工机制。通过对时间估计的准确性和变异性指标因素分析的结果表明,存在两个与方法有关的因素,一个与复制法有关,另一个与产生法有关。并且这两个因素分别能够解释总变异的83.704%和77.511%。但是本研究的结果没有能够得出时间长度的方法效应。

在Baudouin等的研究中,因素分析也明显地区分出与复制法和产生法有关的两个因素,但是其在随后的分析中认为,时间的产生和复制的结果的分离并不能反映加工机制的差异,而是同一认知加工过程在不同时间任务反应模式的差异。其基本假设在于时间的注意模型,该模型认为对时间加工注意资源的减少导致累加器中累计冲动数量的减少。这个结果在不同的时间任务中具有不同的反应模式,也就是产生出较长的时间和复制出较短的时间。在产生过程中,分配到时间过程的注意资源较少,因此要累计到与目标时间同样的冲动数目就要更多的时间,因此产生的时间比目标时间长。反之,复制的时间要短于目标时间。在本研究中,从对不同时距的产生和复制来看(见表1),同样存在明显的复制的时间显著短于目标时间,产生的时间长于目标时间。但是Baudouin等在研究中直接对时间估计的平均值进行因素分析，而本研究分别对时间估计的结果进行了转化，即分别从时间估计的准确性和变异性进行考察，也就是通过比例分数（估计时距/目标时距）的计算来消除不同长度和方法所导致的原始平均数的偏差。同时，结合变异性（变异系数）的因素分析结果来综合进行考虑。结果两种条件下的因素分析得出同样的因素结构，表明产生法和复制法基于不同的加工机制。

对于时间估计的长度效应，本研究因素分析的结果并没有显示不同的时间长度（3 s，5 s和8 s）。以往有关不同时距是否存在不同加工机制的结论也并不一致。对于时间估计长度效应的研究大多采用双任务的实验范式，通过分析在高低不同的认知负荷条件下，长时距和短时距估计影响效果的差异来揭示其加工机制的差异（Brown，1997）。此外，Kagerer等对脑损伤病人的研究发现，脑损伤病人对长时距估计的能力受到损伤，但是短时距估计并没有受到影响。Lewis等对已有脑成像研究的元分析表明，短时距的加工方式是自动加工，而长时距主要是认知控制的加工，主要受注意、记忆的影响。但是也有许多研究结果并不支持时间估计的长度效应。Fortin和Couture采用双任务范式考察工作记忆对时距估计的影响（Fortin & Couture，2002），结果发现所有的时距都长于目标时距，并没有表现出长度差异。随后，Rammsayer等的研究表明认知任务对长短时距影响相同。Gibbons和Rammsayer通过对不同时距所诱发的ERP进行CSD（current source density）分析（Gibbons & Rammsayer，2004），结果并没有发现不同时距所激活的皮层区域有所差异。对于时间估计长度效应的研究结果没有取得一致结论的原因，一个可能与所采用的实验任务和方法有关，另一个主要的因素可能是长短时距的区分标准不一致。有的研究以500 ms作为区分长短时距的标准，也有的以1 s来区分时距的自动加工和控制加工，还有的以2~3 s作为长短时距的临界范围。因此对于时间估计的长度效应还要进行更深入的分析和探讨。

总之，本研究对时间估计的准确性和变异性的因素进行分析，结果表明，存在两个明显的与方法有关的因素，并没有出现与长度有关的因素。

合作者：张志杰。原文载于：《西南大学学报（社会科学版）》，2007年第33卷第5期。

时距估计中的重复刺激效应

1 引言

时间对于人类和动物来说都具有重要的作用。人类对时间的认知包括时距、时序和时点的认知,其中时距是指介于两个相继事件之间的间隔时间的长短(黄希庭,1993)。而且人类对时间的觉知会受到很多因素的影响(黄希庭,2003;Chen & Yeh,2009),例如,注意(Kanai & Watanabe,2006)、情绪(Droit-Volet & Meck,2007)、心理负荷(Brown & Boltz,2002)、人格(Wittmann & Paulus,2008)、研究方法(Bueti,Walsh,Frith, & Rees,2008;Ulbrich,Churan,Fink,& Wittmann,2007)等。此外,由于时距主要是通过刺激事件来标志的,这些刺激(非时间信息)的特征会在很大程度上影响时间估计。例如,具有相同物理时距的实、空时距相比较,感觉实时距长于空时距,这种现象不仅存在于人类被试中,动物被试中也存在(Santi,Keough,Gagne,& Rooyen,2007)。刺激通道也是一个影响因素,例如听觉刺激表示的时距感觉比视觉刺激表示的时距长(Wearden,Todd, & Jones,2006),而且通道效应在人类和动物中都存在(Droit-Volet,Meck,& Penney,2007)。此外,标志时距的刺激的大小(Xuan,Zhang,He,& Chen,2007)、运动与静止(刘瑞光、黄希庭,2006)、连续重复(Treisman,Faulkner,Naish,& Brogan,1990;Treisman & Brogan,1992)都会对个体的时距估计产生影响。

2 重复刺激效应

2.1 重复刺激效应的提出

在时间心理学中,对人类时间加工机制的探讨是重要的课题之一。早在1963年,Treisman就提出人类机体内部存在一个类似"时钟"的特定的时间加工机制。此机制主要由两部分组成:一个节拍器和一个计数器。节拍器按照一定频率释放脉冲,通过一个通道脉冲被累加在计数器中。其中节拍器又包括3个相关装置:(1)时间振荡器(temporal oscillator,TO),负责具有固定频率(Fo)的脉冲发射;(2)控制单元,负责对振荡器发射的脉冲进行转换;(3)测定单元(calibration unit,CU),其作用是确定最终的输出频率Fp,即将原始脉冲Fo与一个校正因素cf相乘,其最终的输出$Fp=Fo\times cf$,Fp依赖于节拍器的激活水平,其频率可以增加也可以降低。外部刺激能够影响节拍器速率,唤醒水平越高,节拍器速率越大。外部刺激可以通过两种方式影响这个系统:一种就是外部刺激可以提高唤醒水平,从而会增加脉冲从这个系统中释放的速率,因而单位时间释放的脉冲数量会增加;另一种就是具有与时间振荡器相同、相近或简单多频(simple multiple frequency)的外部重复刺激能够干扰时间振荡器的频率,从而对节拍器产生影响。

Treisman 及其同事提出重复刺激具有两个效应:一是能提升唤醒水平,提高节拍器的速率;二是具有一定频率的重复刺激能干扰时间加工。对于重复刺激效应的研究,更多涉及前者。Treisman 等人(1990,1992,1994)发现重复刺激能够对时距的口头估计和运动计时产生影响。

2.2 重复刺激效应的机制

Treisman 等人认为重复刺激之所以会对时距估计产生影响,其主要原因是机体内部时钟速度的改变导致主观时距的变化。虽然重复刺激能够导致主观时距变长是不争的事实,但其产生机制却存在着争议。很多研究者认为,内部时钟速度的改变不是重复刺激影响时距估计的唯一的原因,可能还有其他的因素,例如注意、记忆等。依据 Treisman 内部时钟模型的缺陷,研究者逐渐采用一些综合性的模型来进行解释,其中标量计时模型是目前应用最广泛的理论模型。

标量计时模型是一个数学模型,最初源自 Gibbon 和 Church(1981)的标量期望理论,1984年成为计时模型。它在概念上类似于 Treisman 提出的内部时钟模型。该模型假定时间信息加工包括 3 个部分,分别是与计时、储存和反应相关的时钟,记忆和决策 3 个部分(见图 1)。时钟阶段负责将物理时间转换成主观时间,由起搏器、累加器以及开关组成。起搏器以特定速率释放脉冲;开关由外界刺激触发和中止,是一个由计时信号控制的机制,是脉冲从起搏器进入累加器的必经环节;累加器是将起搏器发送过来的脉冲进行累加的机制。记忆阶段包括工作记忆和参考记忆,工作记忆负责存储累加器传送过来的当前实验的时间信息;参考记忆存储来自于过去实验的关键时间信息(如标准时距)。决策阶段对当前工作记忆中存储的时间信息与参考记忆中的时间信息基于一定的规则进行比较,并做出如何反应的判断,其决策规则依赖于计时任务。虽然该模型表面上并没有将注意加工纳入计时机制,但是假定注意会影响开关的潜伏期,以及能够监控开关在时间加工器和非时间加工器之间进行切换。标量计时模型中的标量特性主要体现在几百毫秒到几分钟范围内个体主观估计时距的标准差与平均数的比值(差异系数)是一个常数。

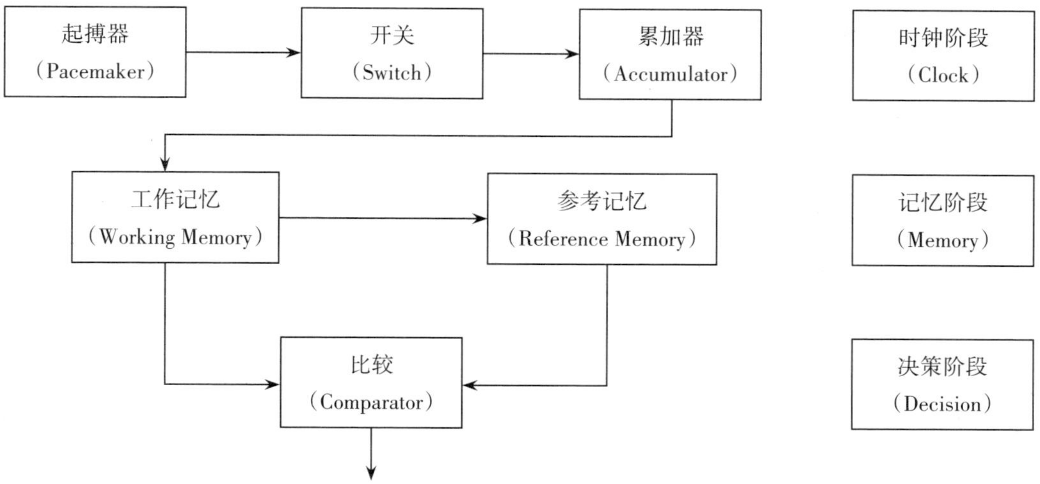

图1 标量计时模型

在这个模型中节拍器、开关、记忆和决策规则都有可能导致主观时距的变异或偏离。目前关于重复刺激对时距估计产生影响的研究主要探讨的是内部时钟计时阶段上的两种机制对它的影响:一是节拍器速率可能并非恒定,受到重复刺激的影响,机体唤醒水平提高,会导致单位时间内发送脉冲的数量变多;二是注意控制开关并可能影响开关的潜伏期,由于注意导致开关的时开时关现象变少或开关打开的潜伏期变短或延迟关闭,致使脉冲数量发生变化。由此可见,在重复刺激效应中时钟阶段,这两种机制可能以不同的方式影响着进入累加器中的脉冲的数量,并最终造成共同的错觉效应。

机体唤醒水平可以改变内部时钟速度的观点在生理学及神经药理学方面的研究中也得到了证实。例如,通过改变体温或利用药物改变大脑中多巴胺的水平来调控唤醒水平(Droit-Volet & Meck,2007)。有研究发现,利用精神兴奋剂,如可卡因和甲基苯丙胺,能够提高被试的唤醒水平而产生高估时距的倾向(Matell, Bateson, & Meck,2006; Meck,2006),而使用镇静剂,如安定或哌迷清,会使被试的唤醒水平降低并出现低估时距的倾向(Buhusi & Meck,2005)。标量计时模型中的其他阶段也可以通过药理学来进行辨别和分离。例如,多巴胺主要影响内部时钟速度;而类胆碱能的药物主要影响时间记忆;去甲肾上腺素的释放,影响注意过程,通过调控开关的开或关的潜伏期来影响个体的时间知觉(Buhusi & Meck,2005)。

3 重复刺激效应的影响因素

3.1 刺激特性

3.1.1 重复刺激的通道

早期的很多研究表明,视觉重复刺激(闪光,flicker)或听觉重复刺激(嘀嘀声,clicks)能够使主观时距变长(Burle & Casini,2001)。Droit-Volet 和 Wearden(2002)在一个研究中选择 3 岁、5 岁、8 岁儿童作为被试,采用视觉静止刺激和视觉重复刺激(闪光)来表示时距,且重复刺激的频率是 50 Hz,结果发现视觉重复刺激可以增加儿童的主观时距。后来有研究者也是给被试呈现由视觉静止刺激和视觉重复刺激标志(闪光)的时距,结果也发现被试感觉重复刺激标志的时距要长于静止刺激标志的时距(Kanai,Paffen,Hogendoorn & Verstraten,2006)。随后,Ortega 和 Lopez(2008)在其研究中同样采用视觉静止刺激和视觉重复刺激,实验采用 3 种条件:一种是在练习和实验阶段中的时距都是由静止刺激来标志的;一种是练习用重复刺激,实验阶段用静止刺激;最后一种是练习用静止刺激,实验用视觉重复刺激。其结果与前人的研究是一致的,被试感觉重复刺激标志的时距要比静止刺激标志的时距长。最近,Ortega,Lopez 和 Church(2009)在前一个研究的基础上又对听觉和视觉两种情况下的静止刺激与重复刺激标志的时距进行了研究,以探讨重复刺激效应与通道效应。其中视觉重复刺激的频率和听觉重复刺激的频率都是 10 Hz。视觉刺激在屏幕中央呈现,听觉刺激由耳机呈现。被试分为两个组,一个组练习所用的是用视觉静止刺激标志的时距,另一个组练习所用的是由听觉静止刺激标志的时距。在正式实验阶段,所有被试都要判断 4 种刺激类型标志的时距:视觉静止刺激、听觉静止刺激、视觉重复刺激(闪光)、听觉重复刺激(嘀嘀声)。研究发现虽然重复刺激效应和通道效应都在结果中出现了,但是还存在一些不同。被试判断由听觉静止刺激和视觉重复刺激标志的时距长于视觉静止刺激标志的时距;由听觉重复刺激和静止刺激标志的时距在主观判断上差异不大,导致听觉重复刺激效应的消失;结果还表明视觉重复刺激效应大于通道效应,认为视觉重复刺激能够引起个体最快的时钟速度。虽然重复刺激效应的研究多是采用视觉和听觉通道,但也有研究者对其他感觉通道做了研究。例如 Khoshnoodi 等人(2008)采用触觉刺激(震动),对其重复刺激效应进行了研究。结果表明触觉重复刺激也能够引起主观时距的扭曲,且认为重复刺激对时距估计的影响不是所谓的内部时钟速度改变,而是由工作记忆负载所导致。

3.1.2 重复刺激的频率

Treisman 及其同事在很早就提出,对时距估计产生影响的重复刺激具有一定的频率范围,大于或小于这个频率都不能引起时距估计的扭曲,并认为这个重复刺激的频率是时间振荡器基准频率的简单复联频率,其中时间振荡器的基础频率范围在30~50 Hz。后来,Penton-Voak 等人(1996)采用不同频率(0 Hz,5 Hz,25 Hz)的重复刺激(嘀嘀声)进行研究,结果发现相对于没有重复刺激的时距来说,即使是频率低的重复刺激也能够引起主观时距的变长,频率越高,这种变异越大。还有研究者(Khoshnoodi, Motiei-Langroudi, Omrani, Diamond, & Abbassian, 2008)采用复制法对触觉重复刺激效应进行了研究,发现频率在 6 Hz,12 Hz,24 Hz,36 Hz,48 Hz的情况下触觉重复刺激都能够引起主观时距的偏离,而且随着频率的增大,变异量也增大。此外也有研究者发现在时距很短的情况下改变视觉重复刺激的频率,并不能引起主观时距的变化(Ulrich, Nitschke, & Rammsayer, 2006; Johnston, Arnold, & Nishida, 2006)。而 Kanai 等人(2006)同样用的是视觉重复刺激,变化其频率却能够引起主观时距判断的变异。

3.1.3 重复刺激的位置

很多研究表明,重复刺激不仅仅能够使其标志的时距发生扭曲或变异,而且如果将一系列快速的重复刺激,例如嘀嘀声或闪光放在要判断的时距之前,被试也会感觉这段前面呈现过重复刺激的时距要长于前面没有重复刺激的时距。Penton-Voak, Edwards, Percibal 和 Wearden(1996)采用泛化法、口头估计法、比较法和时距产生法4 种不同的方法,来探讨在呈现时距之前出现重复刺激和没有出现重复刺激是否会产生不同的结果。研究表明,有无重复刺激对时距估计的影响是不同的,重复刺激(嘀嘀声)可以使被试的主观时距变长。随后 Wearedn, Philpott 和 Win(1999)也对这种重复刺激效应进行了研究,采用的重复刺激是嘀嘀声(clicks),设计了两个实验。结果表明主观时距在有嘀嘀声的条件下变长,而且重复刺激的频率越大,对主观时距的影响也越大。后来,Wearden 等人(2007)在他们的实时距错觉研究中采用重复刺激,即在呈现空时距和实时距之前先呈现5 s的嘀嘀声或静音,来探讨重复刺激是否对实时距和空时距能够产生不同的影响。结果表明,重复刺激对个体对空时距和实时距的判断都产生影响,但对实时距判断的影响更大(Wearden, Norton, Martin, & Montford-Bebb, 2007)。最近,Wearden 等人(2009)又研究了重复刺激(嘀嘀声)对帕金森病人的时距估计的影响。实验采用帕金森病人及与其在年龄、性别、智商等方面相匹配的控制组,在给被试呈现需要口头估计的时距之前先给予3 s的嘀嘀声或静音,结果表明重复刺激(嘀嘀声)能够使主观时距变长,而且两组的结果并没有差异(Wearden, Smith-Spark, Cousins, Edelstyn, Cody, & O'Boyly, 2009)。

3.2 时间特性

为了防止被试进行精确计时,很多重复刺激效应的研究,尤其是以重复刺激来标志时距的情况下,研究者采用的时距长度一般是在几百毫秒到几秒。例如有些研究者采用的时间长度是 200~800 ms(Ortega, Lopez, & Church, 2009),有些研究者采用的是 300~1300 ms(Wearden et al., 2009),还有研究者采用的是 200~1600 ms(Droit-Volet & Wearden, 2002;Ortega & Lopez, 2008)。由于研究者采用的时间段不同,可能会导致研究结果及其解释的不一致。例如,Ulrich, Nitschke 和 Rammsayer(2006)通过研究发现,在 100 ms 和 400 ms 情况下,视觉重复刺激不能引起主观时距的变化,但在 800 ms 情况下可以出现。然而 Kanai 等人(2006)却发现在 200~1000 ms 的情况下视觉重复刺激都能够对时距估计产生影响。还有研究者认为,随着时距的增长,重复刺激效应会更加明显。此外,也有研究者在其研究中采用稍微长一些的时距,例如 5 s(Khoshnoodi et al., 2008)。而当重复刺激不是作为标志时距的刺激而是放在时距之前的时候,研究者使用重复刺激的时间长度一般是 2~5 s(Wearden et al., 2007)。

4 值得关注的问题

虽然关于时距估计中重复刺激效应的研究已经取得了一些成果,但是仍有不少值得深入探讨的问题。

首先,时距估计中重复刺激效应的产生机制。从当前的理论模型来看,重复刺激导致主观时距变长,可能是时钟阶段或记忆阶段出现了偏离。其中时钟阶段包括两种情况,即由生理唤醒引起的节拍器速率增加,或是注意控制开关使通过开关进入累加器的脉冲数量变多,这两种情况可能是单一产生作用的结果,也可能是两种情况共同产生作用的结果。而现有的研究更多的是将其效应归于节拍器速率的提高。虽然有很多研究采取一定的措施,例如采用较短的时距范围或采用一定的研究方法(两分法、口头估计等),但仍然难以排除注意和记忆在重复刺激效应中的影响。因此,对其产生机制的进一步深入的探讨,是此类研究目前最关键和最有挑战性的,也是最急迫需要解决的。

其次,重复刺激效应产生的神经机制。近年,很多研究者通过采用现代无创伤性的脑成像技术或神经心理学方面的技术来研究时间认知,这不仅仅弥补了以往行为研究的不足,也为研究者提供了更加丰富的视角。伴随着认知神经科学的迅速发展,对人类时间认知的神经机制研究已经取得了大量的成果,例如目前比较流行的观点是人类对时间信息的编码、记忆和决策加工包含不同的脑区(Macar & Vidal, 2003),不同的时间加工存在不同的生理机制(黄希庭、李伯约、张志杰, 2003;张志杰、黄希庭, 2003)以及脑区活动的事件相关脑电位(ERP)中的某些成分,如 CNV 的波幅,以及其波峰的潜伏期都可以表现不同的机制(Macar & Vidal, 2003;Bendixen, Grimm, & Schroger, 2005;Meck, Penney & Pouthas, 2008; Pfeuty, Ragot, & Pouthas, 2008)。但到目前为止,重复刺激对时距估计产生影响的神经机制研究还是个空白。

最后,重复刺激效应研究的范围。目前有关这方面的研究多是集中在几百毫秒或在视听通道或有无重复刺激上,对于其他的时间段、通道和频率研究得非常少。而这些方面的研究对加深理解重复刺激效应是有重要意义的。时间的长短、间隔、顺序、刺激出现的时点以及个体的认知因素和人格特征等都会影响个体的时间认知(黄希庭,1993;黄希庭、李伯约、张志杰,2003)。黄希庭等人(1994;1998)曾要求被试用时间单位和模糊赋值法对过去时间和未来时间修饰词进行赋值,发现人们的过去和未来心理时间存在一定的分段性。并在此基础上提出了时间认知分段综合模型,该模型将人类对时间的认知范畴推广到整个时间维度上,认为个体对时间的认知取决于多种因素。对于不同长度的时间,个体的认知策略也不同,而涉及不同的加工机制,其时间记忆表征的机制也不会完全相同。

综上所述,通过运用多种技术,融合多种手段对时距估计中的重复刺激效应进行深入的研究,并探索其产生机制以及神经生理机制,相信人类将对重复刺激效应有更加深入的了解。

合作者:柳春香。原文载于:《心理科学进展》2009年第17卷第6期。

短时距估计中的标量特性

1 引言

时间是物质存在的一种基本形式。在实验心理学早期阶段,吉布森从生态学的视点将时间看作源于事件知觉的一种抽象理论。冯特认为,时间是源于感觉数据的一种复杂组织活动,这种组织过程就是时间知觉(Gibbon,1991)。史蒂文斯将“时间”看作体现为神经系统内部活动的一种刺激物,可以划分为量的连续体(prothetic continuum)和质的连续体(metathetic continuum)两个方面,分别表现为神经系统的“累加”活动和潜在的“组织与期望”活动(Grondin,2001;杨治良,1998)。在对时间的研究方面,研究者习惯于将时间认知的研究分为时间知觉和时间记忆。时间知觉又称为“知觉到的现在”,其范围几乎在5 s之内;超过此范围的刺激序列已经不能被知觉为一个整体单元,当属时间记忆的范畴。随着心理时间研究范围的扩大和研究内容的深化,研究已经由早期对时间概念的认识、理论假设的提出和对时间信息加工机制的探讨,发展到从物理、生理和心理等多个层面对时间记忆标量特性的考察。

心理时间的研究历史,经历了一个从外显到内隐、由定性到定量的发展过程。20世纪六七十年代的有关研究主要侧重于对被试的外部时间反应进行考察,这种计时活动是外显的(explicit)。根据时间估计是在被试完成实验任务之前知道的还是在做出时间判断之后得知的,又分为“预期式时间估计”(prospective time estimation)和“回溯式时间估计”(retrospective time estimation)(Smith,2003b)。20世纪80年代,Jones和Bolts的动态注意模型的提出强调了自然环境在人们的时间判断中所起的作用,主张环境由事件组成,并具有某种程度的相关性,它不仅是物理规则的体现,而且决定着几个连续时间范围的开端与结束。该模型认为,时间估计的准确性(减少偏见错误)依赖于时间相关性,变异性的减少更可能与起决定作用的注意模式有关(Boltz,1994;Jones & Boltz,1989)。

随着研究的不断深入,人们开始认识到个体内部线索和信息加工对时间记忆过程产生的影响,这种计时活动是内隐的(implicit)。Craik通过研究发现,预期式时间估计过程包括记忆中一个事件的重构,这个重构过程由外部线索引发,或在缺乏外部线索的条件下由自我线索或信息加工过程引发(Marsh & Hicks,1998)。Einstein和McDaniel区分出了基于事件(Event-based)和基于时间(Time-based)的两类预期式时间记忆任务,前者要求被试在某个外部事件出现时完成某项任务,后者则要求被试在将来某个时刻或某段时间之后完成某项任务。对于“基于时间”的预期式记忆任务来说,假设不使用外部记忆术(设置闹钟),则没有明显的或特别的外部事件引发要完成的行为,人们必须通过监控时间的流逝来引发自己的时间估计行为(Smith,2003b)。

对时间记忆的定性研究可追溯到20世纪60年代早期的时距区分思想,即存在一个中心时钟控制着人类的时间估计。源于此假设的许多模型都能解释大多数极短时距区分任务中的观察数据,时距区分的变异源都与这个时钟装置有关(Grondin,2001b)。“标量计时”(scalar timing)最早来源于20世纪70年代Gibbon的标量期望理论(scalar expectancy theory)(Gibbon,1977;Gibbon,Church,& Meck,1984)。正像Gibbon所指出的那样,时间是动物学习实验中一个无所不在的变量,为此有必要解释时间知觉是如何调节被试的行为的。该模型的中心论点是,变异具有多种特性,其特性之一表现为与目标时间相关的数据分布的数量转换,另一个方面也可以解释一个随机变异源(如时钟)的效应(Wearden & Bray,2001)。

研究者对于最新的和相关的时间记忆问题的探讨兴趣,为本领域的实验研究提供了有益的指导。20世纪90年代,Gibbon等人提出的标量计时理论(scalar timing theory)在时间知觉领域引用最为广泛,该理论不仅能解释动物研究领域的许多数据,成功地解释了人类对不同时间任务的计时,而且有关标量特性的不同形式及其历史根源在此理论中也得到了详细的描述。该理论认为,人类的计时装置——时间加工器(又称计时器)由4个内部相关装置组成:(1)时钟。它是由一个产生一定频率脉冲的调节器、一个由外部刺激驱动的开关和一个确定的延迟控制所到达的累加器组成的。(2)工作记忆储存。(3)参照记忆储存。(4)比较器。因此,由时间加工器所决定的标量计时模型由3个过程组成:(1)时钟过程。一个开关控制着由连续运动的调节器所发射的脉冲的累加。这个过程由调节器产生的脉冲组成,脉冲又由开关传送到累加器,脉冲在累加器中获得累加。(2)记忆过程。这一过程包括两个子过程:工作记忆和参照记忆。对于一个给定的实验来说,工作记忆负责接收来自累加器的脉冲;而参照记忆对于一个实验的计数值分布的储存起着关键性作用。(3)比较(决策)过程。它主要由一个比较器组成,这个过程与计时、记忆和决策相关。对于一个给定的实验来说,来自累加器的脉冲被用作当前时间的内部表征(a值),这个表征与一个来自参照记忆的m值相比较,标量计时模型为这个比较过程提供了一系列决策规则(Grondin,2001b;Wearden & Bray,2001)。

由于早期标量计时模型的时钟、记忆、比较过程分别由3个、2个和1个部分组成。时间判断的准确性依赖于这些装置的功能,每个部分都被看作一个变异源,同时时间加工也受到被试激活水平和注意水平的影响。标量计时模型具有很多潜在的变异源,有些是数量的,有些不是数量的,数量变异源对其他变异源具有最终的决定作用(Gibbon et al.,1984;Wearden & Bray,2001)。这个模型的标量特性是与时间估计的变异呈协相关的一种韦伯分数，由主观时距的变异除以平均主观时距得到的一个常数来表示。换句话说，当重新量化为平均主观时距的一个函数时，心理时间的误差分布是一个常数，这个模型很适合于解释人类计时任务中获得的数据。

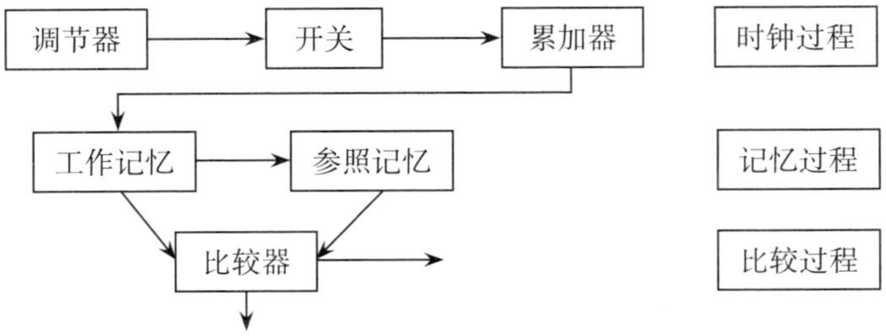

图 1　早期的标量计时模型

以上模型提供了一种整合心理时间的观点，即模型的呈现是在一个合理的小样本中时距估计理论整合的结果，这一观点涉及流逝时间的心理量度。关于心理时间的研究提供的几种证据表明，实验条件的轻微变化都可以引起时间操作的变异，这些证据支持了分割心理时间的说法，这一观点关注时间判断所产生的变异。两种观点分别与时间估计的效度（估计时距）和信度（变异性）有关。这些研究大多是针对极短时距进行的，因此模型的理论假设受到传统的韦伯区分定律的支持。Killeen 和 Weiss 研究发现，实验中被试进行一系列时间判断，可以减少时距估计值与目标真实时间值之间的差异，同时也减少目标真值附近时距估计值分布的标准误差。分割策略能够改进计时，时距估计的整体变异等于分割时距的变异与计数成分的变异之和。三者之间的关系表示为：$\sigma_{2T}=A_t^2+B_t+C$。其中 t 表示一个时距估计中的变异，参数 A 表示一个标量，即韦伯分数，这个参数主要与计数器的变异相联系；参数 B 主要与调节器的变异相关联；参数 C 与计数器产生的一个常定错误有关，例如计数活动的开端和结束。仅当 A 大于 0 时，公式表示严格意义上的韦伯定律（$B=C=0$）；当 A、C 大于 0 时，公式代表韦伯定律的拓展形式；如果 $A=C=0$，即仅有 B 大于 0，此公式就是一种 Poisson 计时，此时计时器的活动与 Poisson 加工类似，它运动的速度足够快以至于能解释整个变异，其中，A 值决定 B 值。此框架表明，标准差是变异和时间之间基本关系的最好的线性描述（Killeen & Weiss,1987;Treisman,Faulkner,Naish,& Brogan,1990）。

尽管分时段加工成为 20 世纪 90 年代计时模型的主要特点，在用于计时的调节器数量的看法上研究者之间存在较大分歧，Gibbon 等人的标量计时理论与大多数计时模型都承认用于计时的时钟装置中只存在一个调节器，这个调节器具有特殊的复杂功能，由其所产生的脉冲发射速率是影响计时的重要因素。有些时间理论强调几个调节器的共存，它们都对人类的计时操作具有特定的贡献（Collyer，Broadbent，& Church，1994；Treisman et al.，1990）。有证据显示，被试偏爱的时距分布是一个双峰分布（在272 ms和450 ms处获得两个峰值），这一结果支持多种振动器参与计时的论点。动物的研究结果也提供了对后一论点的支持（Church & Broadbent，1990；Collyer et al.，1994）。

Treisman及其同事提出了一个由时间调节系统和计数系统所组成的时间加工模型，他们认为，时间加工机制由两部分组成：一个时间调节器和一个计数器。调节系统又包括三个相关的装置：（1）时间振动器（temporal oscillator，简称TO），负责具有固定频率F_o的脉冲发射，此频率提供了一个与参照记忆一致的恒定的参数值。（2）控制单元，负责对振动器发射的脉冲进行转换。（3）测定单元（calibration unit，简称CU），其作用是确定最终的输出F_p—调节系统的一系列脉冲，即将原始脉冲F_o与一个校正因素cf相乘，其最终的输出（即与参照值相比较一个增加或减少的频率值）（CU）：$F_p=F_o\times cf$依赖于调节器激活水平（外部刺激频率）的增加或减少，这个激活水平或是由来自中心控制源的信息所确定，或是由足够强的感觉输入所组成（sensory inputs，简称SI）（Treisman，Cook，Naish，& MacCrone，1994；Treisman，Faulkner，& Naish，1992）。该模型既适用于时间知觉也适用于运动行为的计时控制。Treisman及其同事的研究还发现，在时距估计期间，人们对一定频率的刺激节奏的感知可以改变时间振动（TO）的频率，从而最终决定着时间估计（Treisman et al.，1994）。

与此同时，人们对于时间估计中韦伯函数的考察也经历了漫长的发展过程。早在20世纪30年代，Mach第一个测定了关于时间的韦伯定律，他发现韦伯定律对于16~8000 ms之间的时间间隔不适用。在375 ms处人的时间知觉获得最大的感受性，此时韦伯分数获得最小值。Drak和Bott报告说，获得最大感受性的时距在300~800 ms之间（Grondin，2001b）。Fraisse等人发现最低的韦伯分数分别在600 ms和500 ms处获得。Kristofferson（1980）以自己为被试进行了时距区分任务中的240次实验，每个标准时距包括20个时间间隔，从100 ms到1480 ms，韦伯定律能很好地解释前5个时段的实验。当仅考虑后面3个时段时，Kristofferson发现，韦伯函数是一个分段函数。他因此提出的假设是，韦伯分数是通过过多的练习加以转换的，没有减少变异性（内部噪声）的训练就不可能发现心理时间的标量特性；时间体验不是连续的，而是由一系列间断的时间片段和知觉瞬间组成。

Grondin的最新研究发现，使用视觉信号与使用听觉信号产生的效应极其类似，对于视觉信号来说，当标准时距在600~900 ms之间时，韦伯分数保持恒定，两者都小于1200 ms处的韦伯分数。Getty的研究显示，时间感受性最好的时距是在2 s附近（小于2 s），在2 s附近存在一个转换点，在此点处韦伯分数随着较长的时距而增加。避免韦伯分数增加的一种方法是允许被试使用外部计数策略和分割策略。在最近一项时距区分任务中，Grondin发现，对于1.2 s的时距来说，外部计数策略可以减少阈限估计，此时差别阈限和物理时间之间的基本关系趋于稳定（Fortin & Massé，2000；Grondin，2001a；Kristofferson，1980；Smith，2003a）。这些研究结果支持一个共同的论点就是：人类具有一个适宜的时距范围，可以获得最小的韦伯分数，即获得最大的时间感受性。早期研究结果表明，在时间知觉过程中，人们分辨最准确的时间间隔大体上在0.2~2 s之间，在这个范围内，存在着一个由高估较短时距到低估较长时距的转换点（Grondin，Meilleur-Wells，& Lachance，1999；Smith，2003a）。这些研究都是针对于极短时距进行的，对于短时距范围内有关问题的探讨较为少见。近期有关短时距计时行为的研究表明，短时距条件下的时间估计转换点是在10 s左右（刘瑞光、黄希庭，1999）。

由于短时距估计的标量特性与人类的时间信息加工密切相关，影响时距估计的变异源复杂多样，因此这方面的研究具有重要的意义和必要性。先前的研究者大多使用双任务研究程序，实验刺激物通常以听觉方式呈现给被试，并且时距范围大多是针对于极短时距（小于5 s）而进行的，其研究多属于时间知觉范畴，对于时间记忆尤其是对于短时距（5~24 s）估计过程中标量特性和变异源的研究极为少见。本研究选取6~24 s的时距范围，使用单任务研究程序，通过视觉方式呈现几何形刺激物，以心理物理学方法作为方法学基础，采用预期式研究范式和再现时距的研究方法，通过3个实验对短时距估计的标量特性和变异源进行系统考察。通过对实验因子的有效控制和操纵，探讨影响短时距估计的变异源，确定时间估计的差别阈限、韦伯函数的形态以及短时距估计中的转换点等问题。

2 实验一 短时距估计中刺激物的运动和时距效应

由于物理时间的连续性和心理时间的离散性原因，本研究选取了刺激的两种状态（静止和运动）和所研究时距（6~24 s）的7个水平，旨在通过有效控制实验自变量，更加准确地考察刺激的运动和物理时距对短时距估计的韦伯函数标量特性和变异源的影响。基于先前研究提出以下研究假设：刺激的运动特性和物理时距因素对被试的短时距估计行为具有显著的影响，短时距估计中的韦伯函数是一个分段函数，并且存在着时距估计的转换点。

2.1 方法

2.1.1 被试

20名山东科技大学电气自动化专业的大学生自愿充当被试参加本实验,7名女性,13名男性。被试的认知和操作能力正常,实验后都得到了一定的报酬。

2.1.2 仪器和刺激

一台奔腾-Ⅲ计算机和Philip高分辨率显示屏。刺激序列和被试的反应记录都由计算机自动完成。

2.1.3 实验设计

本实验采用2×7被试内因素设计。实验因素有两个:刺激运动(两个水平:0 cm/s,1 cm/s)和物理时距(7个水平:6 s,9 s,12 s,15 s,18 s,21 s,24 s)。

2.1.4 程序

本实验分为两个阶段:练习阶段和实验阶段。在被试开始实验操作之前给予适当的指导语,限制被试使用计数或打拍子等外部策略,以保证实验结果真实、准确、可靠。被试进入练习阶段之后,通过两次按下“空格键”再现4种目标时距(3 s,9 s,15 s,21 s)。目标时距是一段无声的时距,以“预备”信号的消失到“开始”信号的呈现之间的时距为标志,4种目标时距在练习过程中随机平衡呈现,数据记录由计算机自动完成。练习目的在减少被试的反应变异,增加时间估计的准确性。被试练习达到75%的准确性,即可进入实验阶段(精确到10 ms)。

进入正式实验阶段以后,每次实验都以计算机屏幕上一个预备信号“预备”一词的呈现为标志,此信号呈现1000 ms后自动消失。随后,计算机屏幕左侧的一个条形刺激物(长5 cm,宽1 cm)(颜色为黑色)或静止或以1 cm/s的速度自左向右运动,当刺激物的呈现时间达到7种物理时距(目标时距)(6 s,9 s,12 s,15 s,18 s,21 s,24 s)之一时自动消失。刺激物在屏幕上消失后,屏幕中央呈现一个提示信号“开始”。被试端坐在计算机屏幕前,眼睛距屏幕的距离为65 cm。被试用右手拇指按下“空格键”后提示信号消失,计算机计时开始,当被试估计流逝的时间与刺激物的呈现时间相当时,尽快用右手拇指按下空格键结束时距估计。每次实验结束后,计算机自动记录刺激物的运动状态、刺激物的呈现时间和被试的再现时距。然后屏幕上再次出现预备信号,标志着下一轮实验的开始。在实验过程中刺激物的运动状态和各种目标时距平衡随机出现,刺激物的初始位置在本实验中相同。在14种实验条件的每种条件下,每个被试须完成8次测试,共须完成112次测试。

2.2 结果与分析

2.2.1 效应检验

对实验获得的有效数据进行重复测量两个因素的方差分析(ANOVA),结果表明,刺激物的运动效应显著,$F(1,19)=5.95$,$p<0.05$;刺激呈现的物理时距因素的主效应极其显著,$F(6,114)=4748.96$,$p<0.01$;交互作用不显著,$F(6,114)=0.51$,$p>0.05$。对被试在各种物理时距条件下时距估计的均值进行多重比较(如表1所示)可得,被试对于6 s与21 s,9 s与21 s及15 s与21 s时距的估计值差异显著,对于12 s和21 s时距的估计值表现出极其显著的差异,对于其他时距的估计值差异不显著。

表1 各种物理时距条件下再现时距绝对误差均值的比较

物理时距	12 s	15 s	9 s	6 s	18 s	24 s	21 s
15 s	0.06						
9 s	0.09	0.04					
6 s	0.11	0.05	0.02				
18 s	0.23	0.18	0.15	0.13			
24 s	0.44	0.38	0.35	0.33	0.2		
21 s	0.62**	0.56*	0.53*	0.51*	0.38	0.18	

注:*$p<0.05$,**$p<0.01$

2.2.2 韦伯分数

将被试在刺激静止和运动两种实验条件下的估计时距及常误分数和各种物理时距条件下的估计时距、差别阈限及韦伯分数列表(如表2、表3所示)。由表2可知,被试对运动刺激的时距估计值比对静止刺激的时距估计值更高一些。当物理时距大于12 s时,被试对运动刺激的时距判断更准确些。在9 s和12 s之间存在一个转换点,被试对小于或大于此值的时距分别呈现出高估和低估倾向,使用二次插值法计算出此点的值为10.8 s。

表2 各种实验刺激运动条件下被试的估计时距和常误分数

	速度(cm/s)	6	9	12	15	18	21	24
估计时距(s)	0	6.2	9.14	11.71	14.48	17.37	19.75	23.12
	1	6.46	9.48	11.84	14.95	17.71	20.56	23.56
常误分数	0	1.033	1.016	0.993	0.965	0.975	0.915	0.963
	1	1.077	1.053	0.987	0.997	0.984	0.979	0.982

由表3可以得知,被试的时距判断准确性在6 s至24 s范围内不等,在12 s的时距处获得最小的差别阈限值和韦伯分数,此时获得最大的感受性,即时距判断的准确性最高;在12~15 s这段时距内,被试判断时距的误差基本维持恒定;之后随着物理时距的增加,主观判断时距的准确性减少,在21 s的时距处获得最大的绝对误差值和较大的韦伯分数,此时获得较小的时间感受性,即时间判断准确性较差。之后随着物理时距的继续增加,判断的准确性又呈现出提高的趋势。

表3 各种物理时距条件下被试的估计时距、差别阈限和韦伯分数

	6	9	12	15	18	21	24
估计时距(s)	6.33	9.31	11.78	14.72	17.54	20.16	23.34
差别阈限(s)	0.33	0.31	−0.22	−0.28	−0.46	−0.84	−0.66
韦伯分数	0.055	0.034	0.018	0.019	0.026	0.04	0.028

以物理时距为横坐标,韦伯分数为纵坐标画出韦伯函数图(如图2所示),由图2可知,韦伯函数在6 s至24 s范围内是一个分段连续函数。韦伯函数的拐点出现在12 s和21 s处,这两个拐点与被试主观判断时距的转换点10.8 s具有部分一致性。

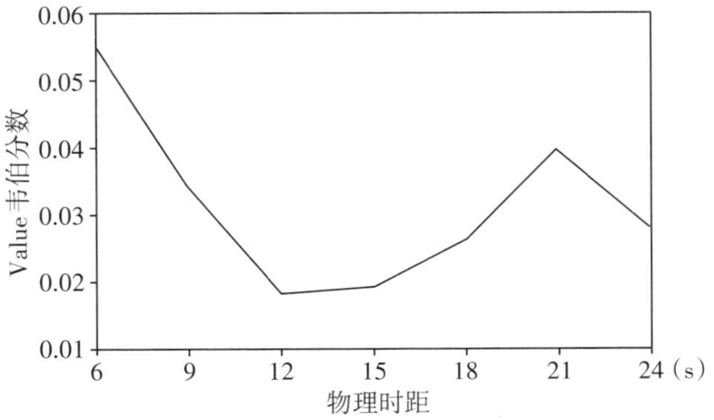

图2 韦伯函数图

3 实验二　短时距估计中刺激物的旋转角度效应

为了进一步考察刺激物在短时距估计过程中的动态变化效应，实验二又将刺激物的变化因素（通过刺激物的旋转而实现）作为一个自变量进行控制研究。在前一实验的基础上做出以下研究假设：由于较大的旋转角度在单位时间内产生较多的变化，刺激物的变化对被试的时间估计行为具有显著的影响。

3.1 方法

3.1.1 被试

16名山东科技大学应用电子专业的大学生自愿充当被试参加本实验，6名女性，10名男性。被试的认知和操作能力正常，实验后都得到了一定的报酬。

3.1.2 仪器和材料

同于实验一。

3.1.3 实验设计

本实验采用嵌套设计。实验操纵两个因素：刺激的旋转角度和物理时距。

3.1.4 程序

程序基本同于实验一。不同之处是刺激物在运动过程中发生旋转，旋转角度有4个：90°，180°，270°，360°，它们分别嵌套在两种物理（目标）时距（9 s，21 s）之中。本实验共产生4种实验条件，每种实验条件下采用平衡随机化方法对被试进行逐一测试，每个被试共须完成32次测试。

3.2 结果与分析

3.2.1 效应检验

计算出每个被试再现时距的均值，按照三个标准差原则去除两个无效数据。对实验数据进行方差分析，结果表明，物理时距因素的主效应不显著$F(1,2)=7.88$，$p > 0.005$；刺激物旋转角度的主效应极其显著$F(2,60)=100.25$，$p < 0.01$。进一步计算出各种实验条件下被试的再现时距及相对误差（如表4所示）得知，在9 s和21 s两种物理时距条件下，随着旋转角度的增加，被试的时距估计一致地呈现出由低估转变为高估的倾向。

3.2.2 韦伯分数

计算出各种刺激变化条件下的韦伯分数并绘出直方图（如图3所示）。由图3得知，旋转角度为360°时得到了最小的韦伯分数，此时被试具有最大的感受性，时间判断准确性最高。旋转角度为90°时得到的韦伯分数最大，此时被试获得最低的时间感受性，时间判断不准确,即在90°旋转角度条件下被试的计时行为产生了最大的变异。图3中呈现出的一般趋势为,随着刺激物旋转角度的增加,被试的时间感受性增强。当考虑误差方向时,由9 s和21 s的物理时距条件下的时距估计值、误差值、韦伯分数和常误分数(如表5所示)可知,被试对两种物理时距都表现出一致的低估倾向,与21 s的时距相比,被试对9 s时距的判断具有更高的准确性。

4 实验三 短时距估计中刺激物的旋转方向和运动速度效应

本实验在前一实验的基础上增加了两个因素:刺激物的旋转方向(通过刺激物的旋转而实现)和运动速度,目的是进一步研究短时距估计中的标量特性和变异源。

4.1 方法

4.1.1 被试

19名山东科技大学机电一体化专业的大学生自愿充当被试参加本实验,7名女性,12名男性。被试的认知和操作能力正常,实验后都得到了一定的报酬。

4.1.2 仪器和材料

计算机硬件条件与实验一相同。不同之处是刺激物在以一定速度运动过程中还向不同的方向旋转。

4.1.3 实验设计

本实验设计采用被试内设计。实验操纵的因素有3个:刺激速度(0 cm/s,1 cm/s,3 cm/s,5 cm/s)、物理时距(6 s,12 s,18 s,24 s)、刺激的旋转方向(+90°,−90°)。

4.1.4 程序

实验程序基本同于实验一。不同之处是刺激物在以一定的速度(0cm/s,1cm/s,3cm/s,5cm/s)运动和旋转的过程中所产生的旋转角度都是90°,旋转方向有两个水平:顺时针(+90°)和逆时针(−90°)。本实验共产生32种处理组合,在每种实验条件下采用平衡随机化方法对被试进行逐一测试,即每个被试共须完成192次测试。

4.2 结果与分析

4.2.1 效应检验

对实验数据进行重复测量三个因素的方差分析,结果表明,时距因素的主效应极其显著,$F(3,54)=228.55$,$p<0.01$;刺激物运动速度的主效应显著,$F(3,54)=3.48$,$p<0.05$;

物理时距和速度的二阶交互作用也显著，$F(9,162)=2.21, p<0.05$；刺激物旋转方向因素的效应不显著，$F(1,18)=0.05, p>0.05$；时距与旋转角度的二阶交互作用[$F(3,54)=1.11, p>0.05$]、速度与旋转角度的二阶交互作用[$F(3,54)=0.46, p>0.05$]、以及速度、时距与旋转方向的三阶交互作用[$F(9,162)=1.56, p>0.05$]都不显著。

通过时距和速度之间显著的二阶交互作用的简单效应检验得知，速度因素在6 s[$F(3,162)=0.46, p>0.05$]和12 s[$F(3,162)=1.46, p>0.05$]时距条件下差异不显著；当物理时距为18 s时，速度的效应极其显著[$F(3,162)=5.41, p<0.01$]；而当物理时距为24 s时，速度的效应也极其显著$F(3,162)=14.95, p<0.01$这一结果说明，当刺激的呈现时距为6 s时，在各种运动速度条件下，被试的再现时距一致地呈现高估倾向，判断误差较小。刺激的呈现时距为12 s时，被试的时间估计值在12 s左右摆动，时间判断的绝对误差极小。对于18 s和24 s的物理时距来说，被试的时间估计都呈现出极其显著的低估态势，判断的准确性较差。

4.2.2 韦伯分数

从本实验中各种物理时距条件下被试的再现时距、差别阈限和韦伯分数列表中得出，被试对于6 s，12 s，18 s和24 s再现时距的平均常误分数分别为1.11，0.99，0.90和0.89。在0 cm/s，1 cm/s，3 cm/s和5 cm/s的刺激速度条件下，时距估计的平均常误分数分别为0.97，0.94，0.98和1.01。这说明，被试高估6 s的较短时距、低估18 s和24 s的较长时距。在6 s，12 s，18 s和24 s的各种物理时距条件下，运动刺激都具有时距延长效应，运动序列的联合效应分别代表了减少时间判断总变异的4.4%，2%，8.2%和3.5%。

从各种时距条件下的差别阈限（相对误差）来看，被试对6 s的时距产生高估，而对大于12 s的时距产生了低估现象。由此可知，在12 s附近存在一个时间估计转换点，使用二次插值公式计算出的时间估计转换点为11.14 s。实验一中得到的10.8 s转换点的平均值是11.1 s，这一结果支持了本研究的预测。

被试在12 s时距处获得最小的韦伯分数，从而获得最大的时间感受性。在6 s和24 s的物理时距条件下，被试获得最大的韦伯分数，此时具有最小的时间感受性，时间判断力最差。被试在18 s时距条件下获得的韦伯分数居中，时间感受性也居中。以物理时距为横坐标、韦伯分数为纵坐标绘出韦伯函数图（如图4所示），从图4中可以看出，韦伯函数是一个分段连续函数；韦伯函数的拐点在12 s附近，24 s附近是否存在一个拐点有待于进一步研究。

5 讨论

5.1 短时距估计的标量特性可以解释变异源的效应

本研究发现,实验中呈现的物理时距为被试的时距估计行为提供了重要的线索。刺激物的运动变化也表现出了显著的实验效应,因为变化是自然环境的一个重要特性,“变化”概念具有重要的生态学意义。时间估计既指向刺激事件的运动和速度,同时又受其影响,变异性与时间长度之间的函数关系对于标量计时模型的建构具有重要的理论意义(Brown,1995)。本研究表明,与静止的实验条件相比,运动着的刺激由于包含更多的变化,因而具有更加显著的实验效应。刺激物的运动速度显著地影响着被试的时距估计,慢速运动和快速运动条件下的时距估计呈现出显著差异。实验三中时距和速度之间显著的交互作用表明,速度对时间估计的影响实际上由刺激时距所决定。对于18 s和24 s的时距来说,较快的运动速度与较长的时距判断相关联;而对于6 s和12 s的时距来说,较快的运动速度与较短的时距判断相关联。这一结论既是对Tayama,Brown等人研究结果的整合(Quinlan,2003),也是对这一问题更为完善的解释。

刺激物在运动过程中所发生的旋转变化也给被试的时间估计行为提供了重要的线索,随着刺激物旋转角度的增加,被试的时距估计呈现出由低估向高估转变的倾向。刺激物的旋转方向对被试的时间估计行为没有显著的影响,这一结果也说明,刺激的旋转变化和刺激运动特性属于不同的时间线索,前者更多地通过影响人的内部节奏对时距估计产生影响,而后者则更多地通过人对时间的体验或对时间流逝的认知起作用(Boltz,1994)。

5.2 短时距估计的转换点反映了人类时间信息加工水平的变化

无论是对于静止刺激还是运动刺激来说,被试一致地对较短时距的判断产生了正的常性误差,对较长时距的判断产生了负的常性误差,这种误差规律在一种宽泛的实验条件下体现出被试做出时间判断的反应偏向。从时间判断的相对误差或差别阈限来看,随着时距的增加,差别阈限由正值变化到负值,在这种误差值的转化过程中,存在着一个转换点。本研究得出的时间估计转换点是11.1 s,这一结果与先前有关研究得出的结论一致(刘瑞光、黄希庭,1999)。由此可见,对于短时距区分任务来说,研究者得出的时间估计转换点基本一致。而在极短时距的区分任务中,近期研究得出的时间估计转换点是在1~2 s之间(Boltz,1994;Jones & Yee,1997)。综合本研究和以往有关研究的结果发现,不同的时距范围存在不同的时间估计转换点,相同时距范围内得出的转换点的差异可以用实验过程中的随机误差和实验误差来解释。

转换点的存在既反映了人们在时间信息加工过程中所出现的一种偶然的“心理表征”，又反映了时间信息加工从一个水平到另一个水平的变化。因为分时段加工是时间表征的基础，在时钟、记忆和比较（决策）各个加工过程中都存在不同的加工水平，既有初级加工和高级加工、生理加工和心理认知加工之分，又有知觉水平上的加工和记忆层面上的加工之别。时间信息加工受到所呈现的时序信息特性、个体激活状态、注意、期望和加工策略等各种时序因素和非时序因素的影响（Grondin et al.，1999）。本研究的时距区分任务属于时间记忆范畴，时间表征和加工是在记忆过程中实现的。来自累加器的信息被用作当前信息加工的时间表征，与来自参照记忆中的信息进行整合与转换，整合与转换加工是通过工作记忆中的一个“瓶颈”来完成的（Oberauer & Kliegl，2004；Wearden & Grindrod，2003）。转换点也正反映了人们在时间估计过程中时序信息加工水平的变化。

5.3 韦伯函数的特性影响着时间信息加工方式

从本研究描画出的韦伯函数图得知，韦伯函数是个分段连续函数，该函数在6~9 s间呈现递减趋势，在9~18 s间呈现递增趋势，18~21 s和21~24 s之间又分别呈现出递增和递减态势，9~12 s范围内的韦伯分数保持一个稳定的低值，这个时距范围内的时间感受性较高，判断较准确。本研究得出了单峰分布的韦伯函数，从而在计时机制上支持单一时钟假设。

韦伯函数的分段连续性从一方面说明了人们的时间体验或时间记忆是由知觉片段或瞬间所组成，心理时间是离散的；从另一方面又反映了物理时间的连续性本质。因为作为标量特性的韦伯函数来源于物理时距的数量转换，影响短时距估计的变异源有些是数量的，有些是非数量的，而数量化变异源对于其他变异源具有最终决定作用（Grondin，2001b）。研究结果支持了时间信息加工过程中分割与整合的观点，片面强调整合的观点或分割的观点都是欠合理的，而应当将时间信息加工方式与时距范围、加工水平、加工机制、影响因素的特性等综合起来进行考察（Fortin & Massé，2000），较合理的解释是在某一个时距范围或加工水平上，都有一种占优势的加工方式，同时时间体验又源于整合与分割两种加工方式的整合。

综合先前研究以及本研究结果可以发现，在极短时距和短时距的不同条件下，韦伯分数都有一个保持恒定的范围。韦伯分数的相对稳定性既反映了人们的时间感受性在一段标准刺激量上保持不变，又体现出一系列实验之间时间的变异性，即两个刺激量之间的最小可觉差随时间单调增加，差别阈限是时间的单调递增函数。韦伯函数拐点的存在反映了人们时间估计过程中的策略变化，人们对于极短时距、短时距和长时距的判断或估计常运用不同的策略。一些外部计数策略的使用能够提高人们对于极短时距的感受性,使得韦伯分数减小(Grondin et al.,1999)。然而,外部计数策略有助于减少时间估计变异性的假设不能削弱内部时钟所起的作用,因为一种能够激活元素特质(或脉冲)的中心计时资源决定着每次计时的时刻(Burle & Casini,2001)。

人类计时过程中存在的潜在变化表明,心理时间既是一种量的连续体,又是一种质的连续体(Oberauer & Kliegl,2004)。未来的研究应在此基础上考察激活、情绪、注意、期望等因素对人们时间记忆的影响,对于标量特性与时间信息加工过程、加工水平、加工状态的关系进行考证,深入地揭示标量特性对于时间信息加工机制的制约和决定作用,可以在更加宽泛的时距范围内考察时间记忆的标量特性及变异源等有关问题。

6 结论

本研究结果显示,刺激物的运动、变化、速度和物理时距等因素是被试短时距估计的重要变异源;被试在短时距(6~24 s)估计中的时间估计转换点是11.1 s;短时距估计过程中的韦伯函数是个分段连续函数。

合作者:刘瑞光。原文载于:《心理学报》2006年第38卷第5期。

时距估计年龄差异的认知机制

1 引言

时距认知的信息加工模型认为时距估计由三个加工阶段构成(Gibbon, Church, & Meck, 1984)。内部时钟阶段,由起搏器(pacemaker)和累加器(accumulator)构成。起搏器按照一定的频率发放脉冲,传送到累加器中。但是在这个过程中,注意调节进入累加器中冲动的数量。记忆阶段:主要由短时记忆(工作记忆)和参照记忆(reference memory)构成,累加器把有关的信息传送到短时记忆和参照记忆中,形成相应的时距表征。决策阶段:对当前的时距和参照记忆中的时距表征进行比较并做出反应。由于时距估计过程要求注意、记忆等多种认知成分的参与,同时这些认知成分也是探讨认知过程伴随年龄变化的主要成分(Raz, 2000)。因此,时距认知的年龄差异逐渐受到研究者的关注(Lustig & Meck, 2001; Wearden, 2005)。

Block 等对已有时距估计年龄差异研究的元分析表明(Block, Zakay, & Hancock, 1998, 1999),年老被试比年轻被试具有较长的口头时距估计和较短的产生时距,复制法不受年龄差异的影响,并且年老被试的估计时距还表现出较大的变异性。因此,年老被试比年轻被试具有高的内部时钟频率或较少的注意资源,可能是时距估计年龄差异的主要原因。此外,实验范式和估计方法还是影响时距估计年龄差异的重要调节变量(moderator variable)。但是在 Block 等研究中,时距估计研究中都是单时距任务。随后,Craik 和 Hay 采用双作业(dual task)的实验范式(Craik & Hay, 1999),通过操纵不同难度水平的非时距加工任务,探讨了不同估计方法下时距估计的年龄差异。结果发现,年老被试比年轻被试具有长的口头估计时距和短的产生时距,但是不同难度的非时距加工任务并没有对两个年龄组的时距估计产生显著的影响。因此,Craik 和 Hay 认为时距估计年龄差异的主要原因在于内部时钟频率的降低,而不是注意资源的减少。Vanneste, Pouthas 和 Wearden 则采用多重时距程序(multiple timing procedure)探讨注意在时距估计年龄差异中的作用,结果发现注意资源的减少是导致时距估计年龄差异的主要原因(Vanneste, Pouthas, & Wearden, 2001)。Carrasco, Bernal 和 Redolat 采用复制法结果表明,年龄差异可能是内部时钟频率的改变或其与认知过程变化交互作用的结果(Carrasco, Bernal, & Redolat, 2001)。上述研究结果的差异可能与实验中所操纵的任务的性质和难度有关,也可能与时距估计的方法有关。

时距估计方法是影响时距知觉的一个重要因素(Zakay,1993)。Baudouin等针对时距估计方法的方法进行了分析,结果表明时距估计的产生法和复制法基于不同的加工机制,产生法主要与内部时钟的速度有关,而复制法更多地依赖于工作记忆的容量(Baudouin,Vanneste,Isingrini,& Pouthas,2006)。因此,采用不同时距估计方法可以更进一步揭示时距估计年龄差异的认知机制。

综上分析,本研究采用时距估计的双作业范式,采用复制法和产生法探讨内部时钟速度、注意以及工作记忆等对时距估计的影响,进而揭示时距估计年龄差异的认知机制。

2 方法

2.1 被试

年轻组为8名视力(包括矫正视力)正常的大学生(4男4女),平均年龄为20.3±1.3岁。年老组为重庆老年大学视力(包括矫正视力)正常的学员(2男6女),平均年龄为63.6±2.2岁。被试以前从未参加过类似实验。两组都把自己评定为:健康状况较好,情绪比较愉快,比较愿意参加本次实验。

2.2 实验设计

采用2×2×2×3的混合设计,其中年龄(年轻组和年老组)和非时距作业(简单和复杂)为被试间因素,估计方法(复制法和产生法)和目标时距(5 s,13 s和26 s)为被试内因素。

2.3 仪器

奔腾Ⅲ计算机一台。

2.4 程序

2.4.1 练习阶段

分两个阶段。第一个阶段,时距估计作业。计算机屏幕呈现时距估计的指导语,主试进行必要的解释,直到被试报告“完全理解”之后进入练习阶段。第二个阶段为选择判断作业。在计算机屏幕上随机呈现2 cm×1 cm的红色或黑色的长方形,要求被试按键进行反应。

2.4.2 正式实验

在计算机屏幕显示“正式实验”1 s后，被试采用复制法或产生法来估计目标时距。

时距产生：屏幕呈现产生法的指导语，同时告诉被试在估计时距的过程中，还要对屏幕上出现的图形做出判断。

作业1（简单作业）：如果出现的是红色长方形，并且在右边，则按“J”键，其他情况下的反应均为错误反应。

作业2（复杂作业）：如果出现的是红色长方形，呈现位置在右边按“J”键，左边按“F”键，其他情况下的反应均为错误反应。其中图形呈现1500 ms，间隔1000 ms。如果被试按键，则图形立刻消失，1000 ms后呈现下一个图形。在靶图形呈现时距内如果被试没有做出判断，则计为错误反应。

被试按任意键在屏幕中央出现将要产生的目标时距（5 s，13 s和26 s），被试按“空格键”后进行选择判断作业（计算机同时开始计时），当被试主观感觉持续的时距等于目标时距后，即按压“空格键”结束选择判断作业（计算机同时结束计时）。计算机自动记录被试产生的时距、选择判断作业的反应时（精确到0.1 s）和正确率。在整个估计过程中，所要产生时距的文字始终呈现在屏幕左上角，以防止被试遗忘。

时距复制：屏幕显示复制法的指导语后，被试按任意键图形呈现在屏幕中央的上方，图形呈现一段时距后（5 s，13 s和26 s）消失，这段时距即为目标时距。同时在目标时距内，要求被试进行非时距信息的加工作业，操作过程同上。目标时距呈现完毕后，显示要求被试进行复制的指导语，被试按“空格键”后再次出现任意图形，当被试主观感觉两者的呈现时距相同时，即按压“空格键”图形消失。计算机自动记录被试复制的时距（精确到0.1 s）和选择判断作业的正确率。

两种估计方法在整个实验过程中进行平衡，在每种方法内三种时距随机出现。复制法和产生法各进行24次，三种目标时距各呈现8次。整个实验大约持续40分钟。实验过程中被试如果感到疲劳，可以随时休息。

3 结果

3.1 时距产生任务

两个年龄组在时距产生法上的结果如表1所示。

表1 两组被试在产生法上时距估计的平均值和标准差

	年轻组		年老组	
	作业1	作业2	作业1	作业2
5 s	5.55(0.69)	6.28(0.46)	8.50(1.79)	12.57(1.52)
13 s	17.63(1.10)	16.45(1.46)	25.38(2.69)	40.58(3.83)
26 s	35.93(4.87)	35.33(5.32)	27.23(7.11)	59.41(8.34)

对于5 s的目标时距,存在显著的年龄主效应[$F(1,12)=31.49, p<0.001$]和作业主效应[$F(1,12)=11.21, p<0.01$],以及显著的交互作用[$F(1,12)=5.87, p<0.05$]。简单效应分析的结果表明,年轻组在两种作业上估计时距的差异不显著[$F(1,12)=0.43, p>0.05$],年老组在两种作业上估计时距的差异显著[$F(1,12)=16.65, p<0.01$];在作业1条件下,两个年龄组估计时距的显著差异[$F(1,12)=5.08, p<0.05$];在作业2条件下,两个年龄组估计时距的显著差异[$F(1,12)=32.27, p<0.01$]。结果说明无论在作业1还是作业2条件下,年老组都比年轻组显著高估目标时距。

对于13 s的目标时距,存在显著的年龄主效应[$F(1,12)=50.37, p<0.001$]和作业主效应[$F(1,12)=9.75, p<0.01$],两者之间的交互作用显著[$F(1,12)=13.29, p<0.01$]。简单效应分析的结果表明,年轻组在两种作业上的估计时距差异不显著[$F(1,12)=0.14, p>0.05$],年老组在两种作业上的估计时距显著差异[$F(1,12)=22.91, p<0.01$];在作业1条件下,两个年龄组的估计时距存在显著差异[$F(1,12)=5.96, p<0.05$];在作业2条件下,两个年龄组的估计时距存在显著差异[$F(1,12)=57.71, p<0.001$]。结果说明在作业1和作业2条件下,年老组都比年轻组显著高估目标时距。

对于26 s的目标时距,存在显著的年龄主效应[$F(1,12)=4.21, p<0.05$]和作业主效应[$F(1,12)=17.77, p<0.01$],以及两者的交互作用[$F(1,12)=19.14, p<0.01$]。简单效应分析的结果表明,年轻组在两种作业上的估计时距差异不显著[$F(1,12)=0.01, p>0.05$],年老组在两种作业上的估计时距差异显著[$F(1,12)=36.90, p<0.01$];在作业1条件下,两个年龄组上的估计时距差异不显著[$F(1,12)=2.70, p>0.05$];在作业2下,在两个年龄组上时距估计差异显著[$F(1,12)=20.66, p<0.01$]。结果说明在作业2条件下,年老组比年轻组显著高估目标时距。

总的结果表明,在三种时距条件下,年老组比年轻组显著高估目标时距。

3.2 时距复制任务

两个年龄组在时距复制法上的结果如表2所示。

表2 两组被试在复制法上时距估计的平均值和标准差

	年轻组		年老组	
	作业1	作业2	作业1	作业2
5 s	5.10(0.52)	4.12(0.25)	4.41(0.81)	3.05(0.70)
13 s	12.70(1.23)	11.23(1.21)	10.92(1.16)	8.68(1.09)
26 s	23.35(5.30)	21.92(5.66)	19.74(5.64)	11.70(6.18)

对于5 s目标时距，存在年龄主效应[$F(1,12)=7.62$，$p<0.05$]。表明年老组比年轻组显著低估目标时距，并且在作业2条件下比在作业1条件下显著低估目标时距。

对于13 s目标时距，存在年龄主效应[$F(1,12)=13.64$，$p<0.05$]。表明年老组比年轻组显著低估目标时距，并且在作业2条件下比在作业1条件下显著低估目标时距。

对于26 s目标时距，存在显著年龄主效应[$F(1,12)=24.89$，$p<0.001$]和作业主效应[$F(1,12)=11.59$，$p<0.01$]，以及交互作用[$F(1,12)=5.87$，$p<0.05$]。进一步简单效应分析的结果表明，年轻组在两种作业上的估计时距差异不显著[$F(1,12)=0.53$，$p>0.05$]，年老组在两种作业上差异显著[$F(1,12)=16.71$，$p<0.01$]；在作业1条件下，两个年龄组的估计时距差异不显著[$F(1,12)=3.41$，$p>0.05$]；在作业2条件下，两个年龄组的估计时距存在差异显著[$F(1,12)=27.13$，$p<0.01$]，年老组比年轻组显著低估目标时距。

总的结果表明，在复制法条件下，年老组比年轻组显著低估目标时距，在作业2条件下比在作业1条件下显著低估时距。在短时距条件下(5 s和13 s)，年龄和作业不存在交互作用。但在长时距(26 s)条件下，存在年龄和作业的交互作用。

4 讨论

本研究结果表明在不同目标时距和不同的估计方法上均存在显著的年龄效应。年老被试在产生法上比年轻被试显著高估时距，并且存在非时间任务和年龄的交互作用，也就是随着任务难度的增加，年老被试会比年轻被试产生更长的时距。而在复制法上，年老被试比年轻被试显著低估时距，但是只有在长时距条件下(26 s)存在非时间任务和年龄的交互作用，随着任务难度的增加，年老被试比年轻被试复制更短的时距。

根据时距认知的信息加工模型，在产生法中，时间任务上分配的注意资源越少，达到目标时距所需要累加脉冲的时间就越长，产生的时距也就越长。如果年老被试的内部时钟速度减慢，那么在同样的条件下，年老被试要比年轻被试产生更长的时距(Block et al.，1998)。这种假设在本研究中得到支持，表现为年龄的主效应显著。如果年老被试注意资源的减少是导致年龄差异的主要原因,则注意分配作业(divided-attention task)对年老被试的影响会更大。本研究结果显示,在产生法的所有条件中,均存在年龄和任务的交互作用,也就是随着任务难度的增加,年老被试会比年轻被试产生更长的时距,表明同时存在年老被试内部时钟减慢和注意资源减少的可能。

在复制法中,目标时距和复制时距内所需要累加的相同数量的冲动,内部时钟速度的变化并不会在复制时距中有所体现。因此,如果实验任务不要求注意分配,年老被试和年轻被试的时距估计可能不会产生显著的差异(Block et al.,1998)。但是,如果在目标时距呈现的过程中同时呈现非时间任务,分配给时间编码阶段的注意资源越少,累加的脉冲数量也就越少,复制的时间也就越短。如果是这样的话,非时距信息加工任务的难度将调节预期式时距估计年龄差异的效果,表现为随着非时距信息加工任务难度的增加,年老被试可能比年轻被试积累的时距信息更少,复制出更短的时距(Craik & Hay,1999)。本研究中复制法的所有条件中都表现出了明显的年龄效应和任务效应,说明年老被试比年轻被试复制的时距更短,复杂的干扰任务比简单的干扰任务导致年老被试更短的复制时距。导致这种结果的原因,一种可能是年老被试内部时钟速度的降低,或者注意资源的减少,或者两者同时存在。如果是在后者的情况下,应当表现出任务难度和年龄的交互作用。但是,本研究结果显示,在短时距条件(5 s和13 s)下并没有任务难度和年龄交互作用的出现,因此这个结果可能更多地反映年老被试注意资源的减少(Perbal,Droit-Volet,Isingrini,& Pouthas,2002)。来自脑成像的研究也证明了年老被试前额叶功能的改变和时距估计关系,而前额叶恰恰是注意和工作记忆的功能区(Ferrandez & Pouthas,2001;Gunstad,Cohen,Paul,Luyster,& Gordon,2006)。

但是,在长时距(26 s)上表现出了两者的交互作用。这种长度效应(range effect)表明,较长时距的加工机制可能不同于短时距加工(Ulbrich,Churan,Fink,& Wittmann,2007),需要长时记忆的参与,尤其是情节记忆的参与(Perbal,Pouthas,& van der Linden,2000),而情节记忆是受年龄影响最显著的一种记忆类型(李娟、吴振云、林仲贤、韩布新,2003)。Espinosa-Fernandez等的研究结果也表明了年老被试的情节记忆损伤对长时距估计的影响(Espinosa-Fernandez,Miró,Cano-Lozano,& Buela-Casal,2003),研究中要求8~70岁的被试估计10 s,1 min和5 min的时距,结果发现对于长时距估计(5 min)的年龄效应最明显,而对于短时距(10 s)的年龄效应只有在两个极端组中才表现出差异。

本研究样本容量的限制以及没能对两个年龄组的基本认知能力(加工速度、工作记忆和情节记忆)等进行测量和控制,导致了本研究的不足。对于时距估计年龄差异认知机制的进一步区分以及采用脑成像的研究手段弥补行为研究的不足,将是今后进一步的研究方向。

总之,本研究结果表明,年老被试在产生法上对时距的高估可能与内部时钟减慢和注意资源减少有关,而在复制法上对时距的低估可能反映注意资源的减少。此外,对长时距的时间复制、情节记忆的损伤也是导致时距估计年龄差异的一个可能原因。

5 结论

本研究结果显示,不同目标时距和不同估计方法上的时距估计均存在年龄效应。在产生法中,年老被试估计的时距长于年轻被试的估计值,且存在非时间任务和年龄的交互作用,随着任务难度的增加,年老被试比年轻被试产生更长的时距。在复制法中,年老被试比年轻被试低估时距,但是只有在长时距(26 s)条件下存在非时间任务和年龄的交互作用,即随着任务难度的增加,年老被试比年轻被试复制的时距更短。

合作者:张志杰。原文载于:《心理科学》2007年第30卷第3期。

注意在短时距估计中的作用

1 引言

时间,这个概念可以区分为相继(succession)和持续(duration)两个子概念。前者指人们将两个或两个以上的事件知觉为不同且按顺序组织起来的,我们称之为时序。后者指介于两个相继事件之间的间隔时间,我们称之为时距(黄希庭,1993)。

在实验中,人们发现,当要求被试注意时间(前瞻性计时)同时又完成一项即时的非时间分心任务(双任务条件),他们的计时加工就会严重受到干扰。这种由非时间任务的需求导致的时间知觉扭曲,称为计时中的"干扰效果"。与没有任何分心任务的控制条件相比,在双任务条件下被试的时间判断经常变得更短、差异更大,或者更加不准确。这种干扰效果是一种广为报告的现象,大量的非时间分心任务,包括运动、知觉和认知领域的任务都可以引起这种效果(Brown,1997)。许多计时模型都试图从理论上解释这种干扰效果。

本文将介绍几个涉及注意功能的计时模型,重点在于时间的"信息加工模型"和"注意闸门理论",并综合近年来自行为学和神经基础的研究数据(大部分考察的是短时距),最后讨论目前研究尚存的争议以及未来研究应予以重点考察的问题。

2 基于注意的理论模型

2.1 人类计时的注意模型

Thomas 和 Weaver 描述了时间和非时间信息之间的交互关系,并提出了"计时的注意模型"(attention model of timing)。该理论认为注意资源是有限的,而且是计时器(加工与时间相关的信息)和与之平行的刺激加工器(重点在于其他类型信息的加工)共享的。模型的数学表达式[$\tau(I)=\alpha f(t,I)+(1-\alpha)g^*(I)$],指出包括信息$I$的事件的知觉时距($\tau$)是时间信息$f(t,I)$和非时间信息编码$g^*(I)$按一定权重均值的单调函数。当$\alpha$接近1时,得到编码的时间信息较多,而$\alpha$接近0时非时间信息得到编码较多(Thomas & Weaver,1975)。

Zakay的资源分配模型(resource allocation model,RAM)本质上也是在阐述这个相同的思想。这个容量有限模型同样认为进来的信息受到两个加工器的分析,一个是认知计时器$P(t)$,在工作记忆或短时记忆里累计的主观时间单元(subjective time unit,STU),

另一个是非时间信息加工器$P(i)$，它存储的信息反映了这段时间内发生有意义的变化、信息加工的数量以及短时记忆里的加工深度。一部分信息之后将被转移至长时记忆。$P(t)$和$P(i)$都需要注意资源才能工作。这个模型也认为，存储的非时间信息的大小以及存储的主观时间单元的数目都和分配给各个加工器的注意资源直接相关。因此，分配给$P(i)$和$P(t)$的注意量取决于多种因素，其中包括给被试的指导语和被试的期望。在前瞻性条件下，$P(t)$比$P(i)$有优势，而在回溯式条件下，时间估计只能从通过$P(i)$加工进入长时记忆的信息的事后提取(Zakay，1989)。Zakay的“资源分配模型”综合了存储大小模型和注意模型的基本思想，而且提出了“主观时间单元”概念，是一个很大的进步。但是它却难以解释动物的计时行为结果。

2.2 时间信息加工模型

时间信息加工模型(temporal information processing model，TIP)的最初构想来自Treisman's的内部时钟模型(internal clock model，ICM)。根据Treisman的观点，有一个起博器产生一系列有规则的冲动，起博器受到机体的唤醒水平的调节(唤醒水平越高，起博器的频率就越快)。这些冲动被一个计数器记录下，并进入一个存储器或比较器。包括言语标示在内的记忆机制将帮助个体有选择性地从存储器中提取有用的信息(Treisman，1962)。后来，Gibbon和Church提出时间信息加工模型(如图1所示)。作为目前动物计时领域里的主流模型，简单地说，包括3个相互作用的水平：时钟、记忆和决策水平(Gibbon & Church，1984)。信息加工模型虽然没有在表面上列出注意的影响，但是实际上，开关所在的加工正是注意影响时间判断的关键点。

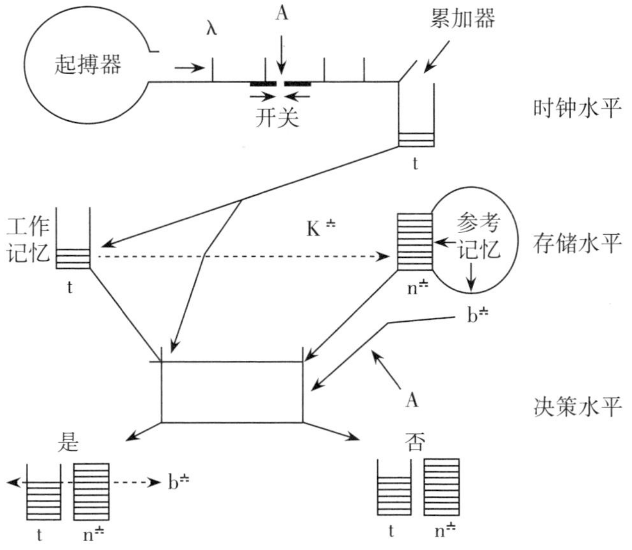

图1 时间信息加工模型注意的影响主要体现在标有“A”的地方

2.3 注意闸门理论

Zakay 和 Block 在计时的量化属性和注意等认知因素之间找到了结合点,提出了注意闸门理论(Zakay & Block,1995,1996,1997)。该理论认为对所有的物种应该有共同的理论框架。该理论综合了 Thomas 的注意模型、信息加工模型和 Treisman 的内部时钟模型。

注意闸门理论(见图 2)在信息加工模型的时钟阶段,在起博器(pacemaker)和开关(switch)之间,增加了一个闸门(gate)。闸门打开就可以允许时间信息(由起博器产生的"冲动流")通过开关进入"认知计数器"。这个闸门的打开受到分配给时间的注意的控制:注意越多,闸门打开得越广或者打开的频率越高,因此,有更多的时间冲动可以经过。

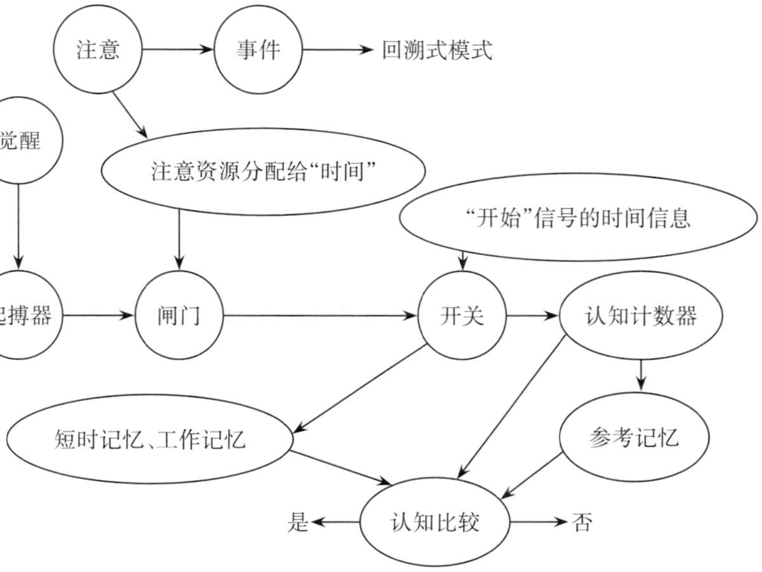

图 2 注意闸门理论(AGM)

开关被认为是在"开始"信号出现的时刻开始传送时间冲动,而这个"开始"信号是"刺激被赋予的时间含义"。当我们知觉到有一个刺激可以表明一个相对时距的开始时,这个开关就打开,计数器设定为0,信号流就可以到达计数器[在信息加工模型中,用"关"(closing)这个词表达开关的这个操作,而不是"开"(opening);反之亦然]。转移的冲动数量首先取决于冲动的产生速率,它受到觉醒水平(arousal level)的影响(包括一般意义的觉醒,即生物周期,以及特定含义的激活水平,即由于刺激引发的激活)。其次,还决定于闸门打开的时间比例或者打开的宽度:"如果时间信息与任务要求不相关,或者说时间估计是发生在回溯式情况下,那么闸门开放得就比较窄,只有较少的冲动通过该闸门。"因此,正是这个闸门把"注意"引入了TIP模型。当知觉到有一个刺激标志着一段相对时距的结束时，开关就关闭了，于是阻止了更多的冲动进入计数器，而与此同时，计数器中的数字便被转移至短时记忆中。

2.4 TIP与AGM的对比

与其他心理时间的模型相比，注意闸门理论主要有两点变化：首先，它明确指出被试可能会把注意资源在时间和非时间事件之间进行分配；其次，它详细说明了每种操作（如“开关”的闭合与“闸门”的开关）的结果，一般意义的觉醒和注意资源分配导致的激活，这二者在AGM理论中是“彼此独立对待的”，前者影响冲动的产生速率，而后者影响闸门的开放（Zakay & Block，1996）。

“注意分配给时间”（闸门）与“刺激的时间含义”（开关）之间的区别在于对注意的不同定义，前者是注意资源的分配，而后者是选择性注意的形式。从操作上讲，注意资源分配和选择性注意是相互补充，而不是相互排斥的：当计时发生时，注意资源（闸门）被分配给有意义的时间刺激（开关）。当然，在时间上，闸门和开关哪个先哪个后，还有很多争议。在功能上，闸门打开的宽窄并不等同于开关的闭合。开关模式，正如TIP框架中描述的那样，关注的是闭合的频率，而不是关闭的严密与否，由于这个区别引发了注意资源的“切换”与“分享”的争论，前者认为注意在相继（即使表面上看起来是同时）进行的信息加工器之间“切换”，而后者认为是在平行的加工任务间分散注意资源，每一种任务都得到一部分注意资源。在一个特定的任务中，这两种加工机制都有可能存在。而且很明显，同样的结果（少量的冲动到达累加器）可以通过改变开关的打开（或闭合）频率实现，也可以通过调节位于起博器和累加器之间的认知单元（闸门）的开放宽窄来实现。目前，还没有充分的数据能够证明其中任何一种模式的存在，或者两种模式同时存在的可能性（Lejeune，1998）。

3 实证研究

目前，考察注意对时距估计的影响，实证研究主要有三种研究思路：

第一种是考察注意在时间加工和非时间加工间的分配，即被试需要同时完成两项任务——时间任务（如时距估计、时距辨别）和非时间任务（如心算、视觉扫描），通过内隐或外显的方式让被试把注意指向时间任务（或非时间任务），从而考察注意对时距认知的影响。从这类研究得到的数据基本表明，如果注意资源集中在时间任务，那么主观时距更长；如果注意被导向非时间任务，那么主观时距就更短。与此相关的是，计时任务的不良表现总是和非计时任务的高成绩同时出现。

第二种是刺激时间特征的选择性注意,即被试只需对一项刺激做出反应(当然,该刺激具有时间以及颜色、空间、形状、语义等其他维度),以考察注意在刺激各维度间的分配。一般地,如果注意更多地分配给刺激的时间特征,而不是其他特征(如颜色),时距估计更准确。

第三种是注意的时间导向(与空间导向相对),即如何利用提示信息把注意导向未来的某个时刻而不是某个空间位置,及其对其他认知加工的影响。Coull及其同事在这个方面做了大量工作。一般而言,对目标出现时间的正确预期对行为反应有促进作用。

以上述三种研究为代表的行为研究结果表明,注意对时距估计的影响不容忽视,除此之外,已有研究者依据来自神经影像学和脑损伤病人的结果开始探讨注意在时距估计中发挥作用的生理机制。

3.1 注意在时间和非时间加工任务间的分配

人类的计时在注意资源需求变化方面非常敏感(Brown, 1998; Brown & Bennett, 2002)。在实验室,研究者为了阐述注意是如何在计时器和刺激加工器之间共享的,主要采用两种方式调节分配给时间和非时间信息的注意量。第一种方式是内隐的,通过改变任务(通常是非时间任务)的难度实现。要求被试对不同复杂程度或丰富程度刺激进行时距估计,并且可以推测估计的时距与该时距间呈现的非时间信息的数量和复杂性呈反向相关。第二种方式是外显的,通过指导语让被试自己操控注意分配。

如Chaston和Kingstone用经典的视觉搜索程序来操控注意。被试需要从非目标刺激中鉴别出目标刺激,或者基于单一特征(前注意特征搜索)或者基于联合特征(注意的联合搜索)。在两种搜索任务中,被试都需要对这段时间进行估计。结果发现两种条件下都出现了对时距的低估,而且在联合搜索条件下产生的时间低估量大于单一特征搜索条件,因为联合搜索条件需要更多的注意资源;随着联合搜索中非目标刺激数量的增加,产生的时间低估量更大(Chaston & Kingstone, 2004)。该实验结果很好地说明了注意在前瞻性时间估计中的作用。

3.2 刺激时间特征的选择性注意

时距不同于其他刺激纬度,如强度和频率,人类没有一个专门的接收系统来加工时间信息。因此,时间通常被视为来源于一个实体,而不是一个知觉维度。而且,Gomes, Ritter和Vaughan的报告称,刺激的时距和刺激的其他维度是独立加工的,因为只要保持时距固定,由时距估计产生的MMN不因标准刺激其他维度的改变而改变(Gomes, Ritter, & Vaughan, 1995)。

注意对刺激其他特征知觉的调节已经有很好的研究了。对刺激的视觉形式、颜色、速度或位置予以注意(Chawla, Rees, & Friston, 1999; Corbetta, Miezin, Dobmeyer, Shulman, & Petersen, 1990; Corbetta, Miezin, Shulman, & Petersen, 1993),都能增加对该特征变化检测的敏感性,并促进专门加工这些特征的相应脑区的神经活动。如果系统地调节对颜色的注意分配量可以改变关键的颜色知觉区域的活动强度,那么,系统地改变对时间的注意也应该可以改变负责时间知觉的脑区的活动。基于这个基本假设,Coull等利用外部指导语引导12名被试选择性地注意刺激时间、时间多于颜色、时间颜色同等重要、颜色多于时间、只注意颜色,共5种条件。采用事件相关的功能核磁共振技术来确定时间估计中外显的注意调节所引起的脑区的激活情况。结果表明,颜色和时间组实验的总体反应时差异不显著,说明这两项任务在总体注意负荷方面相匹配。随着颜色注意的增加,V4区域(特别是右侧V4区)的活动增强;随着对时间的注意增加,前运动补偿区(pre-SMA)的活动显著增强(Coull, Vidal, Nazarian, & Macar, 2004)。因此,如果说V4区域主要负责刺激颜色属性加工的话,那么,我们有理由认为前运动补偿区主要负责刺激时间属性的加工。

3.3 注意的时间导向

时间加工和非时间加工虽然同是注意资源的竞争对手,但是也存在二者相互促进的现象。大量研究表明,注意的空间导向,即被试预先知道目标刺激将要出现的空间位置,可以促进目标刺激的反应,通常表现为反应时缩短或正确率提高(Posner, 1980)。时间导向也是如此。

Griffine和Nobre等报告了一系列此类研究(Griffin, Miniussi, & Nobre, 2001; Nobre, 2001)。在他们的研究中,有一个符号提示被试目标刺激将要出现的时间,正如空间导向中提示刺激将要出现的位置一样,这样,被试对目标刺激出现在较长时距或较短时距有一定的预期。总体上,提示物的预测是有效的(预测目标刺激出现的时间的正确率为75%~80%),但有时候预测是不正确的(无效提示)。结果显示,无论是检测或区别目标刺激,当目标出现在正确提示的时间间隔时,被试反应时显著缩短。

无论采用的刺激类型如何,时间导向的效果都是很明显的,而且在不同时间间隔条件下(300/700, 600/1200, 600/1400)结果非常相似(Nobre, 2001)。这表明,注意的时间导向可以是很灵活的,而不必固定在一个时间间隔(Griffin & Nobre, 2005)。

注意的时间导向对行为的促进效果,可能的原因其一是促进了早期的知觉加工,其二是促进了晚期加工,如决策或运动准备。Miniussi等分析了提示物引发的ERP,发现把注意导向较长或较短的时距可以调节CNV成分(contingent negative variation),它和决策以及运动准备有关(Miniussi, Wilding, Coull, & Nobre, 1999)。Coull用与事件相关的功能核磁共振技术(efMRI)考察了注意的时间导向任务进程中的大脑活动。发现时间导向的激活主要反映在左侧半球的前额叶、颞叶前回和前运动区。这种激活模式与运动准备和运动注意的激活模式很相似(Coull, Frith, Büchel, & Nobre, 2000)。这些研究结果提示,注意的时间导向很可能和运动准备及运动注意紧密相关。

然而,最近Correa等发现把注意聚焦在时间间隔不仅可以促进运动层次上的加工,还有可能促进知觉层次上的加工。研究者考察了注意某一时间点是否会影响被试在一任务中的时间分辨率,该任务要求被试对两个视觉刺激的出现顺序做出时间顺序判断。刺激呈现时间差异(SOA)用恒定刺激法操控,从而导出最小可觉差(JND,毫秒),并以此作为知觉的时间分辨率的指标。结果表明,有效提示条件下的JND(41 ms)显著小于无效提示条件下的JND(46 ms),说明集中注意于某个时刻点可以提高视知觉的时间分辨率(Correa, Sanabria, Spence, Tudela, & Lupiáñez, 2006)。

到现在为止,注意的时间导向对其他认知加工的促进效果是由于知觉准备、运动准备还是二者皆有,这个问题尚需要更多、更细致的研究来回答。

3.4 注意对时距认知调节作用的生理基础

张志杰和黄希庭综合来自神经心理学和功能性脑成像的结果,总结出基底神经节可能控制基本的时间编码机制;小脑在时间信息加工中的作用可能与内部时钟有关;前额叶可能调节时间认知中的注意过程(张志杰,黄希庭,2003)。然而,前额叶对时距认知的影响是普遍性的,还是特异性的影响?也就是说,注意对时间认知的影响机制是否与对其他认知过程(如空间认知)的影响机制一样?

Perbal等考察了严重脑损伤病人的记忆、注意障碍以及信息加工速度缓慢对时间估计的影响。要求脑损伤病人和控制组被试(正常的成人)在控制计数和同时阅读条件下分别复制和产生一段时距(5 s, 14 s, 38 s)之后,被试还在任意速率和1 s速率两种条件下完成了手指按键任务。两组被试还用反应时任务测试了信息加工速度,用神经心理测验测试了记忆和注意能力。结果显示,脑损伤病人的时间估计并不比控制组被试的准确性差,无论是复制任务和产生任务,也无论是计数条件和同时阅读条件。但是,在两种条件下病人的时距判断比控制组被试变异更大。脑损伤病人比控制组被试表现出较慢的反应时,较差的工作记忆和情节记忆成绩。最重要的是,在时距复制任务中的变异系数与工作记忆成绩和加工速度相关,而时距产生任务中的变异系数只与加工速度相关。脑损伤病人的时间加工模式并没有反映出计时方面的缺陷,而是反映出在注意、工作记忆和加工速度机制方面的全面性问题(Perbal, Couillet, Azouvi, & Pouthas, 2003)。

该研究结果提示，注意对时距认知的影响是注意资源的一般性、普遍性的影响。

然而，Griffin等通过直接对比空间注意和时间注意对刺激加工的调节过程，却得出了相反的结论。研究者采用一个符号提示被试(75%有效)目标刺激将要出现的空间位置(左、右)或时间间隔(600 ms，1200 ms)。结果发现，注意的空间导向影响了早期视觉P1和N1成分的波幅，而时间导向造成了不同的ERP成分改变，它加强了与决策、反应有关的晚成分，如N2和P300。该结果提示，人类大脑中并不存在一个统一的注意系统，相反，注意导向带来的行为增益可以通过功能各异的脑区和调节机制完成(Griffin，Miniussi，& Nobre，2002)。

Lux等的研究结果也支持，注意对时间认知的影响具有特异性。研究者在研究中设计了两个因素：因素1——任务，时间同步性判断；因素2——手、右手或左手做反应。结果发现，对刺激空间指向的注意激活了右侧半球颞——顶皮层；对刺激出现的同步性的注意激活了左侧顶叶后下回、左侧颞叶后回、左侧额叶中部、和右侧岛盖(operculum)。该研究显示，对刺激呈现同步性的注意激活的脑区绝对性优势集中在左侧半球(Lux，Marshall，Ritzl，Zilles，& Fink，2003)。

到目前为止，人们仍然不能明确指出注意在时距认知中调节作用中的生理机制，这其中有两大难点：其一是实验方法很难恰当地把计时机制和其他辅助计时的加工(如注意)机制区分开来，不同脑区的功能很难鉴别；另一个是注意本身是一个非常复杂的心理加工，注意水平难以控制。二者将成为以后的研究要着重解决的问题。

4 问题及方向

无论是在双任务操作中时间加工和非时间加工竞争注意资源，还是在单一刺激加工中时间属性和非时间属性共享注意资源，注意对时距估计的影响已经取得了一定的共识。但是，研究还存在很多的不足和问题，它们将成为今后研究的主要方向。

4.1 理论模型的检验及完善

虽然注意闸门理论得到了一系列研究结果的支持，但是，该模型仍然存在不少问题。首先，闸门和开关的相对位置，还没有证据能够证明。其次，无论是信息加工模型还是注意闸门理论，其核心思想都是基于“内部时钟”的假设。可是人们一直没有找到这个内部时钟的生理机制。假设人脑的某个区域的确存在一个这样的振荡器，其功能相当于一个时钟，那么它将是人类时间加工的中央加工区，参与了各种类型的时间加工。

然而,正如,Mauk和Buonomano分析的,这样的振荡器在神经机制上是不大可能的,原因至少有以下两点:第一,假定人类可以区别出100 ms和105 ms的差异,那么,这个内部时钟的振荡频率至少在200 Hz。而在神经机制上,这个频率是不大可能的。第二,事实上,人类可以通过各个感官通道(视觉、听觉和触觉等)来感知时间,而没有一个专门的感受器接收时间信息,所以,时间知觉应该是一个分布式的加工系统,而不是一个集中的中央加工器。时间加工是分布式的,是一个普遍存在的神经环路的本质属性,时间加工或许取决于状态依存的网络活动的变化(Mauk & Buonomano,2004)。

因此,理论模型还有很大的探索空间,研究者需要收集更多的行为学和神经生理学的实证数据来支持或否定"内部时钟"的假设,以期完善已有模型或建立全新的时距估计的注意模型。

4.2 时间任务的选择

一方面是任务类型的选择。回溯式和前瞻式时间判断的方法学上的差异,标记着基于记忆和基于注意的时间模型的区分。在前瞻性条件下,被试的注意被导向时间维度时,主观时间和非时间项目数量呈反向相关。以上提到的信息加工模型和注意闸门理论的实证支持也大多来自前瞻性计时任务。因此,如何改善理论模型以期能更好地解释回溯式任务得到的数据,仍然是一个值得研究的问题。

另一方面是时间长短的选择。黄希庭等提出时间认知的分段综合模型,将成人个体所记忆的持续时间分为极短时距、短时距、长时距和极长时距,认为不同的时间长度涉及不同的加工机制(黄希庭,李伯约,张志杰,2003)。然而,Rammsayer和Ulrich不同意在时间信息加工中涉及两种完全不同的计时机制(加工毫秒范围内时距中的感觉机制和加工较长时距的认知控制机制)的观点(Rammsayer & Ulrich,2005)。总之,在分析、比较各实验结果时,时间任务的类型和所选时距的长短都是不容忽视的因素。

4.3 如何控制注意

研究注意对时距估计的影响,一个很大的难题就是如何控制注意水平。目前已经有两种方式控制被试对时间加工的注意分配:外部的(即通过指导语由被试主动调控)和内部的(即通过改变非时间任务的加工难度)。但是这两种方式都存在不够精确、不够细致的问题,因为注意本身是一个复杂的心理过程。

Fan等人提出,觉醒、导向和执行控制是三个相对独立的注意成分,分别和不同的脑区相关(Fan,McCandliss,Fossella,Flombaum,& Posner,2005)。Baddeley也认为,工作记忆的中央执行功能包括的3个主要加工是:注意聚焦、注意分配和注意切换(Baddeley,

1996,2001)。然而,注意对时距估计产生的影响究竟是注意的哪个方面造成的？以前的研究都没能回答这个问题,其原因是注意的各个成分难以分离。因此,以后的研究可以考虑如何分离注意的各个成分是如何单独影响时距估计的。

合作者:邹枝玲。原文载于:《心理科学》2007年第30卷第3期。

回溯式时距估计的计时机制

1 引言

日常生活中,人们对时间的感知和估计独特且无意识(Janssen,2017)。例如,写手每天忙于写作而不关注时间,事后猛然发现时间已过去很久,恍然如梦;再例如,案发现场目击证人对案件持续时间的精确回忆对案件侦查有着至关重要的作用。这种对过去时间长短的评估现象与回溯式时距估计有关。

目前,学者对回溯式时距估计的界定大都来自回溯式计时(retrospective timing)(Zakay & Block,2004),即被试在实验前不知道要进行时间长短的估计,刺激呈现或实验结束后才要求被试对刺激呈现的时距进行估计。有研究指出时距是指两个相继事件之间的间隔时间或某一事件的持续时间的长短(Fraisse,1984),且被试在任务中多关注刺激环境的非时间特性,更多地依赖于记忆重新建构的过程(Brown,2010)。实际上,早在1976年之前就有对它的研究,称为"回忆式时距(remembered duration)",与"体验式时距(experienced duration,即前瞻式时距 prospective duration)"相对。基于此,我们界定回溯式时距估计是指以记忆为主要成分,且事后才知要对两个相继事件之间的间隔时间或某一事件的持续时间的长短进行估计。

因研究范围及侧重点的不同,回溯式时距估计与回溯式时间记忆有些许不同。回溯式时间记忆侧重于对时间的回忆,包含时点、时距、时序三个方面(黄希庭、邓麟、张永红,2004;张永红、黄希庭,2005;Pathman, Doydum, & Bauer, 2013; Pathman & Ghetti, 2014),而回溯式时距估计的研究侧重于时间,只针对时距。对回溯式时距估计的研究有助于扩充整个时间估计领域(邹枝玲、黄希庭,2007)。这一内隐或自动的时间整合过程(implicit or automatic temporal synthesis)能提高人们知觉事件的能力,且对改善当前的行为策略有重要意义(Martin et al.,2014)。

回溯式时距估计可从不同的角度进行分类,依据回溯到过去的时间距离的长短,主要可将其分为两类:近时的回溯式时距估计(即立即估计时距)和远时的回溯式时距估计(即延迟估计时距);依据回溯事件的内容,可将其分为公众事件和个人事件的回溯式时距估计。因回溯式时距估计的重要成分是记忆,对时间的估计依赖于记忆的编码、存储和提取过程(Dzaack, Trösterer, Pape, & Urbas, 2007)。且由于回溯式时距估计一般采用长时距(Grondin,2010),如实验室中的研究多采用9 s或15 s的目标时距;生态学的研究则大多采用10多分钟甚至达到1小时左右(Bisson, Tobin, & Grondin, 2012; Tobin, Bisson, & Grondin, 2010)。因此,近时的回溯式时距估计是以短时或长时记忆为主要成分,远时的回溯式时距估计则以自传体记忆为主要成分。值得注意的是,记忆与时间并不是孤立存在的:以动态的观点来看,记忆随时间流逝而变化(Hintzman, 2016);以静态的观点来看,时间距离不同,记忆类型不同,事件表征方式不同,则时距估计也不同。

近来,时距估计的计时性理论模型得到发展(如标量计时模型,详见姚竹曦、张亮、张侃,2015),但大多是基于前瞻式时距估计的证据,回溯式时距估计的研究证据很少(邹枝玲、黄希庭,2007)。换句话说,回溯式时距估计计时机制并未得到系统研究。比如,回溯式时距估计是如何计时的?内在逻辑是什么?神经生物学基础又是怎样的?这都是回溯式时距估计计时机制问题的体现。针对这一问题,本文将在前人研究的基础上,系统探讨远近时间距离下回溯式时距估计的可能计时机制,从研究范式和影响因素两个方面梳理证据,并对未来研究进行展望。

2 近时的回溯式时距估计的计时机制

2.1 理论假设

注意闸门模型(attentional gate model, AGM)将时间信息(起搏器产生的脉冲)、对时间的注意(即闸门打开程度)、时间记录的开始与结束(开关的打开与闭合状态)以及脉冲累加(累加器的计数作用)等过程串联起来共同表述计时阶段。它认为在回溯式时距估计中只有少数脉冲通过闸门,且闸门开放较窄(邹枝玲,黄希庭,2007)。这表明回溯式时距估计的计时机制可能与前瞻式时距估计的计时阶段相似,即回溯式时距估计的计时可能是由闸门或开关控制累加器中脉冲的数量实现的。例如,在回溯式时距估计任务中,与低注意水平任务相比,阿尔茨海默症(Alzheimer disease, AD)患者在高注意水平任务中更低估时距,这可能是由于高注意水平任务中对时间的注意减少,累加器中的脉冲数量较少所导致的(El Haj, Omigie, & Moroni, 2014)。然而,注意闸门模型主要用于解释前瞻式时距估计而非回溯式时距估计(Block & Gruber, 2014),这可能是由于两者在对时间的注意上有区别,前者要求注意时间,后者要求注意事件。值得注意的是,还有研究认为注意闸门在回溯式判断中不允许脉冲通过(陈有国、黄希庭、尹天子、张锋,2011),这与先前的阐述有矛盾,可见仅用注意闸门理论解释回溯式时距估计的计时机制远远不够。

通常情况下,回溯式时距估计的计时并非像前瞻式时距估计的专有模型(dedicated models,指一类具有明确计时阶段的以模块化为核心的理论模型)。比如,起搏器-累加器模型(pacemaker-accumulator model)、注意闸门模型、计时的光谱模型(spectral models of timing,例如一组振荡器阶段性的交互作用等)。神经结构方面则聚焦于某一特定脑区(例如小脑、基底神经节、辅助运动区、前额叶等)的计时假说等(详见 Ivry & Schlerf, 2008)那样具有专门的计时阶段,人们更倾向基于记忆的理论解释,例如存储容量模型(storage size model)、变化/分割模型(change/segment model)、背景变化模型(context-change model)(Zakay & Block,2004),它们认为回溯式时间长短的估计取决于非时间信息加工任务的复杂度、难度,有意义的分割片段或背景变化的数量(张志杰、黄希庭,2005a),这些理论得到一些实证结果的支持(Matthews,2013)。例如,近来有研究用词表法定向遗忘范例(list-method directed for getting paradigm,具体流程是让被试学习多个词表,在每个词表学习完后要求被试记住或忘掉先前学习过的词表,最后随机对其中一个词表进行测试)和前一个词表范例[list-before-last paradigm,早期记忆范例,要求被试学习多个词表,在每个词表(除第一个词表外)学习完后要求被试提取前一个而非当前的词表内容]。确定回溯式时间估计是内部背景变化的标记,支持背景变化模型(Sahakyan & Smith,2014)。基于记忆的这些理论解释可从研究范式和影响因素中寻找证据。

2.2 来自研究范式的直接证据

近时的回溯式时距估计计时机制的直接证据主要体现在实验室的测量中,聚焦于秒或分、小时、天范围内的时距,此时短时记忆(秒)或长时记忆(分、小时、天)参与进来,时距的估计比较准确。此研究范式对任务的时间记忆有很高的要求,决定了近时回溯式时距估计的计时机制。具体来看,研究要求被试任务完成后立即估计时距,更多地依赖于短时记忆。例如,专门采用"记忆测验"任务,在两个黑色正方形中间呈现字母/数字/汉字,实验前要求被试对刺激材料进行回忆或加工深度的判断,实验结束后才要求被试估计两个黑色正方形之间的时间间隔,此时距大约持续 9 s 或 15 s(戴冰、杜金、张惠,2013;张志杰、黄希庭,2005a;张志杰,2003)。

值得注意的是,此研究范式下通常一个被试只进行一次实验(Thoenes & Oberfeld, 2017),为了提高数据收集的效率,研究者扩充实验任务,当全部任务结束后才要求被试进行时间的估计,一般涉及长时记忆。例如,有研究采用音乐片段或生活中的声音(例如,噪声、婴儿哭声、脚步声等)这种听觉刺激探究回溯式时距估计(Bisson,Tobin,& Grondin,2009);还有研究采用不同视觉认知任务进行探究。比如,进行一系列命名任务及数字递减任务(Grondin & Plourde,2007)或从生态学角度探究日常生活中玩电子游戏或读报纸任务的时距估计能力(Bisson et al.,2012)。有时为减少被试对实验目的的猜测,将它们与其他心理测试混合,并将不同时距估计任务分批次间隔一段时间测量(El Haj et al.,2017)。这种扩充实验任务的方法在一定程度上可提高数据收集的效率,但增大了时间任务的回忆负荷，且易造成任务持续时间的混淆，不利于时间记忆的提取。

尽管回溯式时距估计不能进行多次实验，不可扩充过多的实验任务，但可采用不同的估计方法。例如，除与前瞻式时距估计相同的方法（如口头估计法、产生法或复制法等）之外，还可采用线段划分法（用竖直小线段分割整个线段）或时距范围估计法（在线段中标出每个任务持续时间的最小值与最大值），它们主要针对多项任务实验（Bisson et al.，2009；Grondin & Plourde，2007），这在一定程度上可防止任务持续时间的混淆。由于时间的估计方法代表着独特的信息加工过程，甚至同一估计方法不同的按键方式对时距估计也有影响（Mioni，Stablum，McClintock，& Grondin，2014；Thoenes & Oberfeld，2017）。因此，在解释回溯式时距估计时需要注意估计方法以及按键方式的差异。

总之，以上回溯式时距估计的研究范式决定了记忆的不同类型（即短时记忆和长时记忆）参与回溯式时距估计的计时过程，充分说明近时的回溯式时距估计是聚焦于时间记忆的实验室研究。

2.3 来自影响因素的间接证据

近时回溯式时距估计的理论假设为时距估计的计时机制提供了方向，研究范式直接决定了此计时机制与记忆密不可分，物理、生理及心理三方面的影响因素则间接地证明了回溯式时距估计的计时机制是基于记忆的，具体阐述如下。

第一，物理影响因素是通过作用于记忆进而影响回溯式时距估计的准确性（Block & Gruber，2014）。比如，有研究表明熟悉刺激比陌生刺激产生更长的回溯式时距（Block，Hancock，& Zakay，2010；见张宇迪，史慧颖，2010），可能说明刺激的熟悉性有利于信息的编码和提取，从而增强记忆导致时距增长（Block et al.，2010）。再比如，刺激越复杂，记忆负荷越大，时距高估现象越明显（Block et al.，2010），这充分说明记忆在时距估计中的作用，支持存储容量模型。另外，有研究表明，频率恒定刺激比变化刺激更易高估时距（Firmino，Bueno，& Bigand，2009）；但速度的变化似乎不影响回溯式时距估计（Darlow，Dylman，Gheorghiu，& Matthews，2013），这可能是由较小的速度变化导致的（Kashiwakura，& Motoyoshi，2017；刘瑞光，2005）。即当回溯时距时，物体的背景变化使得记忆变得复杂，从而产生时距的不准确，这支持了背景变化模型（Block et al.，2010）。

第二，年龄和性别的生理因素影响回溯式时距估计，其内在原因主要聚焦于情景记忆能力。例如，有研究探讨了年老组与年轻组在不同估计方法上的回溯式时距估计能力，结果不尽相同。在口头估计时距中，年老组比年轻组表现出对目标时距的高估（张志杰，2003），在复制法中则表现出低估（张志杰、黄希庭，2005a）；而戴冰等（2013）的研究在估计方法（口头估计和复制法）上没有显著的年龄差异，且两个年龄组都表现出低估现象。这可能是由于老年人情景记忆的损伤或两个年龄组记忆编码提取的策略不同。性别上的研究较少,Block,Hancock 和 Zakay(2000)研究回溯式时距估计的性别效应,结果表明女性往往比男性高估时距,这可能与情景记忆能力的性别差异有关,即相较于男性,女性具有更好的情景记忆能力。这种聚焦于情景记忆的解释间接说明回溯式时距估计的计时机制与记忆紧密相关。

第三,心理因素的研究更多关注情绪对回溯式时距估计的影响,这可能是通过记忆机制起作用(Droit-Volet & Meck,2007;Lake,2016)。例如,有研究认为消极情绪导致回溯式时距判断的高估(Block & Gruber,2014),长时记忆或工作记忆也易受到情绪的影响(马谐、陶云、胡文钦,2009),因此可推断情绪(唤醒或效价)对回溯式时距估计的影响也许是通过记忆实现的,这一机制的解释不同于预期式时距估计,后者认为情绪的高唤醒导致内部时钟加速进而产生时距的高估现象(Droit-Volet & Berthon,2017;Yamada & Kawabe,2011)。总之,近时的回溯式时距估计的影响因素大多落脚到记忆的解释,可见记忆在回溯式时距估计中的重要作用,为基于记忆的计时机制提供了间接证据。

由此可见,近时的回溯式时距估计的计时机制大多来源于记忆的理论模型,比如存储容量模型、变化/分割模型和背景变化模型。也就是说,近时回溯式时距估计的计时机制是以记忆及其背景为基础的,可见记忆在回溯式时距估计中的重要作用。实验室的研究范式直接决定了短时记忆和长时记忆参与到近时回溯式时距估计的计时机制中,为验证这些假设的有效性提供了基础,物理、生理与心理因素基于记忆的解释为计时机制提供了间接证据,这进一步验证了回溯式时距估计计时的理论假设。然而,此研究中的事件或任务一般是经过严格的控制筛选且外部效度较低,不利于扩展回溯式时距估计的实践意义。

3 远时的回溯式时距估计的计时机制

3.1 计时假设

远时的回溯式时距估计的计时机制可能依据过去事件的时间标记(temporal landmarks)。时间标记是指可确定日期的参照事件,一般分为公众事件或闪光灯记忆、第一次经历的个人事件以及日历中的参照点三种(Birth,2017)。在进行远时回溯式时距估计时首先要获取时间标记,获取时间标记的方法一般是询问被试事件大体发生在什么时间(比如两年前),然后再进一步询问细节以确定事件的持续时间,最终进行定性或定量评价(Jack,Friedman,Reese,& Zajac,2016)。具体来说,要求被试进行自传体记忆时距估计时,人们会依据过去事件发生的具有特殊意义的时间标记,确定标志性事件后大致估计其发生的时间,并推断事件持续多久。这些也可从研究范式和影响因素中得到启发。

3.2 来自研究范式的直接证据

远时回溯式时距估计的研究范式主要聚焦于问卷和访谈的测量形式，追溯个体久远过去（数周、数月或数年前）的事件，对事件持续的时间没有特别要求，这时需要调用自传体记忆中的知识储备，时距估计相对不准确。这种测量方式充分体现了自传体记忆在时间流逝中的作用。

具体来说，这些研究一般要求被试回忆先前发生的新闻事件或自身经历过的日常生活事件的持续时间，事件来源于过去几周、几个月或几年不等，持续时间也从天到月不等（黄希庭等，2004；张永红、黄希庭，2005）。这种回溯到时间久远的时距估计（即自传体记忆时距估计）往往与自传体记忆的心理时间旅行（mental time travel）高度相关（El Haj，Moroni，Samson，Fasotti，& Allain，2013），这可能是因为两者都依赖情景记忆。来自AD患者的研究阐述了时距估计、心理时间旅行以及情景记忆三者之间的双向调节，认为时间紊乱可能诱发心理时间旅行能力的降低，从而导致AD患者情景记忆能力的下降。反之，AD患者情景记忆损伤可能导致主观时间投射或时间信息提取能力的丧失（El Haj & Kapogiannis，2016）。除此之外，远时回溯式时距估计与心理时间旅行在研究范式上有联系：相同点在于两者都关注时间长短，在远时回溯式时距估计中，公众事件的回溯式时距估计要求事件的持续时间超过一天，个人事件的回溯式时距估计则无此要求；而心理时间旅行关于过去时段的研究一般是提供时间距离（过去一个月或过去一年），然后要求被试回忆此时段内发生的事情，必须要有具体的时间、地点和情节，且规定持续时间在几分钟到几个小时之间，但不可超过一天，通常不关注事件具体持续多久（Szpunar & Schacter，2013；Weiler，Suchan，& Daum，2010）。差别在于它们关注时距的位置不同：心理时间旅行聚焦于从现在回溯到过去的某个事件之间的时距信息，类似于一种空时距（blank duration，只有起止刺激，以间隔方式呈现的时间；见毕翠华、黄希庭，2011），而远时回溯式时距估计更关注过去某个事件发生的时间长度，并不特指以现在作为起点，类似于一种实时距（full duration，刺激延续一段时间，以持续方式呈现的时间；见毕翠华、黄希庭，2011）。

总之，无论关注哪段时间，远时回溯式时距估计与心理时间旅行都有对时间长短的估计，需要调动被试的个人经历（即时间标记），完成回溯式时距估计任务。

3.3 来自影响因素的间接证据

不经意间对久远事件的时间估计往往涉及自传体记忆的心理时间。影响远时回溯式时距估计的因素与时间距离及事件发生的时间点有关（龚先昊、王大华、付艳，2013），通常受到客体和主体特征的影响。具体来说，客体特征的影响主要体现在事件的重要性、可获得性与熟悉性上(张永红、黄希庭,2005;尧国靖、张锋,2013)。因自我与自传体记忆提取有着密不可分的关系,所以主体的影响聚焦于自我的作用(Freton et al.,2014)。比如,自我卷入程度和对事件的关注度、主体自身所具有的推论知识的储备(一般知识、原型知识)等都影响时距估计的准确性。一般来说,事件本身获得性越高,丰富程度越高,主体的知识储备越多,自我卷入程度越高,时距估计就越准确。主客体特征通过作用于时间标记从而影响回溯式时距估计,这一点充分体现远时的回溯式时距估计是基于记忆的一种时距表征。

由此看来,远时的回溯式时距估计聚焦久远的自传体记忆时距估计,与心理时间旅行中不同的时间距离研究密切相关(Coughlin, Lyons, & Ghetti, 2014),启动重大事件,特别是与个人休戚相关事件的时间标记。其研究范式和影响因素证据表明远时的回溯式时距估计的计时机制主要强调时间标记的作用,即确定事件开始与结束的大致时间点,或者根据个人经验,即个体自身具有的推论知识(例如,依据平时打球的时长推断在球场上发生重大事件的时间长短),进而推断事件的持续时间。此研究范式有较高的外部效度,具有一定的实践意义。

4 总结与展望

顾名思义,回溯式时距估计指向过去的时间。本文尝试性地以回溯到过去的时间长短为依据系统阐述回溯式时距估计的计时机制,这为构建回溯式时距估计的理论提供了可供参考的框架。值得说明的是,远近时间的回溯式时距估计的计时机制既有联系又有区别。两者都关注记忆的作用,侧重点不同。比如,近时的回溯式时距估计侧重记忆的内在细节,严格实验室的研究结果有助于促进回溯式时距估计的理论构建;远时的回溯式时距估计更关注自身所经历的重要时间标记,重大事件时距估计的准确性对个人的成长与发展具有促进作用。更进一步,如果将时间距离的远近看作动态连续的过程,那么随着时间的流逝,记忆的衰减强度或许可充当回溯式时距估计的计时器(Staddon, 2005),这为计时的固有模型(intrinsic models)提供了有力的证据(Wittmann, 2013)。从这个角度出发,回溯式时距估计的计时机制将构成一个基于记忆的整体。然而,目前来讲,回溯式时距估计的计时机制还比较粗糙,这也许与有限的研究范式和影响因素的证据有关,未来可在以下三个方面开展研究。

第一,需以整合的观点深入探究回溯式时距估计的计时机制。回溯式时距估计的计时机制以不同时间距离为分割线,从研究范式和影响因素两方面寻找证据,认为远近时间的回溯式时距估计的计时本质上都是基于记忆的时间估计,并且是从“现在”时间点回溯到“过去”某个时间点的动态连续的过程。因此，未来需以整合的观点多角度地探究回溯式时距估计。比如，从加工过程来看，在回溯式时距估计背景环境中，主体注意到事件显著性（Matthews & Meck，2016），受当前情绪的影响，主动调动记忆储存的时距信息，做出时距估计的判断。从与前瞻式时距估计的对比来看，回溯式时距估计与潜意识、无意注意的关系以及时间的自动与非自动加工本质等都值得探究（Vallesi，Arbula，& Bernardis，2014）。从回溯式时间记忆的角度出发，未来需进行生态性较高的现场实验（Grondin & Plourde，2007），探究与人们生活密切相关的时间记忆，聚焦时距、时序、时点三者的关系研究将具有更大的现实意义。

第二，需拓展回溯式时距估计行为测量的研究。目前，尽管近时的回溯式时距估计能力的测量可同时采用不同的方法（例如，口头估计法、复制法或线段划分等，见 Grondin & Plourde，2007；张志杰、黄希庭，2005a），但其收集数据的效率不高，通常一个被试只能进行一次，而不能重复多次（张志杰、黄希庭，2005b）。尽管可扩充任务个数，但多个任务之间很可能会相互干扰，任务的性质也不尽相同，这样数据的变异性就会增大（Wearden，2016）。因此，未来需拓展研究范式，提高数据收集效率，增大样本量，减少数据的变异性。另外，对已有测量的认识也说明未来需增加回溯式时距估计人口统计学（如人格或职业类型、经济水平、动机水平等，见 Gable & Poole，2012）的比较研究，可探讨记忆类型（如自传体记忆或情景记忆）在回溯式时距估计中的作用，也可探讨负荷（认知负荷或身体负荷）对回溯式时距估计的影响（Block，Hancock，& Zakay，2016）。采集电生理测量指标（如皮肤电、呼吸、心率等，见 Fung，Crone，Bode，& Murawski，2017），可促进回溯式时间记忆领域的发展（黄希庭等，2004）。

第三，需开展对回溯式时距估计神经生物学基础的探讨。已有研究表明，记忆在回溯式时距估计中的作用主要聚焦于前额叶、左内侧颞叶及海马区域。例如，早期研究认为前额叶参与情景记忆的编码和提取过程（张志杰，2002）。近来，MacDonald，Fortin，Sakata 和 Meck（2014）认为海马和纹状体的交互作用支持回溯式时距估计；同年，MacDonald（2014）认为海马在编码回溯式时间记忆中有着重要作用。然而，回溯式时距估计神经机制的直接研究很少（Bisson et al.，2009），这可能有两方面的原因：其一，是由于回溯式时距估计的单试次与神经机制探究方法所需的多试次叠加相悖，研究方法的不匹配使回溯式时距估计的神经机制研究受阻；其二，回溯式时距估计因与记忆密不可分，两者激活的脑区并不能很好地得以区分，这对探究回溯式时距估计的神经机制具有很大的挑战。但有研究尝试性地用经颅磁刺激技术（transcranial magnetic stimulation，TMS）抑制右侧额下回探究自传体记忆时间估计，并未达到统计学意义（韩志勇，2012）。这也许与脑区定位不精准有关，正如先前所阐述的，回溯式时距估计与海马、内侧颞叶有很大关系,TMS探测不到,因此效果不明显。基于此,未来可尝试性地采用三种途径探究回溯式时距估计的神经机制。第一种是探究颞叶及额叶区域受损患者在回溯式时距估计的表现。例如,Noulhiane,Pouthas,Hasboun,Baulac和Samson(2007)比较颞叶受损病人与正常被试的回溯式时距估计能力,认为左内侧颞叶损伤的个体表现出回溯式时距估计的缺陷。近来,有研究探讨柯萨可夫综合征患者(Korsakoff' syndrome,前额受损且表现出顺行性遗忘)的回溯式时距估计能力,发现与正常健康组相比,柯萨可夫综合征患者表现出对时距的低估现象(El Haj et al.,2017)。未来可收集具有特定遗忘倾向的患者(比如,逆行性遗忘症患者)在回溯式时距估计任务的表现,这对了解颞叶、额叶等与记忆相关的脑区在回溯式时距估计中的作用至关重要。第二种可探究健康被试在回溯式时距估计任务中的脑区激活。这就需要在满足回溯式时距估计界定的基础上拓展研究试次或寻求用于测量单试次时距估计神经机制的方法,在此基础上还能扩展回溯式时距估计影响因素的脑机制研究。例如,依据消极情绪唤醒引发的外显时距高估现象,定位在右侧额下回(Pfeuty,Dilharreguy,Gerlier,& Allard,2015),且回溯式时距估计可能具有左半球偏侧化(Wiener,Turkeltaub,& Coslett,2010),可推测情绪影响回溯式时距估计的具体脑区也许会在左侧额下回、海马或内侧颞叶(MacDonald,2014;MacDonald et al.,2014),这还需要进一步验证。第三种可聚焦于神经元或基因水平的探讨,这对探究回溯式时距估计的深层表征起关键作用。例如,已有对动物的研究发现,海马"时间细胞"的集合可能表征着逐渐变化的时间背景信号,提供刺激间的时距信息(Eichenbaum,2013;Naya & Suzuki,2011),这也许是海马CA1区的功能(Howard et al.,2014;MacDonald,Lepage,Eden,& Eichenbaum,2011)。还有研究指出儿茶酚-O-甲基转移酶基因(the catechol-O-methyltransferase gene,COMT)多态性使前额释放大量多巴胺,记忆变异性减少,长时距估计更准确(Wiener,Çavdaroğlu,& Coslett,2013;Nicholas,2015;Wiener,Lohoff,& Coslett,2011)。未来需进一步深化或开展特定神经元或基因水平(例如,基因与基因的交互作用以及基因与环境的交互作用分析等)的研究,这将在神经生物学水平上为回溯式时距估计理论模型的构建提供可能。总之,无论采用哪种途径,回溯式时距估计神经机制的探讨将填补认知神经科学领域中回溯式时距估计的空缺,也为时距估计神经振荡模型的建构[例如,纹状体拍频模型striatal-beat frequency model(SBF),兴奋抑制振荡模型excitatory-inhibitory oscillation model(EIO),见Gu,van Rijn,& Meck,2015]提供证据。

合作者:杨莲莲、岳童、刘培朵。原文载于:《心理科学进展》2018年第216卷第8期。

回溯式时距估计的动态性及心理机制

1 引言

航空飞行员在执行太空任务时需实时评估已完成的分段任务时间,以此判断自身内感受性,从而确保任务顺利完成。由此可见,任务执行过程中准确评估时刻变化着的时距相当重要,这种将绝大部分精力用于任务监控而事先并不关注时间的情况涉及不断发展变化的回溯式时距估计。

回溯式时距估计(retrospective duration estimation)是指以记忆为主要成分,且事后才知要对两个相继事件之间的间隔时间或某一事件的持续时间的长短进行估计(杨莲莲、黄希庭、岳童、刘培朵,2018)。作为时间领域的重要组成部分,其对案件侦查或老龄化认知能力的评估有重要作用(Block & Gruber,2014)。以往研究多从静态角度关注回溯式时距估计。比如,先前研究多聚焦于物理因素的作用,认为刺激越复杂、越熟悉,时距越易高估(Block,Hancock,& Zakay,2010)。这仅聚焦于刺激材料呈现后立即进行的时距估计,又称之为近时的回溯式时距估计(杨莲莲等,2018)。与此相对,远时的回溯式时距估计是以现在为出发点回溯久远事件的时间,一般注重自传体记忆时距估计或公众回溯式时间记忆的研究,认为在时距估计过程中主客体特征对时距估计产生重要影响(Freton et al.,2014)。不可否认,不管是近时还是远时的回溯式时距估计,也不论是个人还是公众回溯式时间记忆的研究,都延续着静态化的研究视角(杨莲莲等,2018)。

然而,时间在不断流逝且时间与发展密不可分(Lustig & Droit-Volet,2017)。每一时刻的时距估计都是当前状态与过去经验整合的结果,比如短时延迟状态下时距估计需整合物理、生理和心理三因素的共同作用(Matthews & Meck,2016);长时发展则看重与年龄相关的个体时距估计的变化。如上所述,近时和远时时距估计并未关注回溯式时距估计的动态性,即回溯式时距估计随时间流逝是如何变化的,是高估、低估还是不变,这一动态过程的心理机制是怎样的,是基于已有的记忆理论模型(如存储容量模型、背景变化模型等,见 Zakay & Block,2004)还是有其他的理论解释。这些问题亟待解决。因此,本文主要探究时间流逝过程中回溯式时距估计的动态性,具体表现在两个方面:一方面是指从刺激呈现到时距估计之间的短时(如秒、分)延迟;另一方面则关注时距估计的长时发展,即不同年龄段(如婴儿、儿童、青年和老年)回溯式时距估计的发展变化。本文在前人研究的基础上,从这两个方面深入探究回溯式时距估计的动态特征,进一步阐述其心理机制,并对未来研究进行展望。

2 回溯式时距估计的短时延迟及其心理机制

2.1 回溯式时距估计的短时延迟现象

回溯式时距估计的动态性体现在秒或分的短暂延迟(刺激呈现完毕到时距估计的时间间隔)上,重点关注无延迟(立即估计条件)、延迟几秒到几分钟(延迟条件)的时距估计的动态变化,得到的结果不一致。具体来说,一类研究认为延迟会高估时距。例如,Vitulli和Shepard(1996)通过调控刺激呈现速度1 s或2 s(被试间变量,分别实现25 s和50 s目标时距),延迟时间为30~60 s(被试间变量,填充任务不同,如写出随机数字,将数字求和以及写出2倍于随机数字的数字),发现与立即估计相比,延迟导致时距高估。后来,Vitulli和Crimmins(1999)通过调控刺激数目(25个或50个,被试间变量)和刺激呈现的间隔时间(100 ms和1300 ms,被试间变量),实现28~55 s的目标时距,延迟时间固定为5 min(被试间变量,延迟过程中要求被试按顺序写出随机数字并给予反馈),也发现延迟导致时距的高估。再后来,Vitulli和Nemeth(2001)以听觉形式估计《普通心理学》某章节的录音时间,目标时距分别为1 min和2 min,延迟1~4 min(填充任务是依据章节内容进行多重选择题的作答),结果发现延迟也高估时距。近来,有研究发现三个月前的时距显著长于一周前的时距(尧国靖、张锋,2013),这说明延迟时间与估计时距呈正相关。究其原因,延迟高估可能是由于延迟条件下的填充任务过多,额外的认知要求增加,从而导致“感觉超负荷”(sensory overload),并将相关的时间间隔与额外的心理内容相混淆(Vitulli & Shepard,1996),这符合存储容量模型(storage size model,见Zakay & Block,2004;认为时间估计的长短取决于记忆中存储刺激的容量,存储数量越多或刺激越复杂,估计的时距就越长),但此解释笼统且牵强,来自另两类的研究(延迟低估或不变)证据表明同样是在延迟阶段采用多种填充任务,却无法得出延迟高估的稳定性结果。例如,Roy和Christenfeld(2007)采用手工折纸任务,目标时距为4~18 min,延迟时距为10 min,延迟过程中采用多种非时间任务(即阅读《葛底斯堡演说》、评估情绪内容的图片、阅读马丁·路德·金的《我有一个梦想》),结果表明延迟低估时距,但延迟的效应量很小,仅为0.007,此研究认为是由于延迟时间过短的缘故。再比如,有研究要求评估玩电子游戏的时间(在游戏中要求被试操纵键盘防止车辆撞到路边的小狗),真实时距为6 min36 s,延迟5 min(在延迟过程中要求被试判断随机生成的模拟数字车牌是否完整并按键反应),结果未发现延迟的主效应(Pedri & Hesketh,1993)。还有研究在Vitulli和Nemeth(2001)研究的基础上加入无意义音节作为控制条件,未发现延迟的高估或低估效应(Vitulli,2003)。此研究中的可取之处是加入控制组使实验更为严谨,但这些研究就延迟条件下的时距估计情况并未给出合理的解释。

总之,尽管上述研究选择不同的目标时距和延迟时距,两时距内的任务也不同,比如目标时距阶段多采用数字记忆、电子游戏及手工折纸等不同类型的任务,延迟时距阶段则采用数字计算或阅读文档等同一类型的任务,经细致分析发现,时距变化过程中延迟阶段任务均以陈述记忆(declarative memory,指对事实信息的记忆,具体见:黄希庭、郑涌,2015)为特点,目标时距任务则由陈述记忆类型向程序记忆(procedural memory,指如何做事情的记忆,又称为动作记忆,具体见:黄希庭、郑涌,2015)类型转变。这说明在延迟条件下时距估计的差异可能是目标时距而非延迟时距内的任务特点所决定的。由此可知,目标时距的长短及其任务特点对时距估计的动态变化有重要影响。这对探究时距估计短时延迟的心理机制有很好的启发作用。

2.2 回溯式时距估计短时延迟的心理机制

目前,回溯式时距估计的动态变化方向不一致,可能是由某些内在条件的变化导致的,可从两个角度分别进行阐述:一是基于已有理论模型,关注的是目标时距内的记忆任务在延迟过程中的变化;二是基于已有实证研究的支持,需从短时延迟条件的对比、归纳与总结中获得。具体阐述如下。

记忆改变的量化形式可能有助于揭示其心理机制。具体来说,有研究指出在时间流逝过程中,如果有机体意识到记忆内容变化,并找到记忆改变的量化形式,且能将特定行为与记忆量化的特定值联系起来,那么这一量化形式即可充当计时器(Staddon & Higa,1999)。换言之,回溯式时距估计动态变化机制可能依据时间流逝背景下的记忆改变,即延迟在回溯式时距估计的作用可能是通过变化着的记忆起作用。在延迟过程中目标时距内的任务随时间流逝不可避免地产生遗忘,依据存储容量模型,遗忘应导致时距低估。然而,近期研究采用主动遗忘范式发现遗忘会高估时距(Sahakyan & Smith,2014)。由此可见,存储容量模型并不能有效地解释延迟过程中记忆量的遗忘对时距估计的影响。因此,有研究将延迟高估的现象指向背景变化模型(context-change model,见Zakay & Block,2004;认为回溯式时距估计是以记忆编码的背景变化有效性为基础进行的认知建构)。具体来说,无论是短时延迟的自然遗忘还是主动遗忘,两组被试在编码过程中记或忘的背景发生变化,且背景变化越多,时距越高估,这支持背景变化模型。

尽管短时延迟高估时距已找到合理解释,但人们似乎并未全面清楚时距估计短时延迟的内部机制到底是怎样的,这可能是由于已有研究中并未对延迟产生的另外两种现象(低估和不变)进行系统阐述。经过对三种现象的研究对比发现,回溯式时距估计短暂延迟的动态性可归为三种主要因素的作用。其一,目标时距的差异。统观已有研究,回溯式时距估计的动态性也遵循“长时距低估,短时距高估”的原则,这或许是造成不同时距方向的一个原因(Roy & Christenfeld,2007;Vitulli & Crimmins,1999)。其二,目标时距内任务特点的差异。比如,早期有研究采用的随机数字呈现任务是基于数字知识的陈述记忆,导致时距高估(Vitulli & Crimmins,1999);Roy和Christenfeld(2007)所采用的手工折纸任务则是对如何将一长方形纸折成兔子形状的一种程序记忆,导致时距低估。更进一步,若同时考虑时长因素,那么任务类型可能涉及动作记忆或语义记忆在头脑中的不同表征。因此,目标时距内的任务特点可能是造成时距估计差异的主要原因。其三,计时策略的差异。计时策略其实是被试评估时距的策略,是借助对材料的回忆来推断时距的方法,这为连接刺激呈现与时距估计搭建了桥梁。计时策略与目标时距及其任务特点密切相关。比如,较短目标时距往往聚焦于陈述记忆,一般采用直接编码,对时距进行直接推断,由于延迟阶段同样采用陈述记忆任务,可能会对目标时距产生干扰,进而出现时距高估;较长时距涉及程序记忆类型,是基于一定的动作过程而进行的时距提取,是一种间接推理的过程,需注意和工作记忆的共同参与(Ivry & Schlerf,2008)。同时,延迟阶段采用的陈述记忆任务并不能对目标时距产生干扰,且有研究认为基于心理模拟估算的时长,一般会有低估趋势,这为较长目标时距内动作记忆的低估倾向提供证据(Arnold,Iaria,& Ekstrom,2016;Bonasia,Blommesteyn,& Moscovitch,2016)。值得注意的是,在时间流逝过程中,短时距提取过程一般涉及工作记忆,计时策略将由直接推断演变为间接推断,这可能是由时间流逝过程中短时记忆向长时记忆转变的缘故。

综上所述,本文从短时延迟的记忆变化和已有研究的对比两个方面阐述回溯式时距估计动态变化的心理机制,为时距估计动态性提供了思路。具体地,回溯式时距估计短时延迟的高估现象可由背景变化模型解释,即背景变化越多,时距越高估;通过对早期研究的对比、归纳和总结,发现回溯式时距估计动态性或许是由目标时距的长短及其任务特点或计时策略的变化导致的,这些都与时间记忆表征有关。总而言之,随着时间的流逝,目标时距内的任务特点(比如陈述记忆或程序记忆)与计时策略的变化促成时距估计的动态性。然而,回溯式时距估计短时延迟的动态性多聚焦于早期研究且时间跨度较短,并不能充分说明其动态变化情况,因此后文尝试从长时发展的角度丰富回溯式时距估计的动态性研究。

3 回溯式时距估计的长时发展及其心理机制

3.1 回溯式时距估计的长时发展

时距判断的发生是回溯式时距估计的前提和基础。有研究指出从出生起大脑就具备时距加工的系统,但在生命早期基本都采用内隐的测量方式进行时间判断(de Hevia, Lee, & Streri, 2017)。比如,婴儿的初始时间感(primitive sense of time)是从习惯化反应的角度得出婴儿内隐习得时间距离(Droit-Volet, 2013);其辨别时距的能力遵循韦伯定律(de Hevia, 2016),例如,4个月婴儿对长时距反应的比例随信号时距的增加而增加(Provasi, Rattat, & Droit-Volet, 2011),6个月婴儿能够辨别的时距比率为1:2,到了10个月时才能分辨更困难的2:3的时距(Droit-Volet, 2016)。婴儿、儿童到年轻成人的时距敏感性[sensitivity,与时距的变异性(variability)相对,即变异性越小,敏感性越高]越来越高,时距估计能力越来越好(陶云、马谐,2010;Droit-Volet & Coull, 2016)。然而,近来回溯式时距估计纵向研究极少,要了解个体的时距估计发展情况可从横向研究对比中发现纵向发展趋势,为时距估计的长时发展提供证据。例如,有研究利用不同时距估计方法探究年老组(平均年龄为62.6岁)与年轻组(平均年龄为21.3岁)的时距估计能力,发现与年轻组相比,年老组采用口头估计法高估时距,采用时间复制法低估时距(张志杰、黄希庭,2005);还有研究在两种时距估计方法上均未发现显著的年龄差异,但时距有低估倾向,且老年人比年轻人时距估计稍准确(戴冰、杜金、张惠,2013)。近来,有研究在实验研究的基础上纳入日常生活事件,采用图示时间线(pictorial time line method,在一定长度的线段上画线表示先前事件的持续时间)的方法探究老年人(60~79岁)和年轻人(19~26岁)时距估计的情况,发现与年轻组相比,老年组具有更小的时间窗口,表现出时距的低估(Hancock, 2010; Yu, Cheng, & Peng, 2016)。同年,有研究直接要求不同年龄段(20~80岁)的被试以正序(比如从10岁开始经过的n个五年期,直到最近的五年期)或倒序(比如从当前年龄开始往前经过最近的五年期到第n个五年期)的方式回忆过去某时段,并用十字在线段上做标记以表示具体时距,结果表明在最近的五年阶段中,老年组(60~80岁)比年轻组(20~39岁)产生显著的时距低估现象,且时间越近,低估现象越明显(Winkler et al., 2017)。以上研究均表明与年轻人相比,老年人的时间估计具有更大的变异性。综合看来,从婴儿到儿童、青年乃至老年的生命历程中,回溯式时距估计能力逐渐增加,到青年时达到顶峰,而后变弱,即整个时距估计的辨别力呈倒U形曲线(张志杰、黄希庭,2005;McCormack, 2015)。

3.2 回溯式时距估计长时发展的心理机制

回溯式时距估计跨年龄的长时发展体现时距估计的动态性,即从婴儿、儿童、青年到老年期时距估计能力呈倒U形曲线,此变化趋势与年龄相关的认知能力发展紧密相关,可能存在三方面的原因。具体阐述如下。

其一,不同年龄组信息加工速度的差异可能是导致回溯式时距估计变化的主要原因。例如,早期研究测量暗刺激和光刺激周期性交替时婴儿的心率及计时反应,结果表明婴儿的心率表现与前测验中高水平的注意力密切相关,这说明婴儿的时间估计与注意加工有关(Colombo & Richman,2002),随着年龄增长,儿童会内隐而非自主地注意时间(Johnson,Burrowes,& Coull,2015)。然而,时间敏感性也并不仅仅聚焦于注意方面,还存在信息加工的差异。比如,有研究测量不同年龄段(5岁、9岁和22岁左右的年轻人)被试的信息加工速度(以威克斯勒智力测验中编码和信号搜索子测验得分表示)和认知控制(如短时记忆、工作记忆和选择性注意),结果发现信息加工速度是时间敏感性最好的预测指标(Droit-Volet & Zélanti,2013;Zélanti & Droit-Volet,2011)。也就是说,从婴儿到儿童再到年轻成人的长时发展中,信息加工速度增加,时距敏感性增加,时距估计能力不断增强。然而,与年轻人相比,老年人在延迟回忆任务中表现出情景记忆的缺陷,行为水平上分析可能是执行功能受限的缘故;从生物学水平来看,这可能与大脑灰质体积和特定基因(如KIBRA单核苷酸多态性,基因位点:rs17070145)有关(Fletcher et al.,2018;Stickel et al.,2017)。除此之外,不同年龄组在时距估计方法上的差异也为基本认知加工增添证据,即采用不同估计方法,各年龄组被试依据不同的记忆类型,信息加工方式不一样,从而产生不同的时距估计(Thoenes & Oberfeld,2017)。比如,时间复制法依赖工作记忆、长时记忆和情景记忆,需实时进行记忆监控,老年人比年轻人抑制无关干扰的能力降低,则低估时距(毕翠华,2014;Yu et al.,2016);而口头估计法依靠背景记忆的重构,老年人在背景记忆建构中可能不易产生错误记忆(Carpenter & Schacter,2018,Murre,Janssen,Rouw & Meeter,2013),从而表现出口头时距估计稍高的准确性(戴冰等,2013)。由此看出,从青年到老年的长时发展中,记忆的编码和提取阶段出现困难,信息加工速度变慢,时间敏感度降低。综合看来,信息加工速度的变化为时距估计能力倒U形曲线的发展提供了可能。

其二,时距估计的编码和提取阶段所采用的计时策略可能是导致年龄差异的基本原因。例如,有研究表明,随年龄增长,儿童的时距估计能力提升,这可能是由于儿童逐渐掌握了时距判断策略(即学会使用时间标尺和计数的策略)。即儿童从不会使用时间标尺(5岁)到开始使用外部时间标尺(7岁)再到主动使用时间标尺(8岁),而且在有时间标尺的情况下,80%以上的6岁儿童都能采用数数的策略进行时距估计,从而使时距估计的准确性和稳定性大为提高(黄希庭,2014)。到了成年期,尽管年轻人和老年人都能有效地使用时间标尺,但两年龄组在时距的可回忆性(recallability)和可提取性(retriev ability)上存在差异,且与年轻人相比,老年人可能没有能力同时采纳足够的编码策略,记忆能力降低进而导致时距估计不准确(张志杰、黄希庭,2005)。由此可知,回溯式时距估计倒U形的长时发展体现在外部策略逐渐向内部策略的转变以及内部策略的回忆和提取能力方面的变化。

其三，从日常生活角度来看，回溯式时距估计的个体发展或许与时间压力、新生活经历等因素有关。例如，有研究认为随年龄的不断增加，时间压力相应增大，时间紧迫感增强，同时新生活经历（指初次经历，如初恋、第一次找工作等事件，见Hammond，2012）减少，从而低估时距。这符合存储容量模型，即大多数内部或外部经验对儿童是新颖的而非重复的，对于老年群体，日常生活事件不需占用记忆或注意资源，时距估计的准确性随着记忆数目的减少而降低（Ferreira，Paiva，Prando，Graça，& Kouyoumdjian，2016；Winkler et al.，2017）。纵观时距估计的长时发展，尽管存在时距低估和高估现象，回溯式时距估计能力依然符合倒U形的发展趋势。

4 回溯式时距估计动态性的心理机制——综合的观点

由上可知，背景变化模型尽管为延迟高估现象提供了可能的解释，但并未全面有效地解释回溯式时距估计延迟低估及其长时发展的动态特征。此外，目前并没有直接、有效的证据证实背景变化的作用，且模型本身还存在一些问题。比如，“背景变化”的界定很宽泛，从最初基于不同任务的多样变化，到后来扩展到伴随着情绪的、环境的及其他背景成分的变化（Zakay & Block，2004），似乎一切与时间无关成分的变化均可称为背景变化。而且，背景变化的具体位置（指信息加工的编码阶段、提取阶段还是两者共同的背景变化）也含糊不清（张志杰、黄希庭，2005；Zakay，2014）。因此，要统合回溯式时距估计短时延迟和长时发展背后可能的原因，就有必要从综合的视角看待回溯式时距估计的动态性。正如上述分析，背景变化模型重在记忆编码或提取阶段的变化，这点恰巧反映出时间认知分段综合模型（range-synthetic model of time cognition，见黄希庭、李伯约、张志杰，2003）中有关时距综合性的描述，该模型指出记忆（包含编码、保持和提取过程）是影响时距的一个必不可少的因素，且长时发展反映出不同群体的认知特点，为综合性提供证据（黄希庭，2014）。由此可见，短时延迟与长时发展背后的心理机制看似不同实则彼此相通，这在时间认知分段综合模型中得以体现。具体阐述如下。

一方面，从时距估计的整个过程来看，回溯式时距估计的动态性充分体现在时间流逝过程中不同时长导致的一系列认知差异上，即时距估计的短时延迟与长时发展都聚焦目标时距、目标时距内的任务特点、计时策略的差异，主要表现在秒和分的时间单位上，这体现了认知分段性。比如，短时距（秒）则一般高估时距，而长时距（分、月或年）则易产生低估。此外，在具体实验过程中，不同目标时距内的任务特点［指实验任务是趋于操作动作形式（即程序记忆）还是知觉辨别形式（即陈述记忆）］发挥重要作用，如已有研究分别采用折纸任务和数字识记任务探究时距估计能力,发现基于动作形式的任务可能比知觉形式更易低估时距(Roy & Christenfeld,2007;Vitulli & Nemeth,2001),这为时距信息的心理表征及其分段性研究提供了方向。还有,不同目标时距估计过程中所采用的计时策略也有差异(Ivry & Schlerf,2008)。比如,几秒的短时距可能主要采用直觉感知,进行直接的推论;几十秒或分范围内的长时距则可能大多采用间接的方式经过思考形成整体的推论,是一种建构式的表征。再比如,不同年龄组使用计时策略的表现不同,儿童时期多采用节拍器等外部策略,青年或老年期多采用内部策略。值得注意的是,随时间流逝,无论是短时延迟还是长时发展,计时策略可能均会从直觉感知向间接推论转变,或是从外部策略向内部策略迁移,这是导致时距估计动态变化的一个重要原因。由此可见,回溯式时距估计的动态性可能体现在不同目标时距的记忆表征中。具体地,在短时延迟过程中,时距信息可能与短时记忆或工作记忆向长时记忆或情景记忆转变的事件记忆表征密切相关,且时间距离由近及远,事件表征方式可能由具体细节化向抽象概括化转变(Liberman & Trope,2014),从而会产生较远时距估计的不准确;在回溯式时距估计的长时发展中,不同年龄群体除记忆能力的发展变化之外,事件记忆表征方式可能有所不同,比如儿童期可能以形象记忆为主(林崇德,2012),成年期则可能以语义记忆为主。归根究底,回溯式时距估计的动态性可能是目标时距内记忆表征及计时策略的变化导致的,这与时长密切相关,可见时间的认知分段性可详细解释回溯式时距估计的动态特征。

另一方面,从时距估计的影响因素来看,时距估计短时延迟的动态性可能体现在材料意义的层次性上,即从无意义音节到较低意义水平的数字再到较高意义水平的文字,意义性越大,时距高估倾向越明显(Vitulli,2003;Vitulli & Nemeth,2001);长时发展的动态性则主要表现在年龄和时间人格等个体差异方面,这些均体现出认知综合性。比如,婴儿、儿童、青年,乃至老年期的时间压力、新生活经历在变,进而表现出时距估计能力的变化(Winkler et al.,2017)。再比如,有研究探究时间洞察力与时距估计的关系,发现现在享乐与时距估计的不确定性显著相关(Grondin et al.,2018),并与现在宿命共同体验到较慢的时间流逝,表现出时距的高估;而未来导向的时间人格则可能低估时距,知觉到较快的时间流逝(Jokic,Zakay,& Wittmann,2018;Wittmann,Rudolph,Linares Gutierrez,& Winkler,2015)。可见,时间认知的综合性也可合理解释回溯式时距估计的动态性。

综上所述,时间认知的分段性和综合性彼此紧密相连,并非孤立存在。即人们在研究回溯式时距估计的动态特征时,不得不考虑目标时距的长短、目标时距内的任务特点、计时策略、材料意义性以及年龄等个体差异的影响。不同时间范围内的记忆表征方式以及计时策略在实质上反映出不同时距信息心理表征的差异性,而这些差异也都体现在不同因素(如材料意义性、年龄等)的影响中。尽管此模型并未明确指出随时间流逝回溯式时距估计动态性的具体变化,但它为我们解释时距估计的动态性提供了理论指导。

5 总结与展望

本文分别从回溯式时距估计的短时延迟和长时发展两方面探究回溯式时距估计的动态特征并分析原因,以期深入了解时距估计动态变化的心理机制。具体地,前者主要聚焦于不同延迟条件(比如延迟几秒到几分钟不等)的时距估计,得到的结果不尽相同,可能会受到目标时距的长短、目标时距内的任务特点或与目标时距相关的计时策略的影响;后者则是从回溯式时距估计个体发展的角度入手,重点阐述从婴儿、儿童、青年至老年时距估计的倒U形的变化趋势,可能受到信息加工速度、计时策略或新生活经验等方面的影响。在此基础上,时间认知分段综合模型分别从认知分段性和综合性两方面有效地整合了短时延迟和长时发展的动态特征,并认为这可能是由不同时距信息心理表征的差异造成的,进而为我们解释回溯式时距估计的动态性提供了可行思路。然而,目前来讲,回溯式时距估计短时延迟和长时发展的心理机制研究很少,这也许与回溯式时距估计较模糊的时间表征有关。未来可从以下三个方面开展研究。

首先,需以时间流逝的动态视角开展回溯式时距估计的心理表征研究,并验证认知分段的合理性。例如,在短时延迟过程中,不同的目标时距和任务特点可能共同反映出回溯式时距估计的心理表征,如已有研究采用的数字(Vitulli & Shepard,1996)和意义材料(Vitulli,2003)体现出以知觉辨别形式为主的语义表征,而游戏或折纸等(Roy & Christenfeld,2007)以操作动作形式为特点的任务可看作是表象表征中的一种,这些都聚焦于秒和分范围内的目标时距。此外,有研究证实秒范围内不同目标时距具有不同的认知加工方式,体现认知分段性(尹华站、李丹、陈盈羽、黄希庭,2016)。在短时延迟过程中,秒和分范围内时距估计的不同方向可能反映出心理表征的差异,因此,未来需设计实验探究秒和分的时间尺度是否具有不同的时间表征,以此验证认知分段综合模型中认知分段性的观点(Wittmann,2013)。

其次,需深入探讨与目标时距紧密相关的计时策略在回溯式时距估计中的作用。具体地,时距估计的短时延迟涉及直接到间接推断策略的转变,直接的推断策略对应于一个完整的单元,间接策略一般则需要多个模块推理形成一个整体;时距估计长时发展不仅涉及直接和间接策略,还存在内部和外部策略。在时间流逝过程中,不同策略之间可能会相互转换或共同参与时距估计,那么几种策略是否能同时使用又或是有主次之分？各个策略之间是如何相互转换？又是如何进行时距估计？这都需实证研究的支持。

最后,需扩展年龄、人格类型等个体差异方面的动态特征研究,以充分检验认知综合性。由上可知,时距估计的年龄差异大多不局限于回溯式时距估计的范式,未来应多采用纵向交叉范式探究回溯式时距估计跨年龄的发展趋势。另外,回溯式时距估计应聚焦日常生活事例在时距估计中的作用(Freedman, Conrad, Cornman, Schwarz, & Stafford, 2014; Winkler et al., 2017),并充分考虑人格类型(如AB型或冲动型人格等)对时距估计的潜在影响(杨莲莲等,2018; Jokic et al., 2018)。此外,不同人格类型对时间估计的把握度可能会随时间流逝而发生变化,这在一定程度上也体现出回溯式时距估计的个体差异。未来需设计实验以检验认知分段综合模型在回溯式时距估计动态研究中的适用性。

合作者:杨莲莲、刘培朵、岳童。原文载于:《心理科学进展》2019年第27卷第2期。

回溯式时距估计的年龄差异

1 引言

在回溯式时距估计实验中,被试实验前并不知道要进行时距估计的任务,而是在实验结束后要求被试进行时间判断。对回溯式时距估计的研究结果大多基于记忆的理论假设进行解释,认为估计时距内的非时间信息加工任务越复杂、难度越大、数量越多,估计的时距也就越长。例如 Ornstein 的存储容量模型(storage size model)认为时间估计的长短取决于其记忆中存储刺激的数量。Poynter 的变化/分割模型(change/segment model)认为时间估计就是记忆经验被分割为片段的过程。这些理论模型都得到许多实证结果的支持(Block & Zakay,1997;Zakay,1993)。

近年来时距估计的年龄差异受到研究者的广泛关注(Block,Zakay,& Hancock,1998,1999;Coelho et al.,2004)。这是因为,一方面,随着年龄的增加,伴随着生理结构和功能,尤其是脑结构和功能弥散性的衰退过程,表现为认知功能的减退。另一个方面,时距认知不但与大脑皮层及皮下结构的功能有关,而且注意、记忆等认知功能的改变也会显著地影响时距估计。时距估计年龄差异的研究不但能够从一个层面解释人类年老化的过程,而且还能够揭示人类时间认知的本质。

但是,以往时距估计年龄差异的研究大多基于预期式的时距估计(Carrasco,Bernal,& Redolat,2001;Craik & Hay,1999;Espinosa-Fernández,Miró,Cano,& Buela-Casal,2003;Rammsayer,2001),回溯式的时距估计研究结果较少。因此本研究基于回溯式时距估计的理论模型,实验1操纵记忆中存储的数量,实验2操纵记忆中分割的片段,来初步探讨回溯式时距估计的年龄差异。

2 实验一

2.1 方法

2.1.1 被试

年轻组为 16 名西南师范大学(现为西南大学)在校学生(8 男 8 女),平均年龄为 21.3±1.1 岁。年老组为重庆北碚老年大学学员 16 名(15 女 1 男),平均年龄 62.6±0.9 岁。被试的教育年数,年轻组平均为 12.6±0.6 年,年老组平均为 11.2±1.4 年。以前从未参加过类似实验。

2.1.2 实验设计

采用 2×2×2 的被试间设计,其中年龄(年轻组和年老组)、刺激类型(字母和数字)和估计方法(复制法和产生法)所有因素均为被试间因素。

2.1.3 材料呈现

给被试记忆的材料为 4 或 7 个数字或字母。刺激样例如下:

3 8 0 2

d r y u

2 6 7 8 4 9 5

f t s u o j h

2.1.4 程序

计算机屏幕呈现记忆任务的指导语,要求被试记住屏幕上所呈现的字母或数字,当被试完全理解后正式进入实验。计算机屏幕显示“记忆测验”1 s后,呈现一个2 cm×1 cm的黑色长方形1 s,随后呈现4或7个数字或字母,完毕后再次呈现一个2 cm×1 cm的黑色长方形1 s。两个黑色长方形之间的时间间隔为9 s。当呈现的刺激为4个时,黑色长方形和数字(字母)之间,以及数字(字母)之间的时间间隔均为1 s,字母或数字呈现的时间也为1 s。如呈现的数字(字母)为7个,黑色长方形和数字(字母)之间,以及字母之间的时间间隔均为600 ms,字母或数字呈现的时间也为600 ms。

要求被试对两个图形呈现之间的时间间隔进行口头估计或复制,并对所呈现的数字和字母进行回忆。其中一半被试先进行时距估计作业,后进行回忆作业。另一半被试的操作顺序则反之。

2.2 结果与分析

2.2.1 记忆作业

两个年龄组在不同数量和性质刺激的回忆作业上的成绩见表1。

表1　两组被试在回忆作业上的成绩

刺激数(个)	年轻组		变老组	
	数字	字母	数字	字母
4	4.00(0.00)	4.00(0.00)	3.75(0.50)	3.75(0.50)
7	7.00(0.00)	6.75(0.50)	6.50(0.58)	6.00(0.82)

统计结果表明在刺激数量为 4 个时,两个年龄组在数字或字母上的回忆成绩均不

存在显著的差异（$F=0.00$，$p>0.05$；$F=2.00$，$p>0.05$）；在刺激数量为 7 个时，两个年龄组在数字或字母上的回忆成绩均不存在显著的差异（$F=0.11$，$p>0.05$；$F=1.00$，$p>0.05$）。

2.2.2 时距估计

两个年龄组在两种估计条件下的估计时距的平均值（秒）和标准差见表2。

表2　两个年龄组在两种估计条件下的估计时距的平均值和标准差

	年轻组	年老组
口头估计法	8.25（0.62）	10.44（1.03）
复制法	9.13（0.79）	7.56（0.90）

在口头估计法条件下，方差分析的结果表明，年龄［$F(1,8)=64.47$，$p<0.001$］和记忆数量［$F(1,8)=6.37$，$p<0.05$］的主效应显著，而刺激类型［$F(1,8)=4.26$，$p>0.05$］的主效应不显著。年龄和数量的交互作用不显著［$F(1,8)=1.32$，$p>0.05$］，年龄和刺激类型的交互作用显著［$F(1,8)=11.84$，$p<0.01$］，数量和类型的交互作用不显著［$F(1,8)=0.05$，$p>0.05$］，年龄、数量和类型的交互作用不显著［$F(1,8)=2.58$，$p>0.05$］。该结果表明，在口头估计法条件下，记忆的内容越多，估计的时距也就越长，同时年老组比年轻组具有更长的估计时距。在记忆内容的性质上，年老组在不同刺激类型上的时距估计没有显著差异，而年轻组的时距估计在不同的刺激类型上存在显著差异。

在复制法条件下，方差分析的结果表明，存在显著的年龄主效应［$F(1,8)=14.53$，$p<0.01$］，记忆数量［$F(1,8)=1.88$，$p>0.05$］和刺激类型的主效应不显著［$F(1,8)=4.26$，$p>0.05$］。年龄和数量的交互作用不显著［$F(1,8)=0.58$，$p>0.05$］，年龄和刺激类型的交互作用不显著［$F(1,8)=1.88$，$p>0.05$］，数量和刺激类型的交互作用不显著［$F(1,8)=0.21$，$p>0.05$］，年龄、数量和刺激类型的交互作用不显著［$F(1,8)=0.58$，$p>0.05$］。结果表明在复制法条件下，只存在显著的年龄主效应，年老组的估计时距显著低于年轻组。

3 实验二

3.1 方法

3.1.1 被试

年轻组为 16 名西南师范大学（现为西南大学）在校学生（8 男 8 女），平均年龄为 20.8±0.9 岁。年老组为重庆北碚老年大学学员 16 名（14 女 2 男），平均年龄 63.2±1.2 岁。被试的教育年数，年轻组平均为 12.2±0.8 年，年老组平均为 10.7±1.2 年。以前从未参加过类似实验。

3.1.2 实验设计

采用 2×2×2 的被试间设计，其中年龄（年轻组和年老组）和分割段数（1 和 4），估计方法（复制法和口头估计法），所有因素均为被试间因素。

3.1.3 材料呈现

给被试记忆的材料为 3 个数字和 4 个字母，其中以数字作为高优先度事件（higher priority event，HPE），将刺激系列分割为 1 和 4 段。刺激样例如下：

8 4 7 d h m p

d 8 h 4 m 7 p

3.1.4 程序

实验程序同实验一。

3.2 结果与分析

3.2.1 记忆作业

两个年龄组在不同分割数目下的回忆成绩见表 3。

表 3 两组被试在不同分割数目下的回忆成绩

分割数(个)	年轻组	年老组
1	6.75(0.46)	6.25(0.46)
4	6.62(0.52)	5.50(0.76)

方差分析的结果表明，年龄存在显著主效应[$F(1,28)=16.67, p<0.001$]，分割水平存在显著主效应[$F(1,28)=4.83, p<0.05$]，交互作用不显著[$F(1,28)=2.46, p>0.05$]。结果表明年老组回忆的成绩显著低于年轻组，在分割数为 4 的条件下被试的回忆成绩显著低于分割数为 1 的条件。

3.2.2 时距估计

两个年龄组在不同分割数目下的估计时距的平均值（秒）和标准差见表 4。

表 4 两组被试估计时距的平均值和标准差

	年轻组		年老组	
	1	4	1	4
口头估计法	8.00(0.71)	9.87(0.48)	9.62(1.38)	10.50(0.41)
复制法	9.12(0.75)	10.00(0.41)	10.50(0.91)	11.75(1.04)

在口头估计法条件下，为了控制被试记忆容量对时距估计的影响，把被试的回忆成

绩作为协变量，进行了年龄和分割水平的协方差分析，结果表明，年龄主效应不显著[$F(1,11)=4.62, p > 0.05$]，而分割水平的主效应显著[$F(1,11)=7.54, p < 0.05$]，两者的交互作用不显著[$F(1,11)=0.51, p > 0.05$]。上述结果表明，在口头估计条件下，在记忆内容相同的情况下，分割水平影响时距估计。

同样在复制法条件下，为了控制被试记忆容量对时距估计的影响，把被试的回忆成绩作为协变量，进行了年龄和分割水平的协方差分析，结果表明，年龄主效应显著[$F(1,11)=19.71, p < 0.01$]，而分割水平的主效应显著[$F(1,11)=10.70, p < 0.05$]，两者的交互作用不显著[$F(1,11)=0.63, p > 0.05$]。上述结果表明，在复制条件下，在记忆内容相同的情况下，分割水平和年龄都会对时距估计产生影响。

4 总讨论

本研究以存储容量模型和变化/分割模型为理论基础，从记忆内容的数量和分割段数两个实验考察了时距估计的年龄差异。结果发现存在显著的年龄效应。但是对于时距估计年龄差异的认知机制，在两个实验条件下没得出一致性的结论。

4.1 储存容量效应

实验一的口头估计法的结果支持存储容量模型的假设，即对持续时间的估计取决于记忆中存储时间的数量。同样长的物理时距，记忆中存储的信息越多，对时距的估计也就越长。研究结果还表明存在显著的年龄效应，在同样长的物理时距条件下，记忆中存储同样的数量，年老被试估计的时距要高于年轻被试。在复制法条件下，没有出现存储容量模型所预测的结果，即没有表现出记忆数量的主效应。但存在显著的年龄效应，表现为年老组比年轻组显著低估目标时距。

Block 等(Block et al., 1998, 1999)认为年老被试对时间信息较慢的加工速度或更快的遗忘率，尤其在一个时距的开始部分，可能与回溯式时距估计的年龄差异有关。本研究呈现材料的数量(4 和 7)都在被试工作记忆储存和加工的范围内，因此年老被试在工作记忆加工效率上的降低也可能是导致年老组高估目标时距的原因(Perbal, Droit-Volet, Isingrini, & Pouthas, 2002)。此外，Zakay 认为不同的时距估计方法基于不同的认知加工机制(Zakay, 1993)，Perbal 等通过对遗忘症患者的研究发现复制法对时距低估的原因在于对情节记忆提取的失败(Perbal, Pouthas, & Van der Linden, 2000)。因此，复制法条件下的年龄差异可能与情节记忆信息提取的失败有关。

4.2 分割数量效应

实验二以数字作为高优先度事件(HPE)划分了两种水平的分割数(1和4),口头估计法和复制法表现出相同的反应模式,即年老组比年轻组显著高估时距,在分割水平为4的条件下比分割水平为1的条件下显著高估时距。结果支持变化/分割模型。但是在控制了记忆容量的差异后,口头估计法没有表现出年龄差异,但是复制法表现出显著的年龄差异。

Block在回溯式时距估计已有模型的基础上提出背景变化模型(context-change model)(Block & Reed,1978),该模型认为被试在编码刺激信息的同时,伴随着加工背景、环境背景、情绪背景和其他时间维度上的背景成分的变化。这些背景变化的编码可能是有意识的或自动的。在进行回溯式时距估计过程中,被试提取和估计各种类型的背景变化作为时距判断的依据。本实验表明,年老被试比年轻被试在两种估计条件下都显著高估时距,这可能与年老被试对背景变化编码的多少有关。有关记忆年老化的研究表明年老被试在加工信息时,不能有效地抑制无关信息的干扰或难以将背景信息和将要记忆的信息进行整合。这可能导致在回溯式时距估计条件下,年老被试比年轻被试编码更多的背景信息,导致对目标时距的高估。

5 小结

两个实验的结果可能都反映了两个年龄组在编码和提取背景信息上的差异,其可能的认知基础在于年老被试在进行刺激加工时无法抑制与任务无关的信息,从而导致比年轻组编码更多的背景信息或者无法提取背景信息,产生对不同实验条件下结果的差异。Block和Zakay认为回溯式时距估计的实质是一种情节记忆(Block & Zakay,1997),在回溯式条件下被试可能基于多种认知过程来对时距进行判断。因此,回溯式时距估计条件下的年龄差异既可能与年老被试情节记忆的损伤有关,也有可能来自工作记忆中的年龄差异。再者,被试在提取背景信息的策略,如可回忆性(recallability)和可提取性(retrievability)上的差异,都有可能导致时距估计的年龄差异。情节记忆对回溯式时距估计的影响也可以从神经心理学研究结果中得到支持。相关研究表明,前额叶、海马和内侧颞叶区与情节记忆信息的加工和存储有关。内侧颞叶区,尤其是海马结构损伤的患者,在短时距复制上要比目标时距高出5~15 s。回溯式时距估计依赖于对背景信息变化的编码和提取,而这些背景信息的编码和提取相关的工作记忆主要体现了前额叶的功能。此外,从记忆中提取背景信息的各种策略也与额叶的功能有关。在某种程度上,回溯式时距估计不仅依赖于工作记忆中的时间信息,还需要长时记忆中与之相联系的背景信息。随着年龄的增长,伴随着一系列脑结构和功能的改变,都有可能导致回溯式时距估计的年龄差异。

合作者:张志杰。原文载于:《心理科学》2005年第28卷第5期。

回溯式时间记忆特点的实验研究

1 引言

James在其《心理学原理》中把人类的时间经验区分为回溯的时间感和预期的时间感。他说,人们对于"充满各种有趣经验的一段时间觉得过得很快,而当我们回忆时又觉得很长。另一方面,对于没有什么经验的一段时间觉得过得很慢,而回忆时却觉得很短"(James,1980)。后来心理学家对时间记忆的研究区分出回溯范式和预期范式。回溯式时间记忆的研究是指被试经历某些事件时并不知道以后对该事件的时间要加以回忆,预期式时间记忆的研究是指被试在经历某些事件时就知道以后要对该事件的时间加以回忆。对回溯式时间记忆的研究大致可分为实验和调查两种方式。用实验法,主要是让被试阅读一篇文字资料或完成一次某些作业(没有给予记忆任务)之后(延迟时间不等),要求被试判断一个特殊的词或特殊的作业的时间,判断的时间从几秒到十几分钟不等。调查研究,就是要求被试回忆曾经历过的新闻事件或曾经历过的日常生活事件的时间。这些事件来源于过去几周、几个月、几年,甚至几十年。

就实验研究而言,李国军用汉语双字名词作材料的实验表明,回溯式时序判断的正确率并未超过随机水平,而预期式时序判断的正确率较随机水平好且差异显著(李国军,1994)。王振勇和黄希庭的实验发现,预期式的时序回忆准确率显著高于回溯式(王振勇、黄希庭,1997)。在回溯式时距记忆中,人们只是自动地、无意识地编码事件中的时间信息,并且储存在长时记忆中,当要用到这些信息时,再努力地从记忆中提取这些相关信息。而在预期范式里,人们会有意识地编码时间信息。所以Block使用"经验的时距(experienced duration)"来指预期式时距加工,而使用"回忆的时距(remembered duration)"来指回溯式的时距加工。预期式时距回忆符合注意资源模型,回溯式时距回忆符合背景改变模型(Block,1990)。Hinztman,Block和Summers的回溯范式实验发现,被试的时点记忆有相当高的准确性(Hintzman,Block,& Summers,1973)。而回溯式时间记忆的调查研究,则主要是针对公众和个人经历事件发生时间的回忆。例如,O'Connor等调查过关于社会新闻事件记忆的保持,结果表明新近事件回忆的精确度比更远事件回忆的精确度高(O'Connor et al.,2000),近因效应在所有的年龄组上都被观察到,并且在许多年里,这些事件的遗忘率是稳定的。年轻组不能够回忆起或识别他们出生以前发生的新闻事件,老年组却能回忆或识别一些更久远年代的事件。Kogure等人对社会新闻事件中涉及的名字和发生时间进行了研究(Kogure et al.,2001),结果表明18年内社会新闻事件的每个成分的遗忘曲线是各不相同的。这似乎表明,社会新闻事件的各个成分是分别储存在特殊知识的长时记忆中,发生日期储存在相对较短的长时记忆中。而对6年内的社会新闻事件的研究结果表明,名字和日期估计没有显著的遗忘差异,对大众媒体报道的频率估计是时间回忆精确度最有影响的因素。这种精确度对被试判断在媒体中有更多接触的事件上倾向更高。虽然学者们对回溯式时间记忆做过不少研究,但以往的学者并未涉及对时间的三种基本信息时点、时距和时序的回溯记忆做过研究,较少考虑自我卷入程度对时间记忆的影响。本研究的目的是试图弥补上述这些缺陷,以探明回溯式时间记忆的特点。

2 研究方法

2.1 材料和仪器

自制的15段影视材料,它们播映的时间分别为7分钟、15分钟和30分钟,各5段。这15段影视材料都用一个短语命名,其内容与被试的生活事件及当时的新闻事件无关。在最后一次影视片段播放后4天,进行回忆任务,并对同期的新闻事件时间进行回忆。

8个新闻事件。

PC机和多媒体投影仪。

被试时间回忆的问卷,以纸质和电脑两种形式呈现。

2.2 被试

大学本科三年级学生30名,其中男生23名,女生7名。

2.3 程序

按规定的时间表(自2002年11月18日至12月19日)在同一房间内播放预先录制的影视片段,每次播放的间隔时间不等,每次播放1~3个影视片段不等。在播放影视片段时只要求被试注意影片的内容。每次播放后要求被试对该次所播放的影片内容的“好恶度”“熟悉度”进行评价。

被试的回答分两种方式,一种是在电脑屏幕上呈现问题,要求被试限时完成,每个问题呈现后必须尽快作答,不然问题会跳过。另一种是完成书面问卷,不受时间限制,要求被试准确回答,以提高其努力水平,所有被试均先完成限时作业再完成不限时作业。时序回忆反应采用顺序判断作业，包含13个顺序判断题目（11个影视片段、2个新闻事件）。时距回忆反应采用言语报告时距作业，包括6个影视片段的时距估计。时点回忆反应采用确定日期作业，包括8个时点回忆项目（4个影视片段、4个新闻事件），分别回忆出某月某日。但书面作业与电脑作业的回答方式不同，书面作业以自由式回答，要求被试回答的问题相同。电脑作业以选择式回答：时序判断为二选一（限时5 s），时距判断为六选一（限时4 s），时点判断为六选一（限时7 s）。

3 结果

3.1 回溯式时点记忆的特点

分别计算在不限时条件下各时点回忆的准确估计次数、估计提前次数和估计推后次数，以及估计误差绝对值平均数。然后将新闻事件和影视片段回忆的延迟时间作为协变量，对新闻事件和影视片段的时点回忆误差做方差分析，结果显示它们之间存在显著的差异，$F(7, 123)=28.004$，$p < 0.001$，新闻事件的时点回忆误差显著大于影视片段的回忆误差。把所有新闻事件和影视片段的回忆延迟时间作为协变量，对所有时点回忆的误差做方差分析，考察它们之间的差异，结果如表1所示。

表1　在不限时条件下时点回忆误差的方差分析表

变异来源	平方和	自由度	均方	F
组间变异	2277.433	7	325.348	3.948***
组内变异	9558.785	116	82.403	
总变异	11836.218	123		

注：***$p < 0.001$，下同。

这些时点估计误差之间存在显著差异。多重比较显示，“攻打塔利班”“APEC会议”和“××篮球联赛”3个新闻事件的时点估计误差，显著高于“流星雨高峰日”这一新闻事件和3个影视片段播放的时点估计误差。

分别把影视片段播放时间和新闻事件的发生时间的估计提前次数和估计推后次数做卡方检验（$\chi^2=9.427$，$p < 0.01$），这些次数之间存在显著差异。多重比较显示，新闻事件时点估计推后的次数显著多于影视片段时点估计推后的次数，其他之间没有显著差异。

将限时条件下被试对影视片段和新闻事件的估计提前次数、估计推后次数进行卡方检验（$\chi^2=34.003, p<0.001$）。多重比较显示，被试把影视片段播放时间估计得早于真实时间的次数显著地多于新闻事件时间的估计提前次数，把影视片段播放时间估计得晚于真实时间的次数显著地少于新闻事件时间的估计推后次数。

3.2 回溯式时距记忆的特点

计算不限时条件下被试回忆各影视片段时距的平均值、标准差、准确估计次数、高估次数、低估次数，以及回忆误差绝对值（|估计值-真实值|）的平均值，并对各片段的误差绝对值做方差分析，考察它们之间的差异。分别把7分钟、15分钟和30分钟片段高估次数和低估次数进行卡方检验（$\chi^2=63.707, p<0.001$），存在显著差异。多重比较显示，7分钟的高估次数显著多于15分钟和30分钟，15分钟的高估次数显著多于30分钟，7分钟的低估次数显著少于15分钟和30分钟，15分钟的低估次数显著少于30分钟。

以影片的真实长度为自变量，检验7分钟、15分钟和30分钟片段的回忆误差之间是否有显著差异，重复测量方差分析结果如表2所示。

表2　在不限时条件下不同长度片段的时距回忆误差的方差分析表

变异来源	平方和	自由度	均方	F
组间变异	3577.851	2	1788.926	65.082***
组内变异	4013.122	146	27.487	
总变异	7590.973	148		

经检验，3种不同长度的时距的回忆误差存在显著差异。多重比较显示，30分钟片段的回忆误差显著高于7分钟和15分钟片段，7分钟和15分钟片段之间没有显著差异。

分别计算被试在6个影视片段的平均估计值、标准差、准确估计次数、高估次数和低估次数，以及回忆误差绝对值。以影视片段的真实长度作自变量，检验7分钟、15分钟和30分钟片段的估计误差之间是否有显著差异，用重复测量方差分析，结果见表3。

表3　在限时条件下不同长度片段的估计误差的方差分析表

变异来源	平方和	自由度	均方	F
组间变异	50.368	2	25.184	10.942***
组内变异	280.8	122	2.302	
总变异	331.168	124		

不同长度的影视片段的估计误差有显著的差异。对片段长度进行多重比较的结果为30分钟片段的估计误差绝对值显著大于15分钟片段和7分钟片段，15分钟片段与7

分钟片段之间没有显著差异。

分别把7分钟、15分钟和30分钟片段的准确估计次数、高估次数和低估次数做卡方检验（$\chi^2=42.117$, $p < 0.001$）。多重比较显示，7分钟片段的高估次数显著多于15分钟和30分钟片段，15分钟和30分钟片段之间没有显著差异；而7分钟片段的低估次数显著少于15分钟和30分钟片段，15分钟和30分钟片段之间没有显著差异。与不限时条件下的结果一致。

3.3 回溯式时序记忆的特点

在不限时条件下时序回忆的3个自变量（不同材料、不同位置和是否包含首尾项目）的各水平之间分别做χ^2检验，考察各水平上顺序判断准确率的差异显著性，并对各准确率做二项分布检验，考察其是否高于50%的随机猜测水平，见表4。其中不同系列位置和是否包含首尾项目这两个自变量只是对实验播放的影视片段而言。

表4　在不限时条件下时序回忆准确率的二项分布检验和χ^2检验

	材料		位置			是否包含首尾	
	影视片段	新闻事件	同次	相邻	相隔2次	包含	不包含
样本量	302	55	112	109	81	58	244
正确率	65%***	47%	59%	61%	79%***	83%***	61%**
χ^2	6.400*		9.425**			9.732**	

注：**$p < 0.01$，*$p < 0.05$，下同。

对各时序回忆准确率的二项分布检验显示，除了对新闻事件的顺序判断和同次播放的影视片段的顺序判断的正确率没有显著高于猜测水平外，其他都显著高于50%的随机猜测水平。对各水平上的顺序判断准确率的卡方检验表明，影视片段顺序判断的准确率显著高于新闻事件时序回忆的准确率；包含首尾项目的时序回忆准确率显著高于不包含首尾项目的准确率，片段的不同系列位置关系之间的顺序判断准确率存在显著差异。位置变量有“同次”“相邻”和“相隔2次”三个水平，对其进行多重比较，结果为“相隔2次”的顺序判断准确率显著高于“同次”和“相邻”关系的判断准确率。“同次”和“相邻”之间没有显著差异。

在限时条件下时序回忆的3个自变量（不同材料、不同位置和是否包含首尾项目）各个水平之间分别做χ^2检验，考察各水平上顺序判断准确率的差异显著性，并对各准确率做二项分布检验，考察其是否高于50%的随机猜测水平，见表5。其中不同系列位置和是否包含首尾项目这两个自变量只是对实验播放的影视片段而言。

表5 限时条件下时序回忆准确率的二项分布检验和χ^2检验

	材料		位置			是否包含首尾	
	影视片段	新闻事件	同次	相邻	相隔2次	包含	不包含
样本量	281	45	103	103	75	73	208
正确率	59%***	51%	54%	70%***	51%	63%*	58%*
χ^2	1.01		8.132*			0.633	

从表5可以看出，在限时条件下，新闻事件的时序判断准确率未超过猜测水平，影视片段的时序判断准确率显著高于随机猜测水平，对其进行χ^2检验，结果为影视片段的时序回忆准确率和新闻事件之间没有显著差异。同次播放片段和相隔2次播放的片段之间的顺序判断准确率没有超过猜测水平，相邻播放的片段之间的顺序判断准确率显著高于50%的随机猜测水平，对其进行χ^2检验，三种位置关系的回忆准确率之间存在显著差异，多重比较结果为相邻位置关系的回忆准确率显著高于同次关系和相隔2次关系，其他之间没有显著差异。包含首尾项目和不包含首尾项目的时序回忆的准确率都超过了随机猜测水平，但它们的准确率之间没有显著差异。

4 讨论

4.1 对回溯式时点记忆特点的分析

Huttenlocher等人做过不同的时点回忆作业之间的比较（Huttenlocher, Hedges, & Bradburn, 1990），要求以确切日期回答的问题只有23%的回答率，而要求回答事件过去多久时间的问题有74%的回答率。他进一步研究人们回答时间问题时自发的回答方式，呈现一个事件让被试回忆时间，不做任何提示，考察被试会自发地采用哪种报告方式。实验结果为参加实验的629人中有104人报告说完全遗忘。在能够回答的人中，72%的人以这件事发生距现在多长时间回答，10%的人只能回忆该事件发生在星期几，4%的人以确切日期作答。由此可见，报告确切日期较之报告逝去的时间是更难的任务，在本实验中，报告确切日期的回答率为“月”报告159次，“日”报告124次，报告率分别为66.25%和51.67%，这远远高于Huttenlocher等人的结果，可见被试在不限时的条件下努力进行了加工，这些加工足以和直觉状态区分。

本研究也试图从时间信息的三个方面来说明回溯式时间记忆的特点和机制。从时点回忆误差的量上而言，在不限时条件下，因考虑到这些时点回忆的延迟时间不同，把它们的延迟时间作为协变量来对各时点的回忆误差做方差分析，结果为3个新闻事件发生时间的回忆误差显著大于其他的一个新闻事件和四个片段播放的时间回忆误差。这个回忆相对准确的新闻事件是“流星雨高峰日发生在什么时候”，不少被试报告说他们准备去看这次流星雨，被试似乎已将该事件纳入自己的生活，和观看影视片段的效果一样。这种证据表明，被试的自我卷入程度是时点回忆的一个重要影响因素，被试卷入程度高的事件，时点判断会更准确。

从本质上来说，在不限时条件下，影视片段倾向于回忆得早于真实发生时间，新闻事件的发生时间回忆早和回忆晚没有显著差别；在限时条件下，影视片段仍然倾向于回忆得早于真实发生时间，而新闻事件倾向于回忆得晚于真实时间。影视片段和新闻事件除了被试的自我卷入程度不同外，还具有一些其他不同的特征。影视片段的内容与时事无关，主要是一些知识性的内容，它们的播放与特定的时间没有任何联系，可以在任何时候播放；而新闻事件不同，某些新闻事件的发生时间就是其本质属性。如“美国攻打阿富汗”这个事件发生在“911”之后，与突出事件发生时间有密切联系。所以，对于时间是事件本质属性的事件而言，被试为了强调该时间特征而不自觉地将该事件后移。如果有充足的思考时间，被试就会更少地凭直觉，所以会减少这种后移错误。因此在回溯式时点回忆中，材料的本质属性是否包含时间信息会极大地影响人们对时点的回忆。

4.2 对回溯式时距记忆特点的分析

本实验中限时和不限时两种条件下的时距回忆都表现出了相同的趋势，事件的真实时距对时距回忆有显著影响。被试对7分钟和15分钟时距的估计准确性显著高于30分钟的时距估计，而7分钟和15分钟没有显著差异。被试对短时距倾向于高估，对长时距倾向于低估。在不限时条件下，两段真实时距同是30分钟的片段之间还存在显著差异，在限时条件下则无。在不限时条件下的两段时距分别是20天前和7天前的，而在限时条件下分别是18天前和11天前。这个回忆的延迟时间也是影响时距估计的一个因素，而且与真实时距之间存在交互作用。

4.3 对回溯式时序记忆特点的分析

时序研究的结果相当不一致。在引言中提到，材料的差异可能会导致时序回忆结果的不一致，可能越接近生活、越有意义的材料就越容易在回溯式时序记忆中更准确，而对无意义材料来说，材料越简单，时序回忆的准确率越高。本实验使用新闻事件和影视片段作为时序判断的材料，其中影视片段的回忆准确率达到65%，极显著地高于猜测水平，而新闻事件的准确率为47%，与猜测水平一致。这与被试的自我卷入程度有关。

在限时条件下，被试时序回忆的准确率仍然显著高于猜测水平，并且和不限时条件下的准确率没有显著差异。被试利用直觉信息仍然能做出较为准确的时序判断。

对影视片段的播放系列来说，系列位置关系在限时和不限时条件下的结果不一致，在不限时条件下，相隔2次播放的片段之间时序回忆准确率显著高于相邻播放的片段之间和同次播放的片段之间的时序回忆准确率。而在限时条件下，相邻播放的片段之间的时序判断准确率显著高于同次播放的片段之间的时序判断和相隔两次播放的片段之间的时序回忆准确率。在本研究中，每次播放1，2，3个影视片段，这样的安排容易让被试形成较为清晰的群集，而有可能形成时间组块。根据层次网络模型，可以假定一个时间组块内的项目时序判断应该难于组块间的判断，相邻组块间的项目判断应难于相隔更远的组块间的项目的时序判断。在不限时条件下的时序判断基本符合该假设，“相隔两次”的时序回忆准确率显著高于“同次”和“相邻”关系的准确率，“同次”和“相邻”之间没有显著差异。在限时条件下的结果与该假设不一致，相邻位置关系的准确率显著高于同次关系和相隔2次关系，其他之间没有显著差异。对其做出正确判断的反应时进一步分析，各位置关系之间的反应时没有显著差异，该结果也不符合层次网络模型的假设。所以本研究倾向于认为在有充足的思考时间的情况下，人们倾向于把时序信息组织成为经济、准确的层次网络模型。而在没有充足思考时间和线索不足的情况下，时序信息的组织类似于混沌的线性结构。

根据上面的研究结果和讨论，我们可以得出以下结论：(1)在时序上，影视片段时序的准确性高于新闻事件；在时距上，7分钟和15分钟的准确性高于30分钟，7分钟时距倾向于高估，30分钟时距倾向于低估；在时点上，影视片段的准确性高于新闻事件。(2)时点的回溯式记忆受到被试自我卷入程度的影响。(3)回溯式时距估计受到真实时距长短和延迟时间长短的交互影响。(4)事件序列关系一般倾向于具有网络层次的特征，在无充足思考时间的条件下，倾向于具有线性模型的特征。

合作者：邓麟、张永红。原文载于：《心理与行为研究》2004年第2卷第4期。

公众时间回溯式记忆的特点

1 引言

人们在日常生活中经常接触到的事件有两类,即公众事件和私人事件。对公众事件的记忆是指人们对社会生活事件的记忆,公众时间是指个体在进行社会公众生活时所接触到的时间信息,是个体通过视听媒介所了解到的时间信息。公众事件又可分为新闻事件(即个体生活年代里曾被媒体大力宣传过,其发生时间对被试有深刻的印象)和历史事件(在个体出生之前发生的事件,但被试知道它们的时间)。公众时间回溯式记忆是指被试在经历公众事件时不知道以后将要进行与该公众事件有关的任务情况下的时间回忆。研究公众事件的回溯式记忆有重要的价值,人们在实际生活中经历的都是回溯式的时间记忆,这种记忆对人们的行为和社会交往有重大的影响。另外,公众新闻事件组成了我们日常生活的一个必不可少的部分,影响公众生活的质量。

从20世纪70年代开始,国外就对公众新闻事件的时间记忆进行研究,并取得了一系列的研究成果。公众事件最有可能被记住是因为有广大的媒体报道并且能引起广泛的公众兴趣(Booth,1970)。这样一些事件很少在孤立的情况下发生。相反,它们趋向于渗透在一个有原因和结果的复杂网络中,而这些原因和结果常表明它本身是值得宣扬的事件(Brown,1990)。与公众事件相关的研究主要来自两个相当不同的领域(Burt & Kemp,1991),这两个领域都提出了人们可能估计公众事件时距方式的假设。最先关于时距估计的大部分研究来自时间知觉的实验室研究,之后又研究了人们怎样来确定公众和个人经历事件发生的时间。关于这些领域的一些回顾,Fraisse,Bradburn,Rips和Shevell分别在他们的论文中有所论及(Fraisse,1984;Bradburn,Rips,& Shevell,1987)。近来,O'Connor等检验了对社会新闻事件的保持(O'Connor et al.,2000),研究发现新近事件回忆的精确度比更远事件回忆的精确度更高,近因效应在所有的年龄组上都被观察到,并且,在许多年里对这些事件的遗忘率是稳定的。更年轻组不能够回忆起或识别他们出生以前发生的新闻事件,老年组却能回忆或识别一些更久远年代的事件。Squire和O'Connor等的研究均表明(O'Connor et al.,2000;Squire,1989),即使是我们不常记起和复述的社会新闻事件在长时记忆中的遗忘也可能是渐近和持续的。Kogure等对社会新闻事件涉及的名字和发生时间进行了研究,结果表明18年内社会新闻事件的每个成分的遗忘曲线彼此不一样(Kogure,Hatta,Kawakami,Kawaguchi,& Makino,2001)。这表明社会新闻事件的每个成分分别储存在特别知识的长时记忆中，发生日期储存在相对较短的长时记忆中。而对6年内的社会新闻事件的研究结果表明，对正确名字和日期估计的遗忘没有显著差异，大众媒体报道的频率对估计的精确度影响最大，被试接触较多的媒体事件的判断精确度高。

同时，被试的公众时间记忆与自我有着密切的联系，自传体记忆研究的一种理论认为自我和记忆之间存在交互关系，自传体记忆是工作自我的数据库。自我卷入程度是影响被试时间记忆准确率非常重要的一个因素，卷入程度越高，对时间的回忆就越有利。最近的一项研究表明，对于一个相等的时距情景，被试感觉到近还是远，依赖于这个情景对目前的自我是有利的还是有害的（Ross & Wilson，2003）。

从以上的研究可以发现，在对公众时间的研究上存在一定的问题，以往对于时间的三种信息（时距、时点和时序）基本上都是选取一种来进行研究，得到的结果也仅仅反映时间的一个方面。时点、时序和时距是同一时间不可分割的三个属性，是人类时间记忆不可分割的三个方面，如果割裂开来进行研究必然会忽略时间经历过程的完整性，全面地考察它们才能完整地描述过去的时间。

在本研究中，我们用时序、时距和时点三个术语来描述过去时间，采用回溯范式对1995年至2001年发生的14个新闻事件的记忆进行研究。

2 方法

2.1 被试

大学生109人，其中男49人，女60人，文科52人，理科57人。出生于1980年及1980年以前的28人，1981年的39人，1982年及1982以后的31人，没有填年龄的被试11人。平均实验意愿为1.1835（1为非常愿意，2为愿意，3为不愿意）。

2.2 材料

14个可辨别的公众事件。挑选的事件服从以下的规则，所有事件发生在1995年到2001年之间，每一个事件都有一个清晰的开始和结束，持续时间在一天以上，问卷的主要部分包括对每个事件的一句话的描述，紧接着是让被试回忆事件的具体日期（开始时间），并且估计这些事件发生了多长，事件的真实时距由与事件相联系的媒体报道来决定，事件开始和结束中的日子被计算为完整日期，真实时距从2天到184天。问卷一中要求被试努力去回忆新闻事件的时点、时距，并对同一年的事件和相邻年份的事件做时序上的比较（没有时间限制），同时要求被试在以下两个问题上做出回答：你是不是很关注这件事情?(A为很关注,B为关注,C为不能确定,D为不关注,E为完全不关注)你进行时间估计的根据是什么?问卷二只要求被试对事件的发生时间和时距进行再认,然后对所有事件进行排序和对事件进行时序上的两两比较。

2.3 程序

给每个被试发放一份问卷,先要求被试填写专业、性别和出生年月,然后开始对问卷提出的问题作答。

3 结果

3.1 自由回忆条件下的特点

3.1.1 时点回忆特点

在时点回忆中,回忆的正确率是指被试能正确填出年、月的比率。被试能正确回答出年、月的比率普遍较低。以1999年为界,分别对年正确率、月正确率和时点正确率进行χ^2检验发现,1999年以前发生的事件与1999年以后发生的事件在年正确率(χ^2=9.843,$p < 0.01$)、月正确率(χ^2=5.00,$p < 0.05$)和时点正确率(χ^2=10.3,$p < 0.001$)上均有显著差异。被试在对1999年以后的事件进行回忆时,无论是在年、月,还是在年、月一致上均显著好于对1999年以前发生的事件的回忆。其中1999年以前的事件和1999年以后的事件的时点回忆正确率差异最为显著,但由于正确率都较低,而在年正确率上的差异较有代表性,这个差异直观显示如图1所示。被试从第7个事件(全国"三讲"教育工作会议)开始对年的回忆正确率急剧上升。

图1　14个事件的发生顺序

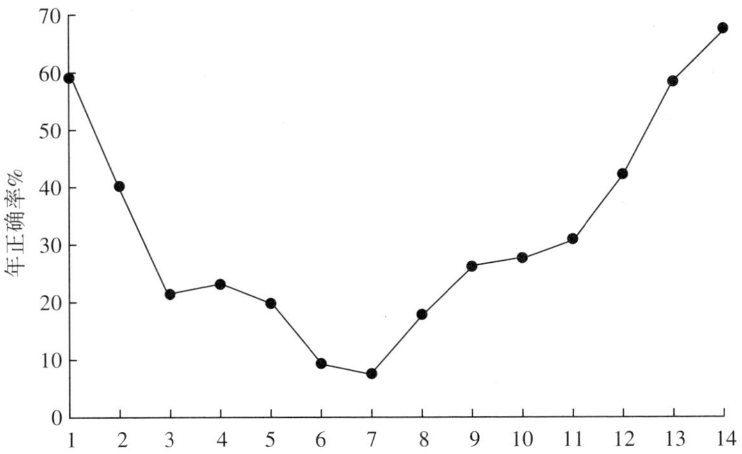

图2　事件顺序

如果被试将事件发生的时点估计在实际发生的时点之前,我们称之为估计提前,反之则称为估计延后。随着时间的推移,被试对事件时点的估计延后次数逐渐减少,而估计提前的次数逐渐增多。在时间序列上,被试对发生在1999年前的事件倾向于估计延后,对发生在1999年后的事件倾向于估计提前。进一步以1999年为界对提前估计和推后估计进行χ^2检验,提前估计和推后估计的χ^2值均为9.016($p < 0.01$),被试对越发生在前面的事件,越容易产生估计延后;对发生越近的事件,越容易产生估计提前。被试对14个事件回忆时序的正确率如图2所示,具有明显的首因效应和新近效应。

3.1.2 时距回忆特点

分别计算被试在回忆各个事件时距的正确率、估计的平均时距、标准差、高估人数、低估人数和相对估计值(估计值与真实值的比较),发现短时距容易被高估,长时距容易被低估。如果将14个事件按时距长短分成两个组,一个为长时距组(10~184天),一个为短时距组(2~9天),然后对两个组的时距误差进行方差分析,结果如表1所示。长时距组的估计的平均时距显著长于短时距组。将真实时距和估计的平均时距、估计的相对时距做相关分析发现,它们之间均存在极显著相关,相关关系如表2所示。如果将14个事件的真实时距作为自变量,检验每个事件的时距回忆误差之间是否有显著差异,用方差分析,结果如表3。分别对真实时距和平均估计时距、相对估计时距进行回归分析可得以下两个回归方差。真实时距与平均估计时距的回归方程为$Y=0.367x+6.866$,进行方差分析,$F=134$($p < 0.001$),回归极显著。真实时距与相对估计时距的回归方程为$Y=-0.633x+6.871$,进行方差分析可得,$F=399.48$($p < 0.001$),回归极显著。

表1　长时距组和短时距组时距回忆误差方差分析表

变异来源	*SS*	*df*	*MS*	*F*
组间误差	2872.29	1	2872.29	14.85**
组内误差	2320.35	12	193.36	
总	5192.64	13		

表2　真实时距与平均估计时距、相对估计时距间的相关表

	平均估计时距	相对估计时距
真实时距	0.958*	−0.985*

表3　不同长度时距回忆误差方差分析表

变异来源	*SS*	*df*	*MS*	*F*
组间误差	5184.938	10	518.494	201.82***
组内误差	7.707	3	2.569	
总	5192.645	13		

3.1.3 时序回忆特点

对事件的两两比较准确率做二项分布检验,考察其是否高于50%的随机猜测水平,同时对同年事件比较和隔年比较事件做χ^2检验,考察其准确率是否有差异,从总体上来看,隔年比较比同年比较有更高的正确率,但两者并没有显著差异。

3.2 再认条件下的特点

3.2.1 时点回忆特点

对事件的顺序和时点估计正确率做相关分析,两者呈显著正相关,离现在越近,时点记忆正确率越高,但存在近因效应。考察14个事件的提前和推后估计概率,推后概率大部分高于提前概率,但“大兴安岭阿尔山发生火灾”“第九届全国运动会在广东省召开”和“美国向阿富汗发动大规模空袭”三个事件例外。对所有事件平均提前估计和平均推后估计进行χ^2检验,发现两者存在显著差异(χ^2=−2.29,$p < 0.05$)。在再认情境下,一些特殊事件的时点回忆具有特殊的趋势。在这些特殊事件上,被试的估计趋向于一个特殊的时点,比如在“北约轰炸南联盟(1999年3月)”这一事件上,被试容易将“北约轰炸我国驻南联盟大使馆(1999年5月)”的时间记忆为轰炸开始时间,因为被试对这一事件印象特别深刻,其中一大部分还参加了示威游行。对自由回忆情境和再认情境下的事件回忆正确率进行χ^2检验,两者存在极显著的差异(χ^2=12,$p < 0.001$),再认时点正确

率极显著,优于自由回忆时点的正确率。

3.2.2 时距回忆特点

被试在事件时距回忆上的正确率普遍不高,只有“昆明世界园艺博览会”“全国‘三讲’教育工作会议”“第九届全国运动会在广东省召开”和“江泽民主席访美”等四个事件上的时距回忆正确率显著高于猜测概率(25%),从趋势上看,被试对短时距事件容易高估,在长时距事件上容易低估。但对领导人的出访和来访等三个短时距事件,被试也出现了低估概率高于高估概率。

对自由回忆事件时距的正确率和再认事件时距回忆的正确率进行χ^2检验,结果显示,对再认事件时距回忆的正确率显著高于自由回忆事件($\chi^2=41$,$p < 0.01$)。

3.2.3 时序回忆特点

对时序估计主要是对14个事件发生的时间先后进行排序,将被试正确排位数和排在前后位置的次数相加,视为相对时序混淆次数。在时序估计中存在近因效应和首因效应,对发生时间早的事件总是估计在前,对发生时间近的事件总是估计在后,而对发生时间在中间的这些事件容易出现混淆。时序混淆的直观图(图2)呈V形,两端的相对正确率较高,中间较低。

对同年和隔年比较的正确率进行统计,结果表明,隔年比较比同年比较有更高的正确率,但对两者做χ^2检验,并没有发现两者存在显著差异($p > 0.05$);同时与自由回忆相比较,再认的顺序有更高的正确率,但两者也不存在显著差异($p > 0.05$)。

4 讨论

Friedman回顾了有关时间记忆的实验室和自传体研究后得出结论:人类通常不可能恢复时间记忆,而通过他们自己的时间方式来重新构建事件的时间位置(Friedman,1993)。时间认知分段综合模型(range-synthetic model of time cognition)认为,个体对时间的认知取决于多种因素,主要有时间的长短、间隔、顺序、刺激出现的时点,以及个体的认知因素和人格特征等(黄希庭、李伯约、张志杰,2003)。对于不同长度的时间,个体的认知策略也不同。通常个体对时间的认知总是通过将时序、时距和时点,以及影响时间认知的诸因素综合起来加以考虑来认知时间的。本研究的目的是人们怎样从整体上来估计公众事件的时间。通过对时点、时序和时距的综合研究表明,个体在时间三种基本信息的记忆上存在一致性。首先,时间的三种基本信息是一个整体,在时点、时序和时距的回忆上都出现了近因效应,即事件发生的时间离我们越近,我们对时点、时距和时序回忆的正确率会越高。其次,时点、时序和时距是相互影响的。距离我们越远的时间,被试丧失的时间信息就会越多,时点、时距的正确率会越差,但正是时间信息丧失的多少成了时序判断的依据,能回忆起的时间信息越少,事件发生的时间就会距离我们越远。同样,被试也会通过时间信息的多少来估计时点,事件的时间信息越少,时点会越倾向于估计在前,即不会将发生在很久以前的事件估计在最近发生,也不会将最近发生的事件估计在很久以前发生。

在本研究中,有些被试报告说他根本就不关心其中的某些新闻事件,但他同样能够根据一般的知识来进行时间的重构。另外一些被试报告说他们虽然很关心一些政治事件和体育运动,但仅仅是熟悉事件的内容,而没有注意到时间信息,一些男性被试能够很好地回忆起第九届全国运动会的许多内容,甚至能准确地估计时距,却提取不出发生的时间。这也说明在某些被试的记忆中,时序、时点、时距的记忆并不完全一致,事件的内容可能与时距的关系最为密切。时间顺序对时间记忆的影响最为显著,但不同个体的背景有不同的特点,熟悉度、是否经常接触、或者获得信息的媒介是什么、是否有个体主动的回忆等都可能影响被试的时间回忆,也都体现出时间记忆的综合性。

本研究选取的时距是从 2 天到 184 天,根据被试的时距回忆特点,将真实时距分为长时距组(10~184 天)和短时距组(2~9 天),结果显示时距估计的一个特点是被试的估计时距受到真实时距的影响,被试的平均估计时距与真实时距存在显著的相关,通常时距短的事件也被估计得短,长的事件被估计得长,并且可以发现二者间存在极显著的相关。进一步的研究发现,对长时距和短时距的平均估计时距值存在显著的差异($F=14.85^{**}$)。虽然时距回忆的总体正确率不高,但被试在长时距和短时距的判断上却存在显著的差异,短时距事件容易被高估,长时距事件容易被低估,时距估计呈现一种集中的趋势。值得指出的是,在再认情境下,领导人出访等短时距事件也被低估,在问卷二中出现的三个出访事件都出现了不同程度的低估。这是由于被试一般认为领导人出访时间应该不会太长,所以影响了他们对时距的估计。

从以上特点我们可以看出,公众事件记住的时距是重构而不是简单从记忆中提取,并且倾向于偏差模式,即将长时距估计得短,将短时距估计得长。同时影响时距估计的因素有很多,如事件的一般知识、对事件本身的熟悉程度和关注程度等,因为高估和低估的百分率与关注度是显著相关的。另外,线索也影响时距的提取,有时错误的线索能导致正确的提取,比如“三讲教育”就是三天,这只是一种偶然策略,但也体现出了被试在时距估计中的策略模式。所有的这些因素共同影响着被试的时距估计,体现出时距记忆综合的特点。

对公众事件时序记忆的研究结果非常不一致,有些研究者的结果显示回溯式时序记忆的正确率超过猜测水平,有些研究者则发现回溯式时序回忆的正确率很高。被试对时序的判断往往建立在对时点的判断上，如果被试能正确回忆时点，那么时序判断也不存在问题。但时序判断也有其特殊性，被试只需知觉事件距现在的远近就可以判断时序，而不必精确地估计时点。本研究的时序采用了两种方式，一种是让被试对14个事件进行排序，这样做的目的是考察被试对事件发生顺序的整体记忆能力；另一种是让被试对发生在同一年和不同年的事件进行比较，用以考察被试对时序的精细记忆能力。

本研究的结果表明，被试的时序回忆正确率存在近因效应和首因效应，虽然被试不能对14个事件进行精确的定位，但被试总是趋向于将先发生的事件排在最前，从图2的V形曲线我们就可以知道被试更容易判断所有事件的首尾事件。对所有事件进行排序是一个很难的作业，没有被试能准确地将所有事件排出正确的位置，但他们通常采取几种策略来进行比较，一是自己是否熟悉，越不熟悉的越倾向于排在前面；二是是否重要，通常是因为新闻事件一般都讲究及时性，不重要的容易被遗忘。这样被试对时序的作业就分成了三段，较远和较近事件的时序正确率较高，而中间时序正确率较低。

同时，我们从研究中也可以发现，自我与公众事件记忆有着非常密切的联系。公众事件的时间记忆与个人的生活背景密切联系。自我卷入程度高的个体时间记忆精确性高，大多数男性被试对体育事件和政治事件更关注，自我卷入的程度要高，在时间记忆的精确性上要高于女性。

5 小结

本研究结果表明：

（1）公众事件回溯式时点记忆的正确率随事件的时间远近发生变化，较远事件的时间回忆正确率低，而较近的时间回忆正确率较高，存在远因效应和近因效应。

（2）公众事件的回溯式时距估计受真实时距的影响，公众事件的时距短，容易被高估；时距长，容易被低估。

（3）公众事件的回溯式时序回忆存在近因效应和首因效应，被试对发生较远的事件总是倾向于估计得更远，对发生较近的事件也倾向于估计得较近，而对两者中间的事件的顺序估计较为混乱。

本实验研究的公众事件回溯式时间记忆符合时间的重构理论和分段综合模型。

合作者：张永红。原文载于：《心理科学》2005年第28卷第4期。

专题三：时间记忆研究

我们的大脑是怎样从周围世界提取时间信息，并将其储存以备日后使用的？

引 言

时间记忆是我们对时点、时序和时间长短的记忆。它完全是由信息加工过程决定的吗?如果是这样,那么我们是怎样对时间信息进行加工的呢?时间信息离不开事件信息。先让我们看看人类是怎样对事件信息进行加工的。信息加工模型把个人的记忆视为一个互相联络的神经网络的产物。信息进入大脑的过程称为编码,大脑保存信息的过程称为储存,日后读取信息的过程称为提取。我们的特定记忆便源自这些网络内部的特定激活模式。在构建记忆的编码阶段,我们的双通道大脑可以并行加工多个任务:通过意识和努力有意识加工的编码即为外显记忆(陈述性记忆),而不需要意识和努力自动加工的编码是内隐记忆(非陈述性记忆)。虽然人类短时记忆的容量十分有限(约7±2个组块),但长时记忆的容量则是无限的。如果巧妙地使用组块化、层级化、记忆术、分散练习、赋予材料个人意义等有意识加工策略,便能大大提高我们形成新记忆的能力。认知神经科学的研究表明,储存记忆需要整个大脑网络的协同工作。事实和片段的外显记忆加工与储存涉及的大脑区域包括额叶和海马。左右额叶分别加工不同类型的记忆:回忆密码时会激活左侧额叶,而情景回忆则可能激活右侧额叶;海马虽然参与记忆的形成,但记忆并不储存于此,它相当于外显记忆对大脑的“集散地”(暂时保存记忆信息并把它们传送给大脑)。大脑和基底神经节在产生内隐记忆方面起着关键作用。情绪会诱发应激激素的分泌,从而刺激杏仁核,并促进记忆脑区的激活,所以强烈的应激事件会形成难以磨灭的记忆。经过编码和储存后的记忆,我们是怎样提取的呢?记忆的提取过程遵循着相似性原理。信息输入时的环境、心境、位置等都可以作为日后获得的提取线索。如果个人拥有的提取线索越多,找到通往目标记忆的可能性就越大。有记忆就会有遗忘。遗忘的原因很复杂:从信息编码开始,到储存和提取都会产生遗忘,还会产生错误记忆。这些情况在时间记忆中也相当普遍。

对大脑损伤病人的研究表明,大脑颞叶中的一些结构和基底前脑在确定事件发生时间和顺序上有重要的作用。基底前脑受损伤并不影响对一些事件内容的记忆,但病人无法记起事件发生的时间,说明该脑区对过去事件的时间定位有重要作用。颞叶内侧面的海马受损会导致顺行性遗忘症(anterograde amnesia),病人的事件记忆无法维持一分钟以上,无法形成新的记忆。海马周围的颞叶组织受损会导致逆行性遗忘症(retrograde amnesia),无法回忆起长时记忆,还最容易忘记有特定时间标记的事件(如婚礼)。颞叶皮层受损的病人会永久丧失数年甚至数十年的自传体记忆。那种既有顺行性遗忘症又有逆行性遗忘症的病人,既不能形成新的记忆又无法回忆起旧的记忆,他就永远生活在“现在”。还有研究发现，正常人与失忆病人有很大不同：正常人能较准确地标定过去发生的事件，平均误差仅为1.9年，而失忆病人却不精确，特别是基底前脑受损病人虽能回忆起事件，但所标定的时间平均误差很大，为5.2年；颞叶受损病人在记事上不如基底前脑受损病人，但在时间标定上却较好，其平均误差为2.9年。看来，回忆事件与标定其发生时间是两个分开的过程。

本专题共有9篇论文，我们主要探讨了两个问题：(1)前5篇论文从信息加工的观点出发探讨了时间记忆的实验范型和主要结果；(2)后4篇论文试图从双加工角度来探讨时间性前瞻记忆的性质和影响因素。

时间记忆的理论与实验范型

1 引言

时间与空间是物质存在的基本形式。对时间的认知研究，心理学家习惯于区别为时间知觉和时间记忆，虽然两者经常是难以分割的。时间知觉也称为“知觉到的现在”。根据Fraisse的研究（Fraisse，1981），知觉到的现在差不多在5 s以内；超过此时间范围，刺激序列已不能被知觉为一个整体单元，当属时间记忆的范畴。在日常生活中，时间记忆除了以钟点、日期或某种确切的线索作参照外，更大量的是未采取任何明确的言语编码形式，仅依靠有关事件或事件系列的时间信息的编码、保持和提取。众所周知，我们对时间的记忆与计时工具测量出来的时间经常是不一致的。随着认知心理学的兴盛，时间记忆表征与加工不仅在国外已成了记忆研究的一个日益受重视的分支课题，而且也引起了国内学者的关注（李国军，1994；郑云、黄希庭，1993；黄巍，1993；黄希庭、孙承惠，1991；黄希庭、郑云，1993）。本文拟从理论和实验两方面总结有关时间记忆的研究，并提出进一步研究的设想。

2 时间记忆理论

人类的时间记忆是建立在时距（temporal duration）、时点（temporal locus）和事件出现的相对时间（relative times of occurrence）3种信息的基础上的。由于这3种时间信息在时间记忆中所起的作用不同，以及实验的侧重点不同，研究者对时间记忆的理论解释往往侧重于其中的某种时间信息的作用。

2.1 基于时距信息的理论

2.1.1 强度理论（strength theory）

Hinrichs假定记忆中的每个项目都有一定的强度，且随时间的流逝会因衰退或干扰而减弱。由记忆强度推论经历的时间，则判断较强的痕迹比较弱的更近（Hinrichs，1970）。痕迹强度的看法是相当普遍的，后来发展出探究心理时间的一些理论变种，都假定由事件随时间流逝而发生改变的某种属性（强度、可接近性或精致性）来推论其时间距离。

2.1.2 传送带理论(conveyer belt theory)

该理论认为事件的表征是按其出现的顺序组织在记忆储存中的,判断一个目标事件的时间就是测估其在记忆储存中距现在的距离。这可以形象地比拟为在运动中的传送带上顺次地放置行李,越早放置的,其视像越小,直至消失。

2.1.3 背景重迭理论(contextual overlap theory)

这是由Glenberg及其同事提出的一种解释自由回忆中的新近性,也可用于解释时间记忆机制的理论。他们假设刺激呈现时有诸如觉察或动机状态这样的背景成分相联系,并进一步假定这些背景成分会随实验进程,也就是时间流逝而发生变化。这样,回忆与呈现间的背景重迭程度就决定一个特定的项目被回忆起来的可能性(Glenberg, Bradley, Kraus, & Renzaglia, 1983)。

2.2 基于时点的理论

2.2.1 时间标记理论(time-tagging theory)

有不少研究者认为,时间信息是在对事件编码时就附上的,就像标上了某种"记号",其后通过检索这些时间标记,确定事件在过去时间中的位置。不过,研究者们对记忆表征中时间标记的性质一直难以确定,并引出两个颇有争议的问题:时间"标记"是否是自动的? 是否直接与事件相联结?

2.2.2 编码动摇理论(encoding perturbation theory)

这是由Estes提出的一种记忆模型(Estes, 1972)。该模型对有关时间信息储存的基本假定是,在觉察一个事件或项目时,被编码的信息还包括该事件与别的参照点之间的联系或时间间隔。如在实验条件下,被试最常用的参照点就是一次实验的开端和结束。随着时间的流逝,这些间隔编码会在线性时间中前后摆动。作为时间记忆机制,其后的时间判断就从项目的记忆表征系列中搜索到目标项目的位置,进而基于其与参照点的时间联系做出反应。

2.2.3 层次组织理论(hierarchical organization theory)

在20世纪70年代发展起来的语义记忆网络模型的影响下,近年时间记忆理论也转向对组织因素的关注。如Estes指出,对事件的时间属性的表征与对语义网络中其他类型的信息的表征一样,采用了一种有组织的等级系统形式,一个项目在时间中的位置为不同层次的控制单元联结;从低到高依次是项目、组块、实验和时段(Estes, 1985)。

2.2.4 重构理论(reconstructive theory)

在实验条件下,被试伴随特定的项目储存有关环境和内部状态的信息,在被要求判断项目呈现时间时,就会检索这些信息,并依据有关的时间模式,如一次实验通常的长度,做出判断。当对个人事件或新闻事件的时间进行记忆时,是利用有关社会、自然和个人的时间模式及少数被记住精确日期的重大事件来进行重构的。重构模型的实质在于,依据记住的精确日期并结合各种时间知识来推断一个项目或事件出现的时间。

2.3 基于参照时间的理论

2.3.1 联结链理论(associative chaining theory)

该理论认为事件与时间上直接相继的事件联结在一起,从而提供了时间记忆的参考信息。

2.3.2 顺序码理论(order code theory)

有不少研究者认为,时间信息是附加在储存项目的顺序之上的,特别是当一个新项目的呈现引起了某个旧项目的恢复时,二者的顺序就储存着时间记忆。与联结链模型不同,顺序码模型不要求联结的两个事件在时间上一定紧连相继,因而大量的,尤其是有语义关联的事件或项目之间的先后顺序就可以全方位地储存在记忆之中。

上述3类9种理论都出现在20世纪70年代以后,其发展还都不尽完善,有些甚至只是某种比喻,但它们反映了时间记忆领域各种有影响的主张。

3 时间记忆实验范型

绝对时距判断时间记忆的实验范型与理论解释是密切联系的,一种理论构架可能构建出某种实验范型,而一种实验范型也可能导出某种理论。下面我们依据已发表的研究报告,从实验的操作任务、实验的维度和指标来说明时间记忆实验范型。

3.1 操作任务

3.1.1 绝对时距判断(judgment of absolute duration)

绝对时距判断或称流逝时间判断(judgment of elapsed time),是让被试完成一项任务或呈现一段时距之后,要求被试对经历的时间做出判断。这种判断既可以是即时的,也可以是延迟的。已有研究表明,当预先告知被试完成任务后要做时间估计,则被试对经历时间的时距估计会随任务的复杂性或信息负荷的增加而增加。这又涉及预期式(prospective)和回溯式(retrospective)两种范型。

3.1.2 相对时距判断(judgment of relative duration)

向被试呈现两个或两个以上的时距,要求其在记忆中对一段时间与另一段时间做比较,判断是否相等。

3.1.3 延迟的绝对判断(absolute judgment of lag)

呈现一系列项目,其中一些重复呈现,被试的任务是在遇到重复的项目时,估计其首次出现时的位置或两次出现之间的时距。或者,在呈现一系列项目后,紧接着呈现其中的两个项目,要求被试估计其间的时距。

3.1.4 延迟的相对判断(relative judgments of lag)

延迟的相对判断也称相对新近性判断(judgments of relative recency),与延迟的绝对判断一样呈现一系列项目,但要求被试对测验项目做出判断,看哪一个在先前的系列中出现得更晚。

3.1.5 位置回忆(positional recall)

一个项目表中的项目相继呈现后,要求被试回忆这些项目在项目表中的位置,这种实验任务与常见的单纯顺序回忆任务有重要区别,它明确要求回忆出时点或一个项目出现的位置。

3.1.6 确定长期记忆的日期(dating of long-term memories)

要求被试回忆日常生活中已发生了经年累月的事件的日期,或估计其相对新近性,这类研究通常涉及极长期记忆(very-long-term memory),一般采用问卷法和自然实验法,难以在实验室中进行。这类研究有助于检验在实验室中获得的一些函数关系能否推广到自然情境中去。

3.2 重要的实验维度

3.2.1 刺激性质

虽然我们没有像眼睛接受光波刺激、耳朵接受声波刺激那样的专门接收时间信息的感觉器官,却可以通过各种感觉获得时间信息。时间记忆实验最常用的刺激是光、声及词、字母、数字、图形等的出现。已有的研究表明,项目的数量,项目是否重复、是否关联,以及项目的复杂度等因素,都会影响时间记忆的实验结果。如果选择词作为实验材料,由此得出的时间记忆实验结果是否具有代表性需慎重考虑,因为词的语义联系可能导致类聚倾向,使被试忽视词与词之间的时间间隔,因此用词作为传递时间的刺激与无意义刺激携带时间所产生的记忆效果是不同的。

3.2.2 时距长度

在实验室实验时,基于实验操作上的原因,刺激的呈现时距可分为5~15 s,15~30 s,通常在1 min以内,也有采用数分钟至10多分钟的。

3.2.3 复述控制

当代认知心理学把注意作为一种重要的心理资源,控制复述主要是控制注意这种心理资源在时间记忆信息加工中的投入,以考察时间信息是自动编码抑或控制编码,在时间记忆实验中,对复述的控制除采用回溯式实验外,通常要求被试执行与实验任务同时进行的另一任务,如读出字母(一般每秒2~2.5个)或信号检查等。

3.2.4 延迟控制

在时间记忆实验中采用延迟安排的目的,是要考察保持对时间记忆的影响,延迟时间的长短视实验任务而定。超出实验条件下对延迟时间的控制的时间记忆研究,则采用个人日常事件或公共的时间记忆的回溯研究方法。

3.3 主要的实验指标

反应时和正确率是当代认知心理学推论认知信息加工的两项重要指标。时间记忆的信息加工研究除运用这两项实验指标外,通常还使用下列两类时间记忆实验方法所收集的其他有关指标。第一类方法是言语估计法(method of verbal estimation),即用口头报告识记的时间。其中又可分为计量估计和参数估计。前者要求被试以一定的时间数值来估计识记的时间,后者要求被试在主试提供的一系列时间数值(包括呈现时间数值)中选出一个估计值。第二类方法是再现法(reproduction method),即要求被试将实验者呈现的时间复制出来。与此相应的另一种方法叫产生法(production method),即实验者不向被试呈现时间,而是指示一个时间(如8 s等),要求被试把这个时间产生出来,由此也可对被试的时间记忆加以研究。对时间记忆的分析常采用下列指标。(1)言语估计值(estimation value)或再现值(reproduction value),一般用平均数、标准差,标准差过大则不用平均数而采用中位数或众数。(2)比率分数(ratio score),就是将估计值(或再现值)除以识记时距实际值所得的分数,通常采用其平均数和标准差。(3)绝对误差数(absolute error scores),用识记时距实际值减去估计值(或再现值)即可得到,一般也用其平均数和标准差。(4)方差系数(coeffificient of variance),这是判断信度的一个测量指标,通过将每一被试估计(或再现)时距的标准差除以各自相应的时距的平均而求得。

除了上述两类常用方法所确定的一些指标外,还可用比较法和量表法等对时间记忆进行测量,也可确立其他的实验指标。

4 时间记忆性质:分段综合的构想

表 1　支持与反对各种时间记忆理论的实验证据

实验证据 理论设想	强度	传送带	背景重迭	时间标记	编码动摇	层次结构	重构	联结链	顺序码
新近的项目判断更准确	−	+	+		+		+	+	
一次实验中较早的项目判断尤准	−	−	−		+		+	+	
一些事件在合适的时间量尺上判断更准	−	−	−		+		+		
事件常按编历顺序回忆		+					+	+	
提供的时间结构越多,准确性越大			+			+	+		
事件向前移位的量有一定范围	−	−			+				
有项目分类线索的判断更准						+	+		
高级知识的记忆越好,判断越准						+	+		
类别内比类别间的项目的相对新近判断更准		−				+			
虽有一定准确性,但很少精确				−			+		
记住的项目比忘了的项目判断更准				−			+		
很多新近项目向后移位		−			+				
实验交接处的准确性提高				−	+				
同一天中无关事件不能互相启动		−						−	
两种刺激中再认较好的判断更近	+								
了解越多的事件判断越近	+								
多重呈现的项目判断更近	+								
在偶然条件下判断准确				+					
回忆较好的项目判断更准					+				
意义关联项目的相对新近判断更准									+
重大事件并不判断更近	−								
两项目越分离,相对新近判断越准								−	
附:被试内省报告的方法	−	+		−	+	+	+	+	+

注:+支持,−反对。

一个成年人的时间记忆涉及的时间范围很长。如果我们赞同Fraisse的观点,则从5 s以上,包括几分、几小时、几天,乃至几年、几十年。对于如此不同长度的时间记忆,人们不可能采取完全相同的记忆策略,其记忆表征机制也不可能是完全相同的。最近Huttenlocher等人的研究就表明,人们回忆一个月之内的时间与回忆一天内的时间所使用的策略是不同的(Huttenlocher, Hedges, & Bradburn, 1990)。因此,在考察时间记忆的机制时,首先得探明人们对过去时间的记忆是否具有阶段性。

我们对未来时间展望的研究表明,未来的心理时间分为3个时间段,即以秒和分为计时单位的“较近的未来”,以小时、日和月为计时单位的“近的未来”,以及以年为计时单位的“远的未来”(黄希庭,1994)。沿此思路,现在着手对过去时间记忆的分段研究。我们推想,日常事件在时间上也具有某种语义网络的性质,即事件发生的时间属性具有聚类的意义。如此,既是前述Estes提出的层次组织模型在实验室情形以外的扩展,又是对语义网络模型思想的检验。我们还在研究方法上做出具体设想,由于汉语词没有英语词那样的时态变化,以丰富的汉语时间修饰词作为刺激材料,对时间记忆分段(且可能是层次的)研究将是一个十分有利的条件。

问题的另一个方面是,如果人们对时间具有分段记忆的特点,那么它是受哪些因素的影响的呢?通过对时间记忆理论的实验证据的考察,可以发现,各种理论都可以得到某些实验证据的支持,但每一种理论都不能解释所有的时间记忆现象(见表1)。这表明时间记忆是受很多因素制约的,非单一因素所致。20世纪90年代后,时间认知研究正兴起一种综合研究的趋势。例如,Block提出一种综合的背景主义框架(Block, 1990)。我们在探讨时距信息加工问题时,针对以往研究大多考察单因素的影响的不足,采用多因素实验设计,得到了有价值的实验结果(柳学智,1993)。Friedman在分析各类时间记忆的基础上,认为有价值的时间记忆信息包括一般的背景信息、顺序码、少数重大事件的日期及性质还很不清楚的记忆加工模型(Friedman, 1993)。

看来,对时间记忆机制采取分段综合探讨仍是当前的主要研究方向。

合作者:郑涌。原文载于:《心理科学》1995年第18卷第4期。

时点、时距和时序信息加工之间相关性研究

1 引言

时点(temporal locus)、时距(temporal duration)和时序(temporal succession)是同一时间经历的不可分割的三个属性(Friedman,1993;Kemp,1994)。以往有关时间信息加工机制的理论都只是针对时间信息的某一属性进行研究,这虽然有利于深入探讨这一属性在时间信息加工时所具有的特点及规律,但必然会忽略时间经历过程的完整性。变化/分割模型认为,决定时距知觉长短的因素是以能引起背景变化的因素作为分割点,把时间序列分割成不同阶段的时间单位(组块)的多少(Block,1989;Elfering,Brown,Rsps,& Shexell,1985),这与存储容量模型的观点其实并不矛盾。这些分割后产生的"时距组块"并不是随机堆放的,而是有一定的时间先后顺序(时序属性)。变化/分割模型指出,一些突出项目或事件可被用作分割时间经验的标尺,重构理论认为时序判断受项目或事件与界标联系的影响,而这里的界标是指一个词单的开头或结尾,或者是生活中的重大事件(Friedman & Wilkins,1985)。可以看出,尽管这两个理论的侧重点不同(时距和时序),但所强调的项目或事件的特征是相似的。而时距理论所强调的分割点和时序理论强调的界标其实都是时点的概念,无非指的是较特殊的时点(Kemp,1994)。由此我们认为,时距、时序和时点三者之间的信息加工是有一定相关性的,探明三者之间的关系对建立一个统一的时间信息加工理论模型是很有意义的。

2 实验一

2.1 被试

在校大学本科二年级学生125人,按男女比例,随机分成人数基本相同的4组。

2.2 实验材料

三组词单:第1组,6个水果名词与2个政治家的名字;第2组,6个地点名词与2个科学家的名字;第3组,6个家具名词与2个作家的名字(详见附录。主试事先选取多个水果、地点和家具名词以及人名制成问卷,随机抽取部分大学本科学生和研究生用五级评定法评定熟悉度,从中选取熟悉度较高且近似的项目制成词单)。根据人物名字在词单

中的位置不同，每个词单又可组成三类：I类，人物名字排在词单两端；II类，人物名字集中在词单中间；III类，人物名字均匀分散在词单中。

2.3 实验仪器

486DX2-80计算机。

2.4 实验程序

本实验操纵3个因素：(1)词单类型(I，II，III)；(2)自然顺序标码(有、无)；(3)延迟(有、无)。词单由计算机屏幕呈现。每个词的前面显示一个图形(三角形、圆形等简单熟悉的图形，无顺序标码)或一个数字(有顺序标码)，每个图形或数字和词同时呈现，持续1 s，间隔0.5 s后呈现下一个。整个词单共呈现17.5 s。对时距的估计包括两种方法，先用再现法，后用口头估计法，即被试先后按两次"空格键"，两次按键的间隔时间即被试再现词单时距的时间，然后被试用键盘输入估计时间，对时序的测量通过计算机来完成，屏幕随机排列刚才出现的词单，词的下面是括号，要求被试移动光标在括号内标出该词的正确顺序。无延迟的情况就是被试在读完每组词单后，立即估计时距和进行时序测量。延迟的情况就是在读完每组词单后，屏幕显示一系列诸如"$2\times8>4\times5$"的算式让被试判断正误，判断后再进行时距估计和时序测量。根据因素自然顺序标码和延迟组成的4个处理将实验分成4个程序，分别由4组被试完成，每组中3类字单按拉丁方排列，以抵消顺序误差。被试每完成一个词单，进行时距估计后再进行时序测量，休息2 min再进行下一个词单。正式实验前用类似的词单让被试进行练习，直到熟悉实验操作为止。

2.5 结果与分析

被试再现时距的时间和口头估计的时间以及时序判断的正确率(其中，位置指每一词单中8个词的绝对位置判断的平均正确率，顺序指8个词相对前后顺序判断的平均正确率)如表1所示。

表1　被试对时距估计的长短(s)和时序恢复的正确率(%)

词单类型		有顺序编码								无顺序编码							
		延迟				无延迟				延迟				无延迟			
		时距		时序		时距		时序		时距		时序		时距		时序	
		口头	再现	位置	顺序	口头	再现	位置	顺序	口头	再现	位置	顺序	口头	再现	位置	顺序
I	*M*	15.27	14.25	0.61	0.77	15.41	13.81	0.62	0.75	14.30	12.76	0.64	0.73	14.96	14.72	0.59	0.71
	SD	4.47	3.83	0.29	0.22	3.73	4.37	0.26	0.21	3.80	3.48	0.26	0.19	3.99	3.53	0.26	0.24
II	*M*	14.23	13.47	0.63	0.80	16.12	13.84	0.55	0.74	14.07	12.90	0.57	0.72	15.51	15.01	0.64	0.77
	SD	4.21	3.43	0.30	0.20	3.76	3.77	0.26	0.19	3.88	3.34	0.27	0.21	4.19	4.18	0.32	0.21
III	*M*	15.21	14.56	0.59	0.70	16.12	13.56	0.63	0.77	14.26	12.96	0.64	0.77	15.31	15.51	0.64	0.81
	SD	4.22	3.94	0.27	0.20	3.97	3.49	0.20	0.19	3.78	3.50	0.27	0.18	3.91	3.58	0.34	0.20

运用SPSS(6.0)统计软件包对数据进行偏相关分析，把有无延迟、顺序标码和性别等因素作为控制变量，得到时距估计、时序判断和时点离散度之间的相关距阵，如表2所示。

表2　时距估计、时序判断和词单类型之间的相关系数

	再现时距	顺序判断	位置判断	词单类型
口头估计时距	0.6569**	0.0635	0.1201**	0.0157
再现时距		0.0531	0.1209**	0.0282
顺序判断			0.8036**	0.0351
位置判断				0.0042

在实验结束后主试对被试进行口头询问，几乎所有的被试都说人物名称最容易记住。将被试对于3类不同词单时序位置属性恢复的正确率及其显著水平列入表3。

表3　被试对时序位置属性恢复的正确率(%)

	时序位置	1	2	3	4	5	6	7	8
词单	I	0.84	0.57	0.52	0.49	0.49	0.62	0.62	0.81
	II	0.89	0.47	0.55	0.36	0.44	0.65	0.55	0.88
	III	0.81	0.45	0.43	0.63	0.69	0.51	0.61	0.89
	F	1.09	2.1	4.64*	9.15**	9.13**	2.65	1.72	1.16

注：* 0.05水平 $F(2,372)\approx 3.69$；** 0.01水平 $F(2,372)\approx 5.30$。

由表3可以看出,3类词单在时序位置属性恢复的正确率上存在着交互作用。3类词单中词的位置的恢复都存在系列位置效应,但类型I最为突出,类型II,III稍有差异。在类型Ⅱ中第4,5个位置上的正确率异常偏高;III的第3,6个位置上的正确率偏高,这几个位置恰好是人名所在的位置。根据前面的分析结果,虽然人名对于整个词单的时距或时序影响不显著,但在回忆词单时,对人名的记忆较其他词更准确,因此有理由认为被试把人物名字作为突出项目。

3 实验二

根据以往的经验,在不同注意条件下时间信息加工存在不同的特征(Jackson, Michon, Boonstra, de Jonge, & Harsenhorst, 1986; Naveh-Benjamin, 1990; 王振勇、黄希庭, 1997),本实验拟在不同的注意水平下,进一步考察时点、时序和时距之间的相关性。

3.1 被试

在校大学本科学生247人,按男女比例,随机分成人数基本相同的12个组。

3.2 实验材料

同实验一。

3.3 实验仪器

486DX2-80计算机。

3.4 实验程序

本实验操纵4个因素:(1)词单类型(I,II,III);(2)自然顺序标码(有、无);(3)延迟(有、无);(4)注意条件(即被试是否事先注意到实验目的是估计时距或测量时序,包括注意与无注意两种条件)。实验前对被试进行估计时距训练,即由计算机屏幕呈现数量不等的一系列图形,被试由键盘输入估计时距后,屏幕反馈误差信息。然后用类似的词单进行识记项目练习,即计算机呈现完词单后(词单呈现方式同实验一),屏幕显示一个词,问被试刚才是否出现过,被试按键做出判断(不进行时序判断和时距估计)。如此练习,直至被试熟悉操作。在正式实验中被试需要进行时距估计和时序测量。依据指导语(因素4)的不同,将实验分为两个阶段。第一阶段是无注意阶段,即被试事先不知道实验是为了估计时距和测量时序。第一阶段只测试一个词单。第二阶段是注意阶段,即第一阶段结束后，告诉被试实验目的。第二阶段测试后两个词单。根据实验操纵的前3个因素所组成的12个处理，将实验分成12个程序，分别由12组被试来完成。其余实验过程同实验一。

3.5 结果与分析

将被试估计时距长短以及时序判断的正确率的平均数进行统计，结果见表4。

表4　在不同注意条件下被试对时距估计的长短(s)和时序恢复的正确率(%)

顺序编码	字单类型	有注意								无注意							
		延迟				无延迟				延迟				无延迟			
		时距		时序		时距		时序		时距		时序		时距		时序	
		口头	再现	位置	顺序	口头	再现	位置	顺序	口头	再现	位置	顺序	口头	再现	位置	顺序
无	I	9.48	10.47	0.47	0.37	11.58	11.81	0.49	0.67	9.78	10.41	0.43	0.66	10.04	10.79	0.54	0.72
		2.56	2.73	0.26	0.18	3.85	3.33	0.22	0.16	3.04	2.38	0.30	0.18	2.89	3.01	0.25	0.17
	II	9.98	10.34	0.29	0.20	11.43	11.42	0.48	0.74	9.68	10.40	0.57	0.57	10.13	11.09	0.48	0.68
		2.82	2.25	0.18	0.15	3.30	3.32	0.34	0.20	2.90	2.35	0.30	0.20	2.84	2.83	0.32	0.20
	III	11.14	11.80	0.42	0.31	10.06	10.99	0.45	0.67	9.40	10.10	0.57	0.72	10.75	10.74	0.41	0.64
		3.32	3.12	0.18	0.15	1.77	2.88	0.25	0.17	2.36	2.40	0.30	0.23	3.42	3.12	0.24	0.19
有	I	8.74	9.52	0.64	0.54	11.49	12.36	0.49	0.68	9.72	9.91	0.59	0.71	10.15	11.71	0.49	0.68
		1.44	1.47	0.26	0.21	3.03	2.68	0.26	0.20	2.40	1.81	0.27	0.21	2.51	2.51	0.28	0.20
	II	9.80	9.92	0.48	0.41	10.93	11.79	0.49	0.61	9.60	10.32	0.52	0.71	10.52	11.80	0.56	0.71
		1.86	2.17	0.31	0.19	2.58	2.82	0.27	0.23	2.17	1.87	0.30	0.21	2.83	2.94	0.33	0.22
	III	10.15	10.33	0.43	0.32	10.15	11.90	0.26	0.59	9.53	10.25	0.47	0.66	10.87	11.94	0.48	0.67
		2.42	2.08	0.23	0.18	2.66	3.22	0.19	0.16	1.17	2.00	0.22	0.14	3.03	3.22	0.26	0.20

对两种注意条件下的结果进行偏相关分析，把有无延迟、顺序标码和性别等因素作为控制变量，得到时距估计、时序判断和时点离散度之间的相关矩阵，如表5所示。

表5　在有、无注意条件下时距估计、时序判断和字单类型之间的相关系数

	无注意				有注意			
	再现时距	顺序判断	位置判断	字单类型	再现时距	顺序判断	位置判断	字单类型
口头估计时距	0.65**	−0.14**	−0.13**	0.01	0.61**	−0.13**	−0.06	0.03
再现时距		−0.09**	−0.11**	0.03		−0.07**	−0.03	0.01
顺序判断			0.78**	−0.12*			0.79**	−0.04
位置判断				−0.20**				−0.04

4 讨论

根据过去的研究经验,对于时间信息的同一属性(如时距),由于测量的方法不同(如再现和口头估计),涉及的加工机制也不同(Jackson et al.,1986;Naveh-Benjamin,1990)。因此在本实验中对时距和时序选取了多种测量方式。时间信息加工机制是一个非常复杂的过程,受多种因素的影响。本次研究为了详细考察时点、时距和时序信息加工之间的相互关系,我们把影响时间信息加工的几个主要因素,如是否延迟、有无顺序标码和注意的参与程度,以及时间信息判断方式等均考虑进来。

从实验一的结果来看,时距估计与时序的顺序判断无明显相关,但与时序的位置判断呈显著正相关,位置判断越准确,时距估计越长(就本次实验来看也是越准确)。时距估计与词单类型(即时点的离散度)呈正相关,但未达到显著水平。Poynter发现,同一词单如果把人名分散排列要比集中起来时距估计长(Poynter,1983),本次结果未有明显效应的原因可能是由词单的长度造成的,本研究所采用的词单比Poynter所用的词单要短得多,相信如果用长词单,那么时距估计长度与时点离散度应该呈显著正相关。时序判断与时点的离散度也无明显相关,但从表2和表3中可以看出,虽然词单中人名(突出时点)总体上对整个词单的时序记忆影响不显著,但它在时序位置属性上实际是起作用的,突出时点的时序位置属性判断较为准确。

从实验二的结果来看,在无注意参与时,时距估计与时序判断呈显著负相关,时序判断越准确,时距估计越短。时距估计与时点离散度的正相关趋势也不显著。时序判断与时点的离散度呈显著负相关,时点离散度越大,时序判断越不准确。有注意参与时,时距估计与时序判断仍呈负相关趋势,但显著水平有所降低。时距估计与时点离散度仍无明显相关。时序判断与时点的离散度虽呈负相关趋势,但未达到显著水平。从实验二和实验一的结果来看,二者有很大差异。为什么会出现这种相反的结果呢?我们认为这很可能与注意的参与程度有关。实验二采用了回溯式实验范型,在本研究的预测实验中我们发现,被试对词单呈现时距的估计往往偏低,在练习时得到反馈信息,可以得到一定程度的校正,但实验前不允许被试知道实验目的,因此实验前不能让被试进行词单时距估计和时序判断的练习,而是让被试进行词单项目的识记练习,只是在预备实验中让被试对系列图形进行时距估计练习,因此实验二中的数据整体都比实验一要低。这里还有一个因素,事实上实验二注意条件下的注意参与程度与实验一也不相同,实验二中被试由于进行了大量识记项目的练习,因此在正式实验中,他们始终都要分出部分注意资源用来识记项目本身,而不是像实验一中的那样全部用来加工时间信息。因此,实验二注意条件下的结果与实验一有所差异,但与完全无注意参与时的结果也不一样。

综上所述,时间信息的三个属性:时点、时距和时序三者之间在不同条件下存在不同的关系,就本次实验结果来看,同一时间经历,时距估计与时序判断随注意参与程度的增加,由负相关趋势向正相关变化。时距估计与时点离散度可能呈正相关趋势。时序判断与时点离散度随注意参与程度的增加,也由负相关趋势向正相关变化。由此看来,要探讨时间信息的加工机制,单独抽取出一种属性进行研究,作为解释整体时间信息加工是不够全面的。以往有关时间信息加工机制的理论,都是针对时间信息的某一属性,而且只是强调它的一些特征,这也就导致了各种理论观点不相同甚至出现矛盾。本实验结果给以后时间信息加工的研究以启示。

附录

I 周恩来　邓小平　苹果　香蕉　橘子　西瓜　菠萝　荔枝
II 钱学森　李四光　茶馆　公寓　酒吧　饭店　寝室　礼堂
III 朱自清　贺敬之　沙发　电视　冰箱　衣柜　桌子　书架

合作者:王振勇。原文载于:《心理科学》1999年第22卷第5期。

对变化/分割模型的检验（Ⅰ）

1 引言

心理学家对人类如何估计时距提出了3个认知模型：存储容量模型（storage size model，简称SS模型）、加工时间模型（processing time model，简称PT模型）和变化/分割模型（change/segmentation model，简称CS模型）。我们在一篇综述（黄希庭，1993）中用已有的实验材料分析过它们的预测效度和尚需进一步探讨的问题。存储容量模型认为，对于同样长的目标时距，被试所储存的信息越多，对时距的估计较长；反之则觉得时距较短。该模型认为时距估计与信息的数量或复杂度呈正相关。但也有研究发现时距估计的长短与所获得的信息数量或复杂度呈负相关。加工时间模型认为：人类信息加工系统中存在着一个认知计时器，专门负责加工和编码时间信息，还存在着一个刺激加工器，专门负责对刺激进行加工和编码；注意分配于这两个加工器之间，如果对事件信息投入的注意资源较多，那么注意资源投入于认知计时器便减少，因而对时间的估计就较短；反之，时距估计便较长。而变化/分割模型认为，对时间的认知是以心理变化为依据的，时间知觉就是知觉变化，时间估计就是把心理上所经历的变化/分割为可记忆的片段，然后再根据所分割出的变化段数来判断时距的长短。因此，按照CS模型，如果操纵心理上经历的变化/分割段数的多少，那么被试对目标时距的估计将取决于心理上被分割的记忆段数的多少，而不取决于目标时距内填充的事件的数量。目前尚未见对CS模型的系统检验。本研究设计了4个实验拟对变化/分割模型进行系统的检验。本文是此项研究的第一部分。

2 实验一

2.1 目的

控制目标时距和该时距内的填充数字系列，操纵数字系列的分割段数，以检验变化/分割模型。

2.2 方法

2.2.1 被试

15位心理学系四年级本科生,平均年龄21岁,其中男生7人,女生8人。

2.2.2 仪器

一台386计算机(计时精确到10 ms)和SPSS/PC+3.0统计软件。

2.2.3 刺激材料

每次实验呈现的目标时距均为10 s,由计算机屏幕正中央先后出现的两个红色方块(6 cm×6 cm)之间的时间间隔来表示。目标时距内依次出现12个阿拉伯数字,大小为5 cm×2 cm,这12个数字的呈现方式或以四位数为单元组成电话号码,或以两位数为单元组成门牌号码。每个数字呈现0.3 s后消失,然后出现另一个数字。两个数字的时间间隔为0.1 s。但四位数电话号码之间的间隔时间是2 s,而最后一个数字与表示目标时距结束的红色方块的时间间隔为1.5 s;两位数门牌号码之间的间隔时间是1 s,它最后一个数字与表示目标时距结束的红色方块的时距为0.8 s。在整个实验里,没有出现相同的电话号码或门牌号码。

2.2.4 实验任务

被试的第一个任务是注意和记住两个红色方块之间的目标时距,然后用再现法或参数估计法复制出与目标时距同样长短的时距。第二个任务是记住目标时距内的电话号码或门牌号码,然后要求被试报告数字系列中与末尾数字相同的那个数字(探测数字)后面的两个数字。例如,12个数字若是这样的:605781349628,那么需要依次报告1和3。探测数字在数字系列中处于第一、第二或第十个位置上,随机而定。

2.2.5 实验设计

采用2×2×2的被试内设计。因素1为分割水平,即阿拉伯数字组成的四位数的电话号码或是两位数的门牌号码。因素2为延迟时间,即实验在刺激呈现完毕后让被试立即进行任务操作或延迟一段时间(50 s)进行任务操作。因素3是任务顺序,即先估计时距(后回答数字任务)或是先回答数字任务(后估计时距)。被试以再现法和参数估计法复制目标时距。用再现法复制时做2×2×2×2次实验,即每种处理均重复2次。用参数估计法复制时做2×2×2×8次实验,即每种处理均重复8次。总计每一种处理做10次,使得探测数字能在数字系列的前10个位置上均能出现1次,整个实验有8种处理(分割水平×延迟时间×检测顺序),其顺序是随机的。

2.2.6 实验程序

首先被试端坐在计算机前进行操作训练,直至熟悉目标时距的起止时刻、再现时距和参数估计时距的操作方法,熟练地以四位数的方式记忆电话号码系列和以两位数的方式记忆门牌号码系列。

再现时距以被试对“空格键”按两次之间的时间间隔来表示,在实验中要求被试既注意目标时距,又注意每次实验所呈现的是电话号码还是门牌号码。在延迟操作期间,被试做减3逆运算,直到计算机发出声音提示后才再现时距。每一次实验都在被试按键之后才开始呈现刺激材料,当被试做完8种处理的实验后,再重复这8种处理的实验,再现时距实验后休息2 min。

参数估计就是要求被试在给出的7 s,8 s,9 s,10 s和11 s五种时距中选择出一种作为时距估计,这5个选择项的顺序在计算机屏幕上随机出现。做16次实验为一组,每做完一组休息2 min。参数估计的其他程序同再现时距实验。对每次实验的时距估计值和所报告的数字都做了记录。整个实验约90 min。

2.3 结果

2.3.1 再现时距的实验结果

将各种处理条件下被试再现时距的平均值和标准差列于表1。把被试当作一个因子,进行15×2×2×2×2的方差分析,结果显示,被试间的个体差异极显著[$F(14,177)=30.18$, $MSe=2.48$, $p<0.01$],延迟时间效应显著[$F(1,177)=4.20$, $MSe=2.48$, $p<0.05$],其余的主效应均不显著。另外,延迟时间与分割水平的交互作用显著[$F(1,177)=5.00$, $MSe=2.48$, $p<0.05$]。对8种处理进行Duncan多重范围检验,结果显示,延迟时间的效应只在四位数系列的时距估计中反映出来,而分割水平的效应也只在立即估计条件下反映出来。

表1 实验一各种条件下再现时距平均值(s)和标准差

延迟时间	任务顺序	分割水平	
		四位数系列	两位数系列
0	先报告时距	< 1 > 5.50(2.68)	< 5 > 5.57(3.16)
	后报告时距	< 2 > 5.59(2.41)	< 6 > 6.33(2.65)
50	先报告时距	< 3 > 6.81(3.07)	< 7 > 6.27(2.64)
	后报告时距	< 4 > 6.02(2.10)	< 8 > 6.12(2.76)

注:尖括号内表示相应的8种联合处理,圆括号内为标准差。

2.3.2 参数估计的实验结果

将各种处理下参数估计的平均值和标准差列于表2。经方差分析，结果显示，被试的个体差异极显著[$F(1,897)=37.76$，$MSe=0.97$，$p < 0.01$]，延迟时间效应极显著[$F(1,897)=34.01$，$MSe=0.97$，$p < 0.01$]，分割水平效应极显著[$F(1,897)=13.95$，$MSe=0.97$，$p < 0.01$]；在二阶交互作用中，被试与延迟时间的交互作用效应极显著[$F(14,897)=13.95$，$MSe=0.97$，$p < 0.01$]，延迟时间与分割水平的效应极显著[$F(1,897)=12.99$，$MSe=0.97$，$p < 0.01$]。对每种处理条件下的平均值进行Duncan多重范围检验表明：对于分割水平而言，只有在立即估计条件下两种数字系列的时距估计有差异；对延迟时间而言，只有四位数系列的时距估计有差异。

表2　实验一各种条件下参数估计时距的平均值(s)和标准差

延迟时间	任务顺序	分割水平	
		四位数系列	两位数系列
0	先报告时距	< 1 > 8.54(1.28)	< 5 > 8.94(1.27)
	后报告时距	< 2 > 8.36(1.27)	< 6 > 8.89(1.29)
50	先报告时距	< 3 > 9.04(1.23)	< 7 > 9.13(1.22)
	后报告时距	< 4 > 9.06(1.18)	< 8 > 8.98(1.23)

注：尖括号内表示相应的8种联合处理，圆括号内为标准差。

2.3.3 对被试回忆数字的正确率及其任务操作方式的考察

将各种处理条件下被试回忆数字正确率的平均值列于表3。经方差分析，结果显示，分割效应显著[$F(1,112)=5.02$，$MSe=0.03$，$p < 0.05$]。延迟时间效应极显著[$F(1,112)=6.95$，$MSe=0.03$，$p < 0.01$]，检测顺序效应不显著。但对每一格进行Duncan检验表明，在每种处理条件下四位数系列的回忆正确率并不比相应的两位数系列的回忆正确率高。

表3　实验一各种条件下回忆数字正确率的平均值

延迟时间	任务顺序	分割水平	
		四位数系列	两位数系列
0 s	先报告数字	< 1 > 0.49	< 5 > 0.41
	后报告数字	< 2 > 0.56	< 6 > 0.49

续表

延迟时间	任务顺序	分割水平	
		四位数系列	两位数系列
50 s	先报告数字	< 3 > 0.39	< 7 > 0.37
	后报告数字	< 4 > 0.48	< 8 > 0.35

注:尖括号内表示相应的8种联合处理。

在实验中要求被试以四位数方式记忆电话号码。我们对被试的实际任务操作方式进行了t检验。检验的方式是按所回答的数字是否与探测数字位于同一电话号码为根据。结果列于表4。表4资料表明,在立即操作时,与探测数字位于同一电话号码内的数字回忆正确率显著高于位于不同电话号码的数字回忆正确率,而在延迟操作时这种差异消失。

表4　实验一电话号码内与电话号码外的数字任务正确率

延迟时间	任务顺序	号码内的正确率%	号码外的正确率%	两者之差/百分点
0 s	先报告数字	0.55	0.34	0.20*
	后报告数字	0.62	0.43	0.19*
50 s	先报告数字	0.40	0.38	0.02
	后报告数字	0.58	0.43	0.07

注:*表示t检验显著。

在实验中要求被试以两位数方式记忆门牌号码,而且在呈现数字时也让同一门牌号码内的数字间隔时间短于不同门牌号码的数字间距,对被试的实际任务操作方式进行了两种t检验。第一种是考察被试所回答的两个被检数字的正确率之差,即:当它们位于同一门牌号码时的正确率之差是否显著低于它们位于不同门牌号码时的正确率之差。结果显示,仅在立即报告条件下所回答数字时有差异($t=2.49>t_{0.05}=2.05$,$f=28$),延迟报告时均不显著。第二种方式是考察第二个被检数字的回忆正确率之差,即:当它与前面一个被检数字位于同一门牌号码时的回忆正确率是否显著高于当它与前面一个被检数字位于不同门牌号码时的回忆正确率。结果显示,仅在立即报告条件下先回答数字时有显著差异($t=2.2703>t_{0.05}=2.048$,$f=28$),延迟报告时均不显著。

2.4 讨论

对时间的知觉,注意是一个必要的条件(Huang, Xie, 1993)。根据PT模型,被试的注意在认知计时器和刺激加工器两者之间分配和转换。当目标时距开始,认知计时器启动,记录时间信息,它类似于工作记忆的特征(Allan & Rousseau, 1977)。此时,如果需要进行非时间信息加工,则出现注意转换,将中断这个计时器的记录,因而损害时距估计(Macar, Grondin, & Casini, 1994)。据此,在四位数系列的时距知觉中,被试的注意将从计时器上转换到数字码上3次,而在两位数系列的时距知觉中,被试的注意将从计时器上转换到数字码上6次。这样,前一种时距将比后一种时距高估,因为根据PT模型,在被试报告两种系列的数字任务正确率无显著差异的情况下,对后者的数字任务所投入的注意资源较多。但是,在立即估计条件下实验结果正好相反,而在延迟估计条件下两者的时距估计又相等,因而不符合PT模型的预测。

根据SS模型,目标时距内填充数字量相同,即都是12个数字,按理在四位数系列和两位数系列条件下时距估计应无显著差异,但结果与此预测不符。此外,根据组块原理,在短时记忆条件下记忆四位数系列比两位数系列的存储容量大;依据SS模型,被试在立即估计条件下四位数系列的时距估计值应大于两位数系列的时距估计值,但实验结果否定了此种预期。

根据CS模型,时间知觉就是知觉变化,时距估计不是由记忆中检索到的信息量所决定,而是由记忆中表征出的事件被分割的情况来决定(Poynter, 1983)。从前面的分析可以看到,被试在立即报告条件下对四位数系列的记忆经验是以四位数为单位进行分割的,因而被分割成3块,两位数系列的记忆经验是以两位数为组块进行分割的,因而被分割成6块。而在延迟报告条件下,不论是四位数系列,还是两位数系列,原来记忆经验中的电话或门牌号码的组块可能消失,而成为单个数字,即都被分割成12块。这样就能解释本实验结果在立即和延迟条件下的时距估计现象,也能解释本实验结果中两种数字系列的延迟时间效应。因此,本实验结果符合变化/分割模型的预测。

3 实验二

3.1 目的

控制目标时距内的填充数字系列的间距,操纵目标时距及其中填充数字系列的分割段数,以检验变化/分割模型。

3.2 方法

3.2.1 被试

14位心理学系一年级本科生，男女各半，平均年龄18岁。

3.2.2 刺激材料

目标时距为10 s和8 s。每种时距内的填充数字持续时间均为0.3 s。10 s内的每个数字间隔时间为0.5 s，8 s内的每个数字间隔时间为0.3 s。刺激呈现方式同于实验一。

3.2.3 实验设计

2×2×2×2的被试内设计。本实验增加的一个因子为目标时距（10 s和8 s），其余3个因子均同实验一。对于4个因子的16种联合处理，每个被试均重复5次（即再现法重复1次，参数估计方法重复4次）。因此，在进行数字任务的检测时将两个被试当作一个区组，让一个区组内每种处理的探测数字都可以出现在数字系列的前10个位置上。如果一个被试在10 s时间系列的探测数字位于数字系列的奇数位置（共5个），则在8 s时间系列的探测数字位于数字系列的偶数位置（共5个），反之交换位置。

3.2.4 实验任务

同实验一。

3.2.5 实验程序

同实验一。实验后对被试进行问卷调查。

3.3 结果

将再现时距实验的数据进行14（被试）×2（目标时距）×2（分割水平）×2（延迟时间）×2（任务顺序）的方差分析，结果显示，被试因子的效应极显著[$F(13, 148)=15.89$，$MSe=6.69$，$p<0.01$]，除延迟时间与分割水平的交互作用效应显著[$F(1, 148)=15.89$，$MSe=6.69$，$p<0.01$]之外，其余主效应和二阶交互作用均不显著。将延迟时间与分割水平的联合处理条件下重复56次的再现时距平均值列于表5。经Duncan多重范围检验，结果显示，在立即操作条件下以四位数系列为参照的时距估计极显著地短于以两位数系列为参照的时距估计，而在延迟操作条件下的四位数系列时距估计极显著地长于两位数系列的时距估计。对于分割水平而言，以四位数系列为参照的立即时距估计极显著地短于延迟时距估计，以两位数系列为参照的立即时距估计又极显著地长于延迟操作的时距估计。

将参数估计的数据进行方差分析，结果显示被试的个体差异极显著[$F(13, 820)=44.70$，$MSe=0.97$，$p<0.01$]。将被试的方差排除后进行检验，结果表明，除延迟时间的效应极显著[$F(1, 820)=6.86$，$MSE=0.97$，$p<0.01$]外，其余主效应和二阶交互作用均不显

著，立即时距估计的平均值小于延迟时距估计的平均值。

表5 延迟时间与分割水平联合处理下再现时距的平均值(s)

延迟时间	分割水平	
	四位数系列	两位数系列
0	8.72	9.64
50	9.81	9.2

将各种处理条件下的数字任务的正确率进行2(奇、偶位置)×2(目标时距)×2(操作的延迟时间)×2(分割水平)×2(任务顺序)的主效应进行方差分析，结果显示探测数字的奇偶位置效应显著[$F(1,218)=4.55$，$MSe=0.06$，$p<0.05$]，其中，偶数位置后面的数字任务正确率高于奇数位置后面的数字任务正确率；10 s或8 s的数字任务正确率差异不显著；操作的延迟时间效应极显著[$F(1,218)=12.39$，$MSe=0.06$，$p<0.01$]；分割水平效应极显著[$F(1,218)=11.33$，$MSe=0.06$，$P<0.01$]；任务顺序效应显著[$F(1,218)=4.12$，$MSe=0.06$，$p<0.05$]。分割水平效应显著，即把数字系列当作四位数操作的回忆正确率($M=0.56$)显著地大于把数字系列当作两位数操作的回忆正确率($M=0.45$)。

3.4 讨论

如前所述，根据PT模型，较之于两位数字系列，被试记忆四位数字系列数较多，对刺激加工器所投入的注意量减少，对认知计时器所投入的注意量增多。因此，对四位数系列的时距估计理应比两位数系列的时距估计较长些。但是，再现时距的实验结果(表5)否定了这一点。此外，表5的结果也否定了认知计时器所记录的信息一定会消弱的说法。同时，参数估计实验的结果也否定了PT模型的合理性。

由于被试报告四位数系列的数字任务正确率高于两位数系列，在记忆中前者的存储容量高于后者。据SS模型，被试对四位数系列的时距估计理应比两位数系列的时距高估。实验结果也否定了此种预期。另外，由于延迟条件下的回忆数字任务正确率低于立即条件下的回忆数字任务正确率，依据SS模型的说法，前一条件下的时距估计应低于后者，但是实验结果也否定了此种预期。

实验一的结果显示，在立即估计条件下被试以组块的方式分割时距，在延迟估计条件下以单个数字的方式分割时距。本实验由于操纵了变化分割，即让被试主观上把数字系列当作四位数的电话号码或两位数的门牌号码。并且，被试对数字任务的回忆正确率也确实有差异，因此可以认为，虽然实验二所呈现的数字系列客观上没有变化，但被试在立即估计时距的条件下主观上确实将数字系列看成电话号码或门牌号码，也就是说前者被分割为3个变化事件,后者被分割为6个变化事件。所以,在立即估计时距的情况下,被试将高估两位数系列的时距。但是,在延迟估计条件下,以单个数字来分割,亦即哪一数字系列回忆的正确率较高,则该数字系列被分割的事件就较多,对该种系列的时距估计就较长。这样,延迟估计的四位数系列的时距,应长于相应的两位数系列的时距估计。如此就能解释表5的实验结果。此外,对10 s和8 s的时距估计无显著差异,是由于被试在这两种条件下的主观分割段数相等之故。本实验的参数估计实验结果未能显示出主观分割的作用,甚至时距为10 s和8 s的差异也未显示出来。这很可能是由参数估计是一种比较法,被试在掌握复制标准上不稳定所致(黄希庭、郑涌,1995)。这在实验后通过对被试的问卷调查得到了证实。大多数被试反映,用再现法复制目标时距比参数估计更直接、更有把握。

4 总的讨论

本研究两个实验都显示出一个共同特点:在立即操作条件下数字任务的回忆正确率与时距估计的长短不呈正相关,而在延迟操作条件下两者却呈正相关;然而在立即操作条件下,被试分割出的变化事件数则与时距估计的长短呈正相关。如上所述,此种结果最能被变化/分割模型解释。这是因为变化/分割模型并不强调单一的计时机制或时距估计方法:该模型既强调记忆的数量、组织可以决定时距知觉,也认为对事件的加工方式及注意的转移可以影响时距知觉(Poynter,1989)。也就是说它吸收了SS模型和PT模型的优点,因而具有较高的预测效度。

按照Macar等人(Macar et al.,1994)的看法,注意模型(PT模型)和记忆模型(CS模型、SS模型)的根本分歧在于是否承认有内部计时器的存在。他们认为,前者通过"注意"启动的认知计时器才能对时间信息进行加工,因此,任何对"注意"的干扰都将缩短时距的估计值。后者则根本否认计时器的观念,甚至连"时间信息"的观念也不承认,认为时距估计只是一般信息加工的副产物。事实上,无论是主观世界或是客观世界,时距判断都必须依据一个固定的可见的变化,即非时间维度才能起作用。正如Ponyter所说,事件是可见的,时间是不可见的、抽象的,只能用事件的变化来测量时间,而用时间来测量事件的变化,便超出了人类能力的范围(Poynter,1989)。Fraisse也认为,个人只有想象自己思想里的变化,才能形成个人的时间观念(Fraisse,1984),即使承认认知计时器的存在,对于"注意时间"或"注意时间信息"也需要做更具体的说明(Block,1990)。正因如此,心理学家对人脑中的时间表征研究便成了当代时间心理学的一个热点。变化/分割模型所使用的分割概念被认为具有较好的操作性(Zakay & Feldman,1993)。而存储容量这个概念则较模糊，要想对它下一个准确的操作定义以获得一个有效的测量都不可能（Block，1990）。在实施过程中往往用所回忆信息的数量来表示“存储容量”。尽管回忆的信息数量与存储容量呈正相关，但不能精确地反映存储容量，因为回忆肯定要受到背景、动机、认知等因素的影响。以实验一、实验二的延迟操作条件下的数字任务正确率来说，它并未达到，也肯定未能完全算出被试记忆中储存的信息。但是，若用单个水平上识别出的变化事件来表达，则可以说被分割出的变化事件具体是多少。因此，我们也认为，根据可见的变化来把握时间的流逝，是对时距估计认知加工较佳的操作性描述。关于这个问题，我们将在下一项研究中进一步探讨。

合作者：徐光国。原文载于：《心理学报》1997年第29卷第3期。

对变化/分割模型的检验(Ⅱ)

1 引言

在前一篇报告中(黄希庭、徐光国,1997),我们用两个实验考察了存储容量模型(storage size model,简称SS模型)、加工时间模型(processing time model,简称PT模型)和变化/分割模型(change/segmentation model,简称CS模型)的预测效度。实验一控制目标时距和该时距内的填充数字系列,操纵填充数字系列的分割段数。结果显示,数字系列的分割段数影响立即的时距估计,但不影响延迟的时距估计。实验二控制目标时距内填充数字的间距和个数,操纵目标时距及其中的填充数字系列的分割段数。结果显示,在立即估计时,分割段数越多,估计的时间越长,而在延迟估计时,记忆的数字个数越多,估计的时间越长。这都表明CS模型比SS模型和PT模型具有更高的预测效度,但是在前述的两项实验中对于分割段(四位数和两位数)内的两个因素:段内项目数和段的持续时间没有加以操纵。本研究拟探讨这两个因素对时距估计的影响,以及在立即和延迟操作条件下对时距估计的影响,从而对变化/分割模型做进一步的检验。

2 实验三

2.1 目的

控制目标时距及其中的填充数字系列的分割段数以及段的持续时间,操纵段内的项目数,以检验变化/分割模型。

2.2 方法

2.2.1 被试

8位在读硕士研究生,男女各半,平均年龄27岁。

2.2.2 仪器

一台386计算机(计时精确到10 ms)和SPSS/PC+3.0统计软件。

2.2.3 刺激材料

每次实验呈现的目标时距均为10 s,由计算机屏幕正中央先后出现的两个红色方块(6 cm×6 cm)之间的时间间隔来表示。目标时距内依次填充着3个四位数字(大小为

5 cm×2 cm)，称为电话号码，或3个两位数字称为门牌号码。每个数字持续0.3 s后消失，然后出现下一个数字。每组电话或门牌号码的数字之间间隔时间为2 s；电话号码内的数字间隔时间为0.1秒，门牌号码内的数字间隔时间为0.9 s。每一段的持续时间为1.5 s。最后一个数字与目标时距结束的标记红色方块的间隔时间为1.5 s。在整个实验中电话号码或门牌号码均不相同。

2.2.4 实验任务

被试的第一个任务是注意并记住两个红色方块之间的目标时距，然后用再现法或参数估计法复制目标时距。第二个任务是记住目标时距内的电话号码或门牌号码，然后报告某一个电话号码或门牌号码的所有数字。

2.2.5 实验设计

2×2×2的被试内设计。因素1为分割水平，即填充数字分为四位数和两位数。因素2为操作条件，分为立即和延迟估计，即在刺激呈现完毕后要求被试立即进行时距估计或延迟一段时间(50 s)后进行时距估计。因素3是任务顺序，即先估计时距后回答数字任务或先回答数字任务后估计时距。被试复制时距用两种方法，即再现法和参数估计法。用再现法时，被试做2×2×2×2次实验，即每种处理均重复2次。用参数估计法时，被试做2×2×2×4次实验，即每种处理均重复4次。总计每一种处理做6次。这6次数字任务其中在3个位置上重复2次，8种处理(分割水平×延迟时间×检测顺序)的顺序是完全随机的。

2.2.6 实验程序

首先被试端坐在计算机前进行操作训练，直至完全熟悉目标时距的起止时刻、再现时距和参数估计时距的操作方法，熟练地以四位数的方式记忆电话号码系列和以两位数的方式记忆门牌号码系列。

再现时距法以被试按两次“空格键”之间的时间间隔来表示，实验中要求被试既注意目标时距，又注意每次实验所呈现的是电话号码还是门牌号码。在延迟估计期间，被试做减3逆运算，直至计算机发出声音提示后才再现时距。每一次实验都在被试按键之后开始出现刺激材料。

当被试做完8种处理的实验后，再重复这8种处理的实验。再现时距实验后休息2 min。接着，做参数估计实验。

参数估计实验与再现时距实验相同。但被试仅在提供的7 s，8 s，9 s，10 s和11 s的5种时距之中选择出一种作为时距估计，这5个选择项在屏幕上出现的顺序是随机的。16次实验为一组，每做完一组休息2 min。

对每次实验的时距估计值和所报告的数字都做了记录。做完整个实验约60 min。

2.3 结果

将各种处理条件下再现时距、参数估计时距和报告数字的正确率的平均值与标准差列于表1。对再现时距法的数据进行方差分析,结果显示,被试的个体差异极显著[$F(7,93)=11.84$, $MSe=3.37$, $p<0.01$],延迟时间的效应显著[$F(1,93)=4.05$, $MSe=3.37$, $p<0.05$],其余主效应和二阶交互作用效应均不显著。

对参数估计法的数据进行方差分析,结果显示,被试的个体差异极显著[$F(7,221)=4.11$, $MSe=1.14$, $p<0.01$],延迟估计的效应显著[$F(1,93)=6.13$, $MSe=1.14$, $p<0.01$],其余主效应和二阶交互作用效应均不显著。

对被试报告数字的正确率进行方差分析,结果显示,被试的个体差异极显著[$F(7,349)=3.24$, $MSe=0.05$, $p<0.01$],延迟操作的效应极显著[$F(1,349)=11.02$, $MSe=0.05$, $p<0.01$],分割水平的效应显著[$F(1,349)=21.48$, $MSe=0.05$, $p<0.01$],其余主效应和二阶主效应均不显著。

表1 实验三各种处理条件下的时距估计和报告数字的正确率($M \pm SD$)

延迟时间	任务顺序	再现时距法		参数估计法		报告数字的正确率	
		四位数系列	两位数系列	四位数系列	两位数系列	四位数系列	两位数系列
0 s	先报告时距	6.11±1.76	7.19±2.05	8.00±1.22	8.48±1.29	0.87±0.19	0.94±0.17
	后报告时距	6.32±1.86	6.41±2.34	8.00±1.05	8.16±1.25	0.78±0.23	0.90±0.27
50 s	先报告时距	7.25±2.22	7.44±4.52	8.59±1.21	8.66±1.00	0.73 ±0.23	0.87±0.25
	后报告时距	7.15±2.12	6.92±2.12	8.29±1.02	8.44±1.19	0.75±0.22	0.85±0.29

2.4 讨论

本实验的结果难以用SS模型解释。因为按照该模型,被试记忆四位数系列的个数多于两位数系列的个数,对四位数系列的时距估计应比两位数系列的时距估计显著地高估,但事实并非如此。这也难以用PT模型解释,因为被试回忆四位数系列的个数多,但回忆的平均正确率却低于两位数系列,这表明注意资源投入四位数系列的加工器多于投入两位数系列的加工器,据此对四位数系列的时距估计应显著短于对两位数系列的时距估计。但事实并非如此。表1的资料否定了SS模型和PT模型的预测。然而,此项实验结果却能用CS模型解释,因为在立即和延迟估计条件下被试对两种数字系列的加工段数均为3块,因此在不同分割水平下时距的估计相等,从而证实了CS模型的预测。但在实验中延迟操作条件下的时距估计和报告数字的正确率都显著地不同于立即操作,则难以用这3种模型来解释,看来对时间的认知似应综合各种因素来考虑。

由于本实验操纵的分割段数及段的持续时间都是相同的，而段内的项目数却不同。本实验的结果表明，段内的项目数并不影响对时距的估计。

3 实验四

3.1 目的

控制目标时距和该时距内填充数字系列的分割段数以及段内的项目数，操纵段的持续时间（段的时距），以检验变化/分割模型。

3.2 方法

3.21 被试

8位在读硕士研究生，男女各半，平均年龄26岁。

3.2.2 刺激材料

在目标时距10 s内呈现两种四位数的电话号码系列。每一个数字的持续时间为0.3 s，共有12个数字。第一种四位数的电话号码系列：每一个电话号码持续时间（段的时距）为1.5 s，电话号码间的数字间隔时间为2 s，电话号码内的数字间隔时间为0.1 s，最后一个数字与表示目标时距结束的红色方块之间的时间间隔为1.5 s。第二种四位数的电话号码系列：每一个电话号码持续时间为2.4 s，电话号码间的数字间隔时间为1 s，电话号码内的数字间隔时间为0.4 s，最后一个数字与表示目标时距结束的红色方块之间的时间间隔为0.8 s。刺激呈现方式同实验三。

3.2.3 实验任务

同实验三。

3.2.4 实验设计

同实验三。

3.3 结果

将各种处理条件下再现时距、参数估计时距和报告数字的正确率的平均值与标准差列于表2。对再现时距的数据进行方差分析，结果显示只有被试间的差异极显著[$F(7,93)=13.059$, $MSe=3.571$, $p<0.01$]，其余主效应和二阶交互作用均不显著。

对参数估计法的数据进行方差分析，结果显示被试间的差异极显著[$F(7,221)=$

6.59, MSe=0.97, $p < 0.01$],段的时距效应极显著[$F(1, 221)$=7.43, MSe=0.97, $p < 0.01$],延迟估计与段的时距的交互作用效应极显著[$F(1, 221)$=6.76, MSe=0.97, $p < 0.01$]。经过Duncan多重范围检验表明,段的不同时距只在立即估计条件下才有差异;而延迟估计的效应也只有在第二种数字系列(即段的时距为2.4 s)才显示出来。

对被试报告数字的正确率进行方差分析,结果显示,被试的个体差异显著[$F(7, 349)$=2.58, MSe=0.05, $p < 0.05$],延迟时间效应极显著[$F(7, 349)$=6.85, MSe=0.05, $p < 0.01$],其余主效应和二阶交互作用效应均不显著。

表2　实验四各种处理条件下的时距估计和报告数字的正确率(M±SD)

延迟时间	任务顺序	再现时距法		参数估计法		报告数字的正确率	
		段的时距 1.5 s	段的时距 2.4 s	段的时距 1.5 s	段的时距 2.4 s	段的时距 1.5 s	段的时距 2.4 s
0 s	先报告时距	5.212±2.385	6.012±2.163	7.875±1.070	8.531±0.983	0.844±0.217	0.880±0.179
	后报告时距	5.206±1.977	6.201±2.067	7.969±1.332	8.625±1.212	0.839±0.239	0.813±0.222
50 s	先报告时距	5.995± 2.113	6.022±2.255	8.062±0.982	8.000±0.762	0.787 ±0.225	0.817±0.217
	后报告时距	6.195±2.228	6.227±2.229	8.188±0.982	8.281±1.203	0.755±0.228	0.781±0.229

3.4 讨论

从表2的结果可以看出,无论数字段的时距为1.5 s或2.4 s,还是先报告数字或后报告数字,被试报告出数字系列正确率的平均值之间没有显著差异:按照PT模型,在此种实验条件下,时间加工器和非时间加工器投入的注意资源无显著差异;按照SS模型,其存储容量也无显著差异。也就是说,按照这两个模型的预测,被试在两种数字系列条件下估计时距应无显著差异,但表2中参数估计法的结果否定了这一点。

根据CS模型,段的持续时间不等,也会影响时距估计(Poynter, 1989)。我们的一项研究早已确证儿童对时间的估计是使用时间标尺(time scaling)的(黄希庭、张志杰,1979)。也就是说,用不同的时间标尺去分割相同一段时间,会有不同的时间估计。Fraisse曾做过实验,在一段空时距(时距内无填充物)的前面部分加上一小段不同长度的内容物,使这一小段内容充当时间标尺,结果造成了时间估计的差异(Fraisse, 1984)。在本实验的条件下,同样的目标时距,被试之所以对其长短有不同的感知(特别是在延迟条件下),很可能是使用了不同时间标尺之故。

4 总的讨论

4.1 变化/分割模型的预测效度

在上一篇报告（黄希庭、徐光国，1997）中的实验一控制目标时距和该时距内的填充数字系列，操纵数字系列的分割段数的差异，造成了内部变化的分割段数的差异；实验二控制目标时距内的数字系列的间距，操纵目标时距及其中填充数字系列的分割段数，而实验四控制外部变化的分割段数，未引起再现时距上的变化，但段的持续时间的差异却造成了参数估计的内部标尺在分割上的差异。实验三控制外部变化的分割段数，未引起再现时距和参数估计的经验变化，并且段内的项目数的差异也未造成时距估计的内部标尺的分割变化。这些都能以变化/分割模型来解释，也就是说变化/分割模型具有较高的预测效度。相反，加工时间模型却不能解释这一系列实验中所出现的时间估计的显著差异，也解释不了无差异的情形。实验一两位数系列的数字任务正确率与四位数系列的相应值无显著差异，但由于四位数的组块比两位数的组块更容易记忆，这表明被试为了达到同样的记忆效果，必然要对两位数投入更多的注意能量，则应该对两位数系列的时距估计短于相应的四位数系列的时距估计。同样，实验二也应该预测出相同的结果。然而，实验结果恰好相反。实验三的两位数系列明显比四位数系列容易记忆，因为两位数系列一共才有6个数字，而且在回答数字时只有2个数字，所以投入的注意量应多于相应的四位数系列。即它的预测应是不相等的时距估计，但实验却显示两位数系列和四位数系列的时距估计结果相等。

SS模型认为时距估计与储存的容量呈正相关。实验一、二控制了目标时距内的数字个数，按理说在立即估计和延迟估计两种条件下时距估计都应该相等。但实验一只有在延迟估计条件下时距估计结果才相等，实验二在再现法中时距估计不相等。实验三的四位数系列的数字个数明显多于两位数系列的数字个数，按理应该是前者的时距估计长于后者的时距估计；但两者却相等。实验四控制了目标时距内的数字系列的个数，而且两种数字系列的回忆正确率也相等，若按照SS模型时距估计应无差异，但参数估计的时距值却有差异。这些都是SS模型无法解释的。

因此，总的看来，变化/分割模型具有较高的预测效度。

4.2 分段综合加工模型的探讨

虽然变化/分割模型具有较高的预测效度，但该模型也不能完全解释本研究所揭示的现象。例如，在本研究中我们经常可以看到，被试对时距的估计，不仅取决于目标时距内填充数字的段数，而且也依存于段的持续时间，还依存于被试对时距的估计方法。

例如,从实验四可以看到,当所经历的时距被分割的段数相等、段的项目数相等时,段的持续时间却影响立即条件下的时距估计,而对延迟时距估计没有影响。

从被试对时距的估计方法来看,本研究要求被试采用立即估计、延迟估计、再现估计和参数估计4种方法,所得到的结果也不相同。研究结果之所以不同,与被试采用何种分段策略有很大的关系。例如在实验三、四中,被试的延迟估计是以块为分段单位进行时距估计的;而在实验一中,被试对两位数系列的时距估计则可能是以单个阿拉伯数字为分段单位的。由于任务难度大,在立即估计条件下也可能以块为分段单位,而与延迟估计的情形有所不同。这都表明时距估计时的分段单位可能包含不同的层次。对此,Boltz曾做过讨论(Boltz,1991),他把包含很多事件(或项目)的块结构称为高阶结构,而把包含很少事件(或项目)的块结构称为低阶结构,并认为高阶结构包含低阶结构。在本实验中,被试也表现出既可能选择高阶结构也可能选择低阶结构作为分段单位来对时距加以估计。

上一篇报告的实验一和二(黄希庭、徐光国,1997)表明,分段的多少对时距估计所起的作用很大。在Zakay和Feldman的实验中,被试在回溯式估计中尽管忘掉了许多局部的意义组块,但仍能以3个高优先度事件(高阶结构)来分割词单系列(Zakay & Feldman,1993)。这就如同日常生活中人们会忘掉小的事件,却能以明显的重大事件作为时点来分割过去时间,如考上大学以来的岁月、1949年以来的日子,等等。Essens在文献综述的基础上也认为,时间模式的认知组织特点是,时间结构是以层级形式(hierarchical form)来编码的(Essens,1986)。

被试采用再现法和参数估计法所得到的结果也有差异。实验一(黄希庭、徐光国,1997)的两种估计法均显示出外部变化/分割效应。实验二(黄希庭、徐光国,1997)只有再现时距法显示出内部变化/分割效应。实验三两种方法显示段的项目数不影响时距估计,实验四只有参数估计法显示出段的持续时间影响时距估计。总的来看,再现法较能验证内部变化/分割效应,而参数估计法则比再现法较能验证外部的变化/分割效应。这种差异是被试使用量度时间的分段策略不同所致。要求用再现法估计,被试大多直观地进行估计;而用参数估计法,被试对时间的估计,所用的是一种习俗的时间单位(在本实验中是秒)。

变化/分割模型既吸收了存储容量模型关于目标时距内记忆事件的数量决定时距认知的假设,也吸收了加工时间模型关于目标时距内对事件的加工方式和注意的转换会影响时距认知的假设,并且对短时距记忆有较高的预测效度(Block & Zakay,1997;黄希庭、徐光国,1997),但对长时距记忆的研究结果却相当矛盾。已有的研究发现,人类对时间的认知具有分段性,即对不同持续时间的表征是不同的(Uichon,1992;黄希庭、

1994;黄希庭、孙承惠、胡维芳,1998),因此,建立时间记忆的模型,必须要考虑人类认知时间的分段性。同时,还必须考虑到无论对哪一种时距的记忆均受多种因素,例如事件的数量与结构、通道特点、时序和时点的性质、注意资源、编码方式、分段和提取策略、实验指标,以及个体的时间信念、情绪、疾病等的影响。因此,有必要对变化/分割模型加以扩充,用分段综合模型(黄希庭、郑涌,1995)来理解人类对时间的认知。这也是我们今后研究的一个方向。

合作者:徐光国。原文载于:《心理学报》1999年第31卷第2期。

时间记忆层次网络模型的实验检验

1 引言

在时间认知研究领域,研究者围绕时间信息的三个基本属性时序(succession)、时距(duration)和时点(temporal locus)提出了众多的理论模型。其中强度理论、时间顺序理论、背景重叠理论、时间标记理论、重构理论、联接链理论、顺序码理论属于时序理论,储存容量模型、加工时间模型、变化/分割模型属于时距理论,无表征理论与表征理论属于时点理论(Friedman,1993;Kemp,1994;黄希庭,1993;黄希庭、郑涌,1995;王振勇、黄希庭,1996)。已有的时间理论大都认为项目或事件是以线性形式储存在记忆中的,只有编码动摇理论提出,线性排列的项目或事件会形成组块,然后这些组块再形成更高一层的顺序标记,从而构成层次网络的形式(Estes,1985;Huttenlocher,Hedges,& Prohaska,1988;Huttenlocher,Hedges,& Bradburn,1990)。以往有些研究认为概念是以一种层次网络的形式储存的(Collins & Quillian,1969),客观时间的概念就具有这种特征,如一年可分成12个月,每个月又可以分成4个星期,每个星期可分成7天,每天又可分成24小时。Golding曾经提出一个"WHEN"模型,用于解释人们对未来时间的判断(Golding,Magliano,& Hemphill,1992)。他在研究中发现,由于时间标志是分层次组织的,被试在回答长时间问题时,运用了分割算子(segmentation operators)。一些支持变化/分割模型的研究也发现,人们对线性的时间序列的确进行了组块分割(Buffardi,1971;Poynter,1983)。由此看来,客观时间具有层次网络的特征,但人们的主观时间是否也同样有这些特征呢?目前还没有具体的实验直接检验。本实验将考察时间的心理表征是否符合层次网络模型。

2 方法

2.1 被试

大学本科生94人,按男女比例随机分成人数基本相同的4组(23人、23人、24人、24人)。

2.2 实验仪器

486DX2-80计算机。

2.3 实验材料

包括2个词单。每个词单16个词(由4组词组成,每组4个)。同组词属同一概念范畴(详见附录)。

2.4 实验程序

操纵5个因素:(1)判断时序和时距所用的两个词所处位置(同属一组、相邻两组、间隔一组);(2)判断时序和时距所用两个词之间的间隔词数(间隔0、间隔2、因素1中,在相邻两组和间隔一组两种水平下,两词之间间隔有4个词的情况,间隔一组时只有间隔4个词的情况);(3)延迟(有、无);(4)注意条件(即被试是否事先注意到实验目的,包括注意与无注意);(5)自然时序标码(无顺序标码:每个词的前面伴随显示一个三角形、圆形等简单熟悉的图形;有顺序标码:每个词的前面伴随显示1到16的数字)。

根据延迟和自然顺序标码二因素可组成的4个处理,将实验分成4个程序,分别由4组被试完成。根据因素1,2可组成6个处理,在实验过程中按拉丁方排列。依指导语(因素4)的不同,将实验分为两个阶段。第一阶段测试第一个词单是无注意阶段,即被试不知道实验是为了估计时距和测量时序。第二阶段测试第二个词单是注意阶段,即告诉被试实验目的。

词单由计算机屏幕呈现,每个词呈现1000 ms,间隔500 ms。呈现完毕后,屏幕显示顺序判断指导语,然后在屏幕下方首先标出“前后”的指示信息,间隔1500 ms后呈现所要判断的两个词,要求被试按键判断呈现两词的顺序是否符合词单中的实际顺序(如果正确按Z键,错误按?键),计算机记录反应的正确率和正确反应的反应时间。6次顺序判断完毕后,再进行时距估计。计算机重新呈现一遍原词单,屏幕呈现两词,让被试估计两词在原词单中的间隔时间。时距估计包括再现(被试两次按“空格键”的时间间隔即估计时间)和口头估计(被试通过键盘直接输入估计时间),先用再现后用口头估计,共做6次估计。2,4组延迟的情况即在词单呈现完毕后,屏幕显示一系列算式(如:$3\times8>4\times6$)要求被试判断正误,之后再让被试进行顺序判断或时距估计。第一阶段测试结束后休息3 min,进行第二阶段测试。由计算机屏幕显示指导语,告诉被试实验目的。其余过程同第一阶段测试。

在正式实验前,被试要进行以图形为刺激的时距估计训练,并以相似的实验材料进行识记项目的练习(即要求被试记忆词单的内容),直到操作熟练后再进行正式实验。

3 结果与分析

对被试在各种条件下反应的正确率和反应时(RT)以及时距估计的结果进行统计，结果见表1。

运用SPSS统计软件包对数据进行2×2×2×2完全随机化协方差分析(由于同组内男女人数不等，因此将性别因素作为协变量)，结果如表1至表5所示。

表1 被试反应的正确率和反应时(s)及时距估计的实验结果(s)

顺序标码	所处组别	间隔词数		无延迟								延迟							
				无注意				注意				无注意				注意			
				正确率	RT	口头	再现	正确率	RT	口头	再现	正确率	RT	口头	再现	正确率	RT	口头	再现
无	一组	0	*M*	0.59	1.81	1.87	1.9	0.37	2.18	1.79	1.88	0.65	2.49	2.21	2.37	0.57	2.92	1.76	1.85
			SD	0.5	0.87	1.33	1.56	0.49	0.97	1.13	1.23	0.48	0.75	1.19	1.72	0.5	0.65	0.74	0.68
		2	*M*	0.56	1.92	2.17	2.36	0.81	1.92	2.51	2.6	0.78	2.39	2.78	2.91	0.61	2.61	2.4	2.44
			SD	0.5	0.91	1.08	1.49	0.39	0.83	1.03	1.79	0.42	0.82	1.63	1.8	0.49	0.72	1.04	1.22
	相邻	0	*M*	0.78	1.86	3.06	3.52	0.67	1.87	3.41	2.783	0.74	2.27	3.92	4.25	0.87	2.38	3.3	4.12
			SD	0.42	0.77	1.72	2.1	0.48	0.97	2.34	2.11	0.44	0.84	2.13	2.24	0.34	0.79	1.85	2.65
		2	*M*	0.67	1.71	3.04	3.37	0.67	1.72	4.43	3.99	0.74	1.98	5.33	4.86	0..74	2.08	4.01	4.15
			SD	0.48	0.64	1.61	1.85	0.48	0.84	1.73	1.92	0.44	0.73	2.38	2.23	0.44	0.77	1.88	1.95
		4	*M*	0.67	1.83	3.77	3.93	0.74	1.55	4.79	4.57	0.74	2.19	4.88	4.9	0.87	2.12	4.95	5.48
			SD	0.48	1.01	1.89	2.15	0.44	0.81	1.87	2.24	0.44	0.91	2.13	2.55	0.34	0.78	2	2.16
	间隔一组	4	*M*	0.81	1.47	5.27	4.93	0.93	1.76	5.09	4.8	0.83	2.03	5.39	5.62	0.91	2.12	3.97	4.47
			SD	0.39	0.57	2.3	2.39	0.26	1.01	1.97	2.35	0.38	1.06	1.85	2.71	0.28	0.72	2.36	2.44
有	一组	0	*M*	0.68	1.75	2.07	1.69	0.55	2.15	1.8	1.56	0.55	2.28	2.43	2.6	0.77	2.1	2.24	2.38
			SD	0.47	0.76	1.48	1.23	0.51	0.82	1.04	1.15	0.51	0.77	0.93	1.79	0.42	0.9	1.37	1.86
		2	*M*	0.45	1.59	2.66	2.15	0.82	1.97	2.02	1.66	0.73	2.1	2.26	2.44	0.82	2.45	3.07	2.78
			SD	0.51	0.79	1.58	1.42	0.39	0.78	1.13	0.96	0.45	0.81	1.26	0.57	0.39	0.66	1.79	1.99
	相邻	0	*M*	0.82	1.81	3.19	2.89	0.82	1.62	2.86	303	0.64	2.37	3.94	4.23	0.68	2.28	3.75	3.81
			SD	0.39	0.87	1.88	1.56	0.39	0.4	1.76	2.32	0.49	0.86	2.2	1.91	0.47	0.81	1.43	1.73
		2	*M*	0.73	1.62	3.37	2.77	0.73	1.65	3.97	3.45	0.68	2.16	3.86	3.53	0.64	2.2	3.91	4.13
			SD	0.45	0.77	2.49	1.97	0.45	0.59	2.52	2.67	0.47	0.92	2.01	1.63	0.49	0.85	1.65	1.77
		4	*M*	0.82	1.55	3.59	3.23	0.73	1.58	3.76	3.25	0.82	2.39	4.32	4.3	0.82	2.08	4.45	4.85

续表

顺序标码	所处组别	间隔词数		无延迟								延迟							
				无注意				注意				无注意				注意			
				正确率	RT	口头	再现	正确率	RT	口头	再现	正确率	RT	口头	再现	正确率	RT	口头	再现
			SD	0.39	0.75	2.06	1.93	0.45	0.6	2.15	2.29	0.39	0.89	1.46	2.34	0.39	0.77	1.8	2.15
	间隔一组	4	*M*	0.86	1.38	4.12	3.94	0.73	1.68	3.85	3.75	0.95	1.97	5.98	4.6	0.82	2.05	4.59	5.01
			SD	0.35	0.64	2.09	2.06	0.45	0.6	2.28	2.67	0.21	0.75	2.25	2.3	0.39	0.9	2.25	2.83

表 2　两个词同属相邻两组情况下判断结果的统计分析（*F* 值）

	A	B	C	D	A×D	A×B×D	A×B×C
正确率	0.59	2.51	1.15	5.29*	4.33*	9.51**	
RT	8.13**	36.51**	7.52**	1.11			
口头	0.58	4.26	1.01	12.77**			6.33*
再现	0.88	8.96**	0.85	6.54*			

注：A 为注意；B 为延迟；C 为顺序标码；D 为间隔。表 3 相同。

* 表示 $p < 0.05$，** 表示 $p < 0.01$，以上各效应自由度均为 1，后同。

表 3　两个词同属相邻两组情况下判断结果的统计分析（*F*）

	A	B	C	D	A×B	A×B×C
正确率	0	0.01	0.08	1.33		
RT	0.003	34.66**	0.09	4.13*		
口头	0.02	7.49**	1	7.46**	6.78*	3.908*
再现	0.002	18.25**	3.33	1.14		

从表 2、表 3 的结果来看，当两个词在同一时间组块内时，间隔的远近对时序判断的正确率影响很大，对反应时无影响；当两个词处于在不同时间组块内时，间隔的远近对时序判断的正确率无影响，对反应时影响却很大，在间隔远的情况下反应时要快得多。其他几个因素在 4 个反应指标上有一定的一致性。

表 4 所列的是两词间隔较远时的结果，当两词间隔的组块不一样时，时序判断的正确率差异很大，间隔一个组的要比属相邻两组的判断正确率高，但反应时却无明显差

异。从以上结果也可看到,顺序标码因素在两词间隔较近时无效应,间隔较远时影响了时距的估计。延迟作用效应在各种条件下具有很高的一致性。

表4 两个词间隔4个词情况下判断结果的统计分析(*F*)

	A	B	C	D	A×B	A×C	A×D	B×C
正确率	0.07	2.38	0.02	4.5*		5.69*		
RT	0.04	36.85**	0.36	1.45			4.50*	
口头	0.89	5.62*	4.43*	5.20*	3.98*		7.55*	4.82*
再现	0.29	12.47**	9.84**	2.34				

注:A为注意;B为延迟;C为顺序标码;D为所处组别;表5相同。

表5所列结果是考察两个词间隔不同时的时间组块的效应。由表5可知,当两个词间隔较近时(间隔为0),组块效应对应反应时无影响,对时序判断正确率有影响,两个词处在不同组块时判断较易。当两个词间隔较远时(间隔为2),组块效应对时序判断正确率无影响,对反应时的判断有影响,两个词处于在不同组块时判断较快。

表5 两个词间隔不同情况下判断结果的统计分析(*F*)

	词间隔为0				词间隔为2					
	A	B	C	D	A	B	C	D	A×B	A×B×C
正确率	0.31	0.48	0.59	11.91**	1.81	0.74	0.003	0	3.99**	
RT	1.84	36.79**	4.30*	3.3	2.52	34.25**	0.94	8.09**		
口头	4.58	5.8*	0.46	72.81**	0.58	5.80*	1.1	71.42**	3.81*	9.16*
再现	2.06	17.08**	0.11	66.87**	0.36	10.53**	6.41**	52.88**		

4 讨论

本实验采用分类性的实验材料,使被试在对词单项目加工时形成较清晰的群集,进而形成时间组块,以此来检验时间的心理表征是否符合层次网络模型。由于本实验所用词单有相同范畴和不同范畴的项目,相同范畴的项目的连续学习会导致前摄抑制和倒摄抑制,而新范畴项目的出现又会从前摄抑制中释放出来,这种效应可能会影响所测量的实验数据。为了减少这种效应,我们首先缩小同范畴的项目数(仅为4个),其次对于反应时，只记录正确反应的时间，提取错误的反应时不记录。当两个词处在不同范畴（时间组块）时，间隔为0所用的词处在边界位置，间隔为2时处在中间位置，这可能会受到前摄和倒摄抑制的影响，事实上从本次结果来看（见表3），它们判断的正确率无差异。但从表5结果来看，当两个词间隔为0时，不同时间组块的两个词（处于边界位置）与同属一个时间组块内的两个词（有一词不处于边界位置）对时序判断的正确率有影响，两个词处在不同组块时判断较易，这可能又有前摄或倒摄抑制的参与，下面我们将结合该问题来讨论。

大部分时间信息加工理论都认为项目或事件是以线性形式储存在记忆中的（例如，时间顺序理论指出，项目或事件的表征就像在运动着的传送带上依次放包裹一样，以其出现的顺序组织在记忆之中；变化/分割模型认为，对时距的知觉就是把时间序列分割成在线性维度上排列的时间单位（Huttenlocher et al.，1988，1990；Estes，1985）。在20世纪70年代发展起来的语义记忆网络模型的影响下，近年时间记忆理论也转向用网络结构来说明时间记忆加工（编码动摇理论）（Collins & Quillian，1969；Golding et al.，1992；Poynter，1983），该理论认为对事件（或项目）时间属性的表征与对语义网络中其他类型的信息表征一样，采用了一种有组织的等级系统形式。项目在时间中的位置信息在最低层水平上编码，组块的相对时间位置信息在次高层水平上编码，依次类推。例如，对于本次实验所用材料的时间表征可用图1表示。

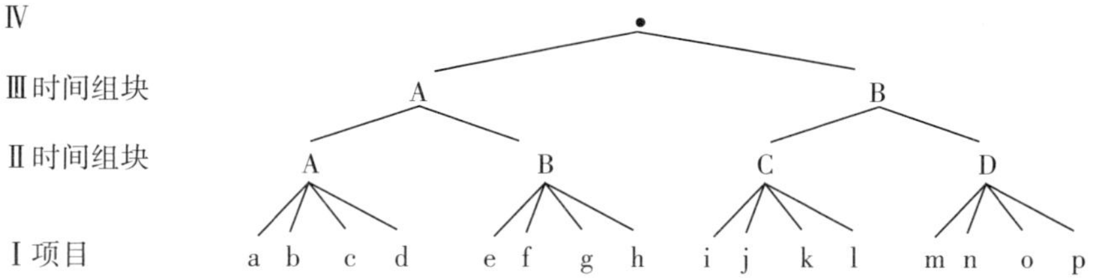

图1　时间信息加工层次网络模型

注：Ⅰ，Ⅱ，Ⅲ，Ⅳ代表时间联系的层次。

如图1所示，项目的时间信息在最低一层上编码，4个项目组成一个组块的时间信息在第Ⅱ层上编码，前两个组块（鸟类和昆虫同属动物）和后两个组块（水果和花同属植物）又各形成的更高一层组块在第Ⅲ层上编码，依次类推。例如，同一组块内的项目的时间信息判断在第Ⅰ层上即可进行，而不同组块的项目的时间信息判断必须在高一层（即时间组块所在层次）上完成。影响时间判断的难度取决于该层次的项目或组块的数量，项目或组块越多，干扰越大。这也符合认知经济原则。

Collins和Quillian以及后来的一些研究认为概念是以一种层次网络的形式储存的(Collins & Quillian,1969),客观时间的概念也具有这种特征,但主观时间是否也同样有此特征呢?从本次实验结果来看,当两个词在同一时间组块内时,间隔的远近对时序判断的正确率影响很大,对反应时无影响;当两个词处在不同时间组块内时,间隔的远近对判断正确率无影响(符合层次网络模型,因为此时两个词在高一层次上的时间关系没有差异),对反应时影响却很大,在间隔远的情况下反应时要快得多(这却符合线性模型)。延迟、注意条件和自然时序标码等几个因素在4个反应指标上也有一致性(见表2、表3)。当两个词间隔项目一样,但时间组块数不一样时,时序判断正确率差异很大,间隔一个组的要比属相邻两组的判断正确率高,但反应时却无明显差异(见表4),此结果符合层次网络模型的假设,因为此时两个词的时间信息是在高一层次上组织的。当两个词间隔较近时(间隔为0),组块效应对反应时无影响,对时序判断的正确率有影响,两个词处在不同组块时判断较易。前面我们已经分析,此结果可能会受到前摄或倒摄抑制的影响,因此无法证明时间表征的层次网络性。但当两个词间隔较远时(间隔为2),组块效应对时序判断正确率无影响,对反应时的判断有影响,两个词处于不同组块时判断较快(见表5)。从词单构成来看,同一组块内间隔为2时,两个词只能选取同范畴边界处的词,而不同组块时就不是边界处的词。因此,当两个词处在不同时间组块内时,前摄或倒摄抑制效应使时序判断的正确率降低。如果排除其影响,结合反应时结果就可推测,时间信息的判断是在高一层次(即组块这一水平)加工的,这符合层次网络的假设。

由上述分析可以看到,不同时间组块间的时序判断要优于时间组块内的时序判断,时间信息的储存似乎是以层次网络的形式来组织的。但依照层次网络模型的观点,如果时间信息是以层次组织的,那么当两个词处在不同时间组块时,在间隔为0和间隔为2两种条件下的时序判断正确率和反应时应差别不大,因为这两种条件下的判断均在相同高一层次上进行。而从本次实验的正确率和反应时结果来看,当两个词处在不同时间组块内时,间隔为0和间隔为2的正确率和反应时均不同,特别是在反应时上,间隔为2时反应较快,即两个词相距越远反应时越短。而且从本次结果还可以看到,顺序标码因素在两个词间隔较近时无效应,间隔较远时影响了时距估计,这也不符合时间信息分层次储存的假设。由此可以推测,客观时间信息具有层次性,时间信息本身在储存时,很可能进行了分割、组块,但由于时间信息又具有线性特征,因此时间信息的表征又表现出一维性。对于不同的时间信息载体或不同的信息加工阶段会表现出不同的特征,或许像Golding等人提出的,在加工过程中可能会运用不同的算子。当然此结论还有待于验证。对于时间信息的储存究竟是线性的还是层次网络性的尚需做进一步研究。

5 结论

时间信息的储存既存在层次网络的特征,又存在线性结构的特征。

附录:

练习:茶馆　公寓　酒吧　饭店　沙发　衣柜　桌子　书架
　　电视　冰箱　话筒　台灯　面包　香肠　花生　鸡蛋
正式:I 孔雀　天鹅　鹦鹉　鸳鸯　狮子　狗熊　老虎　豹子
　　蝗虫　蟋蟀　蝈蝈　螳螂　鲤鱼　泥鳅　黄鳝　草鱼
　　II 香蕉　苹果　广柑　菠萝　白菜　萝卜　番茄　土豆
　　茉莉　玫瑰　菊花　牡丹　樟树　雪松　泡桐　杨树

合作者:王振勇、李宏翰。原文载于:《心理学报》1999 年第 31 卷第 4 期。

时间性前瞻记忆的影响因素及机制

1 什么是时间性前瞻记忆

时间性前瞻记忆（time-based prospective memory，TBPM）是与我们的生活密切相关的一种前瞻记忆任务类型。它是指个体记得在未来的某一时间或间隔一段时间后做某事（Einstein & McDaniel，1996）。这种记忆要求人们将前瞻记忆任务与特定的时间联系起来，即在某个具体的时间或者是一段时间间隔之后回忆并执行延时任务，比如下午3点去开一个会议，或者是30分钟后给朋友打一个电话，等。

与时间性前瞻记忆相对应，事件性前瞻记忆是另外一种前瞻记忆任务类型。事件性前瞻记忆（event-based prospective memory，EBPM）要求人们在某些特定的外部事件出现时执行某一延时任务，比如看到某个同学时给他传个口信。它要求人们把目标事件（如该同学的出现）与前瞻记忆任务（如传口信）联系起来。一直以来，TBPM 的特异性研究受到了很多研究者的关注。一般认为，TBPM 具有以下两个方面的特点，使其与 EB-PM 区别开来。

1.1 TBPM 需要较多自我启动的注意资源

在 EBPM 中，当需要提取行为意向时，具有具体的外部线索提示，因此执行事件行为意向是由外部环境线索诱发，不需要很多的自我启动。而在 TBPM 任务中，没有明显的外部事件或刺激的出现，线索更具有隐蔽性，所以与 EBPM 相比，完成时间任务需要更多地依赖于自我启动的注意资源（Kliegel，Martin，McDaniel，& Einstein，2001）。许多对 TBPM 中老化现象的研究表明，由于注意资源的不足，以及不能及时地启动对时间的监控，老年人的 TBPM 表现显著较差，但在 EBPM 中却没有发现这种老化现象（Bastin & Meulemans，2002；Einstein，McDaniel，Richardson，Guynn，& Cunfer，1995；Katai，Maruyama，Hashimoto，& Ikeda，2003；Kliegel，et al.，2001）。这些研究都说明，TBPM 与 EBPM 是两种不同的前瞻记忆类型，自我启动对于 TBPM 是十分重要的（Khan，Sharma，& Dixit，2008）。

但是最近也有研究者认为在进行 TBPM 任务的过程中，人们可以通过查看时钟或者定闹钟来提醒自己时间，这就像一个朋友出现在走廊上一样，也充当了一种外部提示线索。而且在 EBPM 任务中，并不是所有的线索都是有效的。因此，时间与事件任务之间的差异也许并不是由具体的提取线索的存在或缺失而造成（Graf & Grondin，2006）。

1.2 时间任务提供了可靠的时间线索

TBPM 任务,比如下午 3 点开会,提供了可靠的时间线索(下午 3 点),因而个体能够提前对监控时间线索、终止进行中的任务以及执行预定行为做准备。而EBPM任务中的线索则相对不太确定,比如准备见到一个朋友时给他传一个口信,但是我们并不能确定自己会在什么时候或者什么地方见到那个朋友。因此,TBPM 与 EBPM 任务的不同之处,主要在于用来提取行为意向的线索的确定性或可靠性。但事实上,有些事件线索也是比较稳定、可靠的。比如,对于朋友生活习惯的了解使我们知道我们在什么时间或地点能够见到他。因此 Graf 和 Grondin (2006)认为,两种记忆任务类型之间差异的关键,可能在于当人们使用某一尺度,比如对于时间或习惯的记忆,对靶线索的接近程度进行评估时,所用尺度的相对显著性、每一尺度所提供信息的可靠性,或者是人们对于每一尺度的熟悉性。但是到目前为止,对这方面尚没有比较系统的研究。

其实在环境丰富的日常生活中,时间与事件任务之间所谓的差异可能会变小甚至消失。因为在有规律的、熟悉的日常环境中,人们可以采取一种特殊的策略来应对未来的计划以及意向。而这同时也意味着,在环境相对贫乏、不熟悉的实验室中,两种任务类型之间的差异可能是明显的,但也可能是被夸大了的。另外,由于人们可以将一种任务转换成另一种任务,比如与一位朋友约好下午3点钟见面,人们可以将这个时间任务与另外一个事件线索联结起来(如计划上完课后立即离开),此时两种任务之间所谓的差别也就不存在了。这种任务之间的转换也使得区分两种任务的类型变得比较复杂。

2 时间性前瞻记忆的研究方法

目前对 TBPM 的研究中,TBPM 的影响因素以及 TBPM 的机制一直是研究者所关注的热点。研究者主要采用了自然实验法、实验室实验法和情景模拟法对 TBPM 的影响因素以及机制进行了探讨。

2.1 自然实验法

自然实验法就是让被试在自然的情境中执行某一时间任务。如要求被试记得在某个预定的时间给研究者打电话,或者在规定的时间里交回问卷,等。在自然情境中研究人们的 TBPM 表现,具有较高的生态效度。Kvavilashvili 和 Fisher (2007)以大学生以及老年人为对象在自然情境中研究了 TBPM 任务中意向的提取过程。时间任务是要求被试在 7 天后的某一预定时间给主试打电话,同时也要求他们在这 7 天的时间间隔中记录当行为意向进入头脑中时的情况。与以往的一些实验室研究结果不同,该研究发现,TB-

PM 中的复述与提取更多是自动的,而不是有准备的自我启动的过程。而且在该研究中并没有发现以往的实验室研究中所发现的 TBPM 的年龄效应。

然而,虽然自然实验法具有较高的生态效度,但由于对影响被试在任务完成情况的各种环境因素不加控制或很少控制,所得到的结果可信程度较低。因此自从实验室实验法产生以后,很少有研究采用这种方法。

2.2 实验室研究法

目前对于 TBPM 的大多数实验研究,都是基于 Einstein 和 McDaniel(1996)发展出的 TBPM 的“双任务”实验室研究范式进行的。具体来说就是:首先告诉被试将要完成一个任务,使被试认为这个任务就是实验的基本任务,即进行中任务或背景任务(ongoing task)。主试先给予进行中任务的指导语,在被试熟悉了进行中任务后再给出前瞻记忆任务指导语,一般要求被试执行进行中任务的过程中,在某一特定的时刻或经过一段时间后记得执行前瞻记忆任务。实验任务开始前要求被试先完成一些干扰任务,如进行简单的数字加减运算、完成问卷等,以避免前瞻记忆任务保留在工作记忆中。之后再开始进行中任务,被试在完成进行中任务的过程中执行某一 TBPM 任务。在实验过程中,被试一般可以通过特定的按键反应来查看时间。最后根据按键反应的正确率或监控时间的频率与准确性来评估 TBPM 任务的完成情况。

实验室实验法具有可操作性强、容易量化、易操纵自变量、控制无关变量的优点,这特别适合于对前瞻记忆心理机制和影响因素的认知心理学研究。所以,十几年来,大部分研究者都采用这种范式研究了年龄、任务重要性、认知负荷等因素对于 TBPM 的影响,从而进一步研究了 TBPM 的机制。但是严格控制的实验法也面临着生态效度的问题。在实验室情境中,TBPM 中的时间间隔都是比较短的(往往只有几分或十几分钟),而在实际生活中的间隔时间比较长,比如几个小时或几天,因此,在实验室中测量的 TBPM 是否与日常生活中的 TBPM 同质,实验室实验的结果能否应用到现实生活中也是值得怀疑的。

2.3 情境模拟法

情境模拟法就是指通过营造一个模拟日常生活活动的情境,将 TBPM 任务植入这一模拟的情境中,从而对被试的前瞻记忆成绩进行考察的方法。Ceci 和 Bronfenbrenner(1985)就曾模拟一个生活情境对 10 岁和 14 岁儿童的 TBPM 进行研究。他们分别在儿童自己的家里和实验室中模拟了一个活动情境,即要求两个年龄阶段的儿童在 30 分钟以后记得将蛋糕从烤箱里拿出来。在等待的过程中,儿童可以玩一个流行的电子游戏,同时可以通过一个时钟来监控时间。结果发现在相对熟悉和相对陌生的环境中,儿童采用了不同的时钟监控策略(Graf & Grondin,2006)。

在模拟情境中测量TBPM,不仅可以在实验室研究的基础上将延时间隔延长,模拟现实生活情境中的TBPM,而且能够对无关变量做出严格的控制,这在一定程度上解决了自然实验法和实验室实验法在实验过程控制性和生态效度上所存在的两难问题。

3 时间性前瞻记忆的影响因素

在多种方法研究的基础上,许多研究发现TBPM 主要受年龄、进行中任务的性质以及时间间隔等因素的影响。另外,前瞻记忆任务的重要性、适当的线索提示,以及个体差异等因素也都对TBPM 的表现有着不同程度的影响。

3.1 年龄

3.1.1 时间性前瞻记忆的老化研究

在年龄因素中,研究者关注较多的是前瞻记忆的老化问题。现在对前瞻记忆老化较一致的观点是:基于时间的前瞻记忆存在明显的老化;而基于事件的前瞻记忆的老化则受到许多因素的影响,如目标事件、进行中任务、延迟执行意向、个体差异等(Einstein, et al., 1995; Bastin & Meulemans, 2002; Katai, et al., 2003; Kliegel, et al., 2001; Jäger & Kliegel,2008)。

与青年人相比,在TBPM 任务中,老年人执行时间任务的可能性显著下降,而且做出反应的延迟性显著增加,尤其是当进行中任务需要较多注意资源时(Henry, MacLeod, Phillips, & Crawford,2004)。这是由于任何与注意资源分配相关的变量都会影响TBPM。而TBPM 任务更多地依赖于自我启动的监控过程,并且随着年龄的增加涉及注意资源分配的加工呈下降趋势(Anderson & Craik,1998),因此年龄对TBPM 的影响更大、更普遍。

Jäger 和 Kliegel (2008) 的研究也表明,与青年人相比,在执行前瞻记忆任务时,老年人的表现较差,尤其是在执行TBPM 任务时,这种与年龄相关的缺陷更加明显。而在执行EBPM 任务时,青年人与老年人的表现没有显著差异。为了更进一步调查被试在时间任务中的表现,Jäger 和 Kliegel (2008) 又进一步检查了时钟的监控频率与准确性。结果发现,在时钟监控频率上,青年人与老年人两个群体没有显著差异。但是在准确性上,青年人比老年人更加接近目标时间。然而在控制了时间监控因素后,时间任务中的年龄效应依然存在。这可能是因为,除了借助于外部时间计时器外,时间任务部分上也依赖于内部的时间估计。而年龄的增长可能与估计时间能力的降低有关（McCormack, Brown, Maylor, Darby, & Green, 1999）。因此，老年人在TBPM中的表现部分可能是因为他们对时间的内部加工过程受到了损害。

在实验室中，一般都能够发现TBPM的老化现象。但是Kvavilashvili和Fisher（2007）在一项对TBPM的自然情境研究中发现，在执行TBPM时，老年人与青年人的表现一样好。这可能是因为，在实验室外，老年人对日常生活中的行为更加熟悉，进行的活动相对自动化，需要的资源较少，同时他们执行意向的内在动机比青年人强。因此，老年人在实验室外的表现与青年人一样好，甚至比青年人还要好。而Birt等人（2001），Graf和Grondin（2006）则认为除了对环境（实验室环境或者自然情境）的熟悉程度不同外，还可能是因为环境的有效性以及对策略的使用。对老年人来说，他们已经用其一生的时间发展了对于TBPM的特殊技巧以及提示系统，对于这种策略的使用提高了他们的任务表现水平。但是这种提示系统是有具体情境的（比如在家里），因而在实验室情境中很难使用或转化。利用已有的有效的提示系统的试图可能反而阻止了老年人发现更适合于实验室情境的时钟监控策略。

3.1.2 儿童时间性前瞻记忆的发展

除了对前瞻记忆的老化研究外，近些年，关于儿童前瞻记忆的发展研究也越来越多，但研究结论尚存在分歧。研究者使用不同的任务或不同的年龄间隔得出不同的年龄效应。比如Mäntylä, Carelli和Forman（2007）要求8岁与12岁的儿童在看录像的同时每隔5 min按一个键。在实验过程中，儿童可以通过按另外一个不同的键来呈现时钟。在该实验中虽然没有出现天花板效应，但是也没有发现年龄效应，所有的儿童完成前瞻记忆任务的正确率都接近80%。Mackinlay, Kliegel和Mäntylä（2009）要求7岁与12岁的儿童在进行one-back图片判断任务时，每隔2 min按一个键，结果发现，TBPM任务表现与年龄积极相关，即年龄较大的儿童的TBPM表现较好。他们认为这可能是因为年龄较小的儿童中，一些与TBPM相关的认知功能（比如计划与任务转换功能）尚没有得到很好的发展有关。

3.2 进行中任务的性质

TBPM需要更多的自我启动来促进记忆任务的提取，任何非时间任务对于注意或者对工作负荷的需求都消极地影响TBPM的任务表现。由于TBPM是嵌入进行中任务的，这样进行中任务就会在一定程度上影响TBPM任务的完成。许多研究发现进行中任务的难度和吸引程度会对TBPM产生一定的影响。由于人类的注意容量是有限的，进行中任务越有吸引力，时间记忆任务获得的注意资源就越少，TBPM任务成绩就会越差。同样，在高认知负荷条件下，进行中任务较高的认知负荷会减少对时间任务的注意资源的分配，从而对TBPM产生不利影响。比如Khan，Sharma和Dixit（2008）的一项研究就发现，在进行中任务的高认知负荷条件下，TBPM任务受到了较大的影响。

3.3 任务重要性

已有研究表明，前瞻记忆任务的重要性对TBPM有影响。对前瞻记忆任务重要性效应研究最有代表性的是Kliegel等人，Kliegel，Martin，McDaniel和Einstein（2001）研究发现，当指导语强调前瞻记忆的重要性时，基于事件的前瞻记忆任务的表现水平没有提高，但是基于时间的前瞻记忆任务表现水平得到了提高。这是因为前瞻记忆任务的重要性会影响到策略加工和自动加工在前瞻记忆中的卷入程度（McDaniel & Einstein，2000）。与不重要的TBPM任务相比，重要的时间任务能够获得更多的注意资源，促使个体采用更多的策略监控时间，从而提高TBPM任务表现水平。而在一些条件下，EBPM的执行是相对自动化的，需要的注意资源较少，因而即使不强调任务的重要性，被试也能顺利完成前瞻记忆任务。

3.4 延时间隔

延时间隔是指从前瞻记忆任务的指导语呈现到应该执行前瞻记忆任务的时刻间的这段时间。虽然研究者还没有对TBPM中的时间间隔变化进行系统的研究。但是，有证据表明立即执行的TBPM任务要好于延时的情况；延时短的比延时长的前瞻记忆任务表现要好（Nigro，Senese，Natullo，& Sergi，2002）。而且很多研究发现，人们在时间间隔的不同阶段采取了不同的监控策略。随着时间的流逝，会不断地增加对时间的监控，尤其是在间隔的最后阶段，对时间的监控最多（Ceci & Bronfenbrenner，1985；Einstein & McDaniel，1996；Cook，Marsh，& Hicks，2005；Kvavilashvili & Fisher，2007）。

3.5 适当的线索提示

一种有效的提示，主要是提醒我们有一个行为意向需要记得去执行，从而提醒个体开始启动一种认知搜索去回忆那个预定行为可能是什么。研究表明，适当的线索提示能够提高时间性前瞻记忆的任务表现水平。然而，并不是所有的提示都是有效的。比如，如果提示一直呈现或者是被试在短时间内对它已经习惯的情况下，那么该线索则不会促进前瞻任务表现水平（Vortac，Edwards，& Manning，1995）。

Meacham（1982）要求大学生被试在几个特定日期给实验者寄回几张明信片。结果发现，在被试的钥匙链上套上一个小棒提高了他们在规定日期给实验者寄明信片的可能性,尤其是当这几个日期并不是紧挨着时。Cook 等人(2005)要求被试在实验进行第6~7 min之间按一次“/”键。他们设置了两种提示条件,一个为在实验开始1 min(即目标时间反应窗前5 min)在屏幕上对被试呈现5 s的提示:请记得在第6~7 min之间按“/”键,另一个提示条件为在实验开始5 min(即反应窗前1 min)对被试进行提示。结果发现,提示显著地提高了人们的TBPM表现水平。而且,提示越接近反应窗越有利于提高TBPM任务表现水平,但是两种提示条件下的任务表现并没有显著差异。

最近有研究认为,执行行为意向时的环境能够影响前瞻记忆表现。如果在意向形成阶段,被试将时间意向与某个情境联系起来,那么这个情境的呈现在一定程度上也会充当一种提示线索,可以真正地提示行为意向。比如,下午4点必须要给一个朋友打电话,而这个时间刚好在下课之后。因此,在下课前我们就会很少考虑打电话这个事情,直到下课铃声响起,进入课间活动,而这个情境提醒我们注意预定的行为意向。但也有研究发现,将时间行为意向与未来情境相联系却不一定能够整体提高TBPM的任务表现水平(Marsh, Hicks & Cook, 2006)。Cook 等人(2005)的研究发现,将时间行为意向与未来的某个情境相联系,当对情境的预期正确的时候,即确实是需要在该情境中执行时间行为意向,那么这种预期能够提高人们的TBPM表现水平;但是如果对该情境的预期是不正确的,比如正确的反应时间出现在该情境之前,那么这种预期就会降低人们的TB-PM表现水平。

3.6 个体差异

虽然目前关于个体差异对于TBPM影响的研究还比较缺乏,但已有研究证明个体差异,如认知方式、压力、情绪等都会影响TBPM的表现水平。不同类型认知方式的个体具有不同的信息加工特点,对于场独立型与场依存型个体来说,由于当执行TBPM任务时,对时间线索的监控需要更多的自我启动及注意监控技能,而场独立型被试在认知监控技能和认知改组技能方面的优势,使得他们能够主动、有策略地考虑前瞻记忆任务,并且定期地把注意投向前瞻记忆任务,因此他们在TBPM任务中的表现显著好于场依存型被试(李寿欣、丁兆叶、张利增,2005)。Naster 等人(2006)研究发现,当存在心理压力时,人们基于时间的前瞻记忆好于无社会心理压力时(Naster et al., 2006),即TBPM显著地受到心理压力的影响,而EBPM并没有受到影响。这是由于压力状态下产生的激素,比如肾上腺素,会影响一个人的认知能力。由于时间任务对于可能影响前瞻任务的注意资源分配的操作非常敏感,因此与EBPM任务相比,压力状态对TBPM的影响则更加明显。另外,Kliegel 和 Jäger 等人(2005)研究发现,悲伤的情绪减少了执行时间意向的加工资源,降低了对于目标时间监控的准确性,消极地影响着TBPM的任务表现。

4 时间性前瞻记忆的机制

4.1 时间性前瞻记忆的认知加工机制

TBPM 的三阶段模型认为，时间意向的完成需要三个认知加工过程，即(1)形成意向；(2)在监控时间的同时维持意向；(3)在合适的时间中断进行中任务，启动并执行预定的行为意向(Mackinlay et al.,2009)。但时间信息是如何得到加工，时间意向又是如何得以成功执行的呢？由于在 TBPM 任务中，没有目标事件或线索与预定行为相关，而且意向必须由个体在合适的时候由自我启动，因此，以前用来解释前瞻记忆加工机制的理论模型，比如自动激活模型、注意-搜索模型(Einstein & McDaniel,1996)等并不能够恰当地解释 TBPM 的加工过程。目前对于 TBPM 的认知机制进行解释的模型主要有 Harris 和 Wilkins(1982)提出的“测试-等待-测试-退出”(test-wait-test-exit,TWTE)模型以及 Block 和 Zakay(2006)提出的注意阀门模型(attentional-gate model,AGM)。

4.1.1 测试-等待-测试-退出模型

Harris 和 Wilkins(1982) 提出了“测试-等待-测试-退出”(test-wait-test-exit,TWTE)模型用来解释 TBPM 的加工过程。Harris 和 Wilkins 认为，在 TBPM 中，被试首先对行为意向进行编码，然后等待目标时间的到来。在间隔时间过程中不断地对时间进行监测(test)，如果监测到的时间不正确，则继续等待、继续监测，直到目标时间出现为止，然后做出反应。因此，TBPM 任务的成功执行依赖于在关键时段对时间的监测，而对时间的监测对于前瞻记忆任务的成功执行则是非常重要的(Cook et al.,2005;Block & Zakay,2006;Kvavilashvili & Fisher,2007)。

该模型得到了一些研究的支持。许多研究发现，越接近目标时间，人们监测时钟的次数越多(Ceci & Bronfenbrenner,1985;Einstein & McDaniel,1996;Cook et al.,2005)。Kvavilashvili 和 Fisher(2007)的一项研究表明，当被试形成时间行为意向后，在整个间隔时间中这个行为意向可能都处于一种阈下水平。在目标时间出现以前，这个行为意向可能会不时地达到意识水平，引起人们对时间任务的注意。越接近目标时间，行为意向出现在人们头脑中的次数越多，并且对时间任务注意的次数与 TBPM 任务表现显著相关。这些结果很好地支持了 TWTE 模型。

然而，虽然 TWTE 模型能够解释很多数据，并被广泛引用，但是它并没有详细地说明导致时间监测行为的认知机制是什么，同时也没有很好地说明以下几个问题，即：监测什么？在人们等待目标时间的过程中发生了什么？人们如何觉察到需要另外一个监测？以及每次监测又是如何决定这个时间是否是恰当的反应时间？在此基础上，Block 和 Zakay (2006) 提出了另外一个较为完善的理论模型——注意阀门模型。

4.1.2 注意阀门模型

注意阀门模型是由Block和Zakay（2006）提出的一个解释TBPM中时间信息加工的理论模型。该模型保留了TWTE模型中的一些特征，能够对现有的一些研究结果进行解释。同时也增加了一些新的成分。该模型主要包括一个不断发射信号的节拍器（pacemaker）、注意阀门（attentional gate）、一个开关（switch）、一个计数器（accumulator or counter）以及一个决定过程（decision-making process）。

根据注意阀门理论模型，节拍器以相对稳定的频率不断地发射出信号（或冲动），随后这些信号需要经过注意阀门，这个注意阀门由决定着个体资源分配策略的执行功能进行控制。分给时间任务的资源越多，那么这个阀门开得就越大，允许通过的信号就会越多。当某一条件表示需要开始对目标时间间隔监控时，开关就会打开，从而允许通过注意阀门的信号进入计数器。当某一条件意味着监控阶段结束时，开关就会关闭以阻止更多的信号进入。计数器中所储存的信号的数量代表着间隔的持续时间。所存储的信号的数量随后被转化为工作记忆的一个成分。此时，存储在长时记忆中的对于目标时间间隔的表征也会编码成参照记忆，并不断地与进入计数器的信号做认知比较，如果与时间间隔相匹配，则上述过程结束，个体从长时记忆中提取出预定的行为表征，并做出目标反应；如果与时间间隔不匹配，则继续重复上述过程。

与TWTE模型相比，注意阀门模型理论上能够很好地解释TBPM中的时间信息加工过程，并且也说明了中枢神经系统在加工时间信息时采用了更为灵活、节俭的方式。但是它仍需要进一步的验证以及更多的证据支持，尤其是来自脑研究的支持。

4.2 时间性前瞻记忆的神经机制

有研究证明前额叶皮质（prefrontal cortex，PFC）在前瞻记忆中起着核心作用（Okuda，Fujii，Ohtake，et al.，2007；Burgess，Scott & Frith，2003；Burgess，Quayle & Frith，2001；Okuda，Fujii，Yamadori，et al.，1998）。并且认知神经心理学和神经影像学的研究证据显示，PFC与人的高级认知功能密切相关（Rochetta & Milner，1993）。TBPM是一种需要自我启动的行为，需要依赖于更高水平的执行功能，比如计划、工作记忆、任务转换、时间估计等（Glicksohn & Myslobodsky，2006；Mäntylä et al.，2007；Mackinlay et al.，2009；McDaniel，Glisky，Rubin，Guynn，& Routhieaux，1999），因而，与EBPM相比，TBPM更加依赖于PFC。而对脑部损伤病人的研究也表明额叶在TBPM中具有显著的作用（Troyer & Murphy，2007）。

McFarland和Glisky（2009）在对受额叶功能调节的计划、时钟监控以及时间知觉对于TBPM的作用的一项研究中发现，整体而言，青年人比老年人的任务表现好。但是高额叶功能组老年人被试的任务表现与青年人相比却没有显著差异,这说明TBPM中的年龄差异并不是不可避免的,年龄差异可能主要是由额叶功能的减退造成的。该研究不仅说明TBPM与一些高级认知功能密切相关,而且说明了额叶在TBPM中的作用。Okuda等人(1998)的一项fMRI研究显示,TBPM和EBPM任务分别激活了PFC的不同亚区,PFC的内侧及前扣带回出现了与TBPM相关的激活,右额上回、背外侧PFC出现了与EBPM相关的激活。Okuda等人(2007)在两个正电子发射断层扫描的研究中,考察了时间及事件性前瞻记忆任务所诱发的脑部活动。结果发现,在TBPM任务中,当被试需要自己估计时间来完成时间任务时,主要激活了左额上回的一个区域;当被试可以借助外部时钟来监控时间时,主要激活了右额上回、内侧PFC以及扣带前回三个区域。而在EBPM任务中,出现了左额前回的一个区域的激活,但这个区域与时间任务中的并不相同。这个结果说明虽然TBPM与EBPM均与额叶相关,但二者可能具有不同的神经机制。

不过,TBPM特异性的神经机制目前仍并不清楚。比如有研究显示,与EBPM相比,TBPM可能较少地与PFC相关(Katai et al.,2003)。程怀东等人(2006)在一项研究中发现,与健康对照组相比,PFC损伤患者EBPM表现受损,而TBPM表现却相对正常。这说明EBPM和TBPM可能有着不同的脑机制,而且对时间的监控可能依赖于其他脑区,或者是PFC在TBPM的神经机制中起着次要作用。近年来的神经影像学的研究也发现,除了PFC外,PM可能还与其他的一些脑区有关,比如下顶叶(inferior parietal regions)、楔前叶(precuneus)、丘脑(thalamus)(Burgess et al.,2001)。而TBPM是否特异地与PFC以外的其他脑区有关,还有待于将来更进一步的研究。

5 小结

TBPM是指个体记得在未来的某一个特定时间或间隔一段时间以后做某事。因为在执行时间任务中,没有明显的外部提示线索,因此执行时间任务更多地依赖于自我启动的过程,需要较多的加工资源。虽然TBPM与我们的生活关系密切,但是迄今为止对TBPM的研究还很少。比如,目前TBPM中的年龄效应与机制研究是TBPM研究中的两大热点,但是得出的结论却不尽一致。

大部分的实验室研究都发现TBPM中存在明显的老化现象,但是Kvavilashvili和Fisher(2007)发现在自然情境中老年人的TBPM表现甚至比年轻人还要好。有些研究者认为老化现象是因为老年人对时间的内部加工过程受到了损伤,而老年人在不同情境中采用不同的策略也可能是造成在不同的实验情境中得出不同结果的原因。但是这个对时间的内部加工过程是否存在?这个内部加工过程又是如何进行的?人们在不同的情境中所采用的策略到底有何不同?这些都还有待于以后研究的进一步深入。另外实验室研究与自然研究中得出的结果的不同,同时也说明了一个问题,即面对实验室实验中生态效度的缺乏,现有的实验室研究如何能够更好地应用于现实生活中,如何更好地服务于我们的生活,也是未来的研究中应该着重关注的问题。

在TBPM的机制方面,TBPM任务中的时间信息是如何得到成功执行的?时间信息加工过程主要与哪些认知功能相关?TBPM的神经机制又是什么?这些问题迄今为止也没有得到很好的回答。虽然研究者提出了一个相对较为完善的注意阀门模型用来解释时间信息的加工过程,但这个模型尚缺乏研究的支持,尤其是来自脑机制方面的支持,因此仍需要得到进一步的验证与完善。而且虽然TBPM的特异性神经机制的研究一直是近几年PM研究领域的热点,并且许多研究证据表明,TBPM与EBPM可能具有不同的神经机制(Okuda et al.,1998)。但是对TBPM的特异性神经机制目前尚不清楚。一般认为,TBPM主要与PFC的认知功能有关。不过有研究发现PFC可能在TBPM的神经机制中起着次要作用,而TBPM是否与PFC之外的其他脑区相关,这也有待于未来进一步的研究。

合作者:冻素芳。原文载于:《心理科学进展》2010年第18卷第1期。

时间性前瞻记忆的理论模型及神经机制

1 时间性前瞻记忆与事件性前瞻记忆的异同

前瞻记忆(prospective memory,PM)是一种主动记起未来要执行某一种行为的能力(Brandimonte,Einstein,& McDaniel,1996)。日常生活中,前瞻记忆的例子很多,如记住给朋友送笔记本,记住每两个小时吃一次药,做饭后记住关掉火,等等。前瞻记忆包括两个成分,一是回溯性成分(retrospective component),即记住将要进行的活动,以及在什么时候进行活动;另一个是前瞻性成分(prospective component),即记住在适当的时间去执行这项活动(Einstein & McDaniel,1990)。Einstein和McDaniel(1990)指出,前瞻记忆的成功提取有赖于两种成分共同执行,两者缺一不可。他们根据从事活动的线索点,把前瞻记忆区分为"基于事件的前瞻记忆"(event-based PM)和"基于时间的前瞻记忆"(time-based PM)。前者是指在一些特定外部事件发生时去执行一个行动(例如,记得见到某人时给他捎个消息);后者是指在一个特定的时间(例如,下午三点去上课)或在一段时间后去执行一个行动(例如,10分钟后给家人打个电话)。两种类型的前瞻记忆在生活中都很常见,但是,相对于事件性前瞻记忆来说,研究者对时间性前瞻记忆的探索开始得较晚。目前争论和研究的焦点主要集中在两种前瞻记忆的差异上。而要深入探讨时间性前瞻记忆的独特性,就必须区分它与事件性前瞻记忆的异同。

1.1 相同点

早年研究者在研究前瞻记忆时,经常将这两种类型的记忆混在一起,统称前瞻记忆。当然,无论是时间性前瞻记忆,还是事件性前瞻记忆,都属于前瞻记忆,它们确实存在很多相同之处。归纳这两种前瞻记忆的实验研究结果,主要有以下几个相同点(Burgess,Scott,& Frith,2003):首先,都有一个意向或多个意向需要去执行。其次,意向形成之后不能被立即执行,存在延迟时间,即形成意向到意向执行之间有一定的时间间隔。在这段延迟时间中填充着背景任务(ongoing task)。背景任务的执行抑制了意向在延迟时间中的保持,这是因为这个任务需要竞争认知资源(如注意),或者是延迟时间太长。这一特征使前瞻记忆区别于工作记忆以及警戒任务范式。再次,意向行为是在一个特定情境下执行的,这称之为"提取背景"。在事件性前瞻记忆任务中,提取背景以线索为标志。在时间性前瞻记忆任务中,提取背景是一个特定的时间点,或者是在一个特定时间段之后。最后,意向行为的执行是自我启动的,被试必须自己识别出前瞻线索或者提取背景。

1.2 不同点

1.2.1 任务执行时间的可预测性

上述两种类型的前瞻记忆明显的外部差异是,事件性前瞻记忆任务有外部线索(cue),时间性前瞻记忆任务没有外部线索呈现。但是时间性前瞻记忆可以提供给被试明确的时间信息,例如让某人今天上午10点打个电话,或者半小时后发个邮件,这里的"今天上午10点"或者"半小时后"都是非常明确的时间,个体在这段时间间隔中可以随时对时间进行监控,且知道离执行任务还有多久。但是事件性前瞻记忆任务,如当你下次碰到某个同学时把书给他,我们不知道在何时何地能遇到这个同学,因而这个时间就具有不可预测性。

当然,如果对这个同学的生活习惯很熟悉,我们知道会在何时何地遇见他,那么就可以大致地预测时间。因此,有研究者认为这两种类型的前瞻记忆的核心差异并非在于提取线索是否具有可预测性,而可能在于人们所使用的监控线索的尺度(dimension),例如,时间,以及对习惯或者空间位置的记忆(Graf & Grondin,2006)。对靶线索的接近程度进行评估时,使用尺度的相对显著性、每一尺度提供信息的可靠性,或者对每一个尺度的熟悉性都影响到两类前瞻记忆的差异。但尽管如此,对事件性前瞻记忆中线索出现的时间的预测仍不如时间性前瞻记忆那么准确。

1.2.2 对注意资源的依赖性

在执行时间性前瞻记忆任务时,由于没有明显的外部线索提示,因而需要更多自我启动去记住先前的意向;而事件性前瞻记忆受到线索诱发,不需要很多自我启动。所以,与事件性前瞻记忆相比,完成时间性前瞻记忆任务需要更多地依赖于个体的注意资源。有关时间性和事件性前瞻记忆的研究结果都发现了这点:(1)表现在年龄上。Park等人(Park,Hertzog,Kidder,Morrell,& Mayhorn,1997)在研究年龄对时间性和事件性前瞻记忆的影响时,发现年龄效应主要出现在时间性前瞻记忆任务上,而非事件性前瞻记忆任务。老年被试比青年被试会做出更多的时间监控错误。老年人的各种认知功能逐渐减退,涉及注意资源分配的加工呈下降趋势(Anderson,Craik,& Naveh-Benjamin,1998),更难以自我启动,因此时间性前瞻记忆任务成绩差。(2)表现在任务重要性上。Kliegel等人的研究发现(Kliegel,Martin,McDaniel,& Einstein,2001),操纵任务的重要性对时间性前瞻记忆任务有影响,而对事件性前瞻记忆任务没有影响。具体地,在时间性前瞻记忆任务中,被试在高重要性任务的表现显著优于低重要性任务。根据重要性的不同,被试需要有策略地分配注意资源。高重要性任务被分配了较多的注意资源，因而成绩较好。(3)体现在认知损伤的研究结果上。Zinke等人研究发现，多动症儿童很难集中注意力，他们的时间性前瞻记忆任务的准确性显著差于控制组儿童(Zinke et al.，2010)。Heffernan和O'Neill研究发现酗酒者的时间性前瞻记忆功能减弱，而事件性前瞻记忆不受影响(Heffernan & O'Neill，2012)。酗酒者的执行功能降低，而执行功能受损对时间性前瞻记忆的影响更大。(4)通过增加对时间性前瞻记忆的注意分配，可以提高其任务表现水平。Nater等人研究发现，压力情境下被试的时间性前瞻记忆成绩优于控制组，而事件性前瞻记忆没有这种效应(Nater et al.，2006)。他们认为压力增强了皮质醇水平，而皮质醇能够让被试保持警觉状态，即有更多的注意资源参与。时间性前瞻记忆受注意资源的影响，因此其成绩提高。类似的研究还有，电子烟的尼古丁能够提高戒断期吸烟者的时间性前瞻记忆表现，但事件性前瞻记忆任务不受影响(Dawkins，Turner，& Crowe，2013)。尼古丁促进个体有策略地分配注意资源，使得被试在时间性前瞻记忆任务中的注意增强。

这些研究提示，认知功能不足或衰退，抑或认知资源无法合理分配将导致时间性前瞻记忆的失败，而当能够分配更多的认知资源时，时间性前瞻记忆成绩提高。这就从一正一反两个方面说明注意资源对实验室中时间性前瞻记忆的重要性。

然而，事实上，时间性前瞻记忆和事件性前瞻记忆的差异在日常生活中往往难以截然区分开，我们可能会将一种类型的任务转化为另一种。任务转化的性质研究证据来自人们在执行不同的前瞻任务时所使用的策略(Siu & Graf，2005)。当被试执行一个典型的时间性前瞻任务时，例如周三下午四点约见牙医，让他描述所使用的策略，被试倾向于将前瞻任务与其他的活动或者安排的事情相联系(如下午上完前两节课后，立即就去)，在日常生活中这种情况尤为常见。如此一来，在一定程度上，两种任务名义上的差异就消失了。

2 时间性前瞻记忆的理论模型

在研究前瞻记忆的历史中，研究者曾提出过一些理论模型用来解释事件性前瞻记忆任务执行过程中的认知资源分配和记忆线索的编码与提取特点，主要有注意-搜索模型(Einstein & McDaniel，1996)、自动激活模型(McFaniel，Robinson-Riegler，& Einstein，1996)、双重加工模型(McDaniel & Einstein，2000)、三重加工模型(赵晋全、杨治良、2002)、多项加工树模型(Smith & Bayen，2004)。然而，这些理论模型并不适合解释时间性前瞻记忆。因为事件性前瞻记忆总是会出现一定的目标事件或线索，而时间性前瞻记忆只有时间信息，而且需要个体自我启动。那么个体是如何加工时间性前瞻记忆的时间信息，从而能在合适的时间执行意向行为的呢？

2.1 测试-等待-测试-退出模型

Harris和Wilkins提出测试-等待-测试-退出模型（test-wait-test-exist，TWTE）（Harris & Wilkins，1982）。该模型认为，在时间性前瞻记忆中，被试先对未来要执行的任务进行编码，然后等待一段时间，直到似乎应该检测记忆时查看时钟（test）。如果发现时间没有到，则继续等待（wait）。这个检测—等待循环持续进行，直到目标时间出现为止，然后做出目标反应，循环结束（exit）。从模型中可以看出，时间性前瞻记忆的成功执行依赖于在合适时段对时间进行监控。他们在实验中发现，当目标时间接近时，查看时钟的频率逐渐上升，且与反应准确性相关。此外也有一些研究支持这一加工机制的理论假设（Einstein & McDaniel，1996；Cook，Marsh，& Hicks，2005；袁宏、袁祥勇、尹天子、陈幼贞、黄希庭，2011）。但是Harris和Wilkins在实验中也发现，即使被试忘了之前的行为意向，他们也常常会在邻近目标时间时查看时钟。那么这一理论便无法解释这一行为（Smith & Bayen，2004）。正如他们所认为的那样，这个模型在很大程度上是描述性的。对基本的问题，如"如何使人们在缺乏线索的情况下意识到时间，或者说使人们想起和时间有关的意向？每次监测又是如何决定这个时间是否是恰当的反应时间？"等，则无法解释。

2.2 注意阀门模型

注意阀门模型（attentional-gate model，AGM）最早是由Block和Zakay提出的，用来解释时间估计（Zakay & Block，1996），后来被用来解释时间性前瞻记忆的加工过程（Block & Dan，2006）。该理论主要包括一个不断发射信号的节拍器（pacemaker）、注意阀门（attentional gate）、一个开关（switch）、一个计数器（accumulator）以及一个决策过程（decision-making process）。该模型认为，节拍器以相对稳定的频率不断地发射出信号，随后这些信号需要经过注意阀门。这个注意阀门由决定着个体资源分配策略的执行功能进行控制。分给时间任务的资源越多，那么这个阀门打开就越大，允许通过的信号就会越多。当某一情形需要对目标时间间隔进行监控时，开关打开，允许信号通过注意阀门而进入计数器；当某一情形意味着监控阶段结束时，开关就会关闭以阻止更多的信号进入。计数器中所储存的信号的数量代表着间隔的持续时间。所储存的信号的数量随后被转化为工作记忆的一个成分。此时，储存在长时记忆中的对于目标时间间隔的表征也会编码成参照记忆，并不断地与进入计数器的信号做认知比较。如果时间间隔匹配，则上述过程结束，个体从长时记忆中提取出预定的行为表征，并做出反应。如果时间不匹配，上述过程继续重复。

注意阀门模型是从标量计时模型(scalar-timing model)演化而来的,模型中添加了“注意阀门”这一成分,他们认为注意控制是灵长类动物所独有的,例如与注意的执行控制密切相关的前扣带回,在早期哺乳动物大脑中并没有那么发达。因此,注意阀门模型被用来解释人的注意资源分配对前瞻计时的影响。该模型的优点是它能够提供对前瞻时间判断的连贯性解释,能够从中枢神经系统的角度,以一种简洁且合理的方式定义时间信息加工,并得到了一些实验结果的支持(Brown,1997;Coull,Vidal,Nazarian,& Macar,2004)。该模型体现了在没有外界线索的情况下,中枢系统对时间加工的灵活性及有效性,但是注意阀门只能看作一个概念构想,尚需许多研究,尤其是脑机制的研究加以证实。

2.3 动态注意理论

动态注意理论(dynamic attending theory,DAT)由Jones提出。在预期式时间判断任务中(Jones,2006),该理论通过强调注意的同步性在响应事件时的角色来解释人们是如何判断时间的。为了对比判断,DAT模型假设注意及在注意中所伴随的同步性与任务相关的时间标准相互关联。对任务相关的时距的期望符合程度决定了时间判断。时间期望依赖于任务和事件的时间结构。直觉上,如果某件事比预期来得早,其相关的时间间隔就被知觉为很短,对比较时距的时间期待是基于标准时距所提供的时间水平(time level)。因此,当人们被告知需要判断填满事件的标准时距的总长度时,相关的时距是这个事件的高阶(higher-order)时距。在需要判断比较时距和标准时距的关系时,它们的表现将依赖于比较时距的结束时间与预期的标准时距的结束时间的关系。换句话说,期望时距的结束时间与比较时距的结束时间之间具有一定差异,而这种差异导致的非同步性系统地影响到对比较时距的判断:如果比较时距比期望时距结束得晚,那么它将被判断为比标准时距长;而如果比期望时距结束得早,就被判断为比标准时距短。

动态注意理论中,一段时间的内部表征是一个周期性的振动,个体需要对一系列的时间间隔进行应答。在实时距的时间判断任务中,对事件结构的仔细分析将起到重要作用,Boltz的实验证实了这一点(Boltz,1995,1998),他发现对节奏感连贯的事件的时间估计与节奏感不连贯的事件的估计有显著差异。而在空时距的时间判断任务中,个体将依赖于由先前呈现的背景节律所引发的期望以及对单个时距的分析性注意。当标准时距与先前的背景节律不匹配时,即与期望相违背,则个体很难判断其时距(McAuley & Kidd,1998;Barnes & Jones,2000)。将时间期望引入时间判断理论中来解释人们如何加工时间性前瞻记忆,是一个创新。相比之前的信号累加模型,似乎更加体现了个体的主观能动性。

上述时间性前瞻记忆的理论模型都强调了对时间的监控,以及注意在时间任务中所发挥的作用。TWTE 模型描述了执行前瞻任务时的过程,但相对机械化。注意阀门理论说明注意资源的合理分配是执行前瞻计时的必要条件,体现了中枢系统的灵活性。动态注意理论则更精确地解释了个体是如何应答时间的,如何进行时间比较,比前两个理论更有优势。

3 时间性前瞻记忆的神经机制

研究时间性前瞻记忆的加工机制,不仅要从行为、认知的层面上,而且要从脑区、神经网络的层面来探讨并验证。近年来,不少研究者从脑影像学、脑损伤和电生理学的角度对时间性前瞻记忆的神经机制进行探索。

3.1 脑影像学研究证据

功能磁共振成像(fMRI)和正电子断层扫描影像(PET)是研究时间性前瞻记忆脑机制的常用技术。认知心理学和神经心理学的研究表明,前额叶皮质(prefrontal cortex, PFC)参与人的高级认知功能,在前瞻记忆的监控过程中起着重要作用。时间性前瞻记忆需要自我启动,依赖于更高水平的执行功能,因此需要 PFC 的参与。前人研究发现,加工延迟意向和对计划行为的时间组织都涉及前额叶前部(aPFC)(Haynes et al., 2007; Koechlin, 2011; Koechlin, Basso, Pietrini, Panzer, & Grafman, 1999; Ramnani & Owen, 2004; Sakai & Passingham, 2003; Soon, Brass, Heinze, & Haynes, 2008)。PFC 被视为长时计划和意向行为的轨迹,一方面因为前额叶神经元能够在经历较长时距之后维持表征,抑制任务反应(Aron, Robbins, & Poldrack, 2014; Fuster, 2000; Fuster & Alexander, 1971)。另一方面,对动物和人类的前额叶功能的研究显示,前额叶支持对行动的暂时性延迟的控制(Badre, 2008; Koechlin & Hyafil, 2007)。神经影像的研究发现前额叶参与事件性前瞻记忆任务(Burgess, Dumontheil, & Gilbert, 2007; Gilbert, 2011; Gilbert, Frith, & Burgess, 2005; Gilbert, Spengler, Simons, Frith, & Burgess, 2006),同时也参与时间性前瞻记忆任务(McFarland & Glisky, 2009)。Burgess, Scott 和 Frich 使用 PET 研究发现,在前瞻记忆延迟阶段对意向的抑制可能依赖于内侧额叶后部(pMFC),而维持和执行的调整过程更多依赖于前额叶的外侧(LPFC)(Burgess et al., 2003)。

前额叶的激活模式能够揭示我们当前的意向,但是目前有两个问题尚未解决。第一,当我们忙于做其他任务(背景任务)时,PFC 是如何编码有关未来任务信息的。第二,PFC如何使我们在目标时间能够着手执行意向任务。基于这一原因,Momennejad和Haynes使用fMRI技术来研究时间性前瞻记忆,以探索当延迟间隔被任务占据时,大脑是如何存储和提取未来意向的(Momennejad & Haynes,2012)。他们发现,与前瞻意向维持阶段的任务相关(what)的脑区主要为背内侧前额叶(dorsomedial PFC),其他区域还有右侧尾状核、左侧BA6区、内侧前额叶(包括BA9和前辅助运动区);与前瞻意向提取阶段的任务相关(what)的脑区主要为腹外侧前额叶前部(ventrolateral aPFC)、左侧前额叶前部区域(BA10和BA46区)和右侧额下回三角区域(BA45的大部分区域和BA46的部分区域),其他区域还包括左侧颞下回和左侧额部BA 6区;编码前瞻意向维持阶段的延迟时间段(when)信息的脑区为前扣带回(ACC)、后侧海马旁回(PPC)、双侧前额叶前部(aPFC)、右侧背外侧前额叶(DLPFC)、辅助运动区(SMA)和小脑;编码提取阶段的时间(when)信息的脑区为背内侧前额叶前部(aPFC)、楔前叶、右侧腹外侧前额叶和额下回三角区。此研究首次探讨了外侧和内侧喙部前额叶(rostral prefrontal cortex)在前瞻记忆维持和提取过程中的计算作用(computational role)。Burgess,Gonen-Yaacovi和Volle总结了前瞻记忆的功能影像研究,认为内侧喙部前额叶的一些区域在仅有背景任务时激活增强,而外侧喙部前额叶主要涉及有延迟意向的任务加工(Burgess,Gonen-Yaacovi,& Volle,2011)。但是并不清楚这两个区域到底涉及的是哪个阶段的时间信息或是任务信息。Momennejad和Haynes的研究表明内侧喙部前额叶参与到意向维持阶段的任务信息表征。这似乎证实了内侧喙部前额叶涉及"刺激导向的注意"(stimulus-oriented attending)(Burgess,Gilbert,Okuda,& Simons,2006),即任务信息。而腹外侧前额叶前部涉及意向任务的提取,即任务信息;背外侧前额叶涉及对延迟的持续时间的加工,即时间信息。可见,这些区域并非单纯特定于某一阶段的某种任务。但是,喙部前额叶在时间性前瞻记忆加工中的作用是无可争辩的。更加精确地定位内侧和外侧喙部前额叶的功能角色在时间性前瞻记忆中的作用,需要未来更系统的实验设计和更加完善的技术方法。

既然时间性前瞻记忆与事件性前瞻记忆任务具有行为上的差异,那么二者的神经机制是否不同? Okuda等人使用PET技术考察时间性和事件性前瞻记忆任务所诱发的脑部活动(Okuda et al.,2007)。结果发现,当被试需要自己估计时间来完成时间性前瞻任务时,相比事件性前瞻任务,激活更强的脑区为左侧额上回;当被试可以借助于外部时钟来监控时间时,右侧额上回、内侧PFC的前部以及扣带前回三个区域显示更强的激活。Gonneaud等人使用联合分析来研究时间性和事件性前瞻记忆的激活脑区(Gonneaud et al.,2014)。他们发现,两种前瞻条件共同正激活的脑区为顶下小叶、左侧顶上回、中央后回;共同负激活的区域为左半球的脑区,包括内侧喙部前额叶(RPFC)和颞中回。当分析背景任务和前瞻任务条件时(ongoing task + PM),事件任务特定激活的脑区为左侧枕叶的后部区域(从梭状回到舌回和左侧枕中回),时间任务特定激活的脑区在右大脑半球的不同位置,尤其是额中回、额上回、楔叶和楔前叶。当仅仅分析前瞻记忆(PM)条件时,发现事件任务激活了枕叶的大部分区域,一直延伸到小脑。而时间任务仅仅激活了右侧楔叶。事件性前瞻记忆任务比时间性前瞻记忆激活的脑区更多,或许说明觉察目标时间比觉察线索所需要的认知加工少。事件性前瞻记忆特定的关键脑区为左侧额下回和枕叶,这一目标检测的模式构成其意向维持阶段的特征。时间性前瞻记忆任务表现出一个右脑偏向的网络,其中背外侧前额叶负责时间估计(Coull,2004;Macar et al.,2002;Pouthas et al.,2005;Rao,Mayer,& Harrington,2001)。右脑偏向的区域在时间感知和辨别研究中很常见,尤其当实验设计是长时间间隔时(Macar et al.,2002;Pouthas et al.,2005)。Gonneaud等人的研究是第一个探索事件性前瞻记忆和时间性前瞻记忆神经机制异同的fMRI研究,但是研究中的设计混淆了一些变量,如持续呈现时钟而导致无法对时间监控进行测量;且有意削弱了前瞻记忆中的回溯部分,致使不能发现经典的情景记忆脑区,如内侧颞叶和海马的激活(Martin et al.,2007;Umeda,Nagumo,& Kato,2006);由于实验中时间性前瞻记忆的时间间隔较短(30 s),以及事件性前瞻记忆中前瞻线索出现频率较高,所以前瞻任务较多地依赖于注意加工。另外,虽然他们提到一个包含背外侧前额叶、楔前叶、顶下小叶、颞上回和小脑的脑网络区域在时间性前瞻记忆任务中激活更强,但这些脑区之间具体是如何相互作用的,连接强度怎样等并不清楚,并未做相关的网络属性分析。

3.2 脑损伤研究证据

脑损伤研究虽不能像影像学研究那样精确定位脑区,却能够从解剖学的角度为时间性前瞻记忆的神经机制提供更为直接的证据。目前,脑损伤研究主要发现额叶、颞叶、丘脑等脑区对时间性前瞻记忆有影响。

影像学研究肯定了前额叶在加工时间性前瞻记忆中的作用,但是程怀东等人在以前额叶损伤患者为被试的一项研究中发现(程怀东等,2006),与健康对照组相比,病人组的事件性前瞻记忆表现受损,而时间性前瞻记忆表现正常。说明前额叶在时间性前瞻记忆中可能并不起关键作用。不过,程怀东等人的研究中所使用的病例,包括脑梗死、脑出血、脑膜瘤等,这些都属于不同类型的脑损伤,而且损伤部位可能并不在前额叶中的同一位置,与影像学研究中定位的脑区或许有些出入。换句话说,额叶的不同部位可能对时间性前瞻记忆的影响有所不同。事实也确实如此,另一脑损伤研究就肯定了额叶的作用。Volle等人比较了45个局灶性脑病变(focal brain lesions)患者和107个控制组被试在时间性和事件性前瞻记忆任务中的表现,并完成一系列的次级任务(secondary tasks)，包括时间估计任务、基本注意控制任务、反应抑制、多重指导语加工任务(multiple instruction tasks)(Volle，Gonen-Yaacovi，de Lacy Costello，Gilbert，& Burgess，2011)。结果发现，右侧额极(right polar prefrontal region，in BA10)损伤的被试在时间性前瞻记忆中的表现显著差于控制组，但事件性前瞻记忆任务不受影响。另外，他们的时间估计任务成绩显著低于其他病人，而在注意控制、反应抑制、多重指导语加工任务上与其他人并无显著差异。此区域在前瞻任务中可能参与了时间估计，以及意向的提取和执行。

颞叶区域参与情境记忆的编码和提取(Schacter & Wagner，1999；Kirchhoff，Wagner，Maril，& Stern，2000；Sidhu et al.，2013)，在回溯记忆中不可或缺。时间性前瞻记忆任务包括前瞻部分和回溯部分，因而有颞叶的参与(Momennejad & Haynes，2012)。研究发现，左脑颞叶前部切除的被试在所有的时间性前瞻记忆任务和回溯记忆任务中表现都受损(Palmer & McDonald，2000)。

此外，丘脑也参与时间性前瞻记忆的加工。Van der Werf等人发现丘脑梗死的患者会出现病态的持续性行为(Van Der Werf et al.，1999)，这种持续性行为会导致前瞻记忆提取障碍。在后续的研究中，他还发现，丘脑背内侧损伤会导致执行功能的缺损，而执行功能与前瞻记忆意向维持和任务完成有关。Cheng等人以18个丘脑卒中病人和18个年龄相匹配的控制组为被试(Cheng，Tian，Hu，Wang，& Wang，2010)，分别探讨丘脑损伤对时间性和事件性前瞻记忆的影响。结果发现，病人组的时间性前瞻记忆表现明显差于控制组，但事件性前瞻记忆的表现没有差异。不过已有研究发现丘脑在事件性前瞻记忆中有激活(Burgess，Quayle，& Frith，2001)。

在时间性前瞻记忆中，被试需要对未来任务持续保持一定的警醒，以保证任务的完成，因而或许有扣带前回的参与。扣带前回涉及注意加工，在冲突检测、强化学习和错误探测的研究中，均发现有扣带前回参与的神经网络机制(Pochon，Riis，Sanfey，Nystrom，& Cohen，2008；蔡厚德、刘昌，2004)。Burgess等人以60个局部大脑损伤患者和60个年龄、IQ匹配的控制组为被试，测量一个涉及任务学习和记忆、计划产生和维持的多任务程序(Burgess，Veitch，de Lacy Costello，& Shallice，2000)。结果发现，延迟后的任务执行受到左侧扣带前回损伤的影响。此外，他们的研究发现布鲁德曼8区、9区，尤其是10区相应部位损伤的被试会出现规则破坏和任务转换失败。右背外侧前额叶损伤的被试在计划产生任务中存在缺陷。他们认为前后扣带回可能参与前瞻记忆的回溯部分，而前瞻记忆和计划产生需要BA8，9，10区，以及有背外侧前额叶的参与。这些研究只是间接证明了扣带前回在时间性前瞻记忆中可能的作用，尽管影像学研究已证实其参与时间性前瞻记忆加工(Momennejad & Haynes，2012)，但目前尚无直接的脑损伤证据。

脑损伤研究不能精确到体素(voxel)水平来探索时间性前瞻记忆的神经机制，因而其研究结果与影像学研究出现不一致是可以理解的,我们不能否认脑损伤研究的意义。这同时让我们意识到,目前的神经机制研究并不完善,对于很多脑区的功能认识还不统一。未来使用更加精密的技术或许能够解决这一问题。

3.3 电生理学研究证据

事件相关电位(ERP)能够揭示执行时间性前瞻记忆过程的脑电活动,可以精确定位到特定时域。Cona等人研究了时间性前瞻记忆的事件相关电位(Cona, Arcara, Tarantino, & Bisiacchi, 2012b),并考察时间性和事件性前瞻记忆的策略监控机制的ERP波形差异。研究中一共使用了四个时间窗,在第一个时间窗(130~180 ms)内,时间性前瞻记忆的波幅与基线(仅有背景任务)的波幅没有显著差异,而事件性前瞻记忆的波幅显著高于基线。在第二个时间窗(180~300 ms)内,时间性和事件性前瞻记忆都在额叶和额极的区域波幅显著高于基线。在第三个时间窗(400~600 ms)内,时间性和事件性前瞻记忆的波幅都比基线高,表现在额极和额叶区域。而在枕叶和顶叶区,仅仅是事件性前瞻记忆的波幅高于基线。在第四个时间窗(600~800 ms)内,顶叶区域比其他电极波幅更高。两种前瞻记忆在额叶和额极区域波幅都显著高于基线。这一结果与第二、三时间窗的结果一致,说明持续的额叶激活在执行前瞻记忆中很有必要。

两种前瞻记忆的波形差异主要出现在第一和第三时间窗。早期ERP成分(130~180 ms)反映了注意资源的准备,而这种准备状态在两种前瞻记忆中不同。时间性前瞻记忆中任务的执行时间具有可预测性,而事件性前瞻记忆中前瞻线索的出现是不可预测的,因而需要更高水平的注意资源(Knight, Ethridge, Marsh, & Clementz, 2010)。在400~600 ms的时间窗,两种波形的差异可能反映了目标检测的不同方式。执行事件性前瞻记忆任务时,被试需要对即将到来的刺激进行注意,以辨别是否是线索,因此需要额外的注意资源。而在时间性前瞻记忆中,无需对背景任务刺激进行监控。在另外两个时间窗,两种前瞻记忆任务所诱发的波形相似。这些结果说明,虽然在时间性前瞻记忆中,背景任务与执行前瞻意向无关,但是刺激所诱发的ERP波仍然受到策略监控的调节。事实上,无论是时间还是事件性前瞻记忆任务,被试在做背景任务的同时,必须将前瞻意向保持在头脑中,为执行意向行为做准备。在两种前瞻任务条件下,较大的波幅都分布在额叶和前额叶,这些区域涉及对延迟意向的维持和提取。然而,在他们的研究中,被试在执行时间性前瞻记忆任务时,尽管已经让被试随时查看时钟来减少时间估计,但仍然不能排除其对ERP波形的影响。国内有研究发现,两类前瞻记忆任务在脑电上的差异主要表现为预期正波(PP)和晚慢波(SLW)的平均波幅的不同(袁宏,2011)。这一研究结果与Cona等人的研究有一定差异,除了因为袁宏的研究中使用了范围更广的时间窗之外，二者所用的实验任务也不同。

以上研究的是正常大学生在执行时间性前瞻记忆任务时的脑电活动，那么老年人的ERP波形是否会有不同呢？Cona等人接下来使用ERP研究了时间性前瞻记忆神经机制的年龄差异（Cona，Arcara，Tarantino，& Bisiacchi，2012a）。无论是青年组还是老年组，背景任务中加入前瞻任务都导致头皮部位的ERP波的持续性活动。然而，老年组并没有出现额叶区域的慢波活动，这一区域的慢波活动在青年组中可以看到。额叶区域涉及意向的提取，说明与年龄相关的意向维持功能下降可能是老年人前瞻记忆损伤的原因。另外，老年被试组出现了P3波的前漂移，而这与他们较低的前瞻记忆任务正确率相关。说明老年人注意资源降低，难以将注意力集中在任务中。ERP的研究间接证明了前额叶对时间性前瞻记忆的重要性。

4 小结与展望

行为研究发现时间性和事件性前瞻记忆在对注意资源的需求上存在较大差异，时间性前瞻记忆的理论模型也都强调注意在时间监控中的作用，脑影像学、脑损伤及电生理学对时间性前瞻记忆的神经机制的探讨发现，涉及执行控制功能的前额叶在前瞻意向维持和任务执行过程中的重要性。但目前关于时间性前瞻记忆的研究仍不完善，很多问题尚存在争议，需要进一步探讨。今后在以下三方面开展研究，可能会有所突破。

首先，时间性和事件性前瞻记忆的神经机制的异同到底表现在哪里。目前行为研究得出的一致结论是，时间性前瞻记忆比事件性前瞻记忆更依赖于认知资源，但是神经机制的研究并没有否认事件性前瞻记忆对注意资源的需要，二者只是由不同脑区负责。Cona等人的ERP研究发现在有些时间窗，事件性前瞻记忆反而比时间性前瞻记忆任务需要更多的额外注意资源（Cona et al.，2012b）。有些研究者认为两种类型的前瞻记忆具有相似的提取模式，只是目标检测阶段不同（Guynn，2003）。行为研究与脑机制研究出现不一致，可能有两方面的原因：一方面可能是行为研究概括的概念欠全面，例如对内隐时间性前瞻记忆至今尚未涉及；另一方面是神经机制的研究可能没有切中要害。因此，如何整合行为研究和脑机制研究的结果，仍需要设计出更加巧妙的实验来加以论证。脑机制研究结果若能结合行为研究来解释，对于说明各个脑区在两种前瞻记忆任务中的功能更有意义。此外，当前的实验只是单纯比较两种前瞻记忆表现出的结果的差异，并没有考虑到不同的背景任务对其结果的影响。例如，背景任务材料的性质不同，如使用单词和图片，会导致不同的脑区参与（Costa et al.，2011，2013）。一些非认知因素，如不同的情绪状态也可能会导致两种前瞻记忆结果存在差异（Rea et al.，2011）。

其次,时间性前瞻记忆的加工过程所涉及的神经机制到底是怎样的。时间性前瞻记忆的三阶段模型认为,时间意向的完成需要三个认知加工过程,即形成意向,在监控时间的同时维持意向,以及在合适的时间中断背景任务,启动并执行预定的行为意向(Ellis,1996)。这说明时间性前瞻记忆至少包含三个基本的认知资源:计划、工作记忆、任务转换。测试-等待-测试-退出模型、注意阀门模型以及动态注意理论等在解释时间性前瞻记忆的加工机制时都是按照这样的加工阶段进行论述的。神经机制的研究发现,各个脑区也参与这样的加工过程。在执行行为意向的时候,大脑具有两种操作,即想起之前的意向(回溯),同时记住去执行这一意向(前瞻)。前瞻记忆的前瞻部分可能受到执行功能(额叶)调节,而回溯部分受经典情景记忆脑区的控制。但是很多研究认为前额叶在整个前瞻记忆加工过程中都发挥作用(Momennejad & Haynes,2012;Volle et al.,2011;Gonneaud et al.,2014)。其他脑区,如扣带前回、顶叶、丘脑等,可能都参与了时间性前瞻记忆的加工过程。然而,至于这些脑区到底参与了哪个阶段的加工,当前的研究并不能明确回答。未来研究可考虑联合使用ERP和fMRI技术,并结合时间性前瞻记忆的理论模型,来具体探讨各加工过程的神经机制问题。

最后,传统的认知神经科学对大脑功能的研究主要集中在功能特异脑区的定位和识别上,研究手段更注重认知实验的设计。但是脑成像研究发现即使是一个很初级的认知活动,也会激活大量的脑区,甚至是全脑,也就是说需要不同脑区构成一个网络,协调工作以发挥功能。因此用神经网络的观点来研究人脑活动是非常必要的。

大脑的功能有两大组织原则:功能整合和功能分化(Friston,2002;Lee,Harrison,& Mechelli,2003;Sporns,Tononi,& Kötter,2005)。那么在时间性前瞻记忆任务中,大脑又是如何整合各个相关脑区之间的关系,以共同完成任务的呢?Gonneaud等人的研究中虽然提到时间性前瞻记忆可能的脑网络,但是并没有从网络连接的角度来分析这些脑区之间的相互关系(Gonneaud et al.,2014)。Cohen和O'Reilly曾提出一个以前额叶和海马的关系为基础的神经网络模型来解释计划和前瞻记忆的理论(Cohen & O'Reilly,1996)。还有研究表明前额叶与丘脑的联合对前瞻记忆成功执行很有必要(Burgess et al.,2001)。尽管目前关于这些脑区之间相互关系的说明都偏描述性,是一种理论探讨,并没有从技术方法上去验证,但这些研究提供了对前瞻记忆相关脑区做网络分析的可能性。应当十分重视用神经网络的观点来探讨时间性前瞻记忆的神经机制,同时还要用系统论的观点来研究时间性前瞻记忆在行为和认知上的特征,并把这两方面的研究有机结合起来,这样才有可能对时间性前瞻记忆有更加深刻和全面的认识。

合作者:尹杰。原文载于:《西南大学学报(社会科学版)》2015年第41卷第1期。

时间性前瞻记忆研究取向与焦点问题

1 引言

形成和保持一个意向直到合适的情境或时间执行，被称为前瞻记忆（prospective memory，PM）（Barba，1989）。Einstein 和 McDaniel 把 PM 分为时间性前瞻记忆和事件性前瞻记忆。时间性前瞻记忆（time-based prospective memory，TBPM）是指先前形成的意向在一段时间后的某个特定的时间（目标时间）执行（例如，30 分钟后参加一个会议）。事件性前瞻记忆（event-based prospective memory，EBPM）是指先前形成的意向在某个适当的线索（目标线索）出现时执行（例如，下次遇见某个朋友时传口信给他）（Einstein，& McDaniel，1996）。

2 研究取向

研究者们以行为认知研究和认知神经科学研究为研究取向，结合具体的实验方法对 TBPM 认知机制进行研究。

2.1 在自然情境下进行研究

1990 年以前进行的 TBPM 研究大都是在自然情境中进行的。例如，要求被试在约定时间给主试打电话或者寄卡片，要求被试按照约会要求去赴约或寄回问卷，等。整体而言，自然情境中进行的实验很难严格控制无关变量和评估被试使用的记忆策略，也不能控制被试虽然记得某个任务，却因为种种主客观原因没有履行等问题，因此在方法上不够严谨。但也有人认为在自然情境中进行的研究生态效度高，故近年的研究报告中也有采用。

2.2 在实验室进行实验研究

实验室实验法是由 Einstein 和 McDaniel 提出的一种双任务范式（Einstein & McDaniel，1990）。在这种范式中，被试必须同时进行两个任务：背景任务和前瞻记忆任务，其中少量的前瞻记忆任务嵌套在持续进行的背景任务中，以防止被试像警觉任务那样复述目标线索。由于实验室实验法能够较好地操纵自变量和控制额外变量，所以实验室研究法极大地促进了前瞻记忆研究的发展。

2.2.1 行为认知研究

TBPM研究一贯是在意向保持期间(即从形成意向到执行意向之间的时间间隔),可以查看时钟,以模拟现实生活中的TBPM任务。Ceci等的经典研究记录了在意向保持期间查看时钟的情况,发现查看时钟次数随着目标时间的临近呈U-或J-形变化,目标任务的成功与查看时钟的次数无关,与查看时钟策略的有效性有关(Ceci & Bronfenbrenner,1985)。对TBPM的发展研究还发现,即使是年轻的学龄孩子的监视策略也是随着最终的目标时间临近而更频繁地进行监视,而大的孩子采取更加有策略的监视行为,即随着目标时间临近而增加时钟查看次数的梯度更大,而且要达到同样的TBPM成绩水平,年幼的孩子需要更多地查看时钟(Mackinlay,Kliegel,& Mäntylä,2009)。对TBPM成人年龄差异的研究结果发现,各个年龄阶段的成人都显示了相当一致的监视行为,即随着目标时间的临近会策略性地增加查看时钟的次数。这些研究都说明时钟监视行为在执行TBPM任务过程中有非常重要的作用,但这种监视行为的底层认知机制及其与时间响应的准确性的关系至今还不清楚。

影响PM任务正确率的因素包括目标任务的重要性,背景任务对认知资源的需求情况,PM目标线索的确定性,以及从形成意向到执行意向之间的时间间隔等。对TBPM任务正确率的研究发现,TBPM成绩与被试感觉到的TBPM任务重要性呈正相关。加工背景任务所需认知资源与EBPM成绩呈负相关(Einstein & McDaniel et. al,1996),但还没有看到有关背景任务所需资源影响TBPM成绩的研究。虽然研究者还没有系统地研究从形成意向到执行意向间时间间隔的长度导致的TBPM的不同,但仍然有证据证明TBPM成绩在短时间间隔情况下好于长时间间隔。而且,会在时间间隔的末端投以比前端更多的注意(Einstein & McDaniel et. al,1996)。

Smith等在对EBPM的研究中注意到成功执行EBPM任务对背景任务的执行有影响,完成嵌入EBPM任务的背景任务的反应时长于单纯的背景任务的反应时,在PM组,更长的背景任务反应时对应着更好的EBPM成绩。这些研究把对PM的研究从只关注PM目标任务转向同时关注保持PM目标意向对背景任务产生的影响,通过探讨背景任务的反应时变化情况来折射出PM目标任务对注意资源的需求。这种当保有PM意向时,背景任务的反应时上升的现象被称为PM冲突效应(Marsh,Hicks,Cook,Hansen,& Pallos,2003)。PM冲突效应被引入TBPM的研究后,直接比较了TBPM与EBPM任务冲突效应量的大小,发现前者较小(Smith & Parshuram,2008)。

遗忘性轻度认知损伤(amnestic mild cognitive impairment,aMCI)与中颞叶和额叶系统的神经病理学变化有关,导致回溯记忆受到损害。比较健康组和aMCI患者的TBPM完成情况,发现两种PM任务的成绩上,健康组都好于aMCI组,aMCI组又好于阿尔茨海默病症(进行性老年痴呆)组。aMCI 组的 TBPM 成绩比 EBPM 成绩差,而其他组两种 PM 任务成绩相当。说明 TBPM 更敏感于与 aMCI 有关的最早的认知改变,可能反映了自发加工、注意转换或者早期额叶系统参与对记忆任务的抑制等的损伤(Troyer & Murphy,2007)。概括起来,神经疾病患者在 TBPM 和 EBPM 任务的响应上不同,大多数都是 TBPM 更困难。不同神经病理条件下的研究也支持 TBPM 有截然不同的特点。精神分裂症患者的前瞻记忆受损不是由认知神经损伤间接导致的,并且体现在线索监测和意向提取阶段(Wang et al.,2008)。对精神分裂症患者前瞻记忆的元分析结果显示,具有分裂型人格特征的被试在前瞻记忆上有缺损,TBPM 缺损程度显著大于 EBPM(Wang et al.,2009)。因此,虽然来自神经病学和神经心理学的证据暗示从基于时间知觉的角度,TBPM 也许与 EBPM 是完全不同的,但还没有得到一致的结论。

2.2.2 认知神经科学研究

Martin 等用脑磁图(magneto encephalo graphy,MEG)对前瞻记忆任务、回溯记忆任务和 Oddball 范式进行考察,源定位到海马趾、顶叶和额叶。任务开始的早期,顶叶在前瞻记忆条件下激活早于回溯记忆条件和 Oddball 条件,海马趾的激活持续时间在前瞻记忆和回溯记忆条件下长于 Oddball 条件。作者认为顶叶在早期(87 ms)的激活是为了给后来的 PM 响应一个初始的注意。海马趾的激活可能反映了随后对意向活动的搜索(Martin et al.,2007)。

Okuda 等在一个采用正电子断层扫描技术(positron emission tomography,PET)的研究中考察了与 TBPM 和 EBPM 任务相关的脑活动。在第一个研究的 TBPM 条件下,年轻被试在完成一个需要注意参与加工的背景任务期间,自己估计时间来完成前瞻任务;在第二个研究的 TBPM 条件下,年轻被试完成同样的背景任务,但在呈现背景任务时呈现时钟,被试完成前瞻任务时不需要自己估计时间。两个研究的 EBPM 任务都是看到事件线索时做出前瞻任务。结果发现在第一个研究中,左上额回的一个区域在 TBPM 条件下激活更高。在第二个研究中,三个喙额区在 TBPM 条件下激活更高:右上额回、前中额回和前扣带回。左上额回另外一个位置在 EBPM 条件下激活更高。说明喙额回的不同脑区分别参与了 TBPM 和 EBPM 任务的执行(Okuda et al.,2007)。

为了考察在编码阶段对延迟执行的意向编码与对只需回忆的信息编码是否激活不同的脑区,Eschen 等人运用功能磁共振(function magnetic resonance imaging,fMRI)在编码阶段进行扫描。附加条件是为口头报告的抽象意向动词编码,考察在编码阶段口头报告的意向词和抽象动词的语意运动信息激活的运动脑区,与后来要执行的意向词激活的脑区是否不同。结果发现对延迟执行的意向词进行编码时激活中央后回、楔前叶、背腹侧前运动皮层、后中颞回和顶下小叶。这些脑区与为口头报告的意向词和抽象动词编码时激活的脑区没有重叠。这说明在编码延迟意向时辅助运动皮层的活动是由未来的运动响应,而不是运动词汇的语意信息导致的(Eschen et al.,2007)。

West 等人运用事件相关电位(event-related brain potentials,ERPs)技术对EBPM任务进行了研究,发现在意向保持期间,顶枕区的N320成分与注意有关,右额区的负性慢波和顶区广泛分布的正波与搜索有关(West,Herndon,& Crewdson,2001)。虽然至今未看到用ERP技术对TBPM研究的文献,但这种技术的高时间分辨率的特性为TBPM研究提供了一种潜在的研究方法。

对实验室研究范式的批评:有研究者对当前的实验室研究能否充分捕捉日常生活中发生的TBPM的关键特点提出质疑。例如,生活中的TBPM任务是只执行一次,从形成意向到执行目标任务间的延迟通常是几个小时或几天。而在实验室研究中,在背景任务执行过程中执行几次TBPM任务,延迟通常是1~2 min。在这种情境下,可能PM任务始终没有离开意识,无法区分实验考察的是PM还是被试的时间估计能力(Kvavilashvili & Fisher,2007)。

2.3 自然情境和实验室相结合的研究

Kinsella等人在实验室环境下用改进的经典双任务PM实验室研究范式,考察目的之一是研究不同意向形成方式对PM成绩的影响。指导语告诉被试记住8个目标物品,然后用DVD播放在超市通道缓慢移动的画面,背景任务是要求被试辨认物品,前瞻目标任务是当看到任何一个目标物品时按“空格键”表示“购买”该物品。意向形成方式包括自己形成意向和由实验者告知一个意向。结果发现不同意向的形成方式对PM成绩没有影响,从一个角度证明了实验室研究在意向形成方式上虽然不是由被试自己形成,但并不会影响实验室研究的生态效度。虽然这个研究不是针对TBPM的研究,但其新颖之处值得借鉴(Kinsella,Ong,& Tucker,2009)。

3 TBPM研究理论模型

3.1 随机游动模型

由Wilkins提出的随机游动模型(random walk model)强调了在记忆意向时偶然出现的外在和内在线索的重要性。根据随机游动模型,思维可以在多维语意空间中形成概念。意向形成后,在多维空间某个特定区域形成对该意向的描述。思维并不会在整个延迟期间都停留在这个区域,而是“思维的足迹”以统计上随机的方式在这个空间内与我们在环境中遇到的刺激和打算执行的活动有关的各个地方移动。如果时间太早,“思维的足迹”就会离开,直到在合适的时间闯进与执行任务足够近的区域,就极有可能导致意识到这个意向,从而执行目标任务(Kvavilashvili & Fisher,2007)。

3.2 测试–等待–测试–输出模型

测试–等待–测试–输出模型(test-wait-test-exit,TWTE)由 Harris and Wilkins 提出。根据TWTE模型,人们先对未来要执行的任务进行编码,然后等一段时间,直到似乎应该检测记忆时查看时钟(test)。如果发现时间没有到,继续等待(wait)。这个查看—等待的循环持续进行,直到某次查看时钟时发现目标时间到了,做出目标反应,该循环结束(exit)。正如作者自己所认为的那样,虽然这个模型拟合了实验数据并被广泛引用,但它在很大程度上是描述性的。对基本的问题,如“如何使人们在缺乏线索的情况下意识到时间,或者说使人们想起和时间有关的意向? 这些自我启动加工的特点是什么?”等问题并没有回答。因此,TWTE模型被认为是一个state-of-the-art 模型,反映了PM研究者没有把时间估计模型与PM研究结果结合起来讨论(Block & Zakay,2006)。

3.3 注意闸门模型

注意闸门模型(attentional-gate model,AGM)认为:节拍器以相对固定的频率发放脉冲,脉冲信号流经由决定资源分配策略的执行功能所控制的注意闸门。分配给时间的资源越多,门打开得越大,允许更多的信号通过。如果当前情形为需要定时,开关闭合,信号得以进入累加器;否则开关断开,阻止信号通过。累加器储存从目标时距开始以来通过闸门的信号数量。目标时距结束,开关关闭,累加器中的数量是目标间隔时距的表征。这个数据随后转入工作记忆中。目标时距的表征从长时记忆提取并保持在参照记忆中。进入累加器的信号数与储存在参照记忆的以表象为根据的常数进行比较。这个认知比较的过程持续进行,直到确定获得了一个接近的匹配才结束,然后去提取意向的表征,并做出目标响应。Block和Zakay认为TBPM可以看成是要求监测和控制未来时间执行活动的高水平执行功能(Block & Zakay,2006)。

3.4 动态注意模型

DAT携带模型通过强调注意同步性在响应事件时的角色来解释人们是如何判断时间的。DAT假设注意及其伴随的注意同步与任务相关的时间水平联合。任务相关的时间间隔的期望时间符合程度决定时间判断。期望时间依赖于任务和事件的时间结构。在直觉上,如果什么东西比期望的来得早,其相关的时间间隔就相当短。因此,一个标准时距被作为比较时距的期望时间所基于的时间水平。当人们被告知判断填满事件的标准时距的总长度时,相关时距是该事件的高级时间间隔,在需要判断比较时距与标准时距的关系时,他们的成绩会基于由比较时距的结束时间与预期的标准时距的结束时间的关系(Jones,2006)。

4 争论的焦点

对TBPM的研究从一开始就是在与EBPM的比较中进行的。TBPM和EBPM的本质差异一直是TBPM研究的一个重要方面。至今,这个问题还存在争论。

4.1 TBPM和EBPM是否有本质差异

Graf等人从以下三点综述了TBPM任务与EBPM任务的异同。首先,EBPM任务有确定的外在线索提示应该执行以前形成的意向,而TBPM任务没有外在线索提示先前意向。但可以把查看时钟时两个指针指向的角度看为类似遇见某人这样的外在线索。其次,如果把线索或情境的可预期性或者计算的近似性作为区分时间性和事件性前瞻记忆的关键特征,似乎也不尽然。至少有部分EBPM任务存在可近似计算线索出现的时空信息的情况,即TBPM和EBPM任务都有可预测性。最后,如果被试把一类前瞻记忆任务转化成另外一类来执行时,TBPM,EBPM名义上的差异已不复存在。当这类时间—事件联结发生时,会易化或抑制目标任务。但来自神经病学和神经心理学的证据暗示从时间知觉的角度,TBPM也许与EBPM是完全不同的。因此,在TBPM和EBPM任务的本质差异的问题上,Graf和Grondin认为在情境信息单调的实验室中,在意向保持时间较短的情况下,时钟查看策略和时间相关的加工更可能是反映时间性和EBPM相似性与差异性的关键(Graf & Grondin,2006)。

4.2 TBPM是否比EBPM更依赖自发加工

根据Craik的理论,Einstein等提出TBPM比EBPM更依赖自发的、资源需求的加工,并进一步预测随着年龄增加,TBPM任务成绩下降比EBPM任务更明显,即年龄效应(Einstein & McDaniel,1990)。Einstein等的预测得到了实验室研究的证实(Einstein,McDaniel, Richardson, Guynn, & Cunfer, 1995; Park, Hertzog, Kidder, Morrell, & Mayhorn, 1997)。然而,关于年龄效应的元分析结果发现在实验室环境中,TBPM条件的年龄效应并没有显著大于EBPM条件。因此,虽然普遍认为前一种任务的完成要求更多地自发加工,从而有更大的年龄效应,但元分析结果并不支持这个观点(Henry,MacLeod,Phillips,& Crawford,2004)。在自然情境条件下不仅能弥补老人基本加工机制的缺失,甚至能使他们超出年轻对手。老人在自然情境条件下的出色成绩可能反映了他们更丰富的时间管理经验，对自己记忆易错性的觉知，更少的打扰，有更多的机会去计划如何记住执行任务和更有效地利用PM线索(Henry et al.,2004)。对TBPM与EBPM任务冲突效应量的比较结果发现，前者较小，这似乎也不符合TBPM更依赖自发加工的推论，但其中的原因至今还不清楚。

4.3 TBPM是自动加工还是控制加工

当指导语告知一个目标任务后，大多数的人会先看一下表，等到下一次需要时又看表。这些监测—等待的循环反复进行，直到需要响应的时间执行该活动并停止监视。由于始终在监视时间，所以整个过程处于控制中。因此，监视的特点就在于控制性。是否承认PM任务中监视的存在，就会引入对自动—控制加工的讨论。基于EBPM研究提出的多重加工理论认为根据任务的不同，执行PM任务依赖于策略加工或自动加工。而预备注意加工理论认为执行PM任务需要监视目标事件的出现，是需要注意参与的控制加工。在提取意向时分散注意会降低PM成绩，则证明了PM任务中存在控制加工。但自动—控制提取加工的话题还在讨论中。操纵任务重要性的研究发现注意分配会影响PM任务成绩。例如，强调背景任务的重要性，TBPM任务的成绩下降，而EBPM任务成绩并不受影响。但背景任务正确率在EBPM条件下有显著的重要性效应，即PM目标任务重要性高时，背景任务的正确率低。对时钟监视过程的考察也发现设定PM任务比背景任务更重要，导致分配给PM任务的注意选择性地增加，尤其是在临近目标时间的阶段(Kliegel, Martin, McDaniel, & Einstein, 2004)。

上述的研究结果说明PM执行过程中注意资源的灵活分配扮演了重要角色。值得注意的是对自动—控制提取加工的讨论主要是针对EBPM进行的，但针对TBPM任务的讨论还不充分。在经典的TBPM任务中，意向是由外在因素调节的，由时间相关的线索所触发(例如：时间相关的联想、内部时钟)。与经典的EBPM相比，这些线索更含蓄，更能让人自发地想起和监视，这些是成功执行TBPM任务的关键(Kvavilashvili & Fisher, 2007)。因此，即使多种认知加工可以支持PM提取，也有理由相信TBPM任务比EBPM更多地依赖执行控制加工。

合作者：袁宏。原文载于：《心理学探新》2010年第30卷第3期。

一种混合型前瞻记忆的加工机制

1 引言

前瞻记忆(prospective memory,PM)指的是,在没有直接的外部提示的情况下,对在未来恰当的情境或时间,从事先前计划好的目标活动的记忆。研究者从不同角度对前瞻记忆任务进行分类,其中一种划分方法(Einstein & McDaniel,1990)是按任务类型把前瞻记忆划分为基于事件的前瞻记忆(event-based prospective memory,EBPM)和基于时间的前瞻记忆(time-based prospective memory,TBPM)。EBPM是指看到目标事件(即PM目标)时从事先前计划好的目标活动的记忆(如,记得看到某人时把书还给他),TBPM是指在未来某一特定时间或经过一段时间后从事先计划好的目标活动的记忆(如,记得晚上7:00去参加一个聚会)。目前研究最多的是EBPM,对TBPM的研究相对较少。然而,日常生活中还有一些比较复杂的PM任务,其中有一种是基于目标事件(PM目标)进行反应,且PM目标出现时间已知,即事件和时间线索以一种相互结合的方式存在,这种PM可以称为基于事件和时间的混合型PM(mixed time-based and event-based prospective memory)(Block & Zakay,2006)。例如,PM任务是碰到某个朋友时记得把钱还给他,而且个体明确地知道下午会遇见那个朋友,因为熟悉那个朋友的生活习惯,或者是约好一起去做某事。目前尚未有研究对这种混合型PM的加工机制进行考察,它的加工机制能否用现有的EBPM和TBPM的理论进行解释呢?

EBPM的加工机制一直备受关注和争议。Einstein和McDaniel最初提出自动激活模型(simple activation model)和注意-搜索模型(noticing-search model)来解释EBPM的加工过程(Einstein & McDaniel,1996)。自动激活模型认为,接受EBPM任务后,被试形成一个关于靶线索—行动的联结的编码,当这个编码从工作记忆中消失后就处于一种特殊的阈下激活状态,当PM目标出现时,这个编码就提高到阈限以上进入意识,使被试注意到PM目标,并从目标—行动的特殊路径自动激活扩散,实现对先前意向的提取。注意-搜索模型也被称为熟悉-提取模型,认为PM目标会自动引起个体的熟悉感、知觉流畅性或其他内部反应,使PM目标受到注意,并对应当执行的活动产生指向性搜索,从而使个体有可能完成EBPM任务。该模型认为“注意”是一个自动的过程,无需消耗认知资源,“搜索”是一种需要努力或控制的加工过程。以上两种模型的共同点在于,认为在PM目标出现前以及对PM目标的识别无需消耗认知资源,因此执行EBPM对背景任务(background task)不会产生干扰,即没有前瞻干扰效应(prospective interference effect)。但是,一种强势的监测观——预备注意加工和记忆加工理论(preparatory attentional processes and memory processes theory,PAM)(Smith,2003;Smith & Bayen,2004)认为成功的EBPM总是包含预备注意加工和回溯记忆加工,预备注意加工是一种维持执行任务的准备状态,在PM目标出现前,预备注意加工对环境中可能出现的目标进行监测,对背景任务产生前瞻干扰效应。Einstein和McDaniel后来又提出多重加工理论(multi-process theory)(McDaniel & Einstein,2000;Einstein et al.,2005),认为在某些条件下EBPM是自动加工,在某些条件下是预备注意加工,这取决于各种因素,例如个体差异(Gene,Justin,& Richard,2010)、PM目标的特点(Scullin,McDaniel,& Einstein,2010;Scullin,McDaniel,Shelton,& Lee,2010)、意向的特点和背景任务的特点等。自动激活模型、注意—搜索模型和PAM理论都只能解释某种条件的EBPM加工。但PAM理论却坚持认为,注意资源必须持续地投入于监测PM目标,没有预备注意加工,PM就不可能成功实现。目前,双方主要争论的是PAM理论和多重加工理论,争论的焦点在于PM目标出现前的加工过程是否需要注意资源。

对TBPM的认知机制的研究较为匮乏,对其机制的理论解释主要有TWTE(test-wait-test-exit)模型(Harris & Wilkins,1982)和注意闸门模型(attentional-gate model,AGM)(Block & Zakay,2006)。TWTE模型认为被试在执行PM任务的过程中,不断检查目标时间是否到了,未到就等待一段时间,接着又去检查,如此循环,直至关键阶段,检查发现目标时间已到,于是退出循环,从事目标活动。PM的成败取决于被试在关键阶段是否检查时间。TWTE模型被看作艺术状态模型,它没有明确解释以下几个问题:当个体在等待时发生了什么?个体如何确定需要进行下一次检查?检查如何表明做出反应的适当时间是否到了?AGM模型是Block和Zakay在时距估计的标量计时模型(scalar-timing model)的基础上提出的,认为:节拍器(pacemaker)以相对固定的频率发放脉冲(信号),信号流经执行功能所控制的注意闸门(attentional gate),分配给时间的注意资源越多,闸门开得越大,允许单位时间内越多信号通过并进入累加器(accumulator)。如果当前情形意味着应该计时的时距开始时,开关(switch)打开(open),信号得以进入累加器;否则开关关闭(close),阻止信号通过。累加器储存从时距估计开始至结束通过闸门的信号数量,这些数据随后转入工作记忆中。标准的目标时距表征从长时记忆提取并保持在参照记忆(reference memory)中。进入工作记忆的信号数与储存在参照记忆的目标时距的表征进行比较,这个认知比较的过程持续进行,直到确定获得了一个接近的匹配才结束,然后个体提取先前在长时记忆中编码的意向反应的表征,并做出目标反应。AGM模型对TBPM加工机制的解释主要是侧重于其中的时间估计。

现有的PM加工机制理论的提出都是基于一种类型的PM研究,即单纯的EBPM或TBPM研究,这样的理论对于混合型PM的解释力如何呢?本研究将对以往研究忽略的一种基于事件进行反应,且具有时间线索的混合型PM的加工过程进行考察,这将有利于加深对PM的认知机制的认识。实验一操纵PM目标出现时间的可知性,考察混合型PM的表现及其潜在的加工机制,并与EBPM进行对比。实验二考察混合型PM目标出现时间比已知时间提前时,被试执行意向任务的情况及其潜在的加工机制,考察自动加工存在的可能性。

2 实验一

采用目前盛行的Smith考察前瞻干扰效应的范式(Smith, 2003; Smith & Bayen, 2004),即在实验中设置两种条件,控制条件为单纯的背景任务,实验条件为背景任务(含前瞻记忆任务),对两种条件下非PM目标的行为数据进行比较,考察持有PM意向对背景任务是否有干扰。以往关于PM目标出现时间未知的EBPM研究表明,EBPM的加工机制取决于多种因素(Einstein et al., 2005),当不考虑PM目标以外的其他因素时,研究(Marsh Hicks, Cook, Hansen, & Pallos, 2003; Hicks, Marsh, & Cook, 2005)结果表明,如果PM目标是一种类别(例如“动物”类别,没有具体指出是哪一种动物),前瞻干扰效应显著,PM目标出现前注意资源持续投入于对目标的监测过程;但如果PM目标是具体的或明显的,EBPM的加工机制还存在争议(Einstein et al., 2005; Smith & Bayen, 2004; Smith & Hunt, 2007;陈幼贞等,2007)。因此,为避免其他因素的混淆,本研究以属于动物类别的字作为PM目标,以便于与以往研究结果对比。

2.1 方法

2.1.1 被试

福建江夏学院本科生27人(男生13人,女生14人),平均年龄20.3岁,无生理或精神方面的疾病,视力或矫正视力为1.0以上。此前均未参加过类似实验,实验后获取适量报酬。

2.1.2 实验材料

从国家语言文字工作委员会和国家标准局编的《现代汉语字频统计表》(1987年版)“社会科学·自然科学综合汉字频度表音序部分”中选取60个出现次数在12369和55710之间、笔画数在4和12之间的常用汉字,分为字频匹配的3组(各20个汉字)。3组汉字的笔画数和出现次数均无显著差异[平均笔画数分别为6.51,6.89,6.71,$F(2,57)$

=1.20,p=2.631;出现次数分别为23638.17,21639.56,21518.65,F(2,57)=1.70,p=2.230]。实验所用汉字全部为宋体一号字,用画图工具制作成图片。

2.1.3 实验设计

被试内实验设计,包含三种条件:基线条件、EBPM条件和混合型PM条件。基线条件是1-back任务,屏幕每次呈现一个汉字,要求判断当前呈现的汉字与前一个汉字是否相同,如果相同用右手食指按J键,不同则用左手食指按F键。共3个block,每个block包含120个trial,由一组汉字按1-back的规则随机排列而成,1-back目标词占总数的50%,3个block所用3组汉字字频和笔画数匹配。第二种实验条件含EBPM任务,PM目标出现时间未知,称为EBPM条件。第三种实验条件是基于事件和时间混合的混合型PM,已知PM目标出现时间,称为混合型PM条件。EBPM条件和混合型PM条件的相同之处是PM任务嵌于背景任务(程序及要求同基线条件)中,要求被试在完成背景任务的同时,如果看到属于动物类别的字记得用右手中指按K键。不同之处在于EBPM条件PM目标出现时间未知,混合型PM条件告诉被试本部分实验正式开始10 min后属于动物类别的字才会开始出现,任务分成三个小部分,每个小部分需要做4 min接着休息1 min,目的是让被试能够准确地估计时间,模拟日常生活中我们借助外界事物(例如上下课铃响等)能够较为准确地估计时间。混合型PM条件以“马、鸭”为PM目标,EBPM条件以“牛、鸡”为PM目标,两种条件的PM目标字频和笔画数匹配,每个PM目标在该种PM条件出现两次,实际出现的位置大致相同。所有任务均要求被试既快又准地做出反应。

2.1.4 实验程序

(1)练习阶段:先呈现关于1-back任务的指导语,让被试陈述对指导语的理解,若理解错误则加以纠正,待其理解后练习100个trial的1-back任务,使其达到熟练程度。此外,让被试熟悉并练习按K键(实验条件下对PM目标的反应键),然后进入正式实验。汉字和空屏呈现时间与被试的反应有关,被试做出反应后立即出现空屏,如果被试在1500 ms之内没有做出反应,汉字自动消失,出现空屏,前一个汉字开始呈现到后一个汉字开始呈现之间的时间间隔即SOA(stimulus onset asynchrony)为2000 ms(见图1)。

图1 刺激流程示意图

(2)正式实验阶段:基线条件是先呈现指导语,被试理解后开始实验。两种PM条件是被试理解要执行的任务后,先进行2 min的分心任务(从1000开始连续减3运算),然后才正式开始实验。三种条件的实施顺序在被试间平衡。

（3）实验结束后，让被试回答两个问题，了解被试使用的PM加工策略。

2.1.5 统计分析

所有数据均由SPSS For Windows 12.0进行统计处理。

2.2 结果与分析

2.2.1 前瞻干扰效应及其特点分析

考察EBPM的干扰效应，对两种PM条件中的非PM目标项目（剔除PM目标）与对应的基线条件进行对比。由于在混合型PM条件下告诉被试PM目标将于10 min以后出现，第一至第二block的时间加上休息时间刚好10 min，10 min以后的时间窗在第三block即目标时间段。为了考察被试的加工策略在进入目标时间段前后以及第一个PM目标（简称PM1）出现前后是否发生变化，将所有任务分为三个时间段进行考察（见表1），对背景任务的反应时、正确率进行3（时间段：时间段1为第一至二block，时间段2为第三block开始至PM1出现，时间段3为PM1出现之后）×3（条件：基线条件、EBPM条件、混合型PM条件）重复测量方差分析。

三种条件背景任务的反应时重复测量方差分析结果表明，条件有显著的主效应，$F(2, 52)=22.87$，$p<0.001$，时间段有显著的主效应，$F(2, 52)=6.31$，$p<0.01$，时间段和条件存在显著的交互作用（见图2），$F(4, 104)=6.53$，$p<0.001$。简单效应分析表明，不同条件背景任务的反应时在时间段1有显著差异，$F(2, 52)=12.68$，$p<0.001$，进一步的多重比较表明，EBPM条件的反应时显著大于基线条件，$ps<0.01$，混合型PM条件的反应时与基线条件无显著差异，$p=0.157$；不同条件的反应时在时间段2有显著差异，$F(2, 52)=16.19$，$p<0.001$，两种PM条件的反应时无显著差异，$p=0.235$，且二者均显著大于对应的基线，$ps<0.01$；不同条件在时间段3有显著差异，$F(2, 52)=11.65$，$p<0.001$，两种PM条件的反应时无显著差异，$p=0.076$，且二者均显著大于对应的基线，$ps<0.01$。进一步分析表明，基线条件在时间段上无显著差异，$F(2, 52)=1.05$，$p=0.358$；EBPM条件在时间段上无显著差异，$F(2, 52)=0.93$，$p=0.403$；混合型PM条件在时间段上有显著差异，$F(2, 52)=23.03$，$p<0.001$，多重比较表明，时间段1的反应时显著快于时间段2和3，$ps<0.001$，时间段2和3无显著差异，$p=0.197$。三种条件背景任务三个时间段的正确率重复测量方差分析结果表明，没有任何主效应和交互作用效应，$Fs<2.82$，$ps>0.412$。

上述数据表明，混合型PM条件背景任务的反应时在非目标时间段与基线无差异，即无前瞻干扰效应，进入目标时间段后才有干扰效应，说明被试在非目标时间段只进行背景任务的加工活动，进入目标时间段后才将一部分注意资源分配于监测可能出现的PM目标。EBPM条件三个时间段的反应时都显著大于基线条件，存在前瞻干扰效应，说明被试在整个EBPM执行过程中，都在对可能出现的PM目标进行监测。

表1 背景任务的反应时、正确率

条件	反应时(ms)						正确率					
	时间段1		时间段2		时间段3		时间段1		时间段2		时间段3	
	M	*SD*	*M*	*SD*	*M*	*SD*	*M*	*SD*	*M*	*SD*	*M*	*SD*
基线条件	567	57	583	52	580	46	0.98	0.04	0.97	0.03	0.95	0.02
EBPM条件	659	100	661	85	631	90	0.97	0.02	0.96	0.02	0.94	0.03
混合型PM条件	588	54	686	67	670	60	0.96	0.02	0.95	0.03	0.96	0.04

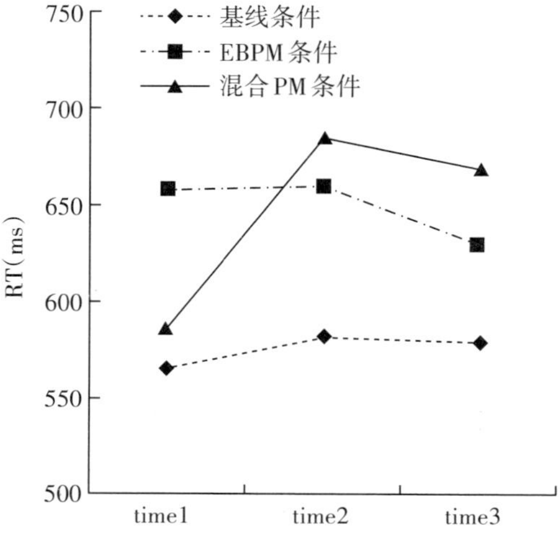

图2 三种条件背景任务的反应时

2.2.2 PM表现

混合型PM条件的PM反应正确率(0.63±0.25)与EBPM条件(0.58±0.22)无显著差异，$t(1,26)=0.78$，$p=0.355$；而混合型PM条件下的PM反应时(689±199 ms)显著快于EBPM条件下的PM反应时(90±101 ms)，$t(1,26)=5.83$，$p<0.001$。

2.2.3 加工策略问卷分析

对被试采取的加工策略进行分析(见表2)，结果表明，虽然有一些个体差异，但大部分(77.78%)被试对于混合型PM任务采取了估计执行时间到了才投入注意资源的策略。而对于执行时间未知的EBPM任务，大部分(74.07%)被试一直注意着PM目标的出现，还有一些被试大部分时间投入了注意资源。说明被试总体上倾向于根据时间信息已知与否采取不同的加工策略。被试报告的加工策略与行为数据较为一致。

表2　被试采取的加工策略分析(单位:人)

	估计10 min到才注意	一直都在注意	大部分时间在注意	偶尔注意	一点儿都没注意
混合型PM条件	21	0	2	4	0
EBPM条件	—	20	5	2	0

3 实验二

3.1 方法

3.1.1 被试

福建江夏学院本科生73人(男生35人,女生38人)平均年龄19.8岁,未参加过同类实验。实验后获取适量报酬。剔除4个在某些条件的反应正确率低于0.8的被试,有效数据69个。

3.1.2 实验材料

实验材料为实验一所使用的三组汉字中的两组。

3.1.3 实验设计与程序

被试内实验设计,包含两种条件,以单纯的背景任务为基线条件,以PM目标实际出现时间比被试预期提前的PM任务为实验条件。基线条件与实验一的基线条件的唯一不同是只有两个block。实验条件与实验一的混合型PM条件不同之处在于,告诉被试动物类别的字10 min以后出现,但实际上PM目标提前5 min出现,即出现于第二个block。以“牛、马、鸭”为PM目标,每个目标出现一次,只有两个block。实施程序同实验一。

3.2 结果与分析

3.2.1 前瞻干扰效应

对实验条件的前瞻干扰效应进行分析,根据被试的反应将被试分为三组,分别是PM1击中的被试(22人)、PM1漏报PM2击中的被试(25人),以及前两个PM目标均漏报的被试(22人)。由于被试对三个PM目标的反应不同,被试在三个PM目标之间的不同时间段的加工过程可能不同,因此,以三个PM目标为界将实验条件的背景任务划分为三个时间段,时间段1为PM1出现前,时间段2为PM1出现至PM2之间,时间段3为PM2出现至PM3之间,PM3出现之后只有几个刺激了,因此忽略不计。基线条件时间段的划分与实验条件相对应。

对基线条件与实验条件的背景任务正确率、反应时分别进行2(条件:基线条件、实验条件)×3(被试)×3(时间段)重复测量方差分析(原始数据见表3,表4)。对正确率的分析结果发现,所有因素以及因素之间均无任何显著效应,$Fs < 2.20$, $ps > 0.117$。对反应时分析结果发现:条件有显著的主效应,$F(1,66)=107.99$, $p < 0.001$;被试因素无显著主效应,$F(2,66)=0.62$, $p=0.544$;时间段有显著的主效应,$F(2,132)=15.73$, $p < 0.001$;条件和被试因素交互作用显著,$F(2,66)=3.79$, $p < 0.05$;时间段和被试因素交互作用显著,$F(4,132)=5.61$, $p < 0.01$;时间段和条件交互作用显著,$F(2,132)=21.72$, $p < 0.001$;三个因素之间交互作用显著,$F(4,132)=3.74$, $p < 0.01$。

表3 不同时间段背景任务反应时(ms)

时间段		PM1击中的被试		PM1漏报PM2击中的被试		前两个PM均漏报的被试	
		M	*SD*	*M*	*SD*	*M*	*SD*
实验条件	1	581	63	576	87	590	83
	2	686	70	682	99	593	44
	3	652	78	653	69	674	104
基线条件	1	573	58	562	73	593	87
	2	591	45	558	72	568	41
	3	590	47	556	49	572	42

表4 不同时间段背景任务的正确率

时间段		PM1击中的被试		PM1漏报PM2击中的被试		前两个PM均漏报的被试	
		M	*SD*	*M*	*SD*	*M*	*SD*
实验条件	1	0.96	0.03	0.95	0.02	0.97	0.02
	2	0.94	0.02	0.95	0.03	0.94	0.03
	3	0.95	0.05	0.97	0.03	0.95	0.02
基线条件	1	0.96	0.02	0.95	0.02	0.96	0.03
	2	0.97	0.02	0.97	0.03	0.97	0.03
	3	0.95	0.04	0.95	0.03	0.96	0.03

对时间段和条件在被试因素上的简单效应进行分析。对PM1击中被试背景任务的反应时分析发现,条件有显著的主效应,$F(1,21)=49.69$, $p < 0.001$;时间段有显著的主效应,$F(2,42)=17.62$, $p < 0.001$;二者交互作用显著(见图3),$F(2,42)=6.23$, $p < 0.01$。进一步分析发现,不同条件在时间段1无显著差异,$F(1,21)=0.21$, $p=0.652$,实验条件的反应时在时间段2[$F(1,21)=38.71$, $p < 0.001$]和时间段3[$F(1,21)=14.91$, $p < 0.01$]均显著大于基线条件。实验条件的反应时在时间段三个水平差异显著,$F(2,42)=11.24$, $p <$

0.001；配对比较表明，时间段 1 的反应时显著快于时间段 2 和时间段 3，$ps < 0.001$，时间段 2 和时间段 3 的反应时无显著差异，$p=0.723$。基线条件的反应时在时间段三个水平无显著差异，$F(2,42)=1.090$，$p=0.345$。

对 PM1 漏报 PM2 击中的被试背景任务的反应时分析发现，条件有显著的主效应，$F(1,24)=54.67$，$p < 0.001$；时间段有显著的主效应，$F(2,48)=14.80$，$p < 0.001$；二者交互作用显著（见图 4），$F(2,48)=20.319$，$p < 0.001$。简单效应分析表明，不同条件的反应时在时间段 1 无显著差异，$F(1,24)=1.32$，$p=0.262$；在时间段 2［$F(2,48)=38.57$，$p < 0.001$］和时间段 3 均有显著差异［$F(2,48)=72.58$，$p < 0.001$］，均为实验条件的反应时大于基线条件。分析同一条件在不同时间段的反应时差异发现，基线条件的反应时在三个时间段无显著差异，$F(2,48)=0.147$，$p=0.863$；实验条件的反应时在时间段三个水平差异显著，$F(2,48)=22.51$，$p < 0.001$；配对比较表明，时间段 1 的反应时显著快于时间段 2 和时间段 3，$ps < 0.001$，时间段 2 和时间段 3 反应时无显著差异，$p=0.70$。

对前两个 PM 均漏报的被试背景任务的反应时分析发现，条件有显著的主效应，$F(1,21)=16.78$，$p < 0.01$；时间段有边缘显著效应，$F(2,42)=3.38$，$p=0.058$；二者交互作用显著（见图 5），$F(2,42)=7.49$，$p < 0.01$。进一步分析发现，不同条件在时间段 1 和时间段 2 均无显著差异，$Fs < 1.09$，$p > 0.339$；实验条件的反应时在时间段 3 显著大于基线条件，$F(1,21)=14.73$，$p < 0.01$。基线条件的反应时在时间段三个水平无显著差异，$F(2,42)=0.60$，$p=0.554$。实验条件的反应时在时间段三个水平差异显著，$F(2,42)=11.35$，$p < 0.001$；配对比较表明，时间段 3 的反应时显著慢于时间段 1 和时间段 2，$ps < 0.01$，时间段 1 和时间段 2 反应时无显著差异，$p=0.990$。

上述数据表明，三组被试在时间段 1 的反应时在条件间均无显著差异，说明在此阶段被试在实验条件与基线条件认知过程一样，即被试没有对 PM 目标进行预备注意加工。PM1 出现之后（时间段 2 和时间段 3），有两组被试（PM1 击中被试和 PM1 漏报 PM2 击中的被试）实验条件背景任务的反应时显著慢于基线条件，可以推测为两组被试在执行背景任务之余将一部分注意资源分配于监测可能出现的 PM 目标。前两个 PM 目标均漏报的被试直到时间段 3（即 PM2）出现后，实验条件背景任务的反应时才与基线条件有显著差异，说明被试直到 PM2 出现后才对 PM 目标进行预备注意加工。

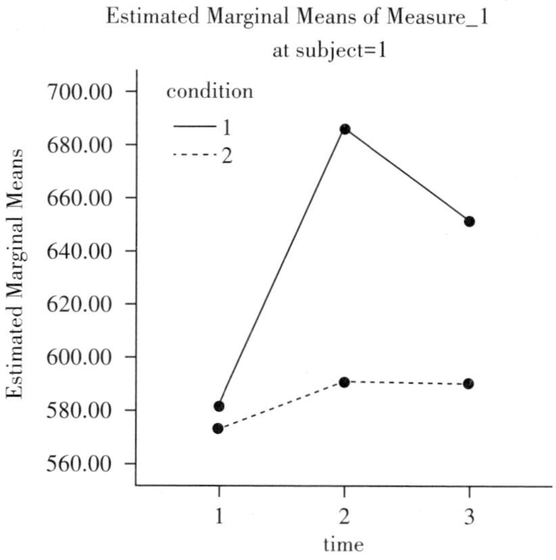

图3 PM1击中的被试背景任务的反应时

注:conditioin 1为实验条件,condition 2为基线条件。下同。

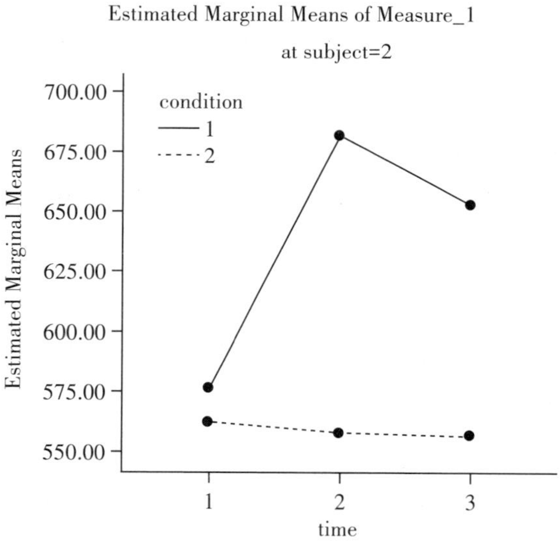

图4 PM1漏报PM2击中的被试背景任务的反应时

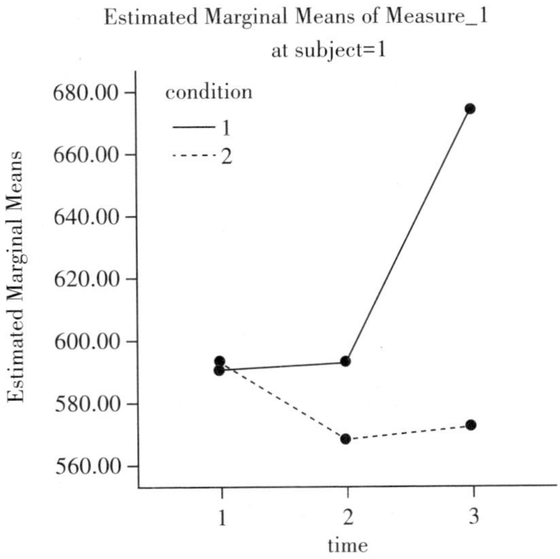

图 5 前两个PM均漏报的被试背景任务的反应时

3.2.2 PM表现

对三个PM目标的反应正确率进行单因素重复测量方差分析,发现三者之间差异显著,$F(2, 136)=11.93$, $p < 0.001$,呈逐步上升趋势(PM1、PM2、PM3的正确率分别为0.32, 0.59, 0.69);多重比较表明,PM2和PM3的正确率均显著高于PM1, $ps < 0.001$, PM2和PM3的正确率有边缘显著差异, $p=0.085$。

4 总讨论

4.1 前瞻干扰效应

两个实验结果均表明,PM的前瞻干扰效应主要体现在背景任务的反应时上,与以往EBPM的干扰效应研究(Smith & Bayen, 2004; Smith & Hunt, 2007; 陈幼贞等, 2007)和TBPM的干扰效应研究(Hicks, Marsh, & Cook, 2005)一致。这些研究分别以不同的任务为背景任务和PM任务,均发现前瞻干扰效应体现在背景任务的反应时。

实验一混合型PM条件在非目标时间段无前瞻干扰效应,进入目标时间段后才有显著的干扰效应,表明被试对PM目标的注意资源分配具有目标时间段的特定性。Cook等人(2005)对TBPM与执行情境相联系对其加工过程的影响的研究也表明,TBPM执行情境已知使被试在该情境出现前很少想到TBPM,执行情境出现后才将注意资源分配给TBPM。这可能说明被试基于已有的关于PM的时间或其他信息采取一种选择性的、动态的资源分配策略,从而既节约注意资源又能较好地完成任务,实验一的问卷调查和实验二的结果验证了这一点。

实验二表明，所有被试均利用时间信息，采取进入目标时间段才投入注意资源对PM目标进行监测的策略。尽管如此，部分被试的PM意向在PM目标出现时被激活并成功执行了PM任务，激活过程可能正如自动激活模型（Einstein & McDaniel，1996）和多重加工理论（McDaniel & Einstein，2000）预测的那样，被试在编码阶段形成的PM目标—行动的联结的编码从工作记忆中消失后处于一种特殊的阈下激活状态，当PM目标出现时，这个编码就提高到阈限以上进入意识，使被试注意到PM目标。本实验结果表明，部分被试在没有监测PM目标的情况下可以成功完成PM任务。有研究（Einstein et al.，2005）考察EBPM的前瞻干扰效应，背景任务是要被试确定句子末尾的一个大写字母是否适合填在句子的空白处，PM任务是无论何时无论在句子的任何地方出现“药”这个词时按键，研究对104个被试在执行PM任务时的干扰效应的个体差异进行检验，发现由于人格等个体差异的存在，部分被试更可能通过自动加工完成PM任务。本研究考察的这种基于事件的时间已知的混合型PM也同样存在加工过程的个体差异。PM1击中被试和PM1漏报PM2击中的被试在PM1出现之后开始监测PM目标。可能是由于PM1的突然出现使这两组被试的PM意向浮现到意识中，一部分被试及时抑制了正在进行的背景任务，转换到PM意向提取并及时做出反应，而另一部分被试可能由于没有及时完成其中某个或几个步骤而无法完成PM任务。尽管如此，两组被试均认识到自己错误地依赖了PM目标出现的时间信息，于是对PM目标进行重新编码，认为PM目标可能出现于这个时间段，因此，监测PM目标就进入了被试的资源分配范畴，对背景任务产生了干扰效应。前两个PM目标均漏报的被试在PM2出现后（时间段3）才开始监测PM目标，可能是由于该组被试的PM意向在PM目标出现两次后才被激活，意识到PM目标在该阶段就可能出现，于是被试改变资源分配策略，对可能出现的PM目标进行监测。三组被试对PM目标的注意资源分配均表现出由无到有的动态特点。

PAM理论和多重加工理论均不能解释对PM目标的注意资源分配的动态特点。PAM理论认为（Smith，2003），在PM目标出现前，预备注意加工持续存在，对环境中可能出现的目标进行监测，对背景任务产生较为稳定的前瞻干扰效应。多重加工理论认为（Einstein et al.，2005），当PM目标不具体，或者PM目标的加工为非聚焦加工（non-focal-processing）（Scullin et al，2010），抑或强调PM任务的重要性时，EBPM依赖控制加工，反之依赖自动加工。多重加工理论区分了不同条件下EBPM依赖控制加工还是自动加工，对执行一种EBPM任务过程中的注意资源投入持“全”或“无”的观点，但仍不能解释混合型PM条件执行过程中注意资源选择性地投入于不同时间段的现象。TWTE模型描述了个体在执行PM过程中检查时间—等待—检查，直至目标时间执行目标活动的过程，解释了TBPM执行过程中对时间的动态注意，但不能解释被试在执行混合型PM过程中对PM目标的动态注意。AGM模型主要是解释TBPM加工过程中的时间估计,不能解释混合型PM执行过程中对PM目标的监测和提取。

这种混合型的前瞻记忆的加工机制不同于单纯的基于事件的或时间的前瞻记忆,它可以通过自动加工或控制加工提取,被试在执行过程中,对PM目标的注意资源分配表现出动态性,自动加工和控制加工交替存在。现有的EBPM和TBPM加工机制理论均不能解释。可以对多重加工理论进行如下补充,使之能够解释EBPM和这种基于事件的且PM目标出现,时间已知的混合型PM,多重加工不仅指PM在不同条件下可能依赖不同的加工,还包括在一种条件下也可能交替出现不同的加工过程,不同的加工方式取决于多种因素,例如PM目标、EBPM任务、背景任务的特点,PM目标与意向行为的关系,个体的人格差异,以及个体根据任务特点采取的加工策略等。

4.2 PM表现

实验一表明,混合型PM条件PM的反应时显著快于EBPM条件,可能是由于EBPM条件下被试从一开始就分配一部分注意资源监测可能出现的PM目标,注意资源的持续消耗使被试可用资源减少,因此在PM目标出现时反应较慢。也有可能是,被试在执行混合型PM条件的编码阶段需要把PM目标与时间联系起来记忆,多了一些编码程序,编码更加精细,因此PM提取较快。这种解释在Cook等人(2005)把TBPM与执行情境相联系的研究中得到一些支持,Cook等人的研究表明,由于在编码阶段将TBPM与执行情境相联系,编码更为牢固,执行情境已知条件的TBPM成绩高于情境未知条件。本实验中混合型PM条件PM的反应时显著快于EBPM条件,而正确率的差异不显著,其原因有待于进一步考察。

实验二表明,三个PM目标的实现成功率越来越高,得益于越来越多的被试对PM目标进行监测,注意资源的投入使EBPM的成绩提高。PM1的正确率低主要是由于PM目标在被试没有进行预备注意加工的情况下提前出现,只有部分被试的PM意向被激活,并能够及时抑制背景任务的反应行为,转换为PM反应。随着大约三分之二的被试投入注意资源对PM目标进行监测,PM2的正确率显著提高。在PM2出现之后,几乎所有被试都对即将出现的PM目标进行预备注意加工,因此PM3的正确率也高于PM2,说明注意资源的投入对PM起了促进作用。但是,预备注意加工对成功实现PM不是必需的,部分被试成功执行PM1说明了这一点。对EBPM的前瞻干扰效应研究(West, Kromping-er, & Bowry, 2005)也证明了预备注意加工对PM的这种作用。

本研究拓展了PM认知机制的研究,对现实生活中减少和避免PM对当前活动的影响,优化个体的注意分配策略,提高PM表现具有重要意义。本研究考察的混合型PM的时间线索是不需要被试自己估计的,今后应进一步考察时间需要自己估计的混合型PM以及其他复杂的混合型PM,进一步完善理论。

5 结论

本研究表明,基于事件进行反应,且具有时间线索的这种混合型PM的加工机制不同于EBPM和TBPM,现有的理论不能解释。在混合型PM执行过程中,被试对PM目标的注意资源分配表现出动态性,PM提取可以通过自动加工或控制加工,两种不同的加工还可能交替存在于执行过程中。据此对多重加工理论进行补充,使之能够解释这种混合型PM。此外,本研究还进一步验证了预备注意加工对PM的完成具有促进作用,但不是必需的。

合作者:陈幼贞、袁宏。原文载于:《心理学报》2010年第42卷第11期。

专题四：时间的无意识加工

时间的无意识加工是时间心理学中最难研究的主题之一。其困难不仅是它完全属于个人的私密现象，而且个人也无法对它直接内省。那么什么是时间的无意识加工？心理学家是怎样对它进行研究的？

引 言

在心理学界对于无意识(unconscious)的定义主要有两种观点。在弗洛伊德的理论中,无意识是两种不同的精神实体:一是指原来意识的但已被逐出了觉知范围的精神实体;二是指从未在意识中的那些原始的精神实体。因此,在弗洛伊德的理论中,我觉得应译为“潜意识”,而不应译为“无意识”。现在大多数心理学家认为,无意识就是个体不能觉知。时间的无意识加工就是时间的无意识行为,时间的无意识行为有多种不同的状态。

昼夜节律钟影响着我们日常生活的生理节律(如睡眠、体温、激素分泌及许多其他生理变化等循环为特征),平时我们不能觉知。但是,无论是谁,只要乘坐中国民航的班机到了美国后,就会亲身体验到自己的生物钟与感知的时间不相符合,时差使我们感到难受。调整时差有时需要3~5天时间。控制昼夜节律的生物钟位于下丘脑视交叉上核内。如果这些核受到损伤,就会破坏有机体的大部分生理节律,也会破坏与昼夜循环有关的神经细胞的活动。

对于不同种类的意识损伤(如昏迷、持续的植物人状态、深度睡眠、深度麻醉)的人,在恢复意识后询问其之前瞬间的内心感受,可以了解从无意识到意识转化过程的一些知识。我们都经历过从疲劳后的深度补偿性睡眠中完全醒过来之前那一短暂时刻,心里是空荡荡的,周围的人、物和场所的表象正在形成,自我感消失了,觉得这个短暂时间似乎很漫长。过了很短的时间,大概几分之一秒之后,有了自我感,模模糊糊地觉得这些表象是自己的,但不是所有细节都很清楚。要使自传体自我(autobiographical self)恢复正常,还需要更长一些时间。在此时我们还没有真正的意识,因为在这一过渡的瞬间,我们缺乏对这个瞬间经验的记忆,而这个瞬间恰恰是在这个过渡之前发生的。在正常情况下,它和我们认为的“现在”是联系在一起的,这就是连续的自我感。但是醒来后,本来该保留之前的瞬间短暂记忆却不能加以利用。这说明这是一种反常现象,持续的正常意识需要一个短暂记忆,时间为几分之一秒。这也提示了,意识和无意识是两种不同的心理加工。

大脑的双加工(dual processing)理念认为,我们的感知、记忆、思维、语言和态度等都是在大脑的两个通路(有意识的、经过思考的“通路”和无意识的、自动的“通路”)上进行加工的。在任何时刻,我们所觉知到的不过是意识屏幕上的东西;在这个屏幕之外,无意识的信息加工同时在许多平行的通路上发生。例如,当看到天下雨了,在意识层面上我们觉知到“天下雨”这个事实;与此同时,它能使我们从记忆中回忆起以往的“天下雨”。现在的“天下雨”和以往的“天下雨”又会引发我们的诸种情绪体验。这些在意识屏幕之外产生的回忆和情绪体验既有已知的也有未知的，既有简单的也有复杂的。

时间的无意识加工是我们没有觉知到的，不能采用内省法进行研究。但是我们可以采取以下两个步骤进行科学研究。第一步采用分离范式、序列学习范式、表征动量范式和计时分布范式等的内隐时间认知实验来测量一个实验被试的行为指标；第二步在分子的、神经细胞的、神经回路的或这些回路系统的水平上，将已测量出的行为指标与认知神经科学的指标联系起来收集证据，分析时间的无意识加工的性质和机制。本专题有9篇论文。除了《应当关注时间心理无意识的研究》《时间内隐表征与内隐记忆》和《时间信息自动加工与控制加工的电生理学指标》3篇论文中阐述了研究方法的理论依据，以及 Differences in the neural basis of automatic auditory and visual time perception: ERP evidence from an across-modal delayed response oddball task(《视觉和听觉时间知觉自动加工的神经基础差异》)一文采用跨通道延迟反应Oddball范式探究了听觉和视觉时间知觉自动加工的ERP特点外，其余5篇论文都是采用内隐时间认知实验以行为为指标所做出的研究报告，也是有益的探索，值得关注。

应当关注时间心理无意识的研究

1 引言

在心理学史上,对心理无意识的探究可追溯至Sigmund Freud(1856—1939)和William James(1842—1920)。Freud根据对歇斯底里病人的观察和对梦、失误及笑话等现象的分析,将心理活动分为三个成分——意识(conscious)、前意识(preconscious)和无意识(unconscious)。意识是指我们此时此刻觉知到的思想、情感、动机及行动。前意识包括那些当前不被意识所觉知但在一定条件下能够进入意识的心理内容。无意识则包括那些在任何情况下都不可能被意识到的心理内容。William James根据其歇斯底里和多重人格的临床观察,将意识划分为初级的和次级的(也可能有三级的或更多级的)"意识"两种,而其中只有一种能够随时意识到。为避免可能出现否定意识的矛盾,James把那种没有意识到的心理状态称为"共存意识"(co-conscious)或"下意识"(subconscious)心理状态,而不是"无意识"(unconscious);基于同样的原因,英文中的unconscious一词似应译为"潜意识"为妥。认知心理学的兴起使心理无意识的探究走上了科学的证实之路。近年,随着无意识研究在记忆、学习、知觉和思维等领域的兴起,内隐时间认知也逐步成为时间心理学中的一个研究热点。许多研究显示在时距和时序的认知加工中都存在着无意识成分。早在1979年Hasher等就曾提出五个评判时间信息自动加工与控制加工的标准。根据这些标准,有研究结果表明时序信息存在着自动加工(Jackson,1989)。Palmer和Krumhansl对音乐事件认知的研究发现听者的内隐知识影响其对时间序列的知觉,也影响时序的编码和检索(Palmer & Krumhansl,1990)。Olson和Chun的研究表明时间维度的编码可能是潜意识的(Olson & Chun,2001)。我们的研究验证了在项目学习过程中时序信息是在对项目编码时附着上的,通常是自动的,无须认知努力(王振勇、黄希庭,1996)。更多的研究结果表明,事件的时间属性是自动地在记忆汇总时编码的,几乎无需注意资源的参与,这类加工不同于认知努力的加工(王振勇、黄希庭,1997)。时间心理无意识现象,确实值得我们关注。而要对时间心理无意识现象进行研究,就必须要讲究科学的研究方法。内隐时间认知的方法是值得我们借鉴的一种研究取向。

2 内隐时间认知的研究方法

当前内隐时间认知的研究主要有四种方法：分离范式、序列学习范式、表征动量范式和计时分布相关范式。

2.1 分离范式

分离范式（dissociation paradigm）也称实验性分离，是指在实验中观察到的两个不同处理之间的差异。时间，和大小、高度、颜色等一样，都是事物的一般属性。就像对事物其他属性的研究一样，只要在记忆材料中加载时间维度作为记忆对象，就能对时间信息的记忆过程进行考察。近年，时间认知研究逐步与记忆研究相结合（黄希庭、郑涌，1995），记忆研究的各种方法被借鉴到时间认知领域，其中一个重要的表现就是内隐记忆研究的分离范式被引入时间认知领域，用于探讨时间认知的无意识特性。

2.1.1 任务分离程序

任务分离法是内隐记忆分离范式中较原始的一种。其基本假设是完成不同的测验任务所需要提取的信息是不同的，参与的心理加工过程也不同，因此，不同的测验任务可以揭示不同的心理功能。如果同一自变量使不同测验任务有不一致的结果，那么就可以推测这两项测验任务的心理过程之间存在差异。在内隐记忆领域，诸如自由回忆和再认等直接测验对应于外显记忆，在指导语上明确要求被试有意识地回想他们经历过的某些事件，并把它们从记忆中提取出来；而诸如残词补全等间接测验则对应于内隐记忆，在指导语上不要求被试有意识地提取过去学习的信息。根据上述逻辑，如果有一变量使直接测验和间接测验结果不同，就可以推论内隐记忆和外显记忆是两种不同的心理过程。当上述直接测验和间接测验中记忆的对象是测试材料的时序维度时，便可以分离时序记忆中的内隐和外显加工。

梁建春和黄希庭的一项实验（梁建春、黄希庭，2003）就是这样做的。整个实验分为学习阶段和测试阶段。学习阶段的材料是由3个汉字组成的汉字组（目标字组和非目标字组），对其匹配呈现，要求被试注意目标字组。这样，对不同字组的注意水平就是实验用来分离内隐与外显加工的变量。实验时，非目标字组是由目标字组得来的，将目标字组的第一个和第三个汉字对换就是非目标字组。在测试阶段，将目标字组的第一和第二个字对换，形成20个新汉字组，同时将它们与目标字组和非目标字组匹配呈现，要求被试再认或依据偏好程序进行选择。其中，再认为直接测验，偏好测验为间接测验。纵观整个实验程序，不难发现被试必须注意汉字出现时的先后时间顺序，才能成功完成上述两项测验任务。所以，实验的操纵使得被试的记忆对象为测试材料的时序维度，根据任务分离法的逻辑,如果注意水平对两项测验的影响不同,则可以推论内隐时序记忆和外显时序记忆是两种不同的心理过程。实验结果发现了注意水平和测验类型的交互作用,注意水平影响直接测验成绩,但不影响间接测验成绩,两种任务的分离间接验证了内隐汉字时序记忆不同于外显时序记忆,是独立存在的。

2.1.2 加工分离程序

任务分离法假设直接测验的结果代表外显加工过程,而间接测验的结果代表内隐加工过程,但实际上研究者很难在实验中保证测验任务的纯净性,直接测验可能既包含外显加工又包含内隐加工,间接测验也是如此。因此,Jacoby在1991年提出加工分离程序(process dissociation procedure,PDP)来分离同一测验任务中意识和无意识的贡献。加工分离程序是内隐记忆分离范式中较高级的一个。该程序设计了两种不同的指导语来进行两种测验:包含测验(inclusion test)和排除测验(exclusion test),以此来分离意识和无意识加工。在包含测验中,要求被试用先前学习过的项目完成测验,如果这种回忆失败,也可以用其他任何适合的信息,即在包含测验中,被试利用有意识提取和无意识熟悉性两种加工来完成任务。而在排除测验中,要求被试用首先想到的,但又不能是先前学习过的项目来完成测验。排除测验实际上包含这样一种逻辑——如果一个被试在排除测验中错误地使用了曾经学习过的项目来完成测验任务,那么可以得出结论:这些项目是无意识加工成分,即排除测验反映的是排除意识加工之后的无意识熟悉性的作用。和时序记忆的任务分离研究一样,当加工分离程序中记忆对象为时序维度时,它便可以被用来分离时序记忆中的意识与无意识成分。

郭秀艳和黄希庭在一项研究中曾借鉴PDP程序来分离时序知觉中的意识和无意识成分(郭秀艳、黄希庭,2004),实验程序为:给被试听觉呈现一系列声调,先后奏两遍,第二遍呈现时改变其中的一个音,要求被试记下该改变音在系列声调中的顺序数。实验有两个自变量:一是测验类型包含测验或排除测验,包含测验要求被试记下改变音的顺序数,而排除测验则要求被试不要写第一个响起的顺序数,而写第二个响起的顺序数;第二个自变量为任务难度,即系列声调中包含声音的个数,有3个水平,3个、4个和5个。通过公式和计算意识(R)贡献和无意识(A)贡献后发现:在三种难度下,时序加工都既包含意识成分,也包含无意识成分;然而意识成分受任务难度的影响较大,而无意识成分则不受任务难度的影响。这表明相对于外显加工而言,内隐时序加工更稳定、更具抗干扰性。这与内隐认知的其他领域所获得的结果十分相似。可见,不论是任务分离法或是加工分离程序,当测验任务的记忆对象为时间信息时,分离范式就可以用来分离时间信息记忆过程中的内隐和外显加工。虽然人们对时距信息的知觉和记忆呈一定的模糊性和缺乏精确性,目前研究者采用分离范式探讨的也大多是时序记忆,但是如何使用分离范式来分析时距记忆则可以成为今后研究的方向。

2.2 序列学习范式

分离范式一般用于对内隐时序记忆的探讨,在一个测验任务中只能加载单维时间信息,要么时序,要么时距,下面讨论的序列学习范式则能成功地将时序和时距两个维度的信息组合为节律,对内隐节律的学习过程进行研究。

序列学习范式(sequence learning paradigm)又称序列反应时(serial reaction time,SRT)任务,最初被用于研究位置序列的内隐学习过程(Nissen & Bullemer,1987)。从表面上看,似乎是一个选择反应时任务,要求被试对刺激出现的位置进行选择反应;而事实上,刺激出现的位置符合固定的序列规律,即可以从之前的一个或数个刺激项来推测下一刺激项将出现的位置。Nissen 和 Bullemer 发现,在实验中被试反应时不断缩短,但当位置序列从符合某一固定规则变为完全随机时,被试的反应时又急剧增加,这说明反应时缩短得益于被试对整个序列结构的敏感化(学习),而并非选择任务的练习效应,并且外显测验表明被试对这样的学习效果并不知晓,即被试内隐地习得了序列规则。仔细分析,在经典 SRT 任务中,被试内隐习得的规则实际上是有关位置出现顺序的规则,即事物出现的时序规则,从这层意义上说,经典 SRT 已成功验证了时序信息可以被内隐地习得。近年来,有研究者将经典 SRT 范式中的空间特征序列替换成了刺激呈现时长所组成的固定时间序列,来预测目标刺激的出现。这样所生成的 SRT 变式成功地在一个序列中包含了两个维度的时间信息,即时序和时距,即不同长度的时距按某一时序排列成一个固定的节律序列,对后继目标项起预测作用。例如:一旦 4 个连续刺激的呈现时间依次为 200 ms,400 ms,100 ms,250 ms,那么目标刺激就必定紧跟着出现。结果,研究者发现当序列不再按照某一固定节律呈现,节律信息完全随机化后,被试的反应时急剧增加,这表明由时序和时距共同制约的节律信息对目标刺激的提示作用可以被内隐地习得(Olson & Chun,2001)。

此后,郭秀艳、李林和朱磊等设计了“双维度 SRT”(double-dimensional SRT)来进一步验证时间节律信息的内隐习得过程,并对时间节律信息和单独时序信息在内隐学习上的异同加以分析(Guo,2004;Li,Zou,Jiang,& Lin,2004;Zhu,Wei,Ge,& Su,2004)。所谓“双维度 SRT”,即产生一个在时间节律上和字母顺序上都符合固定规则的复合序列,使时间节律的变化规则与字母顺序(时序)的变化叠加在一起,共同预测着特定的目标刺激。例如,当且仅当某 4 个连续刺激为 BADC,并且其呈现时长依次为 200 ms,400 ms,100 ms,250 ms 时,特定的目标刺激才会出现。这种“双维度 SRT”的优点在于可以操纵序列随机化的水平(字母顺序随机化、节律随机化、两者都随机化)来分析字母时序信息和节律信息各自的习得过程。他们的系列实验包含四个阶段:学习阶段1、测试阶段1、学习阶段2。测试阶段2,在学习阶段,序列的字母顺序和节律都按一定规则变化,而测试阶段,序列则可以字母顺序随机化、节律随机化或两者都随机化。结果发现在三种随机化条件下,被试的反应时起初都逐步缩短,当序列随机后,反应时又有所增加,并且再认测试显示被试无法有意识地再认符合规则的序列。这一结果验证了Olson和Chun的结论——复合的节律信息和单维的时序信息一样,也能被内隐地习得。进一步分析数据发现,节律信息的习得较字母顺序规则来得慢,节律的内隐学习只发生在第二阶段,在测试阶段1,节律随机化并不引起反应时的急剧增加。这可能是由于双维的节律,信息量更大,内隐习得所需的时间更长。

2.3 表征动量范式

分离范式和序列学习范式都离不开这样的逻辑:时间是事物的属性,当时间信息成为任何一种心理过程的对象时,本来应用于研究此种心理过程的研究方法便可成功地被借鉴于时间认知研究。然而,有些时候,借鉴的方法往往带有某种心理过程本身的特点,而无法独立地分析时间认知的独特特点,例如:无法使用分离范式来研究内隐时间认知的方向性(即时间始终朝前走的特点)。所以,除了从其他无意识研究领域借鉴外,内隐时间认知的研究者还创造了一些独特的研究范式,其中包括从内隐运动出发的表征动量范式和从时距估计分布出发的相关范式。

表征动量范式(representation momentum paradigm)的诞生源于研究者对内隐运动及时间表征的思考。Freyd认为我们每天都面临动力性的环境,这种环境使得人类能预期事件的运动,人们对静止视觉刺激位置的记忆会随由于这种预期作用而产生的内隐运动或内隐时间表征变化的方向而发生偏移。据此,Freyd等提出了表征动量范式用来分析内隐时间表征的特性(Freyd & Finke, 1984; Freyd & Johnson, 1987; 梁建春、黄希庭,1999)。表征动量的典型实验是,当某种图形以不同的角度相继呈现,构成一种内隐的运动时,观察者的记忆会受到歪曲,使对角度方向的判断偏向于朝前运动。其实验逻辑为如果存在内隐的运动,即可推知内隐时间的存在。这种实验逻辑在心理旋转实验中已有证明:当图形以不同角度相继呈现时,图形偏离中央位置的角度越大,则正确判断所需时间越长,说明存在一种内隐的心理运动,且这种心理运动是需要时间的,其中图形的运动和运动轨迹是内隐的,观察者看到的是静止的图像。换句话说,与外显的运动需要外显的时间一样,内隐运动也需要内隐时间,通过对内隐运动的考察可以间接地证明内隐时间的存在。Freyd进一步指出,这种对运动或时间维度的内隐表征和外部运动与时间一样,具有方向性(外部时间总是向前的)和连续性。除Freyd之外,许多研究者都注意到了这种内隐时间表征的存在。Michon提出时间表征可分为外显表征和内隐表征两种，内隐时间表征是无意识的、具有动力性的时间结构，是对外界环境的一种自动的、直接调节的时间模式，与内隐记忆有关（Michon，1990）。Block进一步指出内隐时间表征具有认知不可渗透性（Block，1990）。认知不可渗透性指概念和背景知识对内隐时间的认知加工不产生影响（Macar，Pouthas，& Friedman，1992）。

为了验证上述内隐时间表征的各种特性，研究者借助表征动量范式对此进行分析。Halpern等的研究发现表征动量的记忆偏移效应不受客体物理运动速度的背景知识的影响（Halpern & Kelly，1993），即验证了内隐时间表征的认知不可渗透性。Wallis的实验中让被试从不同的位置（−90°，−45°，0°，45°和90°）观察3组顺序不同的脸（Wallis，1998），观察过程就是看到一个头从左边缓慢地旋转到右边，实验后让被试对呈现过的脸做相同还是不同的判断，结果发现以不同时间顺序呈现的脸比相同时间顺序呈现的脸的错误辨别更多一些。Wallis将此结果解释为时间顺序可能是再认中的一个重要变量，其实从另一个角度讲，这些按时间顺序依次呈现的脸也形成了一种内隐的运动，此结果也说明了客体内隐运动变化的表征具有时间上的顺序性特点，即内隐时间表征具有方向性和顺序性。

此外，黄希庭和梁建春也用表征动量范式对内隐时间表征的特点做过研究（黄希庭、梁建春，2002）。该研究的实验设计是使用按一定时间顺序从左到右（或从右到左）依次以不同视角呈现四个相同图形来产生内隐运动，前三个为诱导图形，其中第三个为识记图形，第四个为测试图形。测试图形出现的位置与识记图形之间的偏移分为+0.2°，0.0°，−0.2°三种，分别表示测试图形出现的位置与识记图形相比向前（或向后）偏移0.2视角或两者位置相同，这样测试图形出现的方向与诱导图形内隐运动的方向则分为一致（向前）和不一致（向后）两种情况。以±0.2°位置偏移判断的错误率为指标进行统计后，结果发现：在测试图形与诱导图形内隐运动方向一致条件下的错误率显著大于不一致条件，说明内隐时间表征具有一致向前的方向性；当打乱诱导图形出现的时间顺序一致性后，这种方向性不再存在，说明内隐时间表征具有顺序性；依次改变识记图形与测试图形之间的时间间隔后，发现该时间间隔与反应错误率间存在明显的线性关系，说明内隐时间表征具有连续性；改变实验中所使用的具体图形（如：小汽车和牛、铁和棉花），发现各个图形所代表的不同背景知识没有对被试的操作产生影响，说明内隐时间表征具有认知不可渗透性。此处，值得一提的是，内隐时间表征的认知不可渗透性和内隐记忆不受加工深度影响、内隐学习的抗干扰性等异曲同工，这或许暗示了无意识加工所具有的某种普遍性。

2.4 计时分布相关范式

不同于以上三种范式，计时分布相关范式（timing distribution correlation paradigm）对计时过程中内隐加工的验证是相当间接的。它的基本理论假设是：不连续的运动任务需要自我激发式的外显计时加工的介入，在进行此类任务时，被试往往有意识地对任务周期进行计时，并在某一特定时刻启动特定动作，比如赛跑运动员等待起跑时，对发令枪声出现的时距的估计就是一种外显计时加工；再比如重复用手拍打桌面的任务中，被试是有意识地估计两次拍打间的时距，并启动下次拍打动作。而连续的运动任务则需要内隐计时加工的介入，在进行此类任务时，对运动周期计时和动作启动是自动的，不受被试意识的控制，比如赛跑运动员在跑步过程中对启动脚运动的时间点的控制和对达到终点的估计就是一种内隐计时加工；再比如连续画圈任务中，由于被试的意识集中在不停画圈上，他们不需要有意识地控制自己何时该去画下一个圈，连续运动的模式决定了上一次画圈完成的时间点就是下一次画圈开始的时间点，因此，被试对每次画圈所需要时距的估计是内隐的。从理论上说，如果两个任务具有相同的计时加工，那么，就可以用一个任务计时分布（被试在运动中每两次运动的间隔时间的数据分布）的变异来预测另一个任务的计时变异，即，两个任务的计时分布间应该存在显著的正相关。根据上述理论假设，两项连续运动任务由于都需要外显计时加工，它们的计时分布间应存在显著的正相关，两项非连续运动任务由于都需要内隐计时加工，它们的计时分布间也应存在显著的正相关，而一项连续任务和一项不连续任务，由于所包含的计时加工不同，它们计时分布间的相关应低于显著水平。由此，计时分布相关范式的逻辑是：验证已知的不连续运动任务间的高相关，从而验证这些任务享受共同的计时加工过程——外显计时加工；验证某些连续任务和已知不连续任务相关不显著，从而来推断存在一种不同于有意识控制的外显计时加工的内隐计时加工。

大量研究数据为此种验证逻辑提供了证据。比如，有研究发现即便是运动计时任务的效应器不同，只要两项任务都是非连续运动的模式，它们之间就会存在显著的正相关，Keele 和 Hawkins 发现不连续手指和手臂运动任务的计时变异分布间存在显著正相关（Keele & Hawkins，1982），Franz，Zelaznik 和 Smith 发现不连续手臂和下颌运动计时也存在这种相关（Franz，Zelaznik，& Smith，1992）。再者，Ivry 和 Hazeltine 的实验发现，非连续任务（手指重复敲打任务）和需要有意识计时的听觉时距辨别任务的计时变异相对于时间间隔的函数具有相同的斜率（Ivry & Hazeltine，1995）。Ivry 及其同事认为这一共同的斜率代表了外显计时机制的参与。这些研究都支持了计时分布范式验证逻辑中的第一点，即非连续任务享有共同的外显计时加工。研究者进一步转向验证该逻辑中的第二个假设。比如，Robertson 等人的研究要求被试进行一项非连续任务（手指敲打任务）

和一项连续任务(连续画圈任务),两项任务的运动周期相同(Robertson et al.,1999)。结果发现:手指敲打任务和画圈任务的计时变异分布间不存在显著相关;当研究者改变画圈任务的运动周期后,敲打和画圈任务计时变异函数的斜率不再相同,敲打任务的斜率显得更大。所以,他们推断存在一种不同于有意识控制的外显计时加工的内隐计时加工。Zelaznik,Spencer和Doffin的一项后续研究进一步显示,以上两种任务计时变异上的差异并非是由于两项任务的最优运动速率的不同,即使当被试采取最适宜的运动速率时,两项任务的计时分布间也不存在显著相关(Zelaznik, Spencer, & Doffin, 2000)。Zelaznik,Spencer和Ivry的研究采用四项不同的任务综合验证了上述两个假设(Zelaznik, Spencer, & Ivry, 2002)。这四项任务为:手指敲打任务,即以每800 ms一次的速率不断敲打桌面;连续画圈任务,即以800 ms画一个圆圈的速率不停地画圈;间歇式画圈任务,即要求被试以400 ms画一个圆圈的速率间歇式地画圈,并在每次画圈后停顿400 ms;听觉辨别任务,即给被试呈现四个声音,分为两组,两组间间隔1 s,第一组两个声音间总是间隔400 ms(标准间隔),第二组两个声音间间隔变化(比较间隔),被试判断比较间隔比标准间隔长还是短。前三项任务的运动周期一致为800 ms。研究者假设第一和第三项任务,由于每次运动中间需要插入停顿时间,所以被试需要自我激发内在的外显计时机制来控制运动的启动时点,外显计时机制提供了对敲打和画圈的初始时点的外显表征,而最后一项任务没有运动参与,直接要求被试外显计时,只有第二项任务采取连续运动的模式,对计时的控制更多地依赖于一种运动模式而自发产生,所以第一、三项任务的计时分布和第四项任务的正确性分布间应显著相关,而它们与第二项任务的相关应不显著。实验数据的确验证了这些假设。

计时分布相关范式从相同加工的数据分布变异相同的角度出发,根据连续与不连续任务的低相关或不相关来分离外显计时加工与内隐计时加工,这种从统计概率分布出发的分离逻辑的确可以为后人的研究提供启迪,然而,研究者也应看到上述范式及其研究中的某些不足之处。比如,高相关代表两项任务可能具有部分相同的加工,但这一加工一定是外显计时加工吗?

3 展望

通过前述对内隐时间认知四种研究方法的分析可以看出,当前在时间认知研究领域中,分离范式主要是用来考察时序信息的内隐记忆,序列学习范式将时序和时距结合成节律用来分析节律主要信息的内隐习得过程,表征动量范式是从内隐运动出发间接地探究内隐时间的存在及其特性,而计时分布相关范式则从相同加工的数据分布变异相同的角度出发分离内隐时距估计和外显时距估计。人们对时间的认知包括对时距、时序和时点的认知,借鉴上述研究范型,我们可以研究时间知觉、时间记忆和时间推理的内隐性。时间心理的无意识特性不仅表现在时间认知上,也表现在时间人格和时间社会心理方面。例如,我们日常生活中的自动化定时行为、内隐决策、内隐时间紧迫感和内隐时间焦虑感等,都是无须占用注意资源的时间行为。今后对时间心理无意识的研究,不仅要继续深入探讨时间认知无意识的特性,也要探讨时间人格与社会心理的无意识特性。内隐时间认知实验范型在无意识时间人格和社会心理学中的研究也有相当的前景。

合作者:郭秀艳、朱磊、尹华站。原文载于:《心理科学》2006年第29卷第3期。

时间内隐表征与内隐记忆

1 引言

时间表征是外部世界中的物理时间在人的心理上的一种反映，是人的大脑对时间信息的一种储存、加工和表达的方式。近年，时间的信息加工研究逐渐与记忆过程研究相结合，时间表征问题引起了人们的重视（梁建春、黄希庭，1999）。Michon 提出时间表征可分为外显表征（explicit representation）和内隐表征（implicit representation）。时间外显表征是一种有意识的、概念性的时间结构，目前可区分出三种形式：时间的似真表征、时间的隐喻表征、时间的形式表征。时间内隐表征是潜意识的、具有动力性的时间结构，与内隐记忆有关，在这种表征中，对过去经验的保持以及对未来时间的预期都是内隐的，具有自动性和认知不可渗透性（Block，1990）。但 Michon 并未对其理论做进一步的实验研究，因此时间内隐表征与内隐记忆的关系究竟如何？如何对时间内隐表征的记忆加工机制进行解释？时间内隐表征与内隐记忆各系统之间有何关系？时间内隐表征的激活、检索、提取过程还有些什么样的特点？诸多此类问题，成为人们关注的焦点，这些问题涉及一个较大的研究领域：时间的内隐记忆研究。本文就此做了初步探讨。

2 时间表征的模型

根据 Michon 对时间内隐表征的理解，我们借鉴表征动量、自动加工与控制加工、内隐记忆等实验范型，对时间内隐表征进行了一系列的实验研究，进而提出了时间内隐表征初步的模型，认为时间的心理表征可分为外显表征和内隐表征两种，两者之间相互独立、分离，其差异除了各自的特点外，主要在于激活、检索、提取过程不同：（1）外显表征有目的、有意识地进行检索加工，内隐表征无意识、自动地激活和检索；（2）时间内隐表征根据内容可区分为两种——时间表象内隐表征和时间概念内隐表征，时间表象内隐表征是对客体运动变化和内隐运动变化的时间关系的反映，可再分出时间知觉内隐表征和时间想象内隐表征，时间知觉内隐表征受记忆系统中的知觉表征系统所支配；时间想象内隐表征与客体或事件的未来状态、情境及时间关系的内隐记忆有关；时间概念的内隐表征与语义记忆系统的内隐记忆有关，涉及对概念时间属性（长度、顺序、透视点等）的自动激活和提取过程（图 1）。上述时间内隐表征与内隐记忆及内隐记忆各系统之间的关系如何? 我们对其中某些成分做了初步分析。

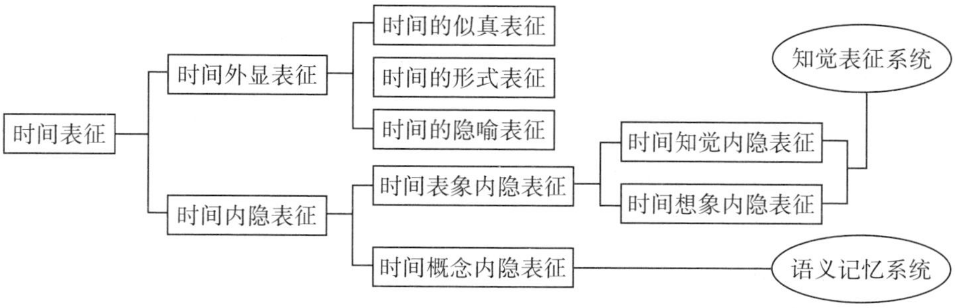

图1　时间表征的模型

3 时间知觉内隐记忆与时间概念内隐记忆

把时间内隐表征与内隐记忆结合起来,通过时间内隐记忆实验来研究时间内隐表征的认知结构和特点,并且把时间内隐记忆分为时间知觉内隐记忆和时间概念内隐记忆,这是我们实验研究中的一个突出特点。外显记忆和内隐记忆是人们近年提出的(Roediger,1990),外显记忆是对学习阶段已呈现过的刺激,或生活中已经历过的事件的有意识回忆,通过自由回忆、线索回忆和再认等方法进行评价;内隐记忆并不要求有意识地回忆以前学习过的项目或经历过的事件,而是完成一系列相关任务,进行间接测量和推断,其中最典型的测验方式为启动效应(priming effects)实验。在此基础上,有研究者把内隐记忆分为两种:知觉内隐记忆和概念内隐记忆(McDermott & Roediger,1994),知觉内隐记忆与知觉加工有关,其操作涉及对刺激的形式进行分析,如对短暂呈现的或残缺的单词、图片进行辨认;概念内隐记忆与概念加工有关,其操作涉及对刺激意义进行分析,不受学习和测试材料的知觉特征(如:通道、刺激符号形式等)影响,在对学习阶段的词汇进行概念性的、有意义的、深加工的条件下,比在一般语义线索(如:阅读)的浅加工条件下,启动效应更大。

在时间内隐记忆的系列性实验研究中我们发现,可以把时间内隐记忆实验分为时间知觉内隐记忆实验和时间概念内隐记忆实验两种,时间知觉内隐记忆实验通过对词汇、图片等刺激的启动效应研究来探讨时间表象内隐表征(时间知觉、想象表征)的特点;时间概念内隐记忆实验通过对时间词汇、句子以及各种情节、事件等意义的、线索性的概念启动来探讨时间概念内隐表征的特点。我们以小汽车图形出现的位置和时间顺序的不同构成水平方向向左、向右的内隐运动,采用表征动量的实验范型,通过三个实验来探讨客体运动变化的时间内隐表征存在的可能性,结果表明,表征动量效应中,客体内隐运动变化的记忆表征的时间维度与物理时间一样，具有方向性、顺序性和连续性的特点；我们通过预备实验在六种客体中选出运动速度不同的两种客体：牛和小汽车，利用小汽车比牛跑得快的先占概念，在左右水平方向顺序呈现牛和小汽车的图形以构成诱导图形的内隐运动，并利用生活中已形成的铁比棉花重的惯常背景知识，在垂直方向上考察表征动量效应的认知可渗透性，结果表明表征动量效应不受客体概念和背景知识的影响，动量效应不受被试有意识的控制，是自动产生的，表征动量不具有认知可渗透性，因此说明表征动量效应中客体的时间表象表征是内隐的时间表征。时间表象内隐表征的存在，为进一步对时间想象内隐表征的研究提供了依据。因此，时间知觉内隐表征以及时间概念内隐表征的提出，明确了时间内隐记忆的研究范围，丰富并扩展了时间内隐表征的内容，为时间内隐表征的理论构建及实验研究奠定了基础。

4 时间内隐表征的记忆机制理论

研究中，我们始终抓住一个核心的问题：如何对时间内隐表征的记忆机制进行解释？目前用来解释内隐记忆的理论主要有三种：激活论、加工论和多重记忆系统论（Tenpenny & Shoben，1992；杨治良、叶阁蔚，1995）。激活论认为内隐记忆测试中的启动效应是知识结构或各种表征的暂时激活，激活是自动产生的，与需要建立新的情节记忆痕迹的精细加工不同，在内隐记忆中，激活的表征易于突然出现在头脑中。加工说即在这种观点的基础之上发展起来，加工说认为内隐记忆和外显记忆有赖于新建立的情节表征，内隐记忆与外显记忆之间的分离由同一记忆系统中不同的加工操作造成。Jacoby提出用概念驱动加工和数据驱动加工来解释两种记忆的分离，概念驱动加工反映了被试引起的激活，如推敲（elaborating）、组织和重构等，数据驱动加工则受测试材料中的信息或数据所调节，虽然两种记忆都可能具有数据驱动加工或概念驱动加工的成分，但外显记忆主要源于概念驱动加工，内隐记忆则主要源于数据驱动加工；Marris等曾提出适当迁移加工（transfer-appropriate processing）的原则，认为记忆测试中的操作是与项目最初编码的加工操作程度以及项目测试时加工操作的恢复程度有关，内隐记忆测试更多地依靠知觉加工，外显记忆测试更多地依靠语义或概念的加工；Mandler认为启动和再认的独立性可以根据完成作业的记忆信息的不同方面进行解释，内隐记忆和外显记忆之间的差异由所采取的检索策略不同造成，再认测验中涉及的是有意识、有目的的检索策略，而知觉辨别中涉及的是自动的、偶然的检索策略，因此，即使在同一记忆系统的基础上，也可造成不同的记忆差异。多重记忆系统论用假设的潜在的记忆系统来解释内隐记忆和外显记忆的分离，Kinsboume等根据情节记忆和语义记忆之间的区别来解释健忘症患者的记忆任务中的分离,认为情节记忆系统是对近期事件的外显记忆的基础,而语义记忆系统则负责内隐记忆的测试操作;Cohen等用程序记忆和描述记忆来解释实验分离现象,认为描述性记忆系统与新的表征或数据结构的形成有关,而技能学习和重复启动效应等则依赖于程序记忆系统,在这种系统中,记忆通过加工程序或加工操作时的变化来表达;Tulving明确提出启动和再认测试中的随机独立性和功能上的独立,是基于不同的记忆系统所产生的,Schater等把内隐记忆中的启动效应看成是受知觉表征系统的作用,Tulving等在此基础上继续把知觉表征系统细分为字词系统、结构描述系统和概念语义系统等。

在研究中我们不难发现,三种记忆理论只是各自侧重地描述了复杂的记忆系统中某一方面的问题,三种理论对内隐记忆和外显记忆之间的实验分离现象的解释并不矛盾,是可以统一的,其中激活论和加工论更偏重于内隐记忆的加工过程,多重记忆系统理论更偏重于记忆的结构机制,因此把三种理论结合起来对时间内隐表征的记忆机制进行解释,是合理、可行的,即以激活论和加工论来解释时间内隐表征的信息加工过程,以多重记忆系统理论来解释时间内隐表征的记忆结构,时间内隐表征进一步的实验研究,也应从这两方面着手来考虑。

5 时间内隐表征与结构描述系统

时间内隐表征究竟受何种记忆系统支配? Schacter等认为客体决策作业中的启动效应受一种决定客体结构关系的心理表征所支配,他们称之为结构描述系统(structural description system)(McDermott & Roediger, 1994)。该系统对客体的形状和结构进行编码、表征和检索,在功能上与支配外显记忆操作的情节记忆系统不同,情节记忆系统所包含的是语义的、联想的、功能性的或局部视觉特征的信息,而结构描述系统是前语义的(presemantic),表征客体视觉形状和客体结构的总体信息,它是更一般的知觉表征系统的一个子系统。

结构描述系统的理论提出后,引起了人们的普遍关注,也得到了许多认知和临床神经心理学实验证据的支持,但结构描述系统和情节记忆系统究竟表征了客体哪些方面的信息? 研究者们曾对客体的大小、左右方向、位置、照度、对比度、颜色、质地等的变化进行过外显和内隐记忆测试,在两种作业中,上述客体特征的变化几乎都未产生明显的启动效应(Srinivas, 1996),这与客体的三维结构和形状改变所引起的启动效应显著差异性形成了对照,有人认为结构描述系统中调节客体内隐记忆的是一种更高水平的、抽象的结构描述表征,启动效应与客体的形状评价或客体图形的识别(identification)有关,涉及更高级的与客体识别(identity)有关的表征。那么,时间内隐表征与结构描述系统有什么关系?时间是一种独立的信息维度,与客体的大小、形状、颜色等物理维度一样具有度量的属性,结构描述系统是否包含时间这一属性?时间内隐表征是否可作为客体知觉表征系统的一个子系统,而与结构描述系统或其他子系统并存?我们曾以汉字字组作刺激,采用内隐记忆中的启动效应实验范型,进行汉字时间顺序的内隐记忆研究(梁建春,1999),在750 ms,1000 ms和3000 ms三种时间条件下,运用任务分离的测量原则,发现在750 ms的刺激呈现时间范围,无论目标字组还是非目标字组都出现了正向启动效应,目标字组偏好测验中的启动值虽然比再认测验成绩低,但显著地高于随机水平,这就反映出内隐记忆是存在的,说明被试在偏好测量中,不随意地提取了在学习阶段所获取的项目的有关信息,或者说学习阶段所留下的痕迹在测试阶段中,不随意地对被试测试阶段的操作起到了易化的作用,这一结果在非目标字组的成绩中更是得以有力的证明:在750 ms的时间条件下,被试偏好测验非目标字组的成绩比再认测验的成绩高且有显著差异,这反映出再认和偏好两种测量任务的分离,说明被试在学习阶段不随意地知觉到了项目的有关信息,因而在以后的间接测量成绩中反映出来了(见表1)。

表1　偏好测验的启动效应和再认测验的成绩

测验类型	注意程度	呈现时间(ms)		
		750	1000	3000
再认	目标字组	74.55(5.66)***	76.00(7.01)***	70.00(2.71)**
	非目标字组	30.00(2.63)**	31.00(4.39)**	38.00(2.09)
偏好	目标字组	70.91(5.33)***	62.00(2.09)	63.00(1.71)
	非目标字组	50.00(0.7)	45.00(0.76)	47.69(0.35)

注:旧字组正确识别率的随机水平为0.50。***表示与0.50有非常显著的差异($p<0.01$),**表示与0.50有显著差异($p<0.05$,无*的值表示差异不显著)。括号内为t值。

因此,可以初步认为结构描述系统中包含了时间顺序的内隐表征信息。但是由于时间属性具有多重性,它不仅与知觉启动有关,而且与概念启动、外显记忆都有联系,它所涉及的不仅是客体的知觉表征系统,而且还涉及情节记忆和语义记忆等概念表征系统,因此,对时间内隐表征的记忆系统结构问题,需做更广泛的理论和实验研究。

合作者:梁建春。原文载于:《西南师范大学学报(自然科学版)》2002年第27卷第1期。

内隐时间表征的实验研究

1 引言

在时间的认知加工研究中,时间表征的研究令人困惑,主要原因为:(1)时间表征是时间认知加工研究的核心问题,涉及的时间现象复杂,较难做整体认识;(2)时间的认知加工研究最初以时间判断、时距估计等的研究为主(黄希庭,1993),近年时间认知研究与记忆研究相结合,时间表征的问题被逐步认识和了解(黄希庭、郑涌,1995);(3)尚未形成系统、完善的研究途径和实验方法,对该领域的探讨多为间接性的。Michon 提出时间表征可分为外显表征和内隐表征(Block,1990),外显时间表征是一种有意识的、概念性的时间结构,是对外界环境中时间关系的一种主观的表达方式,内隐时间表征是潜意识的、具有动力性的时间结构,是对外界环境的一种自动的、直接调节的时间模式,与内隐记忆有关(Macar,Pouthas,& Friedman,1992)。近年对时间认知的研究,主要涉及外显的时间表征,内隐时间表征至今尚无人做过实验性探讨(梁建春、黄希庭,1999)。

该如何用实验来验证内隐时间表征的存在?内隐时间表征具有哪些特点和认知结构?其认知加工方式是什么?按照 Michon 的设想,外显的时间表征具有认知可渗透性,通过各种时间概念来表达;内隐的时间表征具有认知不可渗透性,通过内隐记忆中的操作表达,不能用外显的命题或概念来表征(Block,1990)。认知可渗透性是指概念和背景知识对认知加工过程的影响;如果概念和背景知识影响对某种作业的加工,则此种加工被认为具有认知可渗透性(Pylyshyn,1981)。基于此,可以设想,对内隐时间表征的实验研究,至少可以选择两种途径:(1)探索时间记忆表征的认知可渗透性;(2)采用内隐记忆的启动效应范型,进行研究。

本研究以表征动量的实验变式来探索内隐时间表征的性质。表征动量是类似于物理动量的一种现象,根据物理学的原理,由于惯性的作用,物体沿着运动轨迹持续运动,即使在阻力作用下也会继续移动一段时间,同样地,客体的心理表征也会在客体停止运动后沿着内隐的轨迹继续移动。表征动量的典型实验是,当某种图形以不同的角度相继呈现,构成一种内隐的旋转运动时,观察者的记忆会受到歪曲,使对角度方向的判断偏向于前者,其中图形的运动和运动轨迹是内隐的,观察者看到的是静止的图像(Freyd & Finke,1984)。之所以选择此种实验范型作为内隐时间表征研究的切入点,是因为表征动量与存在于时空世界中的物理动量一样,具有一定时空关系的表征系统的特征,是时间内化的产物(Freyd & Johnson,1987)。鉴于此,本研究用两个实验、五种作业对表征动量中内隐时间表征存在的可能性及特点做初步探讨。

2 实验一

2.1 目的

操纵测试图形与诱导图形之间位置偏移方向的一致性、顺序性以及两者之间的时距和偏移程度,以考察表征动量中内隐时间表征是否存在及可能的特点。

2.2 方法

2.2.1 被试

被试分成三组(本科生52名,男30名,女22名),各完成表征动量实验中测试图形与诱导图形之间位置偏移方向的一致性(16名)、顺序性(16名)和连续性(20名)三种作业。被试身体健康,视力或矫正视力正常,无类似实验经验。

2.2.2 仪器

586多媒体兼容机,14英寸标准彩显和扫描器各一台,键盘用纸板覆盖,留P,Q两键作为反应键。

2.2.3 诱导与测试

图形用碳素墨水笔绘制两张外形相同的黑色小汽车线条图,规格各为4.74°×1.59°(视角),一张图车头向左,另一张车头向右(见图1),用扫描器输入计算机。计算机屏幕下半面为黑色,上半面为灰白色,图形在屏幕上下两半分界线上呈现,按从左到右(或从右到左)的顺序依次呈现四个相同的小汽车图形,前三个为诱导图形,其中第三个为识记图形,第四个为测试图形。

2.2.4 程序

作业1:表征动量中客体记忆表征时间维度的方向性实验,采用2×3被试内设计,变量分别为诱导图形内隐运动方向(向左、向右)和测试图形与识记图形位置偏移方向的一致性(+0.2°,0.0°,-0.2°)。向右运动时,出现"嘟"的提示音,250 ms后呈现第一个图形,位置在屏幕中央垂线向左3.6°视角处,然后向右依次呈现第二个和第三个图形,第一个与第二个、第二个与第三个图形在屏幕上的间距都为1.8°视角,每个图形在屏幕上的保持时间及第一个与第二个、第二个与第三个图形之间的信号间的时距为250 ms;向左运动时,图形呈现方式与向右相同,但方向相反(见图1)。由于前三个图形在屏幕上出现的时间及位置不同,分别构成向左、向右两个方向内隐的、诱导图形序列。

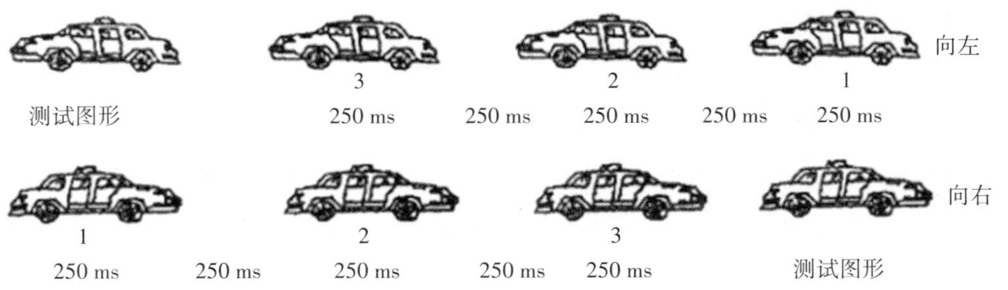

图1 向左和向右方向的小汽车图形呈现方式

无论向左或向右,识记图形的位置正好位于屏幕中央,测试图形出现后保持在屏幕上,直到被试做出反应,之后伴随“嘟”的提示音,又呈现下一轮图形。测试图形出现的位置与识记图形的位置偏移分为+0.2°,0.0°,-0.2°三种,“+”表示测试图形出现的方向与诱导图形内隐运动的方向相同(向前);“-”表示方向相反(向后);+0.2°表示测试图形的位置与识记图形之间向前偏移0.2°的视角距离;-0.2°表示向后偏移0.2°的距离;0.0°表示两种图形的位置相同。

被试端坐于计算机前,面部离屏幕约60 cm,认为测试图形与识记图形的位置相同,用右手食指按P键;认为不同,用左手食指按Q键。实验前告诉被试测试图形与识记图形位置相同和不同的次数各占50%,在不同的条件下,方向相同(向前偏移)和方向不同(向后偏移)的次数各占50%,每个被试共做60次实验。

作业2:表征动量中客体记忆表征时间维度的顺序性实验,将作业1中第一、第二个诱导图形呈现顺序和位置互换,使诱导图形内隐运动的一致性时间顺序消失。前三个诱导图形向右呈现时,第一个图形首先出现在离计算机屏幕中央垂线向左1.8°视角位置;第二个图形出现在离中央垂线向左3.6°视角位置;第三个图形在屏幕中央,向左运动的情况与此相反,每个被试共做60次实验。

作业3:表征动量中客体记忆表征的时间维度的连续性实验,将作业1中识记图形与测试图形之间的时间间隔由250 ms改为从16.6 ms(计算机上可实现的时距单位)到149.4 ms范围的9种时距,分别为:16.6 ms,33.2 ms,49.8 ms,66.4 ms,83.0 ms,99.6 ms,116.2 ms,132.8 ms,149.4 ms;同时将测试图形与识记图形之间的记忆位置偏移改为:-3.1°,-2.3°,-1.5°,-0.8°,0.0°,+0.8°,+1.5°,+2.3°,+3.1°共9种,诱导图形的呈现时间及各图形间的时距仍为250 ms。其中一半被试完成从左至右的实验,另一半完成从右至左的实验,每个被试共做324次,每完成60次休息3分钟。

2.3 结果与分析

2.3.1 作业1中被试在向前和向后两种条件下反应的平均错误率

以±0.2°位置偏移判断的错误率为记忆位置偏移方向的指标，在±0.2°偏移的情况下，被试判断两者之间位置“相同”，为错误反应，±0.2°水平的偏移用来确定表征动量的存在。剔除一名有完全正确和完全错误反应的被试，15名被试的错误率用于统计，结果如图2所示。

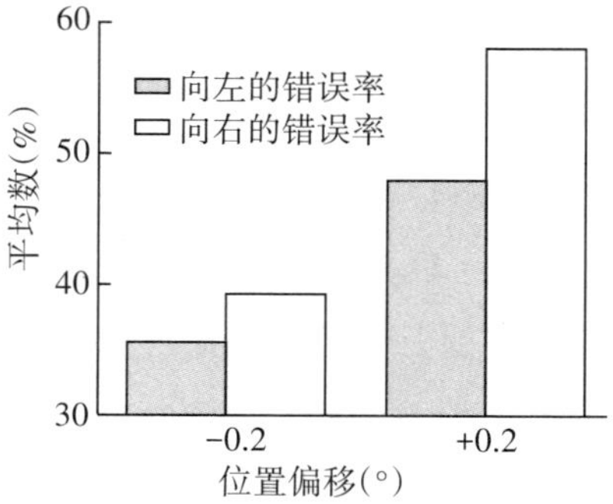

图2 作业1中向前和向后（−0.2°、+0.2°）条件下被试反应的平均错误率(%)

方差分析表明：客体内隐运动的两种方向（左、右）之间无显著差异（$p > 0.05$），说明被试对向左、向右方向图形判断所依据的标准是一致的，被试的作业成绩未受被试的视觉或行为习惯的影响；测试图形与识记图形位置偏移方向的一致性（向前、向后）之间有显著差异：$F(1, 15)=6.27$，$p < 0.05$，其中测试图形与诱导图形内隐运动方向一致（向前）的平均错误率为53.13%，大于内隐运动方向不一致（向后）的平均错误率37.5%，表征动量存在，说明客体的记忆表征具有一致性向前的方向。

2.3.2 作业2中被试在向前和向后两种条件下反应的平均错误率

剔除两名成绩有完全正确和完全错误反应的被试，14名被试错误率成绩用于统计，平均错误率如图3所示。

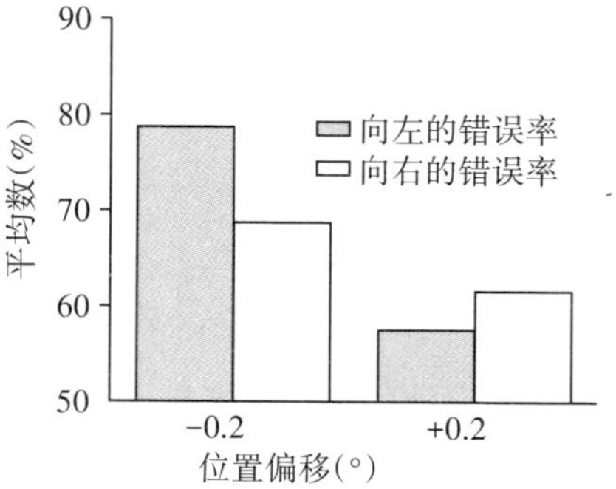

图3 作业2中向前和向后(+0.2°、−0.2°)条件下被试反应的平均错误率(%)

方差分析表明：测试图形与识记图形位置偏移的一致性（向前、向后）之间无显著差异：$F(1,14)=9.55$，$p>0.05$，表征动量不存在，说明客体内隐运动的时间顺序的一致性改变对表征动量有影响，表征动量与诱导图形依次出现的时间顺序有关。

2.3.3 作业3中时间维度连续性的估计

剔除两名有完全正确和完全错误反应的被试，18名被试的反应成绩用于正式统计。完成对图形“小汽车”向左和向右内隐运动位置判断的被试各为9名。算出被试在每种位置偏移上作“相同”反应次数的百分比（错误率）为记忆位置偏移的指标（0.0°偏移位置上为正确率），图4列出了−3.1°~+3.1°共9种水平位置偏移作“相同”反应的次数的百分比。

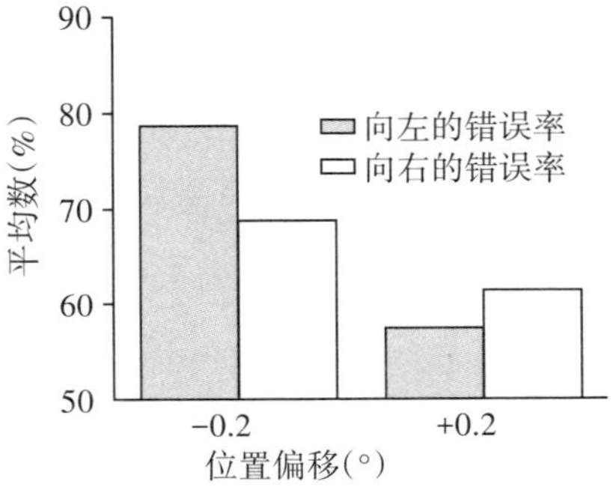

图4 不同记忆位置偏移和保持时距条件下的平均错误率（%）

根据图4所示的数据列出不同保持时距条件下记忆位置偏移与被试反应错误率之间的一元二次方程；求出每种保持时距条件下一元二次方程曲线的顶点作为每种时距条件下所估计的记忆位置偏移，求出的9个顶点所在的记忆位置偏移如图5所示。

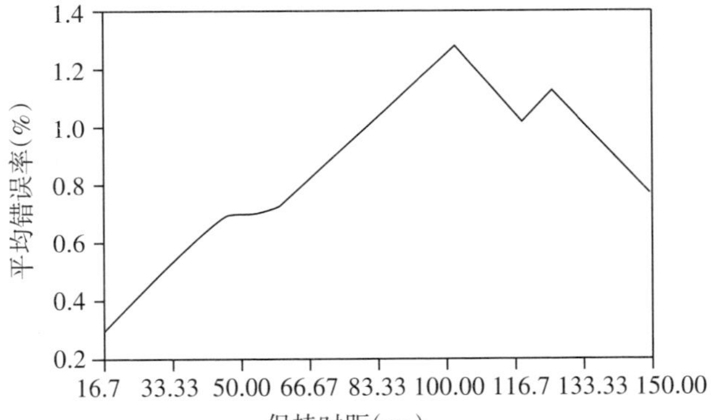

图5 不同保持时间条件下所估计的记忆位置偏移

所估计的9种保持时距的记忆位置偏移均值为0.79°，范围从0.26°到1.24°，都为正偏移。从图5可看出，所估计的识记图形与测试图形之间记忆位置偏移在100 ms的保持时距以内，呈上升趋势，100 ms后开始呈曲线下降趋势，将100 ms以内的保持时距与所估计的记忆位置偏移值之间建立一元回归方程，如图6所示，两者之间存在明显的线性关系（r=0.96，$p < 0.001$），说明客体记忆表征的时间维度具有连续性。

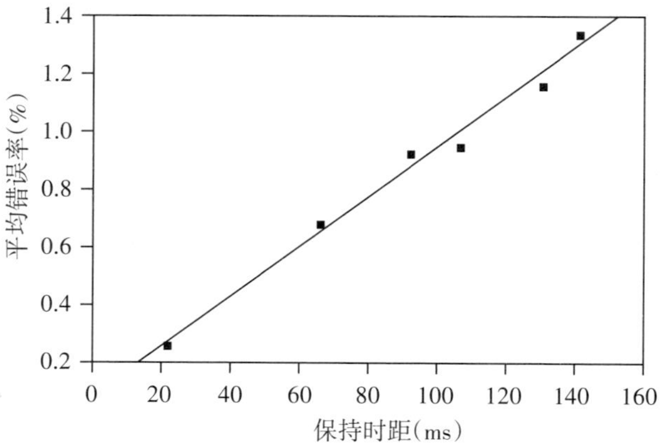

图6　保持时距与估计的记忆位置偏移的线性回归图

3 实验二

3.1 目的

操纵水平方向和垂直方向上客体的相关概念和背景知识，以考察表征动量中内隐时间表征的认知可渗透性。

3.2 方法

3.2.1 被试

被试分成两组（本科生80名，男48名，女32名），各完成水平方向（32名）和垂直方向（48名）作业。被试身体健康，视力或矫正视力正常，无类似实验经验。

3.2.2 仪器

同实验一。

3.2.3 诱导与测试图形

在预备实验中要求被试用顺序量表法对计算机屏幕上呈现6种客体的图形“小汽车、狗、牛、载重车、卡车、马”（规格为4.74°×3.18°视角）运动速度的快慢做出判断，选出被认为跑得最快和跑得最慢的两种客体（“小汽车”和“牛”）用于本实验的作业1；作业2为直径为2.74°视角的黑色圆球状（边缘凹凸不平）图案一个。

3.2.4 设计与程序

作业1为2×2×5设计，“小汽车”和“牛”两种代表客体运动速度的不同背景知识，客体内隐运动方向为向左、向右，测试图形的位置偏移参考相关文献分别为−0.7°，−0.2°，0.0°，+0.2°，+0.7°共5种（Reed & Vinson，1996）。图形在水平方向上向左、向右呈现，实验操作程序同实验一。被试端坐于计算机前，判断测试图形与识记图形的位置是否相同，认为相同，用右手食指按P键；认为不同，用左手食指按Q键。每个被试完成120次实验，每60次休息约5 min。

作业2为2×2×5混合设计，组内变量为诱导图形的内隐运动方向（向上、向下）和测试图形的位移（−0.7°，−0.2°，0.0°，+0.2°，+0.7°）；组间变量为一组被试（21人）被告知图形是棉花，另一组被试（27人）被告知图形是铁。图形在中央垂线垂直方向向上、向下呈现，构成内隐运动。向上运动时，出现“嘟”的提示音，250 ms后，第一个诱导图形的位置在离屏幕中央垂线向下3.6°视角位置，依次向上呈现第二个和第三个图形，第一个与第二个、第二个与第三个图形之间在屏幕上的间距都为1.8°，每个图形在屏幕上的保持时间及第一个与第二个、第二个与第三个图形之间的信号间的时距为250 ms；向下运动时，图形呈现方式与向上相同，但方向相反。每个被试完成100次实验，每50次休息约5 min。

3.3 结果与分析

3.3.1 被试对图形“牛”和“小汽车”在各种条件下判断的平均错误率

以测试图形与识记图形之间位置偏移判断的错误率作统计指标，在两种图形有记忆位置偏移的情况下，被试仍判断两种图形位置“相同”，为错误反应。以±0.2°的记忆位置偏移用来确定被试表征动量效应的存在，结果如表1所示。

表1　被试对图形“牛”和“小汽车”在各种条件下判断的平均错误率

客体	运动方向	偏移量				
		−0.75°	−0.20°	0.00°	+0.20°	+0.75°
小汽车	向左	34.89%	69.27%	15.62%	79.68%	20.84%
	向右	23.96%	67.18%	20.83%	73.43%	30.73%
牛	向左	29.16%	76.04%	14.07%	78.65%	30.73%
	向右	21.36%	67.18%	22.92%	80.20%	35.42%

方差分析表明：在±0.2°水平上，被试对测试图形与识记图形之间位置偏移一致性判断的差异显著：$F(1,31)=5.82$，$p<0.05$，说明表征动量存在，其他效应均不显著。其中，运动速度不同的两种客体之间：$F(1,31)=1.20$，$p>0.1$，说明表征动量未受运动速度的背

景知识影响；诱导图形的内隐运动方向：$F(1,31)=2.61$，$p>0.1$，说明在作业中，被试的左右视觉或行为习惯对表征动量没有影响。±0.7°的位置偏移是实验中特设的控制变量，这一偏移量比用于表征动量标准的±0.2°约大4倍，目的在于考察被试在实验过程中是否意识到了实验意图而有意产生表征动量效应，如果被试严格按指导语做实验，在保持正确的前提下尽快反应，那么位置偏移量越大错误率应更小。统计表明：±0.7°位置上的平均错误率比±0.2°小(28.93% vs 73.95%)，说明被试在实验过程中没有刻意产生表征动量效应，实验是客观的，表征动量是自动产生的。

3.3.2 被试对图形"铁"和"棉花"在各种条件下判断的平均错误率

以错误率作统计指标，±0.2°的图形记忆位置偏移用来确定表征动量的存在，48名被试反应的平均错误率如表2所示。

表2 被试对图形"铁"和"棉花"在各种条件下判断的平均错误率

客体	运动方向	偏移量				
		−0.75°	−0.20°	0.00°	+0.20°	+0.75°
铁	向左	31.55%	70.24%	17.27%	75.79%	41.07%
	向右	41.66%	82.74%	18.46%	76.78%	35.13%
棉花	向左	37.89%	77.26%	30.31%	62.86%	28.04%
	向右	45.45%	76.51%	25.78%	66.66%	31.82%

方差分析表明，在±0.2°水平上，测试图形与被试识记图形之间位置偏移的一致性有主效应：$F(1,48)=8.88$，$p<0.01$，说明表征动量存在，其他变量均无显著主效应，各变量间无交互作用。比较图形"铁"和图形"棉花"两组被试，在±0.2°水平上表征动量无显著差异：$F(1,48)=1.47$，$p>0.1$，说明铁和棉花的概念知识对表征动量没有影响；在±0.7°水平上，平均错误率比±0.2°水平低(36.67% vs 73.85%)，虽然方差分析表明测试图形、识记图形位置偏移的一致性主效应显著，但内隐运动方向不一致条件下的错误率比一致性条件下的错误率更高(39.14% vs 34.02%)，出现了负效应，说明实验是客观的，被试并未猜测实验意图而有意产生表征动量。

4 总的讨论

本研究借鉴表征动量的实验范型探索时间认知领域的一个新问题：内隐的时间表征。实验一的三种作业探讨的是内隐时间表征存在的可能性及其特点。作业1的实验结果显示，无论诱导图形内隐运动方向向左还是向右，测试图形与被试识记图形之间位置偏移的错误率在与诱导图形内隐运动方向一致(向前)的条件下比不一致的(向后)条件下更高,出现了表征动量现象,说明对客体图形位置的记忆受到了诱导图形内隐运动方向的干扰,客体内隐运动变化的记忆表征具有一致性(向前)的方向,但是客体记忆位置向前偏移的现象是否由诱导图形本身的空间或结构属性所造成,而与其出现的时间顺序无关呢?作业2在向左和向右的方向上改变诱导图形呈现的位置,造成其内隐运动时间顺序的改变,结果显示表征动量不存在,说明动量效应与诱导图形呈现的时间顺序有关,客体内隐运动变化的记忆表征具有时间顺序性;作业3探讨识记图形、测试图形之间的时距与记忆位置偏移之间的关系,发现在100 ms的时间范围内,保持时距与所估计的记忆位置偏移之间呈线性相关,说明表征动量所反映的客体内隐运动变化的记忆表征中的时间维度具有连续性。

时间总是与一定的客体或事件运动相联系的,三种作业的结果肯定了客体内隐运动变化的记忆表征的时间维度与物理时间一样,具有方向性、顺序性和连续性的特点,客体内隐运动变化的时间记忆表征是客观存在的(Finke & Freyd,1989)。问题是,这是不是一种内隐的时间表征呢?在实验中,被试注视的是静止的图像,客体的运动和运动轨迹是由客体图形呈现的方向和位置不同而构成,是一种内隐的运动,且表征动量效应产生于极短的时间范围(16.6~100 ms),在此时间段内,客体记忆表征的位置偏移受个体意识控制的可能性很小,如果被试在作业中有意识地对各种偏移位置进行比较加工,就不可能产生在16.6~100 ms的时间间隔内,客体记忆位置偏移随保持时间的延长而持续增大的结果。因此,可以认为动量效应是自动产生的,表征动量中的时间记忆表征是内隐的。实验二从表征动量是否具有认知可渗透性的角度对实验一的结论做进一步验证。作业1通过预备实验在6种客体中选出运动速度不同的两种客体:“牛”和“小汽车”,利用“小汽车”比“牛”跑得快的先占概念,在左右水平方向顺序呈现“牛”和“小汽车”的图形以构成诱导图形的内隐运动,发现“小汽车”和“牛”两种图形之间表征动量并无显著性差异,说明表征动量未受客体运动速度的背景知识影响,表征动量具有认知不可渗透性。作业1采用的是完全不同的两种客体图形,有可能因客体本身的特殊性而得出特殊的结论。作业2对此不足而采用相同的刺激图形,变量的差异仅为被试对客体图形的概念知识的不同,在垂直方向上考察表征动量的认知可渗透性,结果发现被视为“铁”组和被视为“棉花”组被试之间的表征动量并无显著差异,说明两种客体的概念知识并未对表征动量产生影响,表征动量具有认知不可渗透性。

±0.7°作为一种控制变量,比±0.2°大将近4倍,作业1中方差分析其主效应不明显,且错误率均数比±0.2°水平小;作业2中虽然测试图形与识记图形位置偏移的一致性主效应显著,但测试图形与诱导图形内隐运动方向不一致条件下的错误率比一致性条件下的错误率更高，出现了负效应，说明被试在实验中的反应是客观的，被试并未猜测实验意图而有意产生表征动量。综合实验结果，由于表征动量产生的时间极短，客体的时间记忆表征不受客体概念和背景知识影响，不受被试有意识的控制，是自动产生的，表征动量中客体记忆的时间表征是一种内隐的时间表征，具有方向性、顺序性、连续性和认知不可渗透性等特点。内隐的时间表征问题是一片亟待探索的领域，受实验方法所限，本研究仅探讨了表征动量中的内隐时间表征，内隐时间表征还具有哪些形式，其认知加工方式如何，这些问题将有待今后进一步研究。

5 结论

用两个实验、五种作业，探讨内隐时间表征存在的可能性及其特点，结果表明，在表征动量中：(1)无论诱导图形内隐运动方向向左还是向右，测试图形与识记图形之间位置偏移的错误率在与诱导图形内隐运动方向一致的条件下比不一致的条件下高；(2)诱导图形内隐运动的一致性时间顺序消失之后，表征动量不存在；(3)在100 ms的时间范围内，识记图形、测试图形之间的保持时距与记忆位置偏移呈线性相关；(4)在水平方向和垂直方向上，客体的概念和背景知识对表征动量无影响。研究结果肯定了表征动量中内隐时间表征的存在并具有方向性、顺序性、连续性和认知不可渗透性的特点。

合作者：梁建春。原文载于：《心理学报》2002年第34卷第3期。

时间修饰词内隐记忆的实验研究

1 引言

研究人类的时间行为,必然涉及对时间表征问题的探索。人类是如何在认知上对时间信息进行表征的?这是时间认知加工研究中的一个重要问题。目前的研究表明:时间表征可分为外显表征和内隐表征两种(Block,1990)。时间的外显表征是一种有意识的、概念性的时间结构,是对外界环境中时间关系的一种主观的表达方式,分别用时距、时序、时点以及过去、现在和未来等时间维度来表示(黄希庭,1993);内隐时间表征是潜意识的、具有动力性的时间结构,是对外界环境的一种自动的、直接调节的时间模式,与内隐记忆有关。内隐记忆典型的研究方式为启动效应实验(杨治良,1991)。近期的研究表明,启动效应可分为知觉启动和概念启动两种(Vaidya et al.,1997),知觉启动与对词汇和客体图形的知觉有关,易受材料的结构属性、知觉形式、知觉特征的匹配程度等的影响,不受学习材料的精细加工或有意义的、概念性的认知加工策略影响;概念启动不受学习和测试材料的知觉特征影响,对词汇进行概念性的、有意义的深加工比在浅加工条件下,启动效应更大,概念内隐记忆的启动作业的一般形式为:范畴线索联想(category-cued association)和一般知识联想(general knowledge association)等形式。

时间概念的认知加工中是否存在启动效应?时间概念的启动效应有何特点?时间概念的认知加工过程中是否存在内隐的时间表征?其认知加工特点是什么?对于此类问题,有人曾提出,概念外显和内隐记忆的加工可分为编码和检索两阶段(Nelson,Schreiber,& McEvoy,1992),概念编码涉及外显加工和内隐加工两种成分,两者受不同变量影响产生不同的记忆表征,外显加工的编码有目的、有意识地指向词汇,编码性质和强度由加工过程的作用决定,学习策略、背景信息和其他变量对加工过程有影响,因此外显加工是一种有目的的加工,所产生的表征在编码强度上有差异;内隐加工是通过学习而使当前与刺激有关的联想(语音、语义等)自动激活,与刺激有关的联想在数量和强度上都不同,其激活过程非常迅速,是无意识无目的、自动内隐的,外显和内隐加工所产生的表征是分离的。相应地,概念的检索有外显检索和内隐检索两种,外显检索就是对学习阶段外显编码操作所产生的概念表征的匹配,内隐检索就是对测试目标及测试线索内隐激活表征的匹配。时间概念的加工是否存在内隐的加工和检索过程?时间概念的内隐加工和检索是否受内隐的时间表征支配?

本研究采用词汇线索联想的实验范型，以48个常用时间修饰词作刺激，进行时间概念启动效应的内隐记忆实验，对上述问题做初步探讨。

2 方法

2.1 被试

大学一年级本科生20名，被试身体健康，视力或矫正视力正常，无类似实验经验。

2.2 仪器与刺激

386计算机及附属设备。刺激为48个时间修饰词，分别选自黄希庭《未来时间的心理结构》和《过去时间的心理结构》两文中的实验用词（黄希庭，1994；黄希庭、胡维芳，1998），根据各词在各时间段中的接近程度两两相配组成16对具有意义联系的时间词表作为旧词，剩下的16个词为新词，选词与配词规则为：（1）每一时间段中的词字数相同，为二字词；（2）每一时间段中的词与其他时间段中的词选频数相差最大的；（3）每一时间段内的词尽量按频数最接近的原则两两相配为旧词，新词与旧词之间的频数为次接近。另备被试在完成作业过程中所依据的判断标准简易问卷一份。

2.3 程序与实验设计

实验为2×2混合设计。变量为测量任务（联想、回忆）和刺激类型（学过、未学过）。其中，测量任务为被试间因素，刺激类型为被试内因素。学习阶段被试看懂指导语，经主试讲解后按“空格键”开始实验。被试端坐于计算机前面，刺激呈现在屏幕中央。实验开始时，伴随“嘟”的一声，屏幕中央出现“……”符号，2秒后旧词成对出现，每一词对在屏幕上的呈现时间为3秒，前后两对词之间间隔2秒，要求被试看到词对后在心中默念几遍并记住该时间词对。16对词呈现完之后，将词与词之间的顺序打乱，让被试再学习一遍。

测试阶段在16个已学习过的时间词对中随机选出各对中的一个时间修饰词，与前面选出的相应时间段的频数次接近的16个新的时间词对混在一起构成新的时间词表作为刺激测试时，伴随“嘟”的一声，屏幕中央出现“*”符号，2秒后32个新、旧时间修饰词在屏幕上随机呈现，每个词在屏幕上的呈现时间为被试反应后结束。被试完成两种作业：（1）词汇线索联想：要求看到屏幕中央呈现的词后，根据自己的第一感觉写出心里所想到的第一个词；（2）词汇线索回忆：要求回忆出一个在学习阶段看到过的，与屏幕上的词最有关的词。前三次实验作为练习不计入统计成绩。

完成上述作业后，计算机屏幕上呈现问卷测试题，要求被试对问卷中的问题进行五级评定，以判断被试在完成作业时所依据的标准是什么。问卷问题为："你在完成作业时，是根据下列条目中的哪一种情况进行判断的？"条目内容依次为：1.词的意义；2.词的时间长度；3.词在头脑中的空间形象；4.词的时间单位；5.自己的情绪；6.过去的生活经验。评定等级分别为：1.从未采用；2.很少采用；3.有时采用；4.经常采用；5.全部都采用。被试按相应的数字键选择。

3 结果

3.1 词汇线索联想和词汇线索回忆的启动效应和回忆成绩

以击中测试材料中未出现的旧词的正确率作为启动值统计指标，SPSS软件分析结果如图1所示。

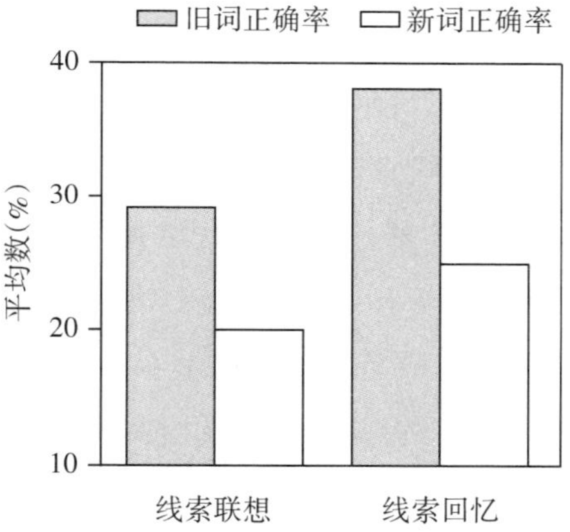

图1　词汇线索联想和词汇线索回忆两种作业的平均正确率

对词汇线索联想和词汇线索回忆的方差分析表明，词汇线索联想和词汇线索回忆两种任务之间平均击中率的差异效应显著：$F(1, 18)=6.54$，$p < 0.05$，出现了任务分离。从各种条件的均值可以看出，词汇线索回忆比词汇线索联想的击中率更高，说明再认记忆存在；新词和旧词之间的总体差异显著：$F(1, 18)=15.63$，$p < 0.005$，其中，对旧词的击中率比新词的击中率更高，在词汇线索联想条件下，旧词击中率为29.41%±6.74%，新词为20.11%±6.68%，表明两者之间有显著差异：$t=2.77$，$p < 0.05$，说明启动效应存在。在词汇线索回忆条件下，旧词击中率为38.29%±9.27%，新词击中率为25.29%±8.84%，两者之间差异显著：$t=2.87$，$p < 0.05$，说明外显记忆存在。测量任务和刺激学习类型之间并无交互作用（$p > 0.1$）。

3.2 两种作业依据的判断标准等级

求出被试在六种判断标准下的平均等级，如表1所示，分别用一、二、三、四、五、六代表六种判断标准，等级分数越高，说明被试在完成任务时采用该条标准的机会和频数越大，也就是说，被试更多地依据该条标准进行判断。

根据等级分数的大小，被试依据的判断标准顺序依次为：1.词的意义；2.词的时间单位；3.词的时间长度；4.过去的生活经验；5.词汇在头脑中的空间形象；6.自己的情绪。从这种顺序可以看出，被试在作业中受自己情绪的影响较小，被试认真地完成了作业，且主要根据词的意义和时间属性来完成词汇线索联想和词汇线索回忆作业。

表1 六种判断标准的平均等级

	一	二	三	四	五	六
M	3.58	3.05	2.78	3.16	2.47	2.84
SD	1.07	1.18	1.03	0.96	1.22	1.34

4 讨论

对48个时间修饰词进行词汇线索联想和词汇线索回忆的实验结果表明：学过和未学过的时间修饰词汇之间词汇线索联想的均值有显著差异，出现启动效应，说明学习过程中激活的词汇表征对作业成绩有潜在影响；词汇线索回忆和词汇线索联想两种作业出现了分离现象，说明两种作业的记忆加工过程是不同的；被试在完成两种作业的过程中，首先依据的判断标准是词的意义，其次是词的时间属性（长度、时间单位），然后是过去的生活经验等。按照Nelson等人的观点，看到一个熟悉的词，就激活了该词的各种联系，在长时记忆中产生了一种内隐表征，这种表征对项目的再认和回忆都有影响（Nelson，McKinney，Gee，& Janczura，1998）。因此，记忆并非仅是一个编码和检索的过程，记忆与过去的知识经验有关，反映了编码、保持以及相关知识经验的特点。个体在加工刺激材料时，对所加工的某些内容是有意识的，但也有很多信息自动地进行加工，没有意识觉察。在实验中，学过和未学过的时间概念都是从以前的实验报告中挑选出来的频数接近的时间修饰词，各词之间在各自的时间段上的联系是很强的，但实验结果仍发现学过的词和未学过的词之间的启动值有显著差异，我们认为这或许是由时间修饰词的特殊性决定的。时间修饰词不同于一般意义的词汇，除了词汇本身的语义表征外，还涉及内隐的时间属性（长度、顺序、透视点等）表征，学习过的词汇在学习阶段不仅激活了其意义表征，还激活了与此有关的时间属性表征，因此被试在测试阶段更易按照要求而把测试词汇的时间属性线索与学习阶段所激活的时间属性表征相匹配。未学习过的词汇在测试阶段不仅要重新激活意义表征和相关的内隐时间属性表征,而且要对测试线索的时间属性进行有意识或自动的检索,最终进行匹配,因而,两种刺激材料由于学习与未学习推敲加工的差异而产生了启动效应的差异。

由此可以认为,在阅读和学习时间修饰词时,涉及两种加工成分:在激活该词的意义表征时,也激活了相关的时间属性(长度、顺序、透视点等)表征,意义表征的激活是一种外显的加工,与意义有关的时间属性(长度、顺序、透视点等)表征却是一种内隐表征,其激活是一种自动的、内隐的加工过程。从实验结果看,被试并没有意识到联想过程中时间属性表征的激活和影响,被试客观地回忆出心里所想到的第一个词,然而不自觉地把测试词的时间属性表征与已学过的时间修饰词的表征相匹配,形成了新的联系,这种加工是内隐的,取决于时间修饰词内隐表征的匹配。

根据实验结果,我们认为对时间修饰词的检索过程也具有相同的特点。对时间修饰词进行编码时,产生了两种独立的表征:内隐的时间表征和外显的时间表征,内隐的时间表征代表着过去的经验中相关时间属性(长度、顺序、透视点等)信息的自动激活,这种激活是一种潜意识的记忆检索过程,是快速、平行地进行加工的,直接接通了与刺激有关的时间知识和属性,出现了刺激及其联系的内隐表征或痕迹。当某一时间修饰词的内隐表征激活以后,迅速扩展到相关的联系上,并与记忆中已存在的有关时间信息产生相互作用,同时这种激活扩散也增加了时间内隐表征的强度。在检索过程中,测试材料以及作业要求所提供的测试线索接通了时间的内隐表征以及记忆系统中的相关信息,也就是说,在理解某一时间修饰词意义的同时,也激活了相应的时间属性的内隐表征及其联系,因而根据激活的强度而在时间内隐表征、相关联系以及记忆中所贮存的时间修饰词相关信息之间产生了匹配加工,直到被试完成作业任务。

从实验结果还可以看出,外显表征和内隐表征在时间修饰词检索加工中的作用是相互独立的,受测试要求或指导语所控制。如果要求根据测试线索而有目的、有意识回忆或再认所学习过的时间修饰词,那么时间修饰词的两种表征都可能在相关时间信息的检索中起一定的作用;相反,如果要求说出心理所想到的与时间修饰词有关的第一个词,那么可以认为,这种检索主要取决于内隐的时间表征。因此,不同的作业要求或指导语决定了检索加工的目标,从而使时间内隐表征在检索相关时间信息的过程中所起的作用也不同。受时间内隐表征支配的目标词的检索,主要由测试线索所激活的时间属性的相关信息与学习阶段所激活的各种信息之间的匹配决定。

综上所述,我们认为对时间修饰词的概念加工不仅要激活其外显的意义表征,同时也会自动激活相关的内隐时间属性表征,受作业目标任务的影响,各种表征在检索过程中所起的作用也不一样,外显表征主要指向词的意义,内隐表征主要指向词的时间属性(长度、顺序、透视点等),外显表征的加工方式为控制性加工,内隐表征的加工方式是自动的。

合作者:梁建春。原文载于:《心理科学》2002年第25卷第4期。

汉字字组时间顺序的内隐记忆研究

1 引言

在心理时间研究领域,随着时间认知加工研究的逐步发展,时间分段与时间综合、时间知觉与时间记忆、时间行为与时间表征、外显时间表征与内隐时间表征等问题之间的相互制约关系日益明显,从多学科、多因素的角度来探讨时间问题已成为时间认知研究的必然趋势(黄希庭,郑涌,1995)。时间记忆的研究离不开对时间心理表征问题的探讨,时间的心理表征就是外部世界中的物理时间在人的心理上的一种反映,是人的大脑对时间信息的一种储存、加工和表达的方式。时间心理表征可分为外显表征与内隐表征两种(Block,1990),因此时间记忆的研究也可以分别从时间的外显记忆和时间的内隐记忆两个方面来进行。

人们以往的研究大多涉及外显的时间表征,研究者把外显的时间表征区分为似真表征、隐喻表征、形式表征三种形式(梁建春、黄希庭,1999),并以时距、时序、时点,过去、现在、未来等时间概念和分段综合等理论构想来对时间的表征方式进行解释(黄希庭,1994),近期的研究涉及对内隐的时间表征的探讨(梁建春、黄希庭,2002)。内隐的时间表征是对外部动力环境的一种自动的、直接调节的时间模式。自然环境中许多事件和情节本身具有动力性,具有一定的结构顺序,人们不可能以外显的、有意义的方式把时间信息从其内隐结构中区分出来,却能表达时间,调节行为,并与动力性的环境相互作用而维持自己的生存和发展,这说明人类具有一种能根据情境中的时间序列采取行动的能力,在某些情况下,不一定要依靠意识到的、概念性的时间表征结构。对内隐时间表征问题的探讨目前仍是初步的,我们曾提出可以从时间记忆表征的认知可渗透性和时间的内隐记忆两个方面来对内隐的时间表征进行分析(黄希庭、梁建春,2002),我们认为这两种途径都是可行的,具有可操作性。我们曾以客体图形和时间修饰词作为刺激,对表征动量效应的认知不可渗透性和时间修饰词的内隐记忆进行了研究,初步证明了两种条件下时间内隐表征的存在。

内隐记忆研究的典型范式为启动效应实验(杨治良,1991),启动效应可分为知觉启动和概念启动两种(Vaidya et al.,1997)。表征动量实验虽可以看成是知觉启动实验的一种变式,但表征动量所反映的内隐时间表征并不能揭示内隐时间表征的所有属性。那么内隐时间表征的其他表现形式如何?内隐时间表征还可以在什么样的条件下存在？其特点是什么？本研究以汉字字组为刺激材料，采用启动效应实验，对汉字字组的时间顺序进行内隐记忆研究，以探明汉字字组内隐的时间顺序表征及其特点。

2 方法

2.1 被试

大学一、二年级本科生128名，分成10组，其中有两组各为14名，被试身体健康，视力或矫正视力正常，无类似实验经验。

2.2 仪器与刺激

386计算机及附属设备。从《现代汉语通用字典》中选出单字若干，随机组成三字一组的字组20个，选字规则为：(1)笔画在5~10画之间；(2)字型尽量相似或相同；(3)避免同音同义字；(4)避免生涩冷僻不常用的字；(5)字组尽量没有意义联系或音、形上的近似。组成的20个字组作为学习阶段呈现的目标字组，将这些字组的第一、第三个字对调，各构成新的20个字组，作为学习阶段的非目标字组；将这些字组的第一、第二个字对调，各构成新的20个字组，作为测试阶段的新字组材料(见图1)。

安匝划	划匝安	匝安划	居判奋	奋判居	判居奋
肮劳对	对劳肮	劳肮对	们容扯	扯容们	容们扯
包进特	特进包	进包特	成号恰	恰号成	号成恰

图1 实验所用的部分汉字字组

2.3 实验设计与程序

实验为3×2×2混合设计。变量分别为刺激呈现时间(750 ms，1000 ms，3000 ms)；测量任务(再认、偏好)；注意程度(目标字组、非目标字组)。其中刺激呈现时间和测量任务是被试间变量，注意程度是被试内变量，实验前先用4对字组进行练习。

学习阶段被试看懂指导语，经主试讲解后按“空格键”开始实验。实验开始时，伴随“嘟”的一声，屏幕中央出现“……”符号，2 s后，目标字组与非目标字组在屏幕上“……”符号消失的位置成对呈现，目标字组下标“*”符号，目标字组与非目标字组随机配对呈现，出现在符号左、右位置的概率各占一半，每对字组在屏幕上呈现的时间分为750 ms，1000 ms和3000 ms三种，要求被试记住每一对字组中下标“*”符号的目标字组，并在心里默念几遍。

测试阶段随机选10个在学习阶段出现过的目标字组和10个非目标字组作旧字组，

用20个第一、第二个字对调后构成的字组作新字组,将新旧字组混合在一起,让被试完成再认和偏好测验,再认测验要求被试判断屏幕上呈现的40个字组中哪些是已学过的旧字组,哪些是未学过的新字组,认为是旧字组就用右手食指按P键,认为是新字组就用左手食指按Q键;偏好测验要求被试看到屏幕上呈现的字组时回答是否喜欢该字组,如果喜欢就用右手食指按P键,不喜欢就用左手食指按Q键,新旧字组在屏幕中央随机呈现,每个字组呈现时间为10 s。

3 结果

3.1 偏好测验目标字组的启动效应和再认测验的成绩

以对旧字组的击中率作为统计指标,运用SPSS10.0软件对数据进行比较处理,表1列出了变量各水平的均值和t值。

从表1可以看出,再认测验目标字组的成绩均超出随机水平,750 ms,1000 ms和3000 ms三种时间条件下的t值分别为5.66($p<0.01$),7.01($p<0.01$)和2.71($p<0.05$),说明目标字组的再认测验存在外显记忆。非目标字组的再认测验在750 ms和1000 ms两种时间条件下具有显著性差异,t值分别为2.63($p<0.01$),4.39($p<0.05$),在3000 ms条件下,非目标字组再认测试成绩接近但未达到显著水平。

表1 偏好测验的启动效应和再认测验的成绩

测验类型	注意程度	呈现时间(ms)		
		750	1000	3000
再认	目标字组	74.55(5.66)***	76.00(7.01)***	70.00(2.71)**
	非目标字组	30.00(2.63)**	31.00(4.39)**	38.00(2.09)
偏好	目标字组	70.91(5.33)***	62.00(2.09)	63.00(1.71)
	非目标字组	50.00(0.7)	45.00(0.76)	47.69(0.35)

注:旧字组正确击中率的随机水平为0.50,***表示与0.50有非常显著的差异($p<0.01$),**表示与0.50有显著差异($p<0.05$),无*的值表示差异不显著。括号内为t值。

3.2 偏好测验非目标字组的启动效应和再认测验的成绩

从表1看,三种时间条件下目标字组的再认测验成绩都高于偏好测验的成绩,但三种时间条件下非目标字组偏好测验的成绩都高于再认测验的成绩,这种结果符合内隐记忆存在的直接逻辑。方差分析表明，在几种变量中，注意因素主效应明显：$F(1,128)=71.67$，$p<0.001$；注意程度×测量任务交互作用显著：$F(1,128)=10.96$，$p<0.01$，其他变量及变量之间的交互作用检验均无显著性差异($p>0.1$)。

偏好测验中，在750 ms时间条件下，目标字组的击中率为70.91%，$t=5.33$，$p<0.01$，旧字组的击中率显著高于随机水平，出现了正向启动效应，其他时间条件下测验成绩差异不显著($p>0.05$)。

对三种时间条件下再认与偏好两种任务之间目标字组和非目标字组进行的单个检验表明：750 ms，1000 ms和3000 ms三种时间条件下，两种任务的目标字组之间差异不显著，t值分别为0.62($p>0.05$)，2.05($p>0.05$)，0.66($p>0.1$)；非目标字组中，在750 ms时间条件下差异显著：$t(20)=2.23$，$p<0.05$，在1000 ms和3000 ms时间条件下差异不显著：t值依次为1.78($p>0.05$)，1.08($p>0.05$)。结合偏好测验中非目标字组的正确率比再认测验中非目标字组正确率更高的事实，表明在750 ms时间条件下，非目标字组的测验成绩是来源于与再认测验不同的一种记忆，内隐记忆是存在的。

综合实验结果，虽然在三种变量的方差分析中只发现了注意因素的主效应以及注意与测量任务之间的交互作用具有显著性差异，但是在750 ms时间条件下，目标字组的偏好测验出现了正向启动效应，说明目标字组产生了任务分离，间接地测出了内隐记忆存在的事实。非目标字组的测验也证明了这一事实，在750 ms时间条件下，非目标字组偏好测验的成绩比再认测验成绩更高，且两种任务之间非目标字组的测验成绩存在显著性差异，说明这种效应是来源于内隐记忆。

4 讨论

Schacter等认为(Schacter, Cooper, Delaney, Peterson, & Tharan, 1991)，内隐记忆中的启动效应很大程度上依赖于知觉表征系统，该系统由许多子系统(视觉字词系统、听觉字词系统、结构描述系统等)构成，这些不同的知觉表征系统受晚期形成的大脑皮层区域支配，在前语义水平、感觉道的特殊水平上起作用，表征刺激的形状和结构的信息，而不表征刺激的意义及相关的特征。也就是说，知觉表征系统并不依靠语义的或是概念的加工，而是依靠不同感觉道的知觉信息而起作用。该理论提出后，得到了许多认知和临床神经心理学实验证据的支持(Williams & Tarr, 1997)，但一个重要的问题是：知觉表征系统究竟表征了客体哪些方面的信息？许多研究者采用命名实验和客体可能性决策实验，对客体大小、左右方向、位置、照度、对比度、颜色、质地等维度的变化进行过外显和内隐记忆测验(Biederman & Cooper, 1992)，然而实验结果却发现上述客体维度的变化都未产生明显的启动效应,这与客体三维结构和形状改变所引起的启动效应具有显著性差异的事实形成了对照,研究者认为知觉表征系统中调节客体内隐记忆的是一种更高水平的、抽象的结构描述表征,启动效应与对客体形状的评价或对客体图形的识别有关,涉及更高级的客体识别表征(Cooper, Schacter, Ballesteros, & Moore, 1992)。

本研究在750 ms,1000 ms和3000 ms三种时间条件下,运用任务分离的测量原理,发现在750 ms的刺激呈现时间范围,无论目标字组还是非目标字组都出现了正向启动效应。目标字组偏好测验中的启动值虽然比再认测验成绩低,但显著地高于随机水平,这就反映出内隐记忆是存在的,说明被试在偏好测验中,不随意地提取了在学习阶段所获取的项目的有关信息,或者说学习阶段所留下的痕迹在测试阶段中,不随意地对被试测试阶段的操作起到了易化的作用,这一结论在非目标字组的测验成绩中也得到了证明:在750 ms的时间条件下,被试偏好测验非目标字组的测验成绩比再认测验的成绩高且有显著差异,这反映出再认和偏好两种测验任务的分离,说明被试在学习阶段不随意地知觉到了项目的有关信息,因而在以后的间接测验成绩中反映出来了,本研究结果无疑是对Schacter等人研究成果的有力验证和补充。

我们知道,时间是一种独立的信息维度,与客体的大小、形状、颜色等物理维度一样具有度量的属性(Macar, Pouthas, & Friedman, 1992),遗憾的是,Schacter等人在验证知觉表征系统究竟表征了客体的哪些信息维度时,却忽视了客体的时间维度。根据加工水平说的观点,加工时间与加工深度是一致的,代表一种意义变量,与再认测验的提取加工相匹配,因此加工时间对概念驱动的再认测验会起较大的易化作用,本研究在750 ms,1000 ms和3000 ms三种时间条件下进行,然而只在750 ms的时间条件下,汉字字组出现启动效应,这说明:汉字字组中各字之间时间顺序的加工不受字组意义加工的影响,只在知觉表征范围内进行,受知觉表征系统的支配;同时,本研究结果也表明,知觉表征系统不仅表征客体的形状和结构的信息,也表征客体的时间顺序信息,在实验中学习项目和测试项目中新字组与旧字组之间的差别,只在于字组中各字之间的时间顺序不同,文字内容是完全相同的,在750 ms的时间条件下内隐记忆存在的事实,证明字组中各字之间时间顺序的改变对被试的记忆作业产生了影响。这种影响可以说明两个问题:其一,时间和空间是密不可分的,汉字字组时间顺序的改变意味着该字组结构关系发生了变化,因此Schacter等人所提出的调节客体内隐记忆的知觉表征系统或结构描述系统等,势必要考虑到客体的时间维度;其二,汉字字组存在着时间顺序的内隐表征,时间顺序有自动提取的加工过程。

本研究在选择刺激材料时,尽量避免了所选三字字组之间有任何意义上的联系,在实验中,目标字组再认测验的成绩并未出现随时间延长而提高的现象,说明被试的记忆加工并不受有意识的刺激项目意义加工的影响,同时也表明本研究所选择的刺激材料是成功的。在实验中我们还可以看到,注意因素对被试的再认测验成绩有影响,这也说明被试在学习阶段中更大程度上所获取的是一种知觉编码,受刺激项目的知觉特征影响。

综上所述,可以初步认为,汉字字组中字与字之间存在内隐的时间顺序表征,这种内隐的时间顺序表征是对刺激项目的知觉特征中时间维度的一种反映,受心理表征系统中的知觉表征系统支配,具有自动加工和提取的特点,可以通过内隐记忆实验进行研究。至于这种内隐的时间表征是如何被激活的,其加工过程如何,与其他心理表征系统之间存在什么关系等问题,有待于今后进一步研究。

合作者:梁建春。原文载于:《心理科学》2003年第26卷第4期。

时序知觉中意识与无意识的贡献

1 引言

时序知觉是时间知觉的重要组成部分。时间知觉是指个体对同时直接作用于感觉器官的客观事件的顺序性(时序)和持续性(时距)的反映。事件的这种顺序性就形成了时间的情境或结构。认知系统对这些时间情境中信息的编码就形成了人对事件的时间表征。已有的研究表明时间表征可分为外显表征和内隐表征两种(Block,1990)。在时间内隐表征中,对过去经验的保持以及对未来时间的预期都是内隐的,具有自动性和认知不可渗透性(Block,1990)。许多研究结果表明,人对事件的时间表征是自动地进行记忆汇总和编码的,几乎不需要注意资源的参与,这种类型的加工不同于要求认知努力的有意操作(王振勇、黄希庭,1997)。可见在时间知觉中,内隐的无意识成分均具有重要的作用。由此可以推论,作为时间知觉内容之一的时序知觉也应存在内隐的无意识成分。时序信息是自动加工的还是控制加工的,一直以来是时序信息加工机制研究的一个重要课题,并已有研究提出众多的理论假设(Friedman,1993;黄希庭、郑涌,1995)。文献曾提出五个评判时间信息自动加工与控制加工的标准(Jackson,1989)。根据这些标准,部分研究结果表明时序信息确实存在自动加工。时序信息中自动加工过程的存在可视为时序知觉中无意识成分存在的证据。这样,以往众多研究的结果告诉我们,人对时序信息的知觉是存在自动加工过程的,也就是说内隐的无意识成分也发挥着作用。但究竟无意识成分对时序知觉有多大影响,其中的意识和无意识的贡献各有多少,目前尚无人做过定量的分析和实验性的考察。

为了对该问题做进一步探讨,本研究引入Jacoby提出的加工分离程序(process dissociation procedure,PDP)来分离听觉时序知觉中意识和无意识的贡献。选用该程序的原因是加工分离程序已经被广泛应用于内隐记忆及其相关研究中,并被证明是一种最直接和客观的测量意识和无意识贡献的有效程序。该程序设计两种不同的指导语来进行两种测验:包含测验(inclusion test)和排除测验(exclusion test),以此分离意识和无意识加工。在包含测验中,要求被试用学习过的项目完成测验,如果回忆不起来,也可以用其他任何适合的信息,即在包含测验中,被试利用有意识提取和无意识熟悉性两种加工来完成任务。而在排除测验中,要求被试用首先想到的,但又不能是先前学习过的项目来完成测验。排除测验实际上包含这样一种逻辑——如果一个被试在排除测验中错误地使用了曾经学习过的项目来完成测验任务，那么可以得出结论：这些项目是无意识加工成分，即排除测验反映的是排除意识加工之后的无意识熟悉性的作用。通过这样的2个测验，可以成功地分离意识和无意识加工。因此，本研究采用加工分离程序来分离时序知觉中的意识和无意识成分并对其各自贡献大小做定量分析是可行的。

本研究的目的是以西绍尔音乐能力测验（Seashore musical ability test）中的部分材料探讨被试时序知觉中的意识和无意识的贡献。

2 方法

2.1 被试

华东师范大学本科生54人（男生18人，女生36人）。均为自愿参加，且听力正常。

2.2 材料

采用部分西绍尔音乐能力测验。该测验是专门用于测定声音和音乐辨别能力的。在每种测验前，要求被试务必掌握指导语中的要求，而且被试在接受测验时，要注意安静，独立判断，并逐一作好回答。全部测验共包括6项指标。本研究中根据需要选取了指标5——音调的记忆，其内容为：先给被试听觉呈现一系列声调，先后奏2遍。第二遍呈现时改变了其中的1个音，要求被试记下该改变音在系列声调中的顺序数。

2.3 实验设计

采用2×3被试内实验设计。第一个因素是贡献来源，即意识和无意识；第二个因素是任务难度，包括3个水平（即三选一、四选一和五选一测验）。

2.4 实验程序

首先由主试向被试宣读指导语。在测验前，确保被试务必掌握指导语中的要求。被试在接受测验时，要注意保持安静，并独立判断，逐一作好回答。按照加工分离程序的要求，先做包含测验，后做排除测验。根据本实验的具体需要对加工分离程序中两类测验的指导语做相应修改。

包含测验共做30次（其中三选一、四选一和五选一各10次）。指导语为："下面你将听到一连串的声调，将先后演奏2遍。在第二遍中，有1个乐音改变了。你要记下这个改变乐音的顺序数。在听的时候，你要默数，每遍由3个（或4个或5个）音组成，第二遍中只有1个乐音有变化,其余2个(或3个或4个)与第一遍相同,你就把这个变化的乐音的顺序数写在记录纸上。记录不得有空缺。”

排除测验再重复上面做30次(其中三选一、四选一和五选一各10次)。指导语为:“下面你将听到一连串的声调,将先后演奏2遍。在第二遍中,有1个乐音改变了。你要记下这个改变乐音的顺序数。在听的时候,你要默数,每遍由3个(或4个或5个)音组成,第二遍中只有1个乐音有变化,其余2个(或3个或4个)与第一遍相同,请你想起相异的那一个顺序数,但不填这个数,而是填另一个可能相异的顺序数。记录不得有空缺。”

3 结果

用R(recollection)和A(automaticity)分别表示两类测验任务中的有意识性提取和自动提取的影响,2类测验可以用下列公式表示:

(1)$P_{包}=R+A-R\cap A=R+A(1-R)$

(2)$P_{排}=A-R\cap A=A(1-R)$

因此,$R=P_{包}-P_{排}$,$A=P_{排}/(1-R)$。

计算出不同任务难度下的R和A的值见表1。

表1 不同任务难度下的R和A值

任务难度	意识性提取	自动提取
T1	0.683	0.564
T2	0.481	0.528
T3	0.431	0.495

注:T1为三选一,T2为四选一,T3为五选一,下同。

方差分析表明:贡献来源主效应不显著,其中$F(1,53)=0.00$,$p>0.05$;任务难度主效应显著,$F(2,53)=16.19$,$p=0.000$;任务难度与贡献来源交互作用显著,$F(2,53)=3.06$,$p<0.05$。不同任务难度下意识和无意识的贡献见图1。

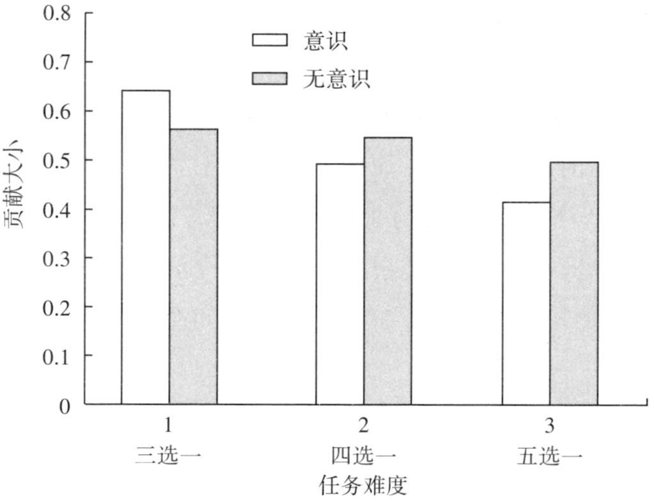

图1　不同任务难度下,意识和无意识的贡献

进一步进行简单效应分析,结果表明:贡献来源在3种任务难度条件下的简单效应均不显著,说明意识和无意识成分的贡献在各种任务难度下均不存在差异。任务难度在排除测验上的简单效应不显著,$F(1,53)=0.71$,$p>0.05$,说明任务难度对无意识成分影响不大;包含测验的简单效应显著,$F(1,53)=21.96$,$p=0.000$,说明任务难度对意识成分影响显著。进一步对3种任务难度下意识成分的作用进行多重比较,发现三选一条件下意识成分的作用明显大于四选一条件和五选一条件,即随着任务难度的增加,意识成分的作用逐渐减弱。3种任务难度条件下意识成分作用的多重比较见表2。

表2　3种任务难度条件下意识成分作用的多重比较

	T1	T2	T3
T1	0	7.48**	9.33**
T2		0	1.85
T3			0

注:**$p<0.01$。

4 讨论

本实验考察了听者对时间顺序信息的知觉,用加工分离程序成功地分离了意识和无意识成分,计算出各自的贡献大小,并对无意识成分的特点做了初步的考察。

4.1 对时序知觉中无意识成分存在的验证

通过以上实验,分离了意识和无意识成分,成功地分离验证了时序知觉中无意识成分的存在。这种无意识反映了个体对时间事件存在内隐表征,即对时间顺序属性的提取过程(梁建春、黄希庭,2002)。可见个体对时序信息的知觉是存在无意识加工过程的,这种类型的加工不同于要求认知努力的有意操作,而且几乎不需要注意资源参与。对于这种无意识的加工过程,可以从两个方面来理解。

(1)听者先前的内隐知识及其在编码过程中获得的信息都可以使之产生对时间顺序的预期,这种预期是内隐的(Block,1990)。因此,当测验阶段某个顺序位置上的音与其预期不相符时,听者就可以辨别出该改变音的位置。当然这个辨别过程既包含无意识的自动激活过程,也有意识的提取作用。

(2)在对听觉事件的时序知觉中确实存在自动加工过程。本研究使用的材料中包括时序的顺序和位置两个属性,结果发现了无意识成分的贡献,即存在着自动加工过程。而文献的研究发现对听觉时序信息的位置属性(王振勇、黄希庭,1997),在有顺序标码情况下倾向于自动加工,而在无顺序标码情况下则是一个控制加工过程。对此,本研究结果可作为一个补充。究其原因,可能与实验材料有关。文献(王振勇、黄希庭,1997)的研究中选用的是接近生活的小故事,且要求被试判断的是故事中有关动物的出现顺序,材料本身传达的顺序信息不明显,因此判断受外在顺序标码的影响较大。而本研究选取的材料是具有明显顺序性特征的音乐材料,而且这种顺序性可能事先已预存于听者关于音乐的内隐知识中,已自然地具有了内在的顺序标码,因此不受外在顺序标码的影响。这可能反映了不同实验材料的作用。

4.2 对意识与无意识成分各自贡献的考察

本研究发现,意识和无意识成分的贡献在各种任务难度下均不存在显著差异,表现为当外显意识成分的作用随着任务难度的增加而减弱时,内隐无意识成分的作用是稳定的。这说明随着任务难度的增加,为达到同样的正确提取,无意识成分的贡献相对于意识成分而言越来越大,对之起到一个补偿的作用。这个结果表明,在对时间顺序信息的知觉过程中,无意识成分与意识成分具有同等重要的作用,并且其各自贡献的大小与任务难度有关。这一点与文献(郭秀艳、杨治良,2002)对内隐学习特征的研究结果相一致。在其研究中发现内隐学习具有极强的抽象性,提示了内隐学习的贡献不能被低估,甚至在面对高难度学习材料时还超过了外显学习的贡献。这表明内隐学习与外显学习的贡献谁大谁小,要视学习材料的难度而定。本研究的结果同样提示了在听觉时序知觉中，内隐无意识成分的贡献大小也与任务难度有关，在任务难度较高时无意识的贡献超过了意识的贡献。

4.3 对内隐无意识成分抗干扰特征的分析

根据对实验数据的分析，结果发现对于意识成分，任务难度对之存在显著的影响。表现为三选一条件下意识成分的贡献明显大于四选一和五选一条件，即随着任务难度的增加意识成分的作用逐渐减弱。以往研究表明外显的意识成分受注意状态等变量的影响较大。有意识的编码和提取都需要分配一定的注意资源，而任务难度的增加改变了注意资源的分配，使可以分配到有意识提取上的资源越来越少，进而导致了意识过程作用的明显减弱。相反，对于无意识成分，任务难度对之几乎不存在影响，表现为随着任务难度的增加无意识成分的贡献没有发生明显的变化，说明在对时间顺序信息的提取过程中，无意识成分的贡献是存在且稳定的。这与以往关于内隐记忆和内隐学习的研究中发现的无意识成分几乎不受注意状态等其他变量影响的结论是一致的，同时也验证了内隐的无意识成分的抗干扰性特征（范兆兰、郭秀艳，2002）。

在本研究中，笔者只对听觉时序知觉中意识和无意识成分的贡献大小及无意识成分的特点做了一个初步的考察，究竟这种内隐无意识成分的作用机制是怎样的，还有何特点，受哪些因素的影响等，这些都是需要进一步研究的问题。

5 结论

在本实验条件下，时序知觉中意识与无意识成分的贡献在各种任务难度条件下的差异均不显著；意识成分受任务难度影响较大，表现为随着任务难度的增加意识成分逐渐减弱，而无意识成分则不受任务难度的影响；表明在时序知觉中存在意识和无意识过程的分离，内隐无意识的贡献是稳定的，具有抗干扰的特性。

合作者：郭秀艳。原文载于：《西南师范大学学报（自然科学版）》2004年第29卷第1期。

不同动态条件下的内隐时间特征

1 引言

时间不但可以通过有意识的概念性的时间结构来进行外显表征，而且还可以通过潜意识的、具有动力性的时间结构来进行表征，即内隐的时间表征（梁建春、黄希庭，2002）。近年来越来越多的研究开始关注时间的内隐表征（黄希庭、郭秀艳、朱磊、尹华站，2006）。

Freyd等认为可用表征动量范式来分析内隐时间表征的特性（Freyd & Finke，1984；Freyd，1987；Kelly & Freyd，1987；Finke，Freyd，& Shyi，1986）。其实验逻辑为如果存在内隐的运动，即可推知内隐时间的存在（Thornton & Hubbard，2002），而且表征动量与存在于时空世界中的物理动量一样，具有一定时空关系表征系统的特征，是时间内化的产物。这种实验逻辑在心理旋转实验中已有证明。换句话说，与外显的运动需要时间一样，内隐运动也需要时间，通过对内隐运动的考察可以间接地证明内隐时间的存在。而且这种对运动或时间维度的内隐表征和外部运动与时间一样，具有方向性（外部时间总是向前的）和连续性。

除Freyd等之外，许多研究者都注意到了这种内隐时间表征的存在。Block曾指出内隐时间表征还不受概念和背景知识的影响，也就是内隐时间具有认知不可渗透性（Block，1990）。例如，Hubbard等的研究发现，表征动量的记忆偏移效应不受客体物理运动速度的背景知识的影响，即验证了内隐时间表征的认知不可渗透性（Hubbard，2005）。

为了验证上述内隐时间表征的各种特性，研究者借助表征动量范式对此进行分析和探讨。例如，梁建春、黄希庭以汽车图形出现的位置和时间顺序的不同，构成水平向左、向右的内隐运动，通过三种作业来探讨客体运动变化的时间内隐表征存在的可能性（黄希庭、梁建春，2002）。郭秀艳等也采用类似的表征动量实验范式，使用具体和抽象两种不同性质的图形材料，以诱导图形出现的个数构成动态和静态条件，来探讨内隐时间的产生条件及其特征，进一步验证内隐时间具有方向性、认知不可渗透性的特点（郭秀艳、肖辉斌、周楚，2004）。

本研究的目的是进一步揭示和探讨内隐时间的产生及其特征。因此，本研究控制诱导图形呈现的时间，以形成匀速、加速和减速三种不同的动态条件来探讨不同动态条件下内隐运动是否有差别，即内隐时间是否能够反映物理时间的变化。据此我们假设三种动态条件下产生的内隐运动，由于内隐加速度的不同，则这三种动态条件下的结果有所不同，即三种动态条件下的心理状态也是不同的。同时，本研究拟使用两种大小相同但性质完全不同的图形材料（具体图形汽车和抽象图形矩形）进一步验证内隐时间的认知不可渗透性特点，并对内隐时间表征的方向性进行验证。

2 方法

2.1 被试

在校本科生28名，其中男女各14名，平均年龄20.6±1.3岁。被试视力或矫正视力正常，无类似实验经验。

2.2 实验设计

采用3×2×2被试内设计。诱导运动状态，分为加速、匀速和减速运动状态三个水平；测试图形与识记图形的位置偏移方向，分为一致与不一致两个水平；刺激图形的抽象水平，分为具体图形和抽象图形两个水平。因变量为测试图形与识记图形在偏移±0.2时的错误率。

2.3 仪器与材料

使用PhotoShop制作两张实验图片，一张为黑色汽车图片，规格为4.74°×1.59°（视角），车头向右；一张为黑色矩形图片，规格与汽车图片相同。在三种条件下，按从左到右的顺序依次呈现四个相同的汽车图形（或矩形图片），前三个为诱导图形，第四个为测试图形。

所有程序在奔腾Ⅳ多媒体兼容机运行，刺激材料通过15寸标准彩色显示器呈现。

2.4 研究程序

预实验：10名大学生被试对三种诱导运动状态进行判断（加速、匀速和减速），根据判断的结果对刺激呈现的间隔进行调整。直到所有的被试能正确地判断出三种诱导状态后，确定刺激的呈现时间（如图1和2）。

1		2		3		4
250 ms	250 ms	190 ms	190 ms	130 ms	130 ms	测试图式(加速条件)
250 ms	250 ms	250 ms	250 ms	250 ms	250 ms	测试图式(匀速条件)
250 ms	250 ms	310 ms	310 ms	370 ms	370 ms	测试图式(减速条件)

图1　加速、匀速和减速汽车图形呈现方式

1		2		3		4
250 ms	250 ms	190 ms	190 ms	130 ms	130 ms	测试图式(加速条件)
250 ms	250 ms	250 ms	250 ms	250 ms	250 ms	测试图式(匀速条件)
250 ms	250 ms	310 ms	310 ms	370 ms	370 ms	测试图式(减速条件)

图2　加速、匀速和减速的矩形图形呈现方式

正式实验：在被试仔细阅读完指导语后，进入实验。实验界面为全屏显示，图形在屏幕上下两半分界线上出现。屏幕上依次呈现三个诱导图形。呈现第一个图形，位置在屏幕中央垂直向左3.6°视角处，然后向右依次呈现第二个和第三个图形。

匀速条件：第一个与第二个、第二个与第三个图形在屏幕上的间距均为1.8°视角，且第一个图形的呈现时间，以及与第二个图形呈现时间间隔均为250 ms。

加速条件：第二个图形的呈现时间以及与诱导图形的时间间隔均为190 ms，诱导图形的呈现时间以及与测试图形的时间间隔均为130 ms。

减速条件：第二个图形的呈现时间以及与诱导图形的时间间隔均为310 ms，诱导图形的呈现时间以及与测试图形的时间间隔均为370 ms。

在三种条件下，识记图形均正好位于屏幕中央，测试图形出现后保持在屏幕上，直到被试做出反应。测试图形出现的位置与识记图形的位置偏移分为+0.2°，0.0°，-0.2°，“+”表示测试图形的方向与诱导图形内隐运动的方向相同（向前）；“-”表示方向相反；“+0.2”表示测试图形与识记图形之间向前偏移0.2°的视角距离；“-0.2”表示向后偏移0.2°的距离；0.0°表示两种图形的位置相同。

被试若认为测试图形与识记图形的位置相同，用手点击屏幕上“相同”选项；认为不同，则点击“不同”选项。然后，点击“下一轮实验”开始呈现下一轮测试题。实验前告诉被试测试图形与识记图形位置相同和不同的次数各占50%；在不同的条件下，方向相同（向前偏移）和方向不同（向后偏移）的次数各占50%；每个被试共做254次实验。其中每种材料开始12次，均为缓冲项，不计入实验结果。在缓冲项中保证每种情况均出现，即加速偏前、加速偏后、匀速偏前、匀速偏后、减速偏前、减速偏后各1次，加速重合、匀速重合、减速重合各2次。

3 结果与分析

以±0.2°位置偏移判断的错误率为记忆位置偏移方向的指标，在±0.2°偏移的情况下，被试若判断测试图形与识记图形的位置“相同”，则为错误反应。结果如表1所示。

表1 被试在各种条件下的平均错误率(%)

材料性质	位置偏移	加速条件	匀速条件	减速条件
具体材料	+0.2°	7.71	7.04	5.62
	−0.2°	2.61	3.11	4.04
抽象材料	+0.2°	7.51	7.61	5.04
	−0.2°	2.57	2.71	3.11

方差分析结果表明：动态条件的主效应显著，$F(2,26)=4.73$，$p<0.05$，说明加速条件、匀速条件与减速条件下的平均错误率之间存在显著差异。测试图形与识记图形位置偏移一致性(向前、向后)的主效应显著，$F(1,27)=40.08$，$p<0.01$，测试图形与诱导图形内隐运动方向一致(向前)条件下的错误率大于不一致(向后)条件下的平均错误率，说明内隐时间表征具有方向性向前的趋势。材料性质的主效应不显著，$F(1,27)=0.01$，$P>0.05$。动态条件与识记图形位置偏移一致性的交互作用显著，$F(2,26)=7.47$，$p<0.05$。其他交互作用不显著。

对简单效应的进一步检验发现，在不同动态条件下，测试图形与诱导图形内隐运动方向一致(向前)条件下的平均错误率均大于不一致(向后)条件下的平均错误率：在减速条件下，$F(1,27)=19.28$，$p<0.001$；在匀速条件下 $F(1,27)=40.47$，$p<0.001$；在加速条件下，$F(1,27)=48,33$，$p<0.001$。测试图形与识记图形位置偏移一致性在不同动态条件下的平均错误率见图3。

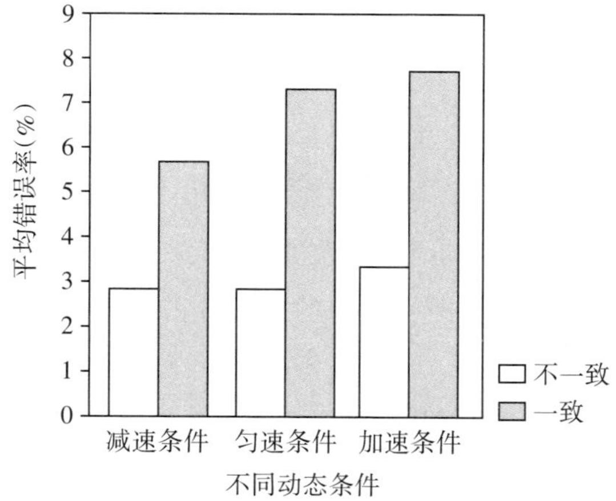

图3 测试图形与识记图形位置偏移一致性在不同动态条件下的平均错误率

在测试图形与诱导图形内隐运动方向一致(向前)条件下,减速条件的平均错误率小于匀速条件的平均错误率,匀速条件的平均错误率小于加速条件的平均错误率:$F(2, 26)=7.37$, $p<0.001$。不同动态条件在测试图形与诱导图形内隐运动方向一致(向前)条件下的平均错误率见图4。

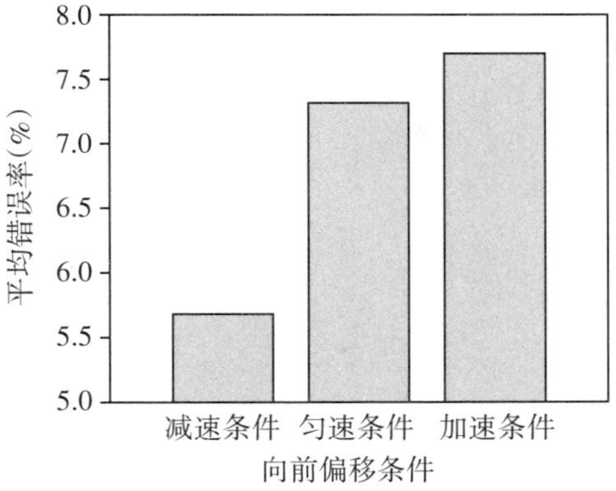

图4 不同动态条件在测试图形与诱导图形内隐运动方向一致(向前)条件下的平均错误率

4 讨论

研究在已有实验范式基础上,通过操纵加速、匀速和减速三种运动状态进一步探讨了内隐时间的特征。研究结果表明,不同动态条件下被试对测试图形与识及图形的位置偏移判断错误率之间存在差异,表现为:在测试图形与诱导图形内隐运动方向一致(向前)条件下,减速条件、匀速条件和加速条件的判断错误率递增。其原因可能是在不同的动态条件下,不同的时间间隔造成了不同的内隐加速度;而依据Freyd对感觉系统寻求内隐时间变化信息的假设(Freyd & Johnson,1987),以及向前偏移机制使用真实运动信息的证据(Nagai & Saiki,2005),可以推断:相较于匀速条件,在加速条件下,被试对测试图形与诱导图形内隐运动方向一致(向前)条件的位置判断更倾向反应为相同,因而加速条件的平均错误率要大于匀速条件的错误率;相较于匀速条件,在减速条件下,被试对测试图形与诱导图形内隐运动方向一致(向前)条件的位置判断更倾向反应为不同,因而造成减速条件的平均错误率小于匀速条件的平均错误率。这三种动态条件下结果的差异,说明三种动态条件下的心理状态也是不同的,不同动态条件的确产生了不同的内隐运动。

如果一个任务的表现总是受到知识和期望的影响,那么这一过程是认知渗透的(Pylyshyn,1981)。我们的研究结果同有关研究相一致:发现对于实验中的两种图形材料,被试对测试图形和识记图形的位置偏移判断错误率之间没有显著差异，表明被试对抽象图形也产生了同具体图形相一致的运动感觉。因此，两种材料所提供的不同背景知识并没有影响被试的内隐运动感觉。这进一步验证了内隐时间具有认知不可渗透性，并认为本实验中的偏移反映的是相对模块化的或者独立的过程。

本研究结果还发现，测试图形与诱导图形内隐运动的不同运动条件有关，即加速条件大于匀速条件的错误率，同样匀速条件大于减速条件的错误率。这进一步说明，被试对图形位置的判断的确受到了诱导图形内隐运动状态的干扰。从而更进一步验证了内隐时间方向性和顺序性特点。

因此，本研究对具体和抽象两种不同性质的图形材料在减速、匀速和加速三种条件下内隐时间的特征进行了考察，结果进一步证明了内隐时间的存在及内隐时间的方向性和认知不可渗透性的特点。

合作者：张志杰、肖凤。原文载于：《心理科学》2010年第3期。

时间信息自动加工与控制加工的电生理学指标

1 引言

Schneider 和 Shiffrin(1977)提出人类心理加工过程包括控制加工和自动加工等两类加工系统。控制加工是一种需要注意资源参与的加工,容量有限,可灵活应对变化着的客观环境,受个体意识控制;自动加工不受个体意识控制,无需注意资源参与,没有固定容量限制。人类没有特定时间感觉器官,却能利用时间信息来适应客观世界,这说明了人类存在特定的时间信息加工机制。那么这种时间信息加工机制是否也涉及自动加工和控制加工两类加工系统呢?随着认知神经科学的迅猛发展,已有一些研究者围绕这个问题做出了回答,譬如 Lewis 等人(2003)和尹华站等人(2006)在归纳了大量脑成像研究成果的基础上提出了人类存在自动加工和控制加工两类计时系统,每一种系统分别由不同脑区负责。由此可见,以往研究已对时间信息加工统一机制问题提供了一些经验证据,但是并没有发现文献从电生理学角度对这一问题进行过系统地论述。本文旨在围绕失匹配负波(mismatch negativity,MMN)、关联负变化(contingent negative variation,CNV)及刺激遗漏电位(omitted stimulus potential,OSP)等 ERP 成分对该问题进行阐释,这不仅为时间信息加工统一机制问题收集证据,而且为未来系统开展时间信息加工神经机制研究提供切实可行的方向。

2 时间信息加工电生理学指标

2.1 时间信息自动加工指标——MMN

MMN 在 1978 年首先为 Näätänen 等报道(Näätänen, Gaillard, & Mäntysalo, 1978)。有研究发现在一列重复出现的标准听觉事件中随机插入一个偏差听觉事件,在这个偏差事件呈现之后 150~250 ms 之间听觉皮层会诱发出明显的 MMN(Näätänen, Jacobsen, &Winkler, 2005; Näätänen, Paavilainen, Rinne, & Alho, 2007)。MMN 产生的机理为中央听觉系统在偏差刺激出现之前已经对重复出现的标准刺激形成了一个内部表征,而一旦偏差刺激与内部表征发生冲突,MMN 就被诱发出来(Horváth, Czigler, Sussman, & Winkler, 2001; Näätänen, 1990)。MMN 不仅在频率(Berti, Roeber, & Schröger, 2004; Sambeth, Huotilainen, Kushnerenko, & Fellman, & Pinko, 2006)、强度(Kisley et al., 2004)及空间定位

(Tata & Ward, 2005; Deouell, Parnes, Pickard, & Knight, 2006; Sonnadara, Alain, & Trainor, 2006)等类型的偏差刺激,而且在节奏(Tervaniemi, Medvedev, Alho, & Pakhomov, 2000)和序列音调时距(Grimm, Widmann, & Schröger, 2004; Ylinen, Shestakova, Huotilainen, & Näätänen, 2006)等类型偏差刺激出现时被诱发出来。在序列时距信息加工中,由偏差时距诱发的MMN可能与标准时距内部表征有关,这种内部表征实际上是对听觉事件标准时距信息编码的产物。当偏差时距呈现完毕后发现与标准时距内部表征存在冲突,继而诱发出MMN。有研究表明这整个过程似乎由特定神经元群激活而完成,且诱发出与其他刺激维度具有不同脑地形图的失匹配负波(Macar & Vidal, 2004)。这说明了人类确实存在时间信息加工特异性MMN(赵仑, 2004)。

既然存在特异性时间MMN,那么不同条件下的时距信息自动化加工应该会诱发出不同波幅的MMN。为此,研究者陆续进行了一系列探索,譬如Kujala等采用消极Odd-ball范式间隔4~21天分别两次测量了被试在完成序列时距加工任务时记录的MMN,标准时距为120 ms,占比为79%,偏差时距分别为20 ms, 60 ms及100 ms,结果发现在两个阶段20 ms和60 ms偏差时距呈现时均诱发出明显MMN,而100 ms偏差时距呈现时没有明显的MMN被诱发出来(Kujala, Kallio, Tervaniemi, & Näätänen, 2001)。Kisley等以400 ms为标准时距,以385 ms, 370 ms, 355 ms及340 ms为偏差时距,偏差比例则相应为3.75%, 7.5%, 11.25%及15%,每一种偏差时距的比例为1∶15,结果发现在无注意条件下,MMN波幅随着时距偏差数量增大而显著地增高(Kisley et al., 2004)。由此看来,人类存在时间信息自动加工机制,且随着自动加工偏差时距比例增大,MMN波幅显著增高,已得到一些证据的支持。

自从研究证实MMN波幅变化可以在时间信息自动加工系统的框架内得以诠释,一些研究就开始试图以MMN波幅为指标探讨时间信息加工的统一机制问题。譬如,Grimm等在研究中分别以200 ms和1000 ms为靶时距,以120 ms和600 ms为相应偏差时距,靶时距和偏差时距比例为9∶1,每一种靶时距和相应偏差时距在同一个组块中随机出现,要求被试先后完成无注意和注意阶段的序列时距加工,每一阶段均包括长时距组块和短时距组块。为了比较这种失匹配效应,同时设计120 ms和600 ms时距加工的控制组任务,最后测量在无注意条件和注意条件下听觉偏差时距诱发时的MMN波幅(偏差条件—控制条件)。结果表明,注意条件下不论短偏差时距还是长偏差时距均诱发出明显的MMN,而无注意条件下的长偏差时距无明显的MMN被诱发出来,这意味着在某一个时间点(1000 ms)之上的无注意条件下时间信息加工不再是一种自动化机制(Grimm et al., 2004)。然而Näätänen等人(2004)在进行三项实验之后对这个问题提出了不同观点。Näätänen等研究发现在1 s以上时距匹配加工中也诱发出明显的MMN,这说明了自动加工机制可能涉及1 s以上时距加工;同时发现数百毫秒时距匹配加工中诱发的MMN波幅显著高于1 s以上的时距匹配加工中诱发的MMN波幅,这也意味着人类数百毫秒自动时距加工较秒以上的自动时距加工可能更为精确。

总之,MMN可能是自动时间信息加工的一项有效指标,且MMN波幅随着偏差时距与标准时距差异量的增大而增高。人类自动时间信息加工不但发生在数百毫秒,而且在秒以上时距加工也会出现,只是人类对数百毫秒时距自动加工更为敏锐。

2.2 时间信息控制加工指标——CNV

时间信息控制加工系统一般指时间信息加工过程及有关的注意、记忆和决策等认知加工过程共同组成的系统。这个系统运作机制,在众多经典时间心理学模型中已得以解释(Gibbon & Church,1984),CNV最早由Walt和Cooper等人利用反应时测量范式而发现的。在反应时实验中,安排以固定时间间隔(如1.5 s)先后呈现两个刺激S_1,S_2。S_1为预备信号,S_2为命令信号,要求被试一旦觉察到S_2就立即按键反应。结果在S_1出现不久,就观察到脑电发生了负向偏转,直至S_2出现后被试按键CNV消失(Walter,Cooper,Aldridge,McCallum,& Winter,1964)。随着对时间信息加工电生理学机制研究的不断深入,研究发现CNV波幅与时间信息控制加工系统中某些加工过程是紧密联系的。譬如Macar等人(1999)在一项研究中要求被试尽可能准确地产生2.5 s时距,之后给出被试三种反馈:"太长(2.6~2.8 s)","合适(2.4~2.6 s)","太短(2.2~2.4 s)"。实验之后对CNV以反馈分类进行叠加,结果发现产生时距越长,CNV波幅越高。Macar等因此推测CNV波幅可能反映了时间脉冲累加过程中神经元的激活情况,注意资源分配到累加过程越多,神经元激活强度越大,波幅越高。陈有国和黄希庭(2007)采用双任务实验范式探讨时间知觉注意调节的动态过程。通过指导语使被试按照比例将注意分配到声音刺激的时间属性与音调属性上,形成对时间因素不同注意程度的五种注意条件:T,完全注意时间;$T > p$,注意时间多于注意音调;$t=p$,注意时间和注意音调一样多;$t < P$,注意音调多于注意时间;P,完全注意音调。同时记录反应时、错误率和事件相关电位数据。结果发现CNV平均波幅注意条件的主效应显著,随着分配在时间属性上的注意的减少,其波幅逐渐降低。这表明CNV波幅变化反映了时间知觉的注意调节。另外一系列的研究采用了不同的实验范式也表明CNV波幅在受选择性注意和工作记忆资源的影响(Le Dantec et al., 2007; Gómez, Flores, & Ledesma, 2007; Mochizuki, Takeuchi, Masaki, Takasawa, Yamazaki,2005)。

自从研究证实CNV波幅变化可以在时间信息控制加工系统的框架内得以诠释,一些研究就开始试图以CNV波幅为指标探讨时间信息加工的统一机制问题。Gibbons和

Rammsayer(2004)对2 s,4 s及6 s进行了时间复制任务,并记录了时间编码和复制过程诱发的CNV,并经过电流密度技术转换之后再进行分析,结果发现不管在编码阶段还是复制阶段,CNV波幅的电流密度在三种时距条件下无显著差异,这意味着2 s,4 s及6 s具有共同加工机制。张志杰等人(2006)采用时间两分法考察了不同长度时距加工过程中诱发出的CNV特征差异,结果发现1600 ms比400 ms加工过程诱发出更大的CNV,但是CNV波幅可能反映了来自起搏器所释放脉冲的累积过程。因此,张志杰等认为研究结果可能并没有反映出不同时距加工机制的差异,而只是一种时间信息累积过程,即呈现刺激时距越长,在累加器中累积脉冲数目越多,CNV波幅越高。这些研究说明了CNV的出现均反映一种共同控制加工机制,这种加工机制不仅涉及数秒时距加工,而且也包含在数百毫秒的时距加工过程中。

总之,CNV可能是时间信息控制加工的一项有效指标,CNV波幅受分配到时间信息加工上注意资源的调节,CNV波幅不论在数百毫秒还是数秒时距加工中均涉及相同变化趋势,这一切证据均支持了人类存在时间信息控制加工系统。

2.3 自动与控制加工共同指标——OSPs

如果MMN和CNV从各自角度证实了时间信息自动加工和控制加工的存在,那么OSP的出现则直接证实了自动加工和控制加工在时间信息加工机制中的共存。呈现给被试一系列规则事件,如果其中某一个事件缺失时,OSPs会在距离缺失事件某一固定时间点锁时出现(Macar & Vidal,2004)。OSPs是一种不需要任何外部刺激就能诱发出的内源性复合成分,正如先前的一些研究所强调的OSPs对应着时间学习的最初形式。OSPs通常由一个较早出现的通道特异性负成分和一个紧随出现的峰值300 ms左右的通道非特异性正成分组成。这两个子成分相继出现意味着时间信息加工可以发生在一般认知加工流程的不同阶段。通道特异性负成分表征时间信息加工的初级形式,而紧随出现的正成分可能代表了一种非特异性的时间信息加工的复杂形式,这种复杂的时间加工形式是独立于感觉通道的。

人类时间信息加工机制包括自动加工和控制加工。一个非常重要的证据就是人类在高频刺激流中即使在没有注意分配的情况下也诱发出OSPs,而在低频刺激流中仅在注意遗漏刺激条件下才诱发出OSPs(Bullock,Karamürsel,Achimowicz,& McClune,Basar-Eroglu,1994)。另有研究表明,在较短刺激间隔条件下,与注意无关的OSPs可能在动物脑皮层被记录到(Bullock,Karamürsel,& Hofmann,1993),这种电位对应着时间信息加工的初级形式,是哺乳动物和低级物种的共同计时形式,极有可能是一种自动加工机制。与之对照的是,在较长刺激间隔条件下(例如3 s),在人类或者经过良好训练的小白鼠脑皮层记录到OSPs(Jongsma,Coenen,& van Rijn,2002)。这意味着较高级物种具有依赖于注意资源的时间信息加工的复杂形式,也极可能是一种控制加工机制。

总之,OSPs在较短刺激间隔的无注意条件和较长刺激间隔的注意条件下被诱发出来,为人类时间信息既具有自动加工又具有控制加工提供了证据。

3 进一步的思考

以往研究以MMN,CNV及OSPs为指标试图对时间信息加工统一机制问题提出佐证,研究结果支持了人类时间信息存在自动加工与控制加工两种机制。反思研究现状,以下问题仍值得进一步思考。

3.1 时距加工机制的分段性问题

人类对时间的认知是无限的,从过去,经过现在直至未来。从时间全程角度探讨人类时间认知是否具有统一加工机制,自20世纪90年代起一直是研究者努力的方向。Michon等和Bree等研究发现人类时间认知具有分段性,即对不同持续时间的表征是不同的(Michon,1992;Bree,1992);黄希庭等也曾要求被试用时间单位和模糊统计法对过去时间修饰词和未来时间修饰词进行赋值,结果发现人类过去心理时间和未来心理时间具有分段性,进而提出了时间认知分段综合模型(range-synthesis model of time cognition)(黄希庭、李伯约、张志杰,2003)。所谓时间认知分段综合模型是指人类对时间的认知具有分段性,不同时距具有不同表征,个体无论对哪一种时距的认知均受多种因素,例如事件的数量和结构、通道性质和特点、时序和时点的性质、注意资源、编码方式、分段和提取策略、实验指标,以及个体的时间信念、情绪、疾病等的影响(黄希庭,2001)。该模型从宏观视角指明了人类的过去时间认知与未来时间认知均存在三种心理机制,每一种长度范畴的心理时间机制受多种因素影响。现在假定以毫秒至数秒时距范畴为考察对象,这种范畴内时距是否不仅存在自动加工和控制加工两类机制,而且可能是三种甚至三种以上呢?每一类机制又具体是怎样运作的呢?譬如,受哪些因素影响以及如何影响等,仍将是未来值得深入探索的问题。

3.2 时距加工机制的分段指标问题

MMN可以作为探测脑部自动时间信息加工的一项有效指标,研究结果发现人类自动时间信息加工不但发生在数百毫秒,而且在1秒以上时距加工也会出现,只是人类表现在数百毫秒内的自动加工能力更强(Näätänen et al.,2004)。CNV 最早由 Walt 和 Cooper 利用反应时测量范式而发现,其后随着研究的深入被发现与时间信息控制加工有着密切联系。有研究结果发现,在刺激信号呈现 190 ms之后明显 CNV 被诱发出来,且 190 ms至 540 ms的平均波幅受分配到时间信息加工注意资源的调节(陈有国等,2007)。这似乎说明了 200 ms左右以后就出现认知控制加工。由此看来,对于人类时间信息自动加工和控制加工分界点的观点比较混乱,那么怎样来解释这种现象呢?大概有两种可能性:其一,自动加工与控制加工根本没有明确分界点,只是在某一时距范畴内其中一种加工占主导地位而已;其二,研究之间采用的指标考察侧重点存在差异。譬如 MMN 是一种差异波,基于的原理是对无注意条件下时距失匹配加工能否被探测出来从而推断这段时距内是否发生了自动加工,但并不排除这段时距在注意条件下能进行控制加工,这是一种对自动加工证实的推断;而 CNV 是一种原始波,基于的原理是对不同注意激活强度变化能否在 CNV 波幅上体现出来从而推断这段时距内是否发生了控制加工,但也没有排除在这段时距内的自动加工,这是一种对控制加工证实的推断。另有研究尽管采用 OSPs 为指标证实了人类时间信息自动加工和控制加工的存在(Bullock et al.,1993),但是它并不能直接表征时间信息加工过程,而只是一种间接的推断。因此,未来研究或许不应该纠缠于自动加工和控制加工的分界点,而是应着重考察时间全程范畴内的时距加工机制的特点。

合作者:尹华站。原文载于:《心理科学进展》2009年第17卷第4期。

Differences in the neural basis of automatic auditory and visual time perception: ERP evidence from an across-modal delayed response oddball task

1 Introduction

In our everyday activities (e.g., talking, listening to music, playing tennis, or waiting at a traffic light), we are constantly processing and using temporal information (Buhusi & Meck, 2005; Droit-Volet & Meck, 2007). However, it is impossible for us to pay attention to all of the temporal information that is continuously bombarding us. Some form of automatic processing is required. Although the automaticity of auditory time perception has been widely studied (for a review, see Näätänen et al., 2007), the automatic processing of visual stimulus durations has not yet been characterized. The present study provides evidence for the automaticity of visual time perception and focuses on the possible differences in the neural mechanisms underlying the timing of auditory and visual stimuli.

1.1 The modality effect

Previous studies have shown that the timing of auditory stimuli was not identical to the timing of visual stimuli. An auditory stimulus is often experienced as being longer than an equivalent duration of a visual stimulus, and duration discrimination was more accurate for auditory than for visual stimuli (Goldstone & Lhamon, 1974; Penney, 2003; Penney et al., 2000; Wearden et al., 1998, 2006). Auditory and visual time perception have been identified to rely on prefrontal and parietal regions, and, respectively, on the auditory and visual cortices (Bueti et al., 2008a, b; N'Diaye et al., 2004). However, the neural mechanism underlying the above modality effect remains unclear.

The modality effect is explained within the frame of a scalar timing model, developed from scalar expectancy theory (Gibbon, 1977, 1991). The model is comprised of three interrelated information processing stages consisting of clock, memory, and decision. In the clock stage, a pacemaker emits pulses at some mean rate. A switch is placed between the pacemaker and an accumulator. When a switch controlled by the timing signal closes, the pulses pass the switch and enter the accumulator to be summed. In the memory stage, the working memory receives the temporal information from the accumulator and serves as an extended buffer. Reference memory stores critical temporal information from past trials. The comparator determines a response based on a comparison of temporal representation stored in working memory with reference memory (Allan, 1998).

Penney et al. (2000, 2003, 2005) proposed an "attentional switch" hypothesis to explain the modality effect within the frame of a scalar timing model. The hypothesis suggests that the pacemaker rate is the same for both auditory and visual signals, but the probability that the mode switch would be in the closed state was different for the different signal types. Auditory signals more readily capture attention than do visual signals, and auditory signals are processed automatically, whereas visual signals are subject to controlled processing (Meck, 1984; Penney, 2003). Auditory signals are also more efficient at holding the switch closed, allowing larger pulse accumulations. For this reason, auditory stimuli are often experienced as lasting longer than visual stimuli of equivalent duration (Penney, 2003; Penney et al., 2000; Penney and Tourret, 2005).

As analyzed above, the core of the "attentional switch" hypothesis is that auditory temporal information is processed relatively automatically, whereas visual temporal information processing requires controlled attention. The automaticity of auditory and visual cognitive processing has been widely investigated using the event-related potentials (ERPs), which allows temporal resolution on the order of milliseconds.

1.2 Automaticity of auditory processing

Mismatch negativity (MMN) is widely used as an index for investigating automaticity of auditory information processing. MMN is elicited by infrequent sounds (deviant stimuli) that are embedded within a train of more frequent sounds (standard stimuli) in the oddball paradigm (Näätänen et al., 1978). Changes in duration, pitch, and intensity of sounds, and even the violation of the regular relationship between sounds, can elicit MMN (Horváth et al., 2001; Paavilainen et al., 2001; Winkler, 2007). The memory-mismatch explanation proposes that a short-term memory trace is formed in the auditory cortex by preceding repetitive auditory events (standard stimuli), then the MMN is elicited by the mismatch of the feature of newly input auditory events with the memory trace (Näätänen et al., 1993a, 2005, 2007; Näätänen and Winkler, 1999; Winkler, 2007). This type of MMN generation is an automatic brain process, in the sense that its occurrence does not depend on attention (Alain et al., 1994; Alho et al., 1994; Näätänen et al., 1978; Näätänen and Michie, 1979; Näätänenet al., 2004). The intensity MMN is much more sensitive to the withdrawal of focused attention than is the frequency MMN (Näätänen et al., 1993b, 2007; Woldorff et al., 1991).

1.3 Automaticity of visual processing

Under the visual oddball paradigm, visual deviant stimuli could elicit visual mismatch negativity (vMMN) as a homolog of the auditory MMN. The changes in some kinds of visual features could elicit vMMN, such as color, spatial frequency, stimulus contrast, motion direction, shape, stimulus location, and stimulus omission (Czigler, 2007; Pazo-Alvarez et al., 2003). Similar to auditory MMN, the vMMN could be elicited by violation of environmental rules in the visual world (Czigler, 2007; Czigler & Pato, 2009). The vMMN has been shown to be elicited based on memory comparison (Czigler et al., 2002; Maekawa et al., 2009). The changes in unattended visual stimuli could elicit the vMMN (Czigler et al., 2004; Czigler and Pato, 2009). The sensitivity of the vMMN for attention has been investigated by comparing the amplitude of the vMMN elicited by attended visual stimuli with those elicited by ignored visual stimuli (Alho et al., 1992; Wei et al., 2002; Woods et al., 1992).

Change-related positivity (CRP) is primarily elicited in the S1~S2 matching paradigm, in which two visual stimuli are presented in succession. If the second stimulus is different from the first one, a CRP will be elicited by the second stimulus. The CRP is a modality-specific ERP component, and it mainly distributes over the posterior sites, with different topographies according to changing features ranging from 100 to 180 ms (Fu et al., 2003; Kimura et al., 2005a, b; Wang et al., 2003). The amplitude and the topography of the positivity in response to both changes are the respective sums of those in response to changes in the corresponding single features, which suggests that a feature-specific change detection system exists in the human visual system (Kimura et al., 2005b, 2006a). Furthermore, Kimura et al. (2006b) reported that a CRP was elicited in the visual oddball paradigm, but exactly why it is elicited in this paradigm is not clear (Kimura et al., 2006b). The CRP is also elicited based on memory comparison (Kimura et al., 2008a, b). The amplitude of the CRP is not modulated by in trimodal selective attention for different features under the visual modality (Kimura et al., 2005b; Wang et al., 2003). However, whether the CRP is modulated by intermodal selective attention is as yet unknown.

1.4 The present study

As described above, the MMN, CRP, and vMMN are all elicited based on memory comparison, and they could be all elicited without attention. Therefore, the automaticity of auditory time perception could be investigated using the MMN as an index, and the automaticity of visual time perception could be investigated using the CRP and vMMN as indexes. Thus, the "attentional switch" hypothesis could be tested by comparing the automaticity of visual time perception with that of auditory time perception.

The automaticity of auditory time perception has been widely investigated using the MMN as an index. For example, MMN was elicited when the duration of a deviant was shorter (Kaukoranta et al., 1989) or longer than the standard stimulus (Näätänen et al., 1989). The amplitude of the MMN was a function of the magnitude of the change in sound duration (Jaramillo et al., 2000). Recently reported research suggested that automatic duration discrimination in audition operated even for durations of the order of seconds (Näätänen et al., 2004).

However, the automatic processing of visual stimulus durations has not been characterized. A relative study on temporal integration in vision reported that occasional stimulus omissions from sequences of patterned visual stimuli elicited a posterior negative component, when the constant stimulus onset asynchrony (SOA) was shorter than 150 ms. This happened irrespective of whether the stimuli were task-relevant or not (Czigler et al., 2006), which suggested that there might be some degree of automaticity in visual temporal information processing. However, as the vMMN elicited by visual duration change has not yet been documented, the automaticity of visual time perception cannot be judged, nor can the automaticity be compared between auditory and visual time perception.

In the present study, a modified oddball paradigm called the cross-modal delayed response paradigm (Luo and Wei, 1997, 1999; Wei et al., 2002) was employed to investigate automaticity of auditory and visual time perception within 200 ms. This paradigm was developed to control and improve the inattention purity and to minimize target effects. The basic design involves the presentation of a series of auditory and visual stimuli in random order, and the participants are asked to attend visual signals or attend auditory signals, hence the term "cross-modal." After presentation of a stimulus of the attended modality, participants are unable to respond until a response imperative signal appears. The stimuli of the unattended modality are placed between the stimulus of the attended modality and the response imperative signals, hence the term "delayed response". In our study, standard stimulus and deviant stimulus were different durations, and we used the duration of change-elicited ERP components as indexes to explore automaticity of auditory and visual time perception. To identify the neural basis of the modality effect, we hoped to obtain electrophysiological evidence that the automaticity of auditory time perception is higher than that of visual time perception.

2 Results

2.1 Behavioral data

Three-way repeated-measures ANOVAs were performed separately on accuracy and reaction time. The ANOVA factors were conditions (two levels: experimental and control), modalities (two levels: auditory and visual), and stimuli (two levels: standard and deviant).

Fig. 1 displays the mean values (standard error) of accuracy for standard and deviant stimuli in the auditory and visual modalities under experimental and control conditions. The repeated-measures ANOVA on accuracy revealed a significant main effect of stimuli [$F(1, 12) = 18.595, p < 0.01$]. The accuracy for deviant stimuli ($M \pm SE$: 78.3±4.5%) was higher than that for standard stimuli (63.2±3.4%), which may reflect that rare novel stimuli draw more attention (for a review, see Simons, 2000). In addition, an interaction between conditions and modalities was observed [$F(1, 12)=7.067, p < 0.05$]. Tests of simple effects revealed that the accuracy of auditory duration discrimination (84.1 ±4.3%) was higher than that for visual ($M \pm SE$: 62.6±2.8%) in the experimental condition [$F(1, 12)=32.355, p < 0.001$], whereas the difference in accuracy between auditory and visual duration discrimination was not significant in the control condition [$F(1, 12)=0.464, p > 0.05$]. For the experimental condition, the results are consistent with previous studies on the modality effect, in that the auditory duration discrimination was more accurate than the visual (N'Diaye et al., 2004; Penney, 2003; Penney et al., 2000,

2005; Penney & Tourret, 2005; Wearden et al., 1998, 2006). For the control condition, 85% of the stimuli were 120 ms in duration, and 15% of stimuli were 200 ms in duration. There was no significant difference for accuracy between auditory and visual duration discriminations. It may reflect poor sensory discernibility for extremely short durations (120 ms in the present study) (Bizo et al., 2006); thus, the extremely short auditory and visual duration may seem to be identical for participants. The other main effects and interactions were not significant ($p > 0.05$).

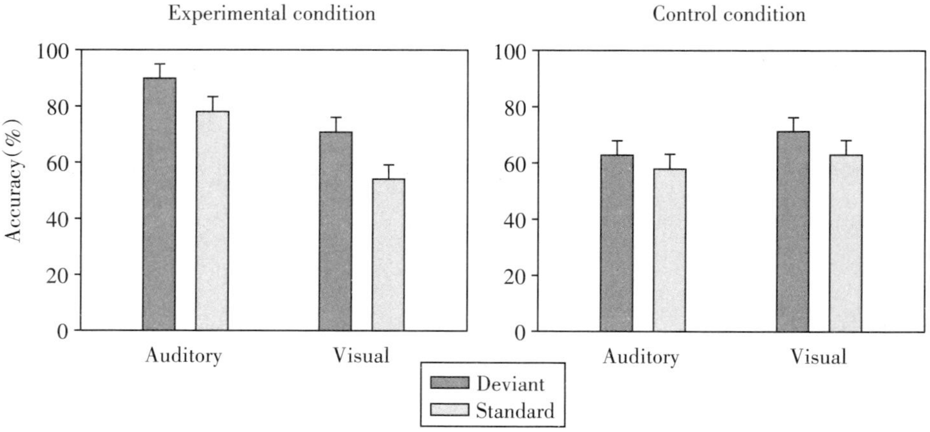

Fig. 1—Accuracy of visual and auditory duration identifications under the experimental and control conditions

Fig. 2 displays the mean values (standard error) of reaction time for standard and deviant stimuli in the auditory and visual modalities under the experimental and control conditions. The repeated-measures ANOVA on reaction time revealed a significant main effect of conditions [$F(1, 12)=5.531, p < 0.05$], an effect of stimuli [$F(1, 12)=15.733, p < 0.01$], and an interaction between conditions and stimuli [$F(1, 12)=11.808, p < 0.01$]. Tests of simple effects revealed that the reaction time for a deviant stimulus ($M \pm SE$: 350.817±20.226 ms) was faster than that for a standard stimulus (376.527±21.952 ms) in the experimental condition [$F(1, 12)=45.495, p < 0.001$], whereas the difference in reaction time between standard (335.341±20.462 ms) and deviant stimuli (342.709±21.329 ms) was not significant in the control condition [$F(1, 12)=1.574, p > 0.05$]. The present study adopted the delayed response paradigm; thus, the reaction time did not reflect the speed of temporal information processing. Because deviant stimuli are thought to draw more attention (Simons, 2000), participants may be more confident about their decision, i.e., when the response signals appear, they respond more quickly.

Therefore, reaction time may reflect the participant's level of confidence about the decision. Because this issue is not the focus of present study, it is not further discussed.

2.2 ERP data

The ERP waveforms elicited by standard (120 ms in duration in the control condition) and deviant stimuli (120 ms in duration in the experimental condition) in the auditory and visual modalities under the attention and inattention conditions are illustrated in Fig. 3. The auditory ERPs included P1 (peaking at around 50 ms), N1 (95 ms), P2 (180 ms), and N2 (230 ms) components both under the attention and inattention conditions, and then P3 (510 ms) was elicited only under the attention condition. The visual ERPs included P1 (120 ms), N1 (160 ms), P2 (220 ms), and N2 (280 ms) components both under the attention and inattention conditions.

2.2.1 Auditory MMN

As shown in Figs. 4 and 5, the peak latency of MMN was about 300 ms, and the MMN was largest over frontal and central areas, both under the attention and inattention conditions. Thus, the 280~320 ms time window and the following 6 electrode sites [F3, F4, and Fz (three frontal sites); C3, C4, and Cz (three central sites)] were selected for statistical analysis.

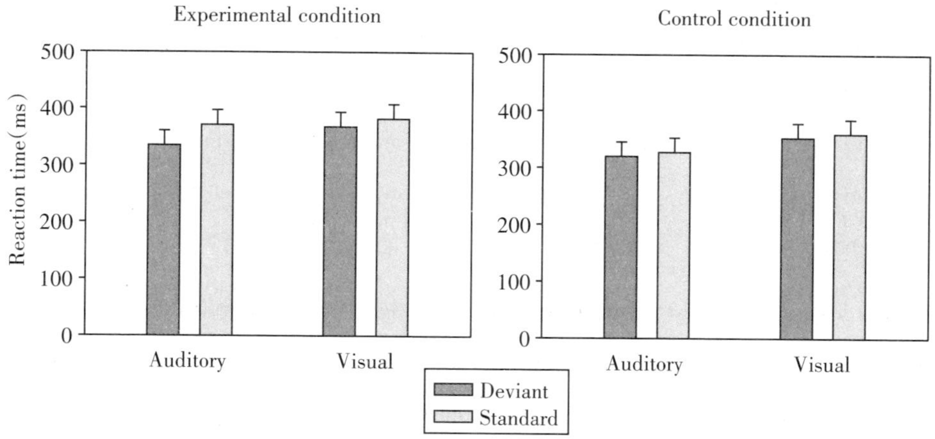

Fig.2—Reaction time of visual and anditory duration identifications unde the experimental and control conditions

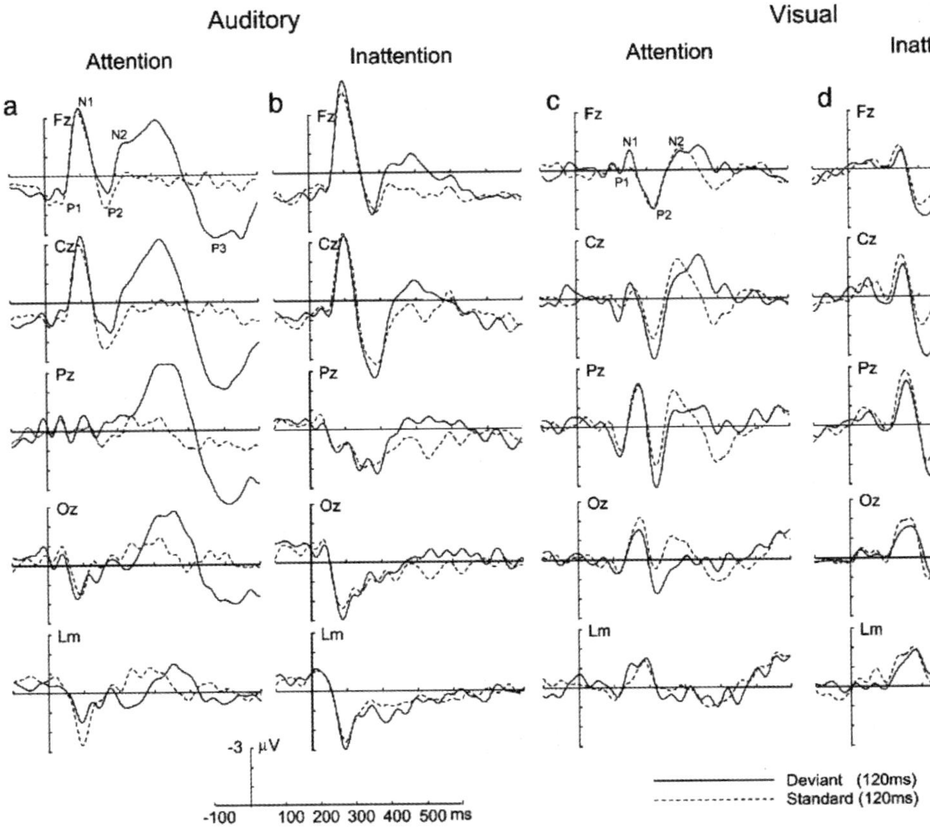

Fig.3—Grand-average ERP waveforms elicited by deviant stimuli in the experimental condition (120ms) and by standard stimuli in the control condition (120 ms) in the auditory and visual modalities under the attention and inattention conditions at Fz, Cz, Pz, Oz, and Lm. (a) In the auditory modality under the attention condition. (b) In the auditory modality under the inattention condition. (c) In the visual modality under the attention condition. (d) In the visual modality under the inattention condition.

The paired-samples *t*-test showed that the difference of mean amplitudes between a deviant stimulus in the experimental condition and a standard stimulus in the control condition was significant on each electrode under both the attention ($p < 0.05$) and inattention conditions (P values < 0.05). The results suggested that the MMN was elicited by deviant stimuli both under the attention and inattention conditions.

The 2 (conditions: attention, inattention) × 6 (electrodes: 6 electrodes) repeated-measures ANOVA was conducted on the averaged amplitudes of the MMN. The ANOVA revealed that the main effect of conditions was not significant [$F(1, 12)=1.182, p > 0.05$], the main effect of electrodes was not significant [$F(5, 60)=1.771$, $p > 0.05$], and the interaction of conditions × electrodes was not significant [$F(5, 60)=0.639$, $p > 0.05$]. The above results suggest that the MMN is not modulated by attention.

2.2.2 Auditory N2b

According to previous study, when the nose was used as a reference, MMN reversed its polarity at recording sites below the Sylvian fissure, whereas N2b did not (Näätänen, 1982; Näätänen et al., 2007; Sams et al., 1985). Therefore, the analysis window of N2b (360~400 ms) was determined by peak latency of the N2b (380 ms) at electrode Lm. As shown in Fig. 5, the N2b was largest over the posterior sites; thus, the following 6 electrode sites [P3, P4, and Pz (three parietal sites); O1, O2, and Oz (three occipital sites)] were selected for statistical analysis.

The paired *t*-test showed that the difference of mean amplitudes between deviant and control standard stimuli was significant on each electrode under the attention condition ($p < 0.05$), whereas the difference was not significant under the inattention condition ($p > 0.05$). The results were consistent with previous study showing that the N2b was elicited by deviant stimuli only under the attention condition (Näätänen, 1982; Näätänen et al., 2007; Sams et al., 1985). As the N2b is not the focus of present study, the N2b will not be further analyzed and discussed.

2.2.3 Visual CRP

As shown in Fig. 4, the peak latency of the CRP was about 250 ms under both attention and inattention conditions. The CRP was largest over the occipito-temporal areas under the attention condition and largest over the fronto-central areas under the inattention condition (Fig. 5). Therefore, the 230~270 ms time window and the following 4 electrode sites [FCz and Cz (two fronto-central sites); PO7 and PO8 (two occipitotemporal sites)] were selected for statistical analysis.

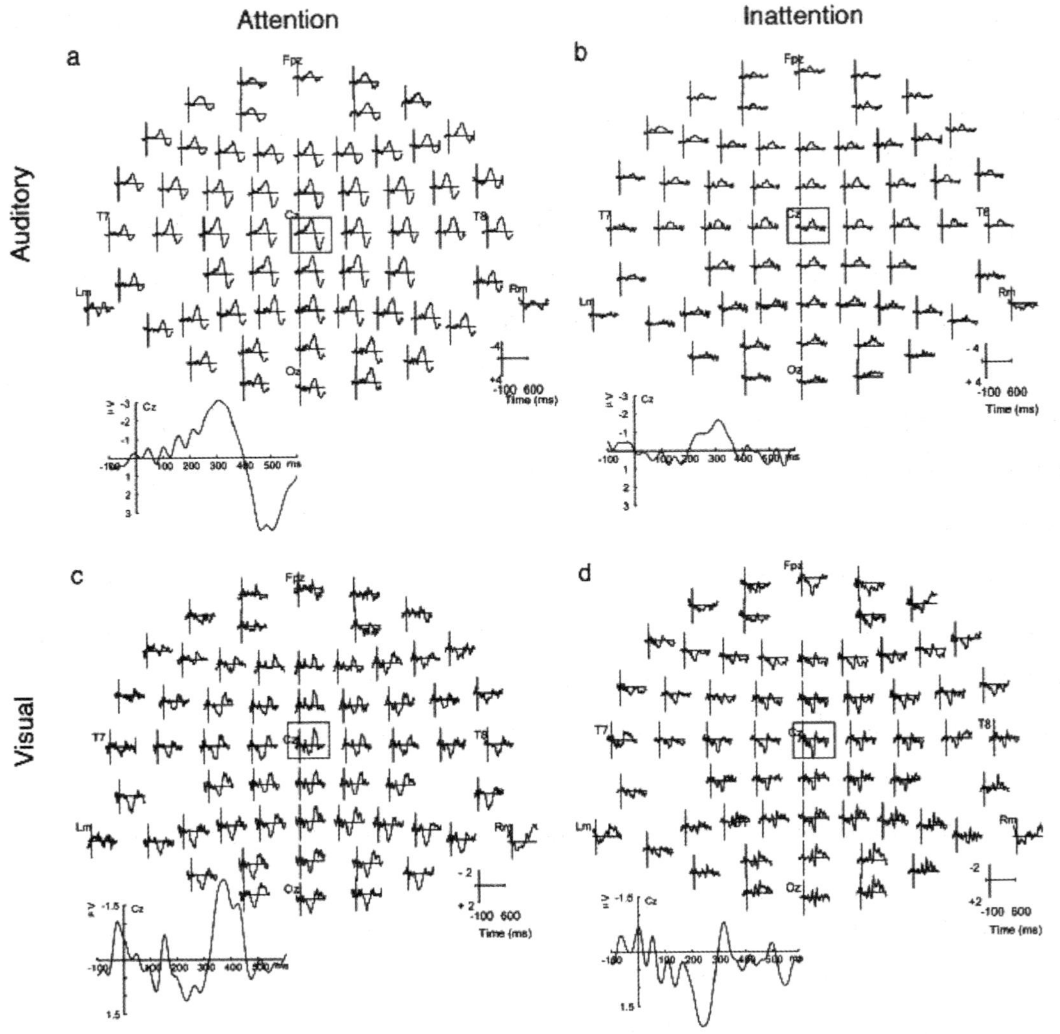

Fig. 4—Difference waves formed by subtracting standard stmuli (120 ms) ERPs from deviant stimuli (120 ms) ERPs in the auditory and visual modalities under the attention and inattention conditions. (a) In the auditory modality under the attention condition. (b) In the auditory modality under the inattention condition. (c) In the visual modality under the attention condition. (d) In the visual modality under the inattention condition.

The paired t-test revealed the presence of the occipito-temporal distributed CRP under the attention condition [FCz: $p > 0.05$; Cz: $p > 0.05$; PO7: $p < 0.05$; PO8: $p < 0.01$] and the fronto-central distributed CRP under the inattention condition [FCz: $p < 0.05$; Cz: $p < 0.05$; PO7: $p > 0.05$; PO8: $p > 0.05$].

The 2 (conditions: attention, inattention) × 4 (electrodes: 4 electrodes) repeated-measures ANOVA was conducted on the averaged amplitudes of the CRP. The ANOVA revealed that the main effects of conditions and electrodes were not significant [$p > 0.05$], and the conditions×electrodes interaction was significant [$F(3, 36) = 6.550$, $p < 0.05$]. Tests of simple effects revealed that the differences in CRP amplitude were significant between under the attention and inattention condition over the occipito-temporal sites [PO7: $t(12) = 4.984$, $p < 0.05$; PO8: $t(12) = 5.880$, $p < 0.05$], whereas the differences in CRP amplitude were not significant between under the attention and inattention condition over the fronto-central sites [FCz: $t(12) = 1.084$, $p > 0.05$; Cz: $t(12) = 0.864$, $p > 0.05$]. The results suggest that the CRP is modulated by attention.

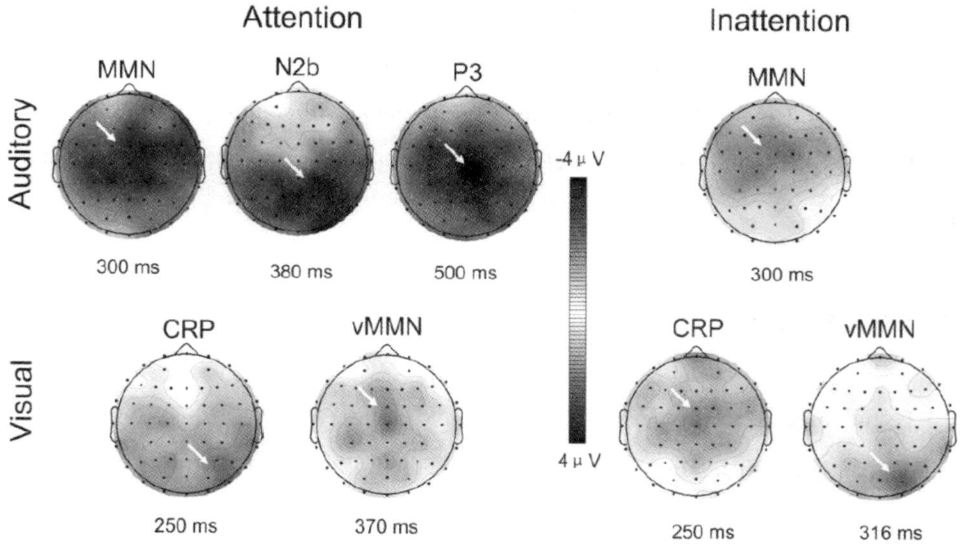

Fig. 5—The distribution of deviant-related components in the auditory and visual modalities under the attention and inattention comditions. The numeral below each picture is the latency (ms).

2.2.4 Visual MMN

As shown in Fig. 4, the peak latency of the vMMN was about 370 ms under the attention condition and about 316 ms under the inattention condition, and the vMMN was largest over the fronto-central areas under the attention condition and largest over the parieto-occipital areas under the inattention condition (Fig. 5). Therefore, the 350~390 ms time window under the attention condition, the 296~336 ms time window under the inattention condition, and the following 4 electrode sites [FCz and Cz (two fronto-central sites); POz and PO4 (two parietooccipital sites)] were selected for statistical analysis.

The paired t-test revealed the presence of the frontocentral distributed CRP under the attention condition [FCz: $p < 0.05$; Cz: $p < 0.01$; POz: $p < 0.05$; PO4: $p > 0.05$] and the parietooccipital distributed CRP under the inattention condition [FCz: $p > 0.05$; Cz: $p > 0.05$; POz: $p < 0.01$; PO4: $p < 0.05$].

The 2 (conditions: attention, inattention) ×4 (electrodes: 4 electrodes) repeated-measures ANOVA was conducted on the averaged amplitudes of the vMMN. The ANOVA revealed that the main effect of conditions and electrodes was not significant [$p > 0.05$], and the conditions× electrodes interaction was significant [$F(3, 36) = 9.564$, $p < 0.01$]. Tests of simple effects revealed that the differences in vMMN amplitude were significant between under the attention and inattention condition over the fronto-central sites [FCz: $t(12) = 9.066$, $p < 0.05$; Cz: $t(12) = 6.869$, $p < 0.05$], whereas the differences in vMMN amplitude were not significant between under the attention and inattention condition over the parietooccipital sites [POz: $t(12) = 1.069$, $p > 0.05$; PO4: $t(12) = 0.994$, $p > 0.05$]. The results suggest that the vMMN is modulated by attention.

3 Discussion

3.1 Experimental control

Intermodal selective attention is an effective method of manipulating attention. It is widely used to investigate automaticity of cognitive processing, in which participants are instructed to attend selectively to auditory and to ignore visual stimuli, or the reverse (Alho et al., 1992; Woods et al., 1992).

The present experiment used a modified oddball paradigm by integrating cross-modal presentation and delayed response (Luo and Wei, 1999; Wei et al., 2002). The stimuli of unattended modality were placed between the stimulus of attended modality and a response imperative signal of the attended modality. For example, when participants attended visual stimuli, a red circle would be presented first and the participants were required to discriminate the duration of the circle and decide with which hand (left or right) they would press a button. Then the participant would not respond until the response imperative signal had occurred. While waiting to press the button as soon as the imperative signal appeared, the participant would find it difficult to pay attention to irrelevant information of the unattended modality presented at this moment. Therefore, the cross-modal delayed paradigm provides a purer measure of unattended MMN.

In the usual oddball paradigm, the participant was asked to only respond to a deviant stimulus; thus, the deviant stimulus evoked ERP may be contaminated by target effects. The present study required participants to respond both to deviant and to standard stimuli; thus, the target effects were excluded in the present study.

In addition, the standards and deviants may elicit different exogenous responses, even when each is presented alone in a stimulus block. Therefore, the MMN may be contaminated by exogenous responses, when the MMN was obtained by directly subtracting the ERP elicited by deviant stimulus from that elicited by standard stimulus. For this reason, the present study obtained the difference waveform by subtracting the ERP to 120 ms in duration when it is presented as a standard in one stimulus block from that elicited by 120 ms in duration when it is presented as a deviant in another block (Jacobsen & Schröger, 2003; Näätänen et al., 2007).

3.2 Refractoriness effect

The refractoriness referred to the decrease in neuronal response to repeated stimuli (Butler et al., 1969; Näätänen et al., 1988; Picton et al., 1978). Thus, the ERP differences between a frequent (the standard) and an infrequent (the deviant) stimulus may be the consequence of differential stimulus-specific refractoriness. To exclude the refractoriness effect, Schröger and Wolff (1996) developed an equal probability sequence protocol as a control condition. Using this protocol, the MMN elicited by a change of sound location, pitch, duration, and intensity is proved to be generated based on memory trace comparison (Jacobsen et al., 2003; Jacobsen & Schröger, 2001, 2003; Schröger & Wolff, 1996). In particular, Jacobsen and Schröger (2003) reported that use of the equal-probability sequence control condition yielded equivalent results to reversing the role of deviant and standard in two separate oddball blocks, and using the reverse ascending deviant condition is thus sufficient as a control.

Using the equal-probability sequence protocol, Czigler et al. (2002) excluded refractoriness and proved that vMMN elicited by a change of color was generated based on memory trace comparison. They also reported that the difference between an ERP elicited by the standard and that elicited by the identical equal-probability sequence stimuli was not significant.

As shown by these previous studies, reversing the role of deviant and standard in two separate oddball blocks was suitable for the control condition. The focus of present study was to identify the differences in the neural basis of automatic auditory and visual time perception and to explain the neural basis of the behavior difference of auditory and visual time perception. Therefore, refractoriness will not be further discussed.

3.3 The automaticity of auditory time perception

In contrast to automatic visual processing, automatic auditory time perception has been extensively studied (Grimm et al., 2004, 2006; Jaramillo et al., 2000; Kaukoranta et al., 1989; Näätänen et al., 1989, 2004). Compatible with previous findings, the present study also found that auditory deviant stimuli elicited the MMN, N2b, and P3 components under the attention condition and only an MMN component under the inattention condition (Wei et al., 2002). The statistical analysis revealed no difference in MMN amplitude between the attention and inattention condition. However, as shown in the difference waveform (Fig. 4), the amplitude of MMN under the attention condition seemed slightly higher than that under the inattention condition. This may reflect that N2b obtained in the attention condition partly overlaps the MMN response and thus obscures pure measurement of MMN (Grimm et al., 2004; Näätänen et al., 2007). In addition, MMN is largest over the frontal and central areas under both the attention and inattention conditions (Fig. 5). Therefore, similar to the frequency MMN (Näätänen et al., 1993b), the duration MMN is not modulated by attention.

3.4 The automaticity of visual time perception

The electrophysiological evidence for automatic visual time perception has not yet been reported. Previous studies have only provided indirect evidence for automatic processing of visual time perception. For example, Lewis and Miall (2003a) reported that there were differences in activation patterns for 0.6 and 3 s (Lewis and Miall, 2003a). They proposed that the "automatic" system processing subsecond interval drew mainly upon motor circuits while the "cognitively controlled" system processing supra-second depended upon prefrontal and parietal regions (Lewis and Miall, 2003b). However, they did not explore the neural basis of time perception under the inattention condition. Thus, the study could not provide conclusive evidence for existence of automatic visual time perception. The present study found that a visual deviant stimulus elicited the CRP and vMMN components under both the attention and inattention conditions (Fig. 4). Therefore, the present study provides electrophysiological evidence that the central nervous system could automatically analyze, store, and match visual temporal information without attention (Näätänen et al., 1993b).

The change in visual duration first elicits a CRP during 170~300 ms. The CRP is largest over the occipito-temporal areas under the attention condition and largest over the frontocentral areas under the inattention condition. The CRP was primary found in the S1~S2 matching paradigm. Recently, Kimura et al. (2006b) reported that the change of color elicited the CRP was also largest over the occipito-temporal areas under the oddball paradigm. In their study, participants were required to attend visual stimuli throughout the whole experiment, which makes their study similar to the attention condition in present study. The previous studies report that the CRP was not modulated by intramodal selective attention (Kimura et al., 2005b; Wang et al., 2003), but in the present study, the difference in CRP amplitude was significant and the topographies were different between attending visual duration and ignoring visual duration. This is because the previous studies adopted intramodal selective attention, in which participants were required to perform an unrelated visual task, whereas the present study adopted intermodal selective attention, in which participants were instructed to attend selectively to visual or to ignore visual stimuli. Therefore, the CRP is not modulated by intramodal selective attention but is modulated by intermodal selective attention.

After the CRP, the change in visual duration elicited the visual MMN during 300 - 450 ms. Consistent with previous studies, the present study found that vMMN was largest over posterior sites under the inattention condition (Czigler, 2007; Czigler et al., 2002, 2004; Kimura et al., 2006b). In addition, the present study found that vMMN elicited by a change in visual duration was largest over the fronto-central areas under the attention condition, whereas previous studies reported that the vMMN elicited by the changes of picture contrast and windmill patterns were largest over the posterior sites under the attention condition (Maekawa et al., 2005; Wei et al., 2002). This may have resulted from the different brain structures underlying processing of physical features and duration, as the brain structures underlying processing of physical features (such as picture contrast) are mainly located at posterior visual cortex, whereas the brain structures underlying processing of duration were mainly located at frontal and parietal cortexes (Coull et al., 2004; Lewis and Miall, 2003b). Furthermore, the statistical analysis revealed that the difference of vMMN amplitude elicited between under the attention and inattention condition was significant; therefore, vMMN is modulated by attention.

3.5 The difference in timing auditory and visual stimuli

The "attentional switch" hypothesis proposed that auditory temporal information is processed relatively automatically, whereas visual temporal information processing requires controlled attention. The hypothesis is supported by several studies; e.g., the attentional abilities in children, older adults, and participants at high genetic risk for schizophrenia are considered poorer than are those of young adults. The former group have greater difficulty in keeping the switch in the closed state during the timing of visual signals; therefore, they show a greater modality effect on duration judgments (Droit-Volet et al., 2007; Lustig and Meck, 2001; Penney et al., 2005). The present study found that the MMN elicited by a change in auditory duration was not modulated by attention, whereas the CRP and the vMMN elicited by change of visual duration were modulated by attention. Therefore, the present study provided electrophysiological evidence that auditory temporal information is processed relatively automatically, whereas visual temporal information processing requires controlled attention.

4 Conclusions

In summary, the present study confirmed previous findings of automatic auditory time perception and also observed differences in the neural basis of automatic auditory and visual time perception, provided electrophysiological evidence for existence of automatic visual time perception, and indicated that auditory temporal information is processed relatively automatically, whereas visual temporal information processing requires controlled attention. Therefore, the present study supports the "attentional switch" hypothesis of modality effect on duration judgments.

5 Experimental procedures

5.1 Participants

Thirteen right-handed healthy young volunteers (6 males and 7 females, age ranging from 19 to 23 years, M=20.62, SD=1.12) participated in this experiment. Each participant had normal or corrected-to-normal visual acuity and reported having normal hearing. Informed consent was obtained from each participant. Participants were not undermedication and did not suffer from any central nervous system abnormality or injury. Participants were paid for their participation after the experiment.

5.2 Experimental material and apparatus

The experiment was conducted in a dimly lit sound-attenuated chamber. There were six types of stimuli, including the standard stimuli, deviant stimuli, and response imperative signals in both the auditory and visual modalities. The auditory standard and deviant stimuli were 1000-Hz sinusoidal tones (with linear rise and fall times of 10 ms) delivered at 60 dB HL binaurally through earphones. These auditory stimuli were delivered for 200 ms or 120 ms in duration. The auditory response imperative signal was a faint click at 1000 Hz, 30 ms, 20 dB.

The visual stimuli were displayed in the center of a black background computer screen. The visual standard and deviant stimulus were red filled circles 3 cm in diameter. These visual stimuli were also delivered for 200 ms or 120 ms in duration. The visual response imperative signal was a small red cross of 30 ms in duration and 1 cm in size. The stimuli were presented via DELL computer, and the refresh rate of the computer monitor was 85 Hz. The computer screen was placed about 75 cm in front of the participants' eyes. The experimental procedure was programmed with E-prime 1.1.

5.3 Procedure

The experiment employed "cross-modal delayed response" oddball paradigm (Fig. 6) (Luo and Wei, 1997, 1999; Wei et al., 2002). The standard stimulus was 200 ms, and the deviant stimulus was 120 ms under the experimental condition. There were two tasks in the experimental condition.

5.3.1 Task 1: Attending to visual stimuli and ignoring auditory stimuli

Participants were asked to fixate on the center of the screen and put on earphones. There were sequences of five events, including the visual standard stimulus (a red circle, 200 ms), visual deviant stimulus (a red circle, 120 ms), auditory standard stimulus (a tone, 200 ms), auditory deviant stimulus (a tone, 120 ms), and the visual response signal (a small red cross, 30ms). Participants were instructed to attend to visual signals, ignore auditory signals. As shown in Fig. 6, the red circle was presented in the center of screen, first for the duration of either 200 ms (visual standard, 368 trials, 85%) or, 120 ms (visual deviant, 65 trials, 15%). After a randomized delay of 500~700 ms, 0~2 tones and a small red cross (the visual response signal) were presented, which were separated by a randomized interstimulus interval of 500~700 ms. The duration of tones was either 200 ms (auditory standard, 368 trials, 85%) or 120 ms (auditory deviant, 65 trials, 15%). Participants were required to distinguish the durations of the red circle and waited to respond until the response signal (red cross) appeared at the end of the trial.

Once the small red cross appeared, participants were required to press the response button as quickly and accurately as possible. If a visual standard stimulus (200 ms) appeared, they were to press "F" using the left index finger; if a visual deviant stimulus (120 ms) appeared, they were to press "J" using right index finger. The intertrial interval was randomly 700~1500 ms. Half of the participants responded to the standard stimuli with the left index finger and to the deviants with right index finger, and the other half responded with opposite index fingers.

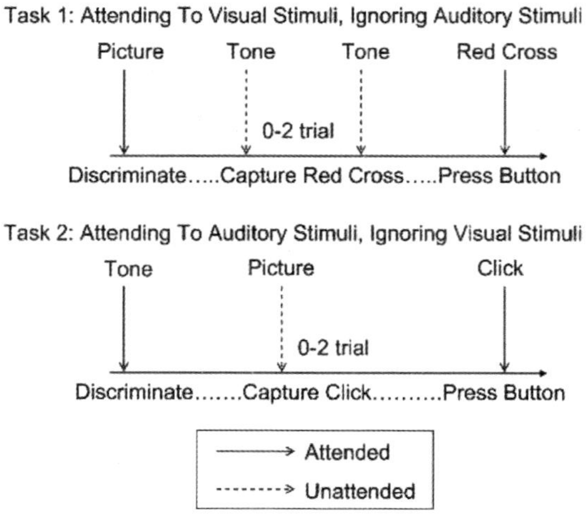

Fig. 6—The "cross-modal delayed response" oddball paradigm.

5.3.2 Task 2: Attending to auditory stimuli and ignoring visual stimuli

There were sequences of five events, including the visual standard stimulus (a red circle, 200 ms), visual deviant stimulus (a red circle, 120 ms), auditory standard stimulus (a tone, 200 ms), auditory deviant stimulus (a tone, 120 ms), and the auditory response signal (a faint click, 30 ms). Participants were instructed to attend to auditory signals and to ignore visual signals. As shown in Fig. 6, every standard (200 ms) or deviant (120 ms) auditory stimulus was followed by 0~2 visual stimuli preceding a faint click, which served as the response imperative signal. Participants were required to distinguish the durations of the tone and waited to respond until the response signal (a faint click) appeared at the end of the trial. Once the faint click appeared, participants were required to press the button as quickly and accurately as possible. Half of the participants responded to the auditory standard (the 200 ms tone) with left index finger and to the auditory deviant stimulus (the 120 ms tone) with right index finger, and then the other half responded with opposite index fingers. The other details were the same as in task 1.

In the experimental condition, the standard stimuli were 200 ms in durations, and the deviant stimuli were 120 ms I durations. The deviant stimuli were presented for 65 trials (15%) and the standard stimuli were present for 368 trials (85%) in each modality (visual and auditory) and under each condition (attention and inattention). The response imperative signals were presented for 433 trials in each modality. Besides the experimental condition, participants were asked to complete a control condition in which the standard stimuli and deviants were exchanged (Jacobsen & Schröger, 2003; Näätänen et al., 2007). In the control condition, the standard stimuli were 120 ms in durations, and the deviant stimuli were 200 ms in durations. In all other respects, the control condition was identical to the experimental condition.

As shown by Table 1, the orders of two tasks (attending visual and attending auditory) and two conditions (experimental and control) were counterbalanced between subjects in the present experiment. Participants were assigned into one of four orders randomly. They practiced several times to become familiar with the experimental procedure before starting the formal experiment. After finishing 150 trials in the formal experiment, participants were given a rest for 30 s.

Table 1 - The order of the experimental treatments.

1		2		3		4	
E	V	E	A	C	V	C	A
	A		V		A		V
C	V	C	A	E	V	E	A
	A		V		A		V

E—experimental condition, C—control condition, V—attending visual, A—attending auditory.

5.4 Electrophysiological recording

Continuous EEG was acquired from Ag/AgCl electrodes mounted in an elastic cap (Brain Product Inc.). Sixty-two electrodes were positioned according to the extended 10~20 system except CP5 and CP6, and two additional electrodes were positioned at left and right mastoids (denoted as Lm and Rm, respectively). All EEG electrodes were referenced to an electrode on the tip of the nose. The horizontal electrooculogram (EOG) was acquired using a bipolar pair of electrodes positioned at the external ocular canthi, and vertical EOGs were recorded from electrodes placed above and below the left eye. The EEG and EOG were digitized at 500 Hz with an amplifier band-pass of 0.01~100 Hz including a 50 Hz notch filter and were stored for offline averaging. All electrodes impedances were maintained below 5 kΩ.

After the recording session, the EEG was digitally bandpass-filtered at 1~24 Hz (Näätänen et al., 2004). Then the ERP wave forms were time-locked to the onset of standard or deviant stimuli, and the average epoch was 700 ms, including a 100-ms prestimulus. The baseline of the amplitude measurement was set for the mean voltage of an interval starting 100 ms before the onset of a deviant stimulus and terminating at the conclusion of the deviant (120 ms) (Näätänen et al., 2004). Trials with EOG artifacts (mean EOG voltage exceeding ±100 μV) and those contaminated with artifacts due to amplifier clipping of peak-to-peak deflection exceeding ±100 μV were excluded from averaging.

ERPs evoked by deviant stimuli (120 ms) in the experimental condition, and 65 randomly selected epochs of standard stimuli (120 ms) in the control condition in both modalities (visual and auditory) under two attentional conditions (attention and inattention) were averaged separately (Wei et al., 2002). The deviant-related components (DRC) were obtained by subtracting ERPs of the standard stimuli (120 ms) in control condition from those of the deviant stimuli (120 ms) in the experimental condition. The analysis window of DRC was determined by the 40-ms window centered at the grand-average DRC peak latency, and this was determined separately for each condition (Grimm et al., 2004; Näätänen et al., 2004). According to topographical maps (Fig. 5), the electrode sites were selected for each DRC. The details of the analysis windows and selected electrodes under each condition were presented in the results of ERP data (see Section 2.2).

The repeated-measures ANOVA was performed on mean amplitude of each DRC (MMN, N2b, CRP, and vMMN), respectively. ANOVA factors were conditions (two levels: attention and inattention) and electrodes (different electrodes were selected according to different DRC). All P values from ANOVA were corrected by the Greenhouse - Geisser method. All processing and analysis were performed using custom scripts written in Matlab (The Math Works) and with the EEGLAB toolbox (Delorme & Makeig, 2004).

合作者:陈有国,罗扬眉,彭春花,柳春香。原文载于:*Brain Research*,2010,1325,100−111。

主要参考文献

毕翠华，黄希庭，2011. 非语言情境中时间加工与空间距离加工的关系[J]. 心理科学进展，19(3)，346-354.

毕翠华，2014. 工作记忆的保持影响时间知觉的认知与神经机制[D]. 重庆：西南大学博士学位论文.

蔡厚德，刘昌，2004. 大脑前扣带回皮层与执行功能[J]. 心理科学进展，12(5)，643-650.

陈有国，黄希庭，尹天子，张锋，2011. 时间知觉的理论模型与展望[J]. 西南大学学报(社会科学版)，37(5)，26-33.

陈有国，张志杰，黄希庭等，2007. 时间知觉的注意调节：一项ERP研究[J]. 心理学报，39(6)，1002-1011.

陈幼贞，任国防，袁宏，黄希庭，陈有国，岳彩镇，2007. 事件性前瞻记忆的加工机制：来自ERP的证据[J]. 心理学报，39(6)，994-1001.

程怀东，汪凯，牛朝诗，傅先明，席春华，孟玉，2006. 前额叶损伤患者基于事件和基于时间的前瞻性记忆损害[J]. 中华神经科杂志，39(12)，818-821.

戴冰，杜金，张惠，2013. 老年人回溯式时距估计的特点[J]. 中国老年学杂志，33(14)，3385-3387.

范兆兰，郭秀艳，2002. 内隐学习的抗干扰性特征研究[J]. 心理科学，25(1)，108.

龚先旻，王大华，付艳，2013. 成年女性情景自传体记忆的现象学体验：年龄与时间的作用[J]. 心理科学，36(5)，1101-1105.

郭秀艳，杨治良，2002. 内隐学习与外显学习的相互关系[J]. 心理学报，34(4)，351-356.

郭秀艳，黄希庭，2004. 时序知觉中意识与无意识的贡献[J]. 西南师范大学学报(自然科学版)，29(1)，134-137.

郭秀艳，肖辉斌，周楚，2004. 动态和静态条件下内隐时间的存在和特征[J]. 心理学报，36(3)，322-326.

韩志勇，2012. 自传体记忆时间估计的神经机制研究[D]. 北京：首都师范大学硕士学位论文.

黄巍，1993. 中国成人推理月份时间的加工模型[J]. 心理科学，16(2)，84-90.

黄希庭，郑涌，1995. 时间记忆的理论与实验范型[J]. 心理科学，18(4)，201-205.

黄希庭，孙承惠，1991. 时间词义赋值特征的分析[J]. 心理学报，(3)，243-249.

黄希庭，郑云，1993.时间判断的视听通道效应的实验研究[J].心理学报，(3)，225-232.

黄希庭，邓麟，张永红，2004.回溯式时间记忆特点的实验研究[J].心理与行为研究，2(4)，561-566.

黄希庭，郭秀艳，朱磊，尹华站，2006.应当关注时间心理无意识的研究[J].心理科学，29(3)，514-519.

黄希庭，李伯约，张志杰，2003.时间认知分段综合模型的探讨[J].西南师范大学学报(人文社会科学版)，29(2)，5-9.

黄希庭，孙承惠，胡维芳，1998.过去时间的心理结构[J].心理科学，21(1)，1-4+16+94.

黄希庭，郑涌，2015.心理学导论(第3版)[M].北京：人民教育出版社，366.

黄希庭，梁建春，2002.内隐时间表征的实验研究[J].心理学报，34(3)，235-241.

黄希庭，徐光国，1997.对变化/分割模型的检验(I)[J].心理学报，29(3)，326-334.

黄希庭，张志杰，1979.5至8岁儿童时间知觉的实验研究[J].心理学报，11(2)，26-34.

黄希庭，1993.时距信息加工的认知研究[J].西南师范大学学报(自然科学版)，18(2)，207-215.

黄希庭，1994.未来时间的心理结构[J].心理学报，26(2)，121-127.

黄希庭，2001.时间心理学的若干研究.中国心理学会编.当代中国心理学[M].北京：人民教育出版社.

黄希庭，2014.探究心理时间(第1版)[M].北京：商务印书馆，111-112.

李国军，1994.时间顺序信息加工的实验研究[J].心理学报，26(1)，14-20.

李娟，吴振云，林仲贤，韩布新.(2003).年龄、焦虑与情节记忆之内容和来源的关系[J].心理学报，35(4)，461-470.

李寿欣，丁兆叶，张利增，2005.认知方式与线索特征对前瞻记忆的影响[J].心理学报，37(3)，320-327.

梁建春，黄希庭，1999.几种时间表征的研究概况[J].心理科学(22)，(1)，10-13+93.

梁建春，黄希庭，2002.时间内隐表征与内隐记忆[J].西南师范大学学报(自然科学版)，27(1)，106-109.

梁建春，黄希庭，2003.汉字字组时间顺序的内隐记忆研究[J].心理科学，26(4)，595-598.

林崇德，2002.发展心理学(第1版)[M].杭州：浙江教育出版社，257-258.

刘瑞光，黄希庭，1999.运动视觉信息中时间知觉线索的实验研究[J].心理学报，31

(1),15–20.

刘瑞光,黄希庭,2006.短时距估计中的标量特性[J].心理学报,38(5),724–733.

刘瑞光,2005.短时距标量计时模型研究[D].重庆:西南师范大学博士学位论文.

柳学智,1993.多种因素对时间连续阈限的影响[J].心理学报,25(4),378–385.

马谐,陶云,胡文钦,2009.时距知觉中的情绪效应[J].心理科学进展,17(1),29–36.

陶云,马谐,2010.面孔情绪下3~8岁儿童时距知觉的实验研究[J].心理发展与教育,26(3),225–232.

王振勇,黄希庭,1996.时序信息记忆的研究范型与加工机制[J].心理学动态,4(1),30–35.

王振勇,黄希庭,1997.时序信息的加工:自动还是控制[J].心理科学,20(1),23–25+30+95.

杨莲莲,黄希庭,岳童,刘培朵,2018.回溯式时距估计的计时机制[J].心理科学进展,26(8),1374–1382.

杨治良,叶阁蔚,1995.汉字内隐记忆的实验研究(Ⅱ):任务分离和反应倾向[J].心理学报,27(1),1–8.

杨治良,1991.内隐记忆的初步实验研究[J].心理学报,23(2),3–9.

杨治良,1998.实验心理学[M].杭州:浙江教育出版社,3–518.

尧国靖,张锋,2013.自尊水平、事件效价与时距对过去事件时距估计的影响[J].心理发展与教育,29(1),18–22.

姚竹曦,张亮,张侃,2015.标量计时模型的影响因素及发展[J].心理科学进展,23(5),784–792.

尹华站,黄希庭,李丹,2006.时间知觉的脑机制研究[J].西南师范大学学报(人文社会科学版),32(4),1–4.

尹华站,李丹,陈盈羽,黄希庭,2016.1~6秒时距认知分段性特征[J].心理学报,48(9),1119–1129.

袁宏,袁祥勇,尹天子,陈幼贞,黄希庭,2011.背景任务刺激间的时距对前瞻干扰效应的影响[J].心理学报,43(5),500–508.

袁宏,2011.时间性前瞻记忆的认智机制研究[D].重庆:西南大学博士学位论文.

张永红,黄希庭,2005.公众时间回溯式记忆的特点[J].心理科学,28(4),775–779.

张宇迪,史慧颖,2010.任务熟悉度对回溯式时距估计的影响[J].心理科学,33(4),896–899.

张志杰,黄希庭,2003.时间认知的脑机制研究[J].心理科学进展,11(1),44–48.

张志杰，黄希庭，2005. 回溯式时距估计的年龄差异[J]. 心理科学，28(5)，1039-1042.

张志杰，黄希庭，2005. 时距认知的年龄差异[J]. 西南大学学报(社会科学版)，31(6)，1-5.

张志杰，袁宏，黄希庭，2006. 不同时距加工机制的比较：来自ERP的证据(Ⅰ)[J]. 心理科学，29(1)，87-90.

张志杰，2002. 时距估计年老相关差异的实验研究 . 重庆：西南师范大学博士学位论文 .

张志杰，2003. 回溯式时距估计年龄差异的实验研究[J]. 心理科学，26(4)，587-589.

赵晋全，杨治良，2002. 前瞻记忆提取的自动加工、策略加工和控制加工[J]. 心理科学，25(5)，523-526.

赵仑，2004.ERP实验教程[M]. 天津：天津社会科学院出版社，32.

郑云，黄希庭，1993. 时序信息提取特点的实验研究[J]. 心理科学，16(5)，257-264+320.

邹枝玲，黄希庭，2007. 注意在短时距估计中的作用[J]. 心理科学，30(3)，624-628.

Aghdaee, S.M., Battelli, L., Assad, J.A. (2014). Relative timing: from behaviour to neurons. Philosophical Transactions of the Royal Society B: Biological Sciences, 369, 1-11.

Alain, C., Woods, D.L., Ogawa, K.H. (1994). Brain indices of automatic pattern processing. Neuroreport, 6, 140-144.

Alho, K., Woods, D.L., & Näätänen, R. (1992). Intermodal selective attention: II. Effects of attentional load on processing of auditory and visual stimuli in central space. Electroencephalography and clinical neurophysiology, 82, 356-368.

Alho, K., Woods, D.L., Algazi, A. (1994). Processing of auditory stimuli during auditory and visual attention as revealed by event-related potentials. P sychophysiology, 31, 469-479.

Allan L G., Kristofferson A B. (1974). Successiveness discrimination: two models. Perception & psychophysics, 15(1), 37-46.

Allan L G. (1979). The perception of time. Perception and Psychophysics, 26(5), 340-354.

Allan, L.G. (1998). The influence of the scalar timing model on human timing research. Behavioural Processes, 44, 101-117.

Anderson, N. D., Craik, F. I. M. (1998). The attentional demands of encoding and retrieval in younger and older adults: 1. Evidence from divided attention costs. Psychology and Aging, 13(3), 405–423.

Anderson, A. K. (2005). Affective influences on the attentional dynamics supporting awareness. Journal of Experimental Psychology: General, 134(2), 258–281.

Anderson, A. K., Christoff, K., Panitz, D., De Rosa, E., & Gabrieli, J. D. E. (2003). Neural correlates of the automatic processing of threat facial signals. The Journal of Neuroscience, 23(13), 5627–5633.

Arnold, A. E. G F., Iaria, G., & Ekstrom, A. D. (2016). Mental simulation of routes during navigation involves adaptive temporal compression. Cognition, 157, 14–23.

Aschersleben, G., Bachmann, T., & Müsseler, J. (Eds.). (1999). Cognitive contributions to the perception of spatial and temporal events, Amsterdam: Elsevier.

Aschersleben, G., & Müsseler, J. (1999). Dissociations in the timing of stationary and moving stimuli. Journal of Experimental Psychology: Human Perception and Performance, 25 (6), 1709–1720.

Assmus, A., Marshall, J. C., Noth, J., Zilles, K., & Fink, G. R. (2005). Difficulty of perceptual spatiotemporal integration modulates the neural activity of left inferior parietal cortex. Neuroscience, 132(4), 923–927.

Bachmann, T. (1999). Twelve spatiotemporal phenomena and one explanation. Cognitive contributions to the perception of spatial and temporal events, North-Holland: Elsevier.

Bachmann, T. (1994). Psychophysiology of visual masking: The fine structure of conscious experience. NY: Nova Science Publishers.

Bachmann, T., Põder, E., & Luiga, I. (2004). Illusory reversal of temporal order: The bias to report a dimmer stimulus as the first. Vision Research, 44(3) ,241–246. Anderson, A. K. (2005). Affective influences on the attentional dynamics supporting awareness. Journal of Experimental Psychology: General, 134(2), 258–281.

Balcı, F., Wiener, M., Çavdaroğlu, B., Coslett, H. B. (2013). Epistasis effects of dopamine genes on interval timing and reward magnitude in humans. Neuropsychologia, 51(2), 293–308.

Bao, Y., Szymaszek, A., Wang, X. Y., Oron, A., Pöppel, E., Szelag, E. (2013). Temporal order perception of auditory stimuli is selectively modified by tonal and non-tonal language environments. Cognition, 129(3), 579–585.

Boller, F., Grafman, J. Eds. (1988). Handbook of Neuropsychology, North-Holland:

Elsevier Science.

Barnes, R., & Jones, M. R. (2000). Expectancy, attention, and time. Cognitive Psychology, 41(3), 254-311.

Bastin, C., & Meulemans, T. (2002). Are time-based and event-based prospective memory affected by normal aging in the same way? Current Psychology Letters: Behaviour, Brain & Cognition, 7, 105-121.

Battelli, L., Pascual-Leone, A., & Cavanagh, P. (2007). The 'when' pathway of the right parietal lobe. Trends in Cognitive Sciences, 11(5), 204-210.

Baudouin, A., Vanneste, S., Isingrini, M., & Pouthas, V. (2006). Differential involvement of internal clock and working memory in the production and reproduction of duration: A study on older adults. Acta Psychologica, 121(3), 285-296.

Baumgarten, T.J., Schnitzler, A., Lange, J., 2014. Prestimulus alpha power influences tactile temporal perceptual discrimination and confidence in decisions. Cerebral Cortex, 26 (3),891-903.

Baumgarten, T.J., Schnitzler, A., Lange, J., 2015. Beta oscillations define discrete perceptual cycles in the somatosensory domain. PNAS, 112(39), 12187-12192.

Bechlivanidis, C., & Lagnado, D. A. (2013). Does the "why" tell us the "when"? Psychological Science, 24(8), 1563-1572.

Bechlivanidis, C., & Lagnado, D. A. (2016). Time reordered: Causal perception guides the interpretation of temporal order. Cognition, 146, 58-66.

Becker,S.I., Horstmann,G., & Remington,R.W. (2011). Perceptual grouping, note motion, accounts for search asymmetries with schematic faces. Journal of Experimental Psychology: Human Perception and Performance,37(6),1739-1757.

Bendixen, A., Grimm, S., & Schröger, E. (2005). Human auditory event-related potentials predict duration judgments. Neuroscience Letters, 383, 284-288.

Bernasconi, F., Manuel, A.L., Murray, M.M., Spierer, L. (2011). Pre-stimulus beta oscillations within left posterior sylvian regions impact auditory temporal order judgment accuracy. International Journal of Psychophysiology, 79, 244-248.

Bertelson, P., & Aschersleben, G. (2003). Temporal ventriloquism: crossmodal interaction on the time dimension: 1. Evidence from auditory-visual temporal order judgment. International Journal of Psychophysiology,50(1-2),147-155.

Berti, S., Roeber, U., & Schröger, E. (2004). Bottom-up influences on working memory: behavioral and electrophysiological distraction varies with distractor strength. Exp Psychol, 51(4), 249-257.

Besle, J., Fischer, C., Bidet-Caulet, A., Lecaignard, F., Bertrand, O., & Giard, M.-H. (2008). Visual activation and audiovisual interactions in the auditory cortex during speech perception: Intracranial recordings in humans. The Journal of Neuroscience, 28(52), 14301-14310.

Birth, K. K. (2017). Past times: The temporal structuring of history and memory. In Time blind, Berlin: Springer International Publishing.

Bisson, N., Tobin, S., & Grondin, S. (2012). Prospective and retrospective time estimates of children: A comparison based on ecological tasks. PLoS One, 7(3), e33049.

Bisson, N., Tobin, S., & Grondin, S. (2009). Remembering the duration of joyful and sad musical excerpts: Assessment with three estimation methods. Neuro Quantology, 7(1), 46-57.

Bizo, L. A., Chu, J. Y. M., Sanabria, F., Killeen, P. R. (2006). The failure of Weber's law in time perception and production. Behavioural Processes, 71, 201-210.

Blagrove, E., & Watson, D. G. (2010). Visual marking and facial affect: Can an emotional face be ignored? Emotion, 10(2), 147-168.

Block R A, George E J, Reed M A. (1980). A watched pot sometimes boils: a study of duration experience. Acta Psychologica, 46, 81-94.

Block R A, Zakay D. (2001) Psychological time at the millennium: some past, present, future, and interdisciplinary issues. Westport: Bergin &Garvey.

Buccheri, R., Gesu, V. D., & Saniga, M. (2000). Studies on the structure of time: from physics to psycho(patho)logy, New York: Kluwer Academic/Plenum Publishers.

Block, R. A. (1985). Contextual Coding in Memory: Studies of Remembered Duration. Time, mind and behavior, Berlin Heidelberg: Springer.

Block, R. A. (1990). Cognitive Models of Psychological Time, Hillsdsle NJ: Lawrence Erlbaum Associcttes.

Block, R. A., & Gruber, R. P. (2014). Time perception, attention, and memory: A selective review. Acta Psychologica, 149, 129-133.

Block, R. A., & Zakay, D. (2006). Prospective Remembering Involves Time Estimation and Memory Processes.

Block, R. A., Hancock, P. A., & Zakay, D. (2000). Sex differences in duration judgments: A meta-analytic review. Memory and Cognition, 28(8), 1333-1346.

Block, R. A., Hancock, P. A., & Zakay, D. (2010). How cognitive load affects duration judgments: A meta-analytic review. Acta Psychologica, 134(3), 330-343.

Block, R. A., Hancock, P. A., & Zakay, D. (2016). Physical load affects duration judgments: A meta-analytic review. Acta Psychologica, 165, 43-47.

Block, R. A., Zakay, D., & Hancock, P. A. (1998). Human aging and duration judgments: A meta-analytic review. Psychology and Aging, 13(4), 584-596.

Block, R. A., Zakay, D., & Hancock, P. A. (1999). Developmental changes in human duration judgments: A meta-analytic review. Developmental Review, 19(1), 183-211.

Boenke, L.T., Deliano, M., & Ohl F. W. (2009). Stimulus duration influences perceived simultaneity in audiovisual temporal-order judgment. Experimental Brain Research, 198(2-3), 233-244.

Boltz, M. G. (1991). Some structural determinants of melody recall. Memory & Cognition, 19(3), 239-251.

Boltz, M. G. (1992). The remembering of auditory event durations. Journal of Experimental Psychology Learning Memory & Cognition, 18(5), 938-956.

Boltz, M. G. (1993). The generation of temporal and melodic expectancies during musical listening. Perception & Psychophysics, 53(6), 585-600.

Boltz, M. G. (1994). Changes in internal tempo and effects on the learning and remembering of event durations. Journal of Experimental Psychology Learning Memory & Cognition, 20(5), 1154-1171.

Boltz, M. G. (1998). The processing of temporal and nontemporal information in the remembering of event durations and musical structure. Journal of Experimental Psychology: Human Perception and Performance, 24(4), 1087-1104.

Bonasia, K., Blommesteyn, J., & Moscovitch, M. (2016). Memory and navigation: Compression of space varies with route length and turns. Hippocampus, 26(1), 9-12.

Bonato, M., Zorzi, M., & Umiltà, C. (2012). When time is space: Evidence for a mental time line. Neuroscience & Biobehavioral Reviews, 36(10), 2257-2273.

Boroditsky, L., Fuhrman, O., & McCormick, K. (2011). Do English and Mandarin speakers think about time differently? Cognition, 118(1), 123-129.

Boroditsky, L. (2001). Does language shape thought? Mandarin and English speakers' conceptions of time. Cognitive Psychology, 43(1), 1-22.

Brandimote, M., Einstein, G. O., McDaniel, M. A., Eds. (1996). Prospective Memory: Theory and Applications, Mahwah, New Jersey: Lawrence Erlbaum Associates.

Macar, F., Pouthas, V., & Friedman, W. J. (Eds.). (1992). NATO ASI series. Time, Action and Cognition: Towards Bridging the Gap, Dordrecht: Kluwer Academic.

Brewer, G. A., Knight, J. B., Unsworth, N., Marsh, R. L. (2010). Individual differences in event-based prospective memory: Evidence for multiple processes supporting cue detection. Memory & Cognition, 38(3), 304-311.

Brown, S. W. (1985). Time perception and attention: The effects of prospective versus retrospective paradigms. Perception & Psychophysics, 38(2), 115-124.

Nobre, A., & Coull, J. (2010). Attention and time, Oxford: Oxford University Press.

Brown, S. W., & Boltz, M. G. (2002). Attentional processes in time perception: Effects of mental workload and event structure. Journal of Experimental Psychology: Human Perception and Performance, 28(3), 600-615.

Brown, S. W., & Stubbs, D. A. (1992). Attention and interference in prospective and retrospective timing. Perception, 21(4), 545-557.

Brown, S. W., & Bennett, E. D. (2002). The role of practice and automaticity in temporal and nontemporal dual-task performance. Psychological Research, 66(1), 80-89.

Buehner, M. J. (2012). Understanding the past, predicting the future: Causation, not intentional action, is the root of temporal binding. Psychological Science, 23(12), 1490-1497.

Buehner, M. J., & Humphreys, G. R. (2009). Causal binding of actions to their effects. Psychological Science, 20(10), 1221-1228.

Bueti, D., Bahrami, B., Walsh, V. (2008). Sensory and association cortex in time perception. Journal of Cognitive Neuroscience, 20(6), 1054-1062.

Bueti, D., van Dongen, E. V., Walsh, V. (2008). The role of superior temporal cortex in auditory timing. PLoS ONE, 3, e2481.

Bueti, D., Walsh, V., Frith, C., & Rees, G. (2008). Different brain circuits underlie motor and perceptual representations of temporal intervals. Journal of Cognitive Neuroscience, 20(2), 204-214.

Buhusi, C. V., & Meck, W. H. (2005). What makes us tick? Functional and neural mechanisms of interval timing. Nature Review Neuroscience, 6, 755-765.

Bullock, T. H., Karamürsel, S., & Hofmann, M. H. (1993). Interval-specific event related potentials to omitted stimuli in the electrosensory pathway in elasmobranchs: An elementary form of expectation. Journal of Comparative Physiology A, 172, 501–510.

Bullock, T.H., Karamursel, S., Achimowicz, J. Z., Mcclune, M. C., Basareroglu, C. (1994). Dynamic properties of human visual evoked and omitted potentials. Electroencephalography and Clinical Neurophysiology, 91, 42–53.

Buonomano, D. V., & Maass, W. (2009). State-dependent computations: Spatiotemporal processing in cortical networks. Nature Reviews Neuroscience, 10(2), 113–125.

Burgess, P. W., Quayle, A., & Frith, C. D. (2001). Brain regions involved in prospective memory as determined by positron emission tomography. Neuropsychologia, 39, 545–555.

Burgess, P. W., Scott, S.K., & Frith, C. D. (2003). The role of the rostral frontal cortex (area 10) in prospective memory: a lateral versus medial dissociation. Neuropsychologia, 41, 906–918.

Burle, B., & Casini, L. (2001). Dissociation between activation and attention effects in time estimation: Implications for clock models. Journal of Experimental Psychology: Human Perception and Performance, 27(1), 195–205.

Burnham, B. R., Neely, J. H., & O'Connor, P. A. (2006). Priming effects on temporal order judgments about words: Perceived temporal priority or response bias? Psychonomic bulletin & review, 13(3), 429–433.

Busch, N.A., VanRullen, R. (2010). Spontaneous EEG oscillations reveal periodic sampling of visual attention. Proceedings of the National Academy of Sciences of the United States of America. 107(37), 16048–16053.

Busey, T., Craig, J., Clark, C., & Humes, L. (2010). Age-related changes in visual temporal order judgment performance: Relation to sensory and cognitive capacities. Vision Research, 50(17), 1628–1640.

Bushara, K., Grafman, J., & Hallett, M. (2001). Neural correlates of auditory-visual stimulus onset asynchrony detection. Journal of Neuroscience, 21(1), 300–304.

Butler, R. A., Spreng, M., Keidel, W. D. (1969). Stimulus repetition rate factors which influence the auditory evoked potential in man Psychophysiology 5, 665–672.

Calvert, G. A., Hansen, P. C., Iversen, S. D., & Brammer, M. J. (2001). Detection of audio-visual integration sites in humans by application of electrophysiological criteria to the bold effect. NeuroImage, 14, 427–438.

Calvert, G. A., Hansen, P. C., Iversen, S. D., & Brammer, M. J. (2001). Detection of audio-visual integration sites in humans by application of electrophysiological criteria to the

BOLD effect. Neuroimage, 14(2), 427–438.

Carpenter, A. C., & Schacter, D. L. (2018). Flexible retrieval mechanisms supporting successful inference produce false memories in younger but not older adults. Psychology and Aging, 33(1), 134–143.

Carrasco, M. C., Bernal, M. C., & Redolat, R. (2001). Time estimation and aging: a comparison between young and elderly adults. The International Journal of Aging and Human Development, 52(2), 91–101.

Cecere, R., Rees, G., Romei, V. (2015). Individual differences in alpha frequency drive crossmodal illusory perception. Current Biology, 25, 231–235.

Ceci, S. J., & Bronfenbrenner, U. (1985). "Don't Forget to Take the Cupcakes out of the Oven": Prospective Memory, Strategic Time-Monitoring, and Context. Child Development, 56(1), 152–164.

Chakravarthi, R., VanRullen, R., (2012). Conscious updating is a rhythmic process. Proceedings of the National Academy of Sciences of the United States of America, 109(26), 10599–10604.

Chen, K. M.& Yeh, S. L. (2009). Asymmetric cross-modal effects in time perception. Acta Psychologica, 130, 225–234.

Chen, Y.G., Chen, X., Kuang, C.W., Huang, X.T., (2015). Neural oscillatory correlates of duration maintenance in working memory. Neuroscience, 290, 389–397.

Chen, J. Y. (2007). Do Chinese and English speakers think about time differently? Failure of replicating Boroditsky (2001). Cognition, 104(2), 427–436.

Chen, Y. C., Shore, D. I., Lewis, T. L., & Maurer, D. (2016). The development of the perception of audiovisual simultaneity. Journal of Experimental Child Psychology, 146, 17–33.

Colombo, J., & Richman, W. A. (2002). Infant timekeeping: Attention and temporal estimation in 4-month-olds. Psychological Science, 13(5), 475–479.

Cook, G., Marsh, R. L., & Hicks, J. L. (2005). Associating a Time-based prospective memory task with an expected context can improve or impair intention completion. Applied Cognitive Psychology, 19, 345–360.

Correa, Á., & Nobre, A. C. (2008). Neural modulation by regularity and passage of time. Journal of Neurophysiology, 100(3), 1649–1655.

Correa, Á., Lupiáñez, J., & Tudela, P. (2005). Attentional preparation based on temporal expectancy modulates processing at the perceptual level. Psychonomic Bulletin & Review,

12(2), 328-334.

Correa, Á., Lupiáñez, J., Milliken, B., & Tudela, P. (2004). Endogenous temporal orienting of attention in detection and discrimination tasks. Perception & Psychophysics, 66(2), 264-278.

Cotti, J., Rohenkohl, G., Stokes, M., Nobre, A. C., & Coull, J. T. (2011). Functionally dissociating temporal and motor components of response preparation in left intraparietal sulcus. NeuroImage, 54(2), 1221-1230.

Coughlin, C., Lyons, K. E., & Ghetti, S. (2014). Remembering the past to envision the future in middle childhood: Developmental linkages between prospection and episodic memory. Cognitive Development, 30, 96-110.

Coughlin, C., Lyons, K. E., & Ghetti, S. (2014). Remembering the past to envision the future in middle childhood: Developmental linkages between prospection and episodic memory. Cognitive Development, 30, 96-110.

Coull, J. T., & Nobre, A. C. (1998). Where and when to pay attention: The neural systems for directing attention to spatial locations and to time intervals as revealed by both PET and fMRI. The Journal of Neuroscience, 18(18), 7426-7435.

Coull, J. T., & Nobre, A. C. (2008). Dissociating explicit timing from temporal expectation with fMRI. Current Opinion in Neurobiology, 18(2), 137-144.

Coull, J. T., Cheng, R. K., & Meck, W. H. (2010). Neuroanatomical and neurochemical substrates of timing. Neuropsychopharmacology, 36(1), 3-25.

Coull, J. T., Frith, C. D., Büchel, C., & Nobre, A. C. (2000). Orienting attention in time: Behavioural and neuroanatomical distinction between exogenous and endogenous shifts. Neuropsychologia, 38(6), 808-819.

Coull, J. T., Vidal, F., Goulon, C., Nazarian, B., & Craig, C. (2008). Using time-to-contact information to assess potential collision modulates both visual and temporal prediction networks. Frontiers in Human Neuroscience, 2, 1-12

Coull, J. T., Vidal, F., Goulon, C., Nazarian, B., Macar, F. (2004). Functional anatomy of the attentional modulation of time estimation. Science, 303, 1506-1508.

Craig, J. C., & Busey, T. A. (2003). The effect of motion on tactile and visual temporal order judgments. Perception & Psychophysics, 65(1), 81-94.

Craig, J. C., Rhodes, R. P., Busey, T. A., Kewley-Port, D., & Humes, L. E. (2010). Aging and tactile temporal order. Attention, Perception & Psychophysics, 72(1), 226-235.

Craik, F. I. M., & Hay, J. F. (1999). Aging and judgments of duration: Effects of task complexity and method of estimation. Perception & Psychophysics, 61(3), 549-560.

Crawford, L. E., & Cacioppo, J. T. (2002). Learning where to look for danger: Integrating affective and spatial information. Psychological Science, 13(5), 449-453.

Cunningham, D. W., Chatziastros, A., von der Heyde, M., & Bülthoff, H. H. (2001). Driving in the future: temporal visuomotor adaptation and generalization. Journal of vision, 1 (2), 88-98.

Czigler, I., (2007). Visual mismatch negativity: violation of nonattended environmental regularities. Journal of Psychophysiology, 21(3-4), 224-230.

Czigler, I., Balazs, L., Winkler, I. (2002). Memory-based detection of task-irrelevant visual changes. Psychophysiology 39, 869-873.

Czigler, I., Balazs, L., Pato, L. G. (2004). Visual change detection: event-related potentials are dependent on stimulus location in humans. Neuroscience Letters. 364, 149-153.

Czigler, I., Winkler, I., Pato, L., Varnagy, A., Weisz, J., Balazs, L. (2006). Visual temporal window of integration as revealed by the visual mismatch negativity event-related potential to stimulus omissions. Brain Research. 1104, 129-140.

Czigler, I., Pato, L., (2009). Unnoticed regularity violation elicits change-related brain activity. Biological. Psychology. 80, 339-347.

Le Dantec, C., Gontier, E., Paul, I., Charvin, H., Bernard, C., Lalonde, R., Rebai, M. (2007). ERPs associated with visual duration discriminations in prefrontal and parietal cortex. Acta Psychologica, 125, 85-98.

Darlow, H. M., Dylman, A. S., Gheorghiu, A. I., &Matthews, W. J. (2013). Do changes in the pace of events affect one-off judgments of duration? PLoS One, 8(3), e59847.

Davranche, K., Nazarian, B., Vidal, F., & Coull, J. (2011). Orienting attention in time activates left intraparietal sulcus for both perceptual and motor task goals. Journal of Cognitive Neuroscience, 23(11), 3318-3330.

Davranche, K., Tandonnet, C., Burle, B., Meynier, C., Vidal, F., & Hasbroucq, T. (2007). The dual nature of time preparation: Neural activation and suppression revealed by transcranial magnetic stimulation of the motor cortex. European Journal of Neuroscience, 25 (12), 3766-3774.

de Hevia, M. D. (2016). Core mathematical abilities in infants: Number and much more. Progress in Brain Research, 227, 53-74.

de Hevia, M. D., Lee, Y. N., & Streri, A. (2017). The temporal dimensions in the first year of life. Timing and Time Perception, 5(3-4), 280-296.

De Boer Schellekens, L., & Vroomen, J. (2014). Multisensory integration compensates loss of sensitivity of visual temporal order in the elderly. Experimental Brain Research, 232(1), 253-262.

Delorme, A., Makeig, S. (2004). EEGLAB: an open source toolbox for analysis of single-trial EEG dynamics including independent component analysis. Journal of Neuroscience Methods, 134, 9-21.

Dennett, D. C., & Marcel, K. (1992). Time and the observer: the where and when of consciousness in the brain. Behavioral and Brain Sciences, 15(2), 183-247.

Deouell, L. Y., Parnes, A., Pickard, N., Knight, R. T. (2006). Spatial location is accurately tracked by human auditory sensory memory: evidence from the mismatch negativity. European Journal of Neuroscience, 24, 1488-1494.

Desantis, A., Roussel, C., & Waszak, F. (2011). On the influence of causal beliefs on the feeling of agency. Consciousness and Cognition, 20(4), 1211-1220.

Desantis, A., Waszak, F., Moutsopoulou, K., & Haggard, P. (2016). How action structures time: About the perceived temporal order of action and predicted outcomes. Cognition, 146, 100-109.

Di Luca, M., Machulla, T. K., & Ernst, M. O. (2009). Recalibration of multisensory simultaneity: Cross-modal transfer coincides with a change in perceptual latency. Journal of vision, 9(12), 1-16.

Doesburg, S. M., Emberson, L. L., Rahi, A., Cameron, D., Ward, L. M. (2008). Asynchrony from synchrony: long-range gamma-band neural synchrony accompanies perception of audiovisual speech asynchrony. Experimental Brain Research. 185, 11-20.

Doherty, J. R., Rao, A., Mesulam, M. M., & Nobre, A. C. (2005). Synergistic effect of combined temporal and spatial expectations on visual attention. The Journal of Neuroscience, 25(36), 8259-8266.

Droit-Volet, S. (2013). Time perception in children: A neurodevelopmental approach. Neuropsychologia, 51(2), 220-234.

Droit-Volet, S. (2016). Development of time. Current Opinion in Behavioral Sciences, 8, 102-109.

Droit-Volet, S., & Berthon, M. (2017). Emotion and implicit timing: The arousal effect.

Frontiers in Psychology, 8, 176.

Droit-Volet, S., & Coull, J. T. (2016). Distinct developmental trajectories for explicit and implicit timing. Journal of Experimental Child Psychology, 150, 141-154.

Droit-Volet, S., & Meck, W. H. (2007). How emotions colour our perception of time. Trends in Cognitive Sciences, 11(12), 504-513.

Droit-Volet, S., & Wearden, J. (2002). Speeding up an internal clock in children? Effects of visual flicker on subjective duration. Quarterly Journal of Experimental Psychology, 55B(3), 193-211.

Droit-Volet, S., & Zélanti, P. S. (2013). Development of time sensitivity and information processing speed. PLoS One, 8(8), e71424.

Droit-Volet, S., Meck, W. H., & Penney, T. B. (2007). Sensory modality and time perception in children and adults. Behavioural Processes, 74, 244-250.

Dugué, L., Marque, P., VanRullen, R. (2014). Theta oscillations modulate attentional search performance periodically. Journal of Cognitive Neuroscience. 27(5), 945-958.

Dzaack, J., Trösterer, S., Pape, N., & Urbas, L. (2007). A computational model of retrospective time estimation. Cognitive Systems Research, 8(3), 208-215.

Eagleman, D. M. (2008). Human time perception and Its illusions. Current Opinion in Neurobiology, 18(2), 131-136.

Ehm, W., Bach, M., Kornmeier, J., (2011). Ambiguous figures and binding: EEG frequency modulations during multistable perception. Psychophysiology 48, 547-558.

Eichenbaum, H. (2013). Memory on time. Trends in Cognitive Sciences, 17(2), 81-88.

Einstein, G. O., & McDaniel, M. A. (1990). Normal aging and prospective memory. Journal of Experimental Psychology: Learning, Memory, and Cognition, 16(4), 717-726.

Brandimonte, M., Einstein, G. O., & McDaniel, M. A. (Eds.). (1996). Prospective memory: Theory and applications. Mahwah, NJ: Lawrence Erlbaum Associates Publishers.

Einstein, G. O., McDaniel, M. A., Richardson, S. L., Guynn, M. J., & Cunfer, A. R. (1995). Aging and prospective memory: examining the influences of self-initiated retrieval processes. Journal of Experimental Psychology: Learning, Memory, and Cognition, 21(4), 996-1007.

Einstein, G. O., McDaniel, M. A., Thomas, R., Mayfield S., Shank H., Morrisette N., Breneiser, J. (2005). Multiple processes in prospective memory retrieval: factors determining monitoring versus spontaneous retrieval. Journal of Experimental Psychology. General, 134

(3), 327-342.

El Haj, M., & Kapogiannis, D. (2016). Time distortions in Alzheimer's disease: A systematic review and theoretical integration. NPJ Aging and Mechanisms of Disease, 2, 16016.

El Haj, M., Moroni, C., Samson, S., Fasotti, L., & Allain, P. (2013). Prospective and retrospective time perception are related to mental time travel: Evidence from Alzheimer's disease. Brain and Cognition, 83(1), 45-51.

El Haj, M., Nandrino, J. L., Kessels, R. P. C., Matton, C., Bacquet, J. E., Urso, L., & Antoine, P. (2017). Retrospective time perception in Korsakoff's syndrome. The Journal of Neuropsychiatry and Clinical Neurosciences, 29(4), 319-325.

El Haj, M., Omigie, D., & Moroni, C. (2014). Time reproduction during high and low attentional tasks in Alzheimer's disease "A watched kettle never boils". Brain and Cognition, 88, 1-5.

Ellis, R. J., & Jones, M. R. (2010). Rhythmic context modulates fore period effects. Attention, Perception, & Psychophysics, 72(8), 2274-2288.

Engel, A.K., Fries, P., (2010). Beta-band oscillations — signaling the status quo? Current Opinion in Neurobiology. 20, 156-165.

Eschen, A., Freeman, J., Dietrich, T., Martin, M., Ellis, J., Martin, E., & Kliegel, M. (2007). Motor brain regions are involved in the encoding of delayed intentions: a fMRI study. International Journal of Psychophysiology, 64(3), 259-268.

Espinosa-Fernάndez, L., Miró, E., Cano, M. C., & Buela-Casal, G. (2003). Age-related changes and gender differences in time estimation. Acta Psychologica, 112(3), 221-232.

Fecica, A. M., & Stolz, J. A. (2008). Facial affect and temporal order judgments: Emotions turn back the clock. Experimental Psychology, 55(1) ,3-8.

Fernbach, P.M., Linson-Gentry, P., & Sloman, S. A. (2007). Causal beliefs influence the perception of temporal order. Proceedings of the Annual Meeting of the Cognitive Science Society, 29(29), 269-274.

Ferrandez, A.-M., & Pouthas, V. (2001). Does cerebral activity change in middle-aged adults in a visual discrimination task? Neurobiology of Aging, 22(4), 645-657.

Ferreira, V. F. M., Paiva, G. P., Prando, N., Graça, C. R., & Kouyoumdjian, J. A. (2016). Time perception and age. Arquivos de Neuro-Psiquiatria, 74(4), 299-302.

Fink, M., Churan, J., & Wittmann, M. (2005). Assessment of auditory temporal-order thresholds-A comparison of different measurement procedures and the influences of age and gender. Restorative Neurology and Neuroscience, 23(5-6), 281-296.

Fink, M., Ulbrich, P., Churan, J., & Wittmann, M. (2006). Stimulus-dependent processing of temporal order. Behavioural Processes, 71(2-3), 344-352.

Finke, R. A., & Freyd, J. J. (1989). Mental extrapolation and cognitive penetrability: Reply to Ranney and proposals for evaluative criteria. Journal of Experimental Psychology: General, 118(4), 403-408.

Finke, R. A., Freyd, J. J., & Shyi, G. C. (1986). Implied velocity and acceleration induce transformations of visual memory. Journal of Experimental Psychology: General, 115(2), 175-188.

Firmino, É. A., Bueno, J. L. O., & Bigand, E. (2009). Travelling through pitch space speeds up musical time. Music Perception, 26(3), 205-209.

Fitch, R. H., Brown, C. P., O'Connor, K., & Tallal, P. (1993). Functional lateralization for auditory temporal processing in male and female rats. Behavioral Neurosciences, 107(5), 844-850.

Flaherty M G. (1991). The perception of time and situated engrossment. Social Psychology Quarterly, 54(1), 76-85.

Fletcher, E., Gavett, B., Harvey, D., Farias, S. T., Olichney, J., Beckett, L., & Mungas, D. (2018). Brain volume change and cognitive trajectories in aging. Neuropsychology, 32(4), 436-449.

Fraisse P. (1963). The Psychology of Time. The Journal of the American Medical Association, 185(11), 895.

Fraisse P. (1981). Cognition of Time in Human Activity .In: God′ Ydewalle, W Lens eds. Cognition in Motivation and Learning, Hillsdale, New York: Erlbaum , 233-259

Fraisse P. (1984). Perception and Estimation of Time. Annual Review of Psychology, 35, 1-36.

Freedman, V. A., Conrad, F. G., Cornman, J. C., Schwarz, N., & Stafford, F. P. (2014). Does time fly when you are having fun? A day reconstruction method analysis. Journal of Happiness Studies, 15(3), 639-655.

Freton, M., Lemogne, C., Bergouignan, L., Delaveau, P., Lehéricy, S., &Fossati, P. (2014). The eye of the self: Precuneus volume and visual perspective during autobiographical memory retrieval. Brain Structure and Function, 219(3), 959-968.

Freyd, J. J. (1987). Dynamic mental representations. Psychological Review, 94(4),

427-438.

Freyd, J. J., & Finke, R. A. (1984). Representational momentum. Journal of Experimental Psychology: Learning, Memory, and Cognition, 10(1), 126-132.

Freyd, J. J., & Johnson, J. Q. (1987). Probing the time course of representational momentum. Journal of Experimental Psychology: Learning, Memory, and Cognition, 13(2), 259-268.

Friedman, W. J. (1993). Memory for the time of past events. Psychological Bulletin, 113(1), 44-66.

Frings, C., & Groh-Bordin, C. (2007). Electrophysiological correlates of visual identity negative priming. Brain Research, 1176, 82-91.

Fu, S.M., Fan, S. L., Chen, L. (2003). Event-related potentials reveal involuntary processing of orientation changes in the visual modality. Psychophysiology, 40, 770-775.

Fuhrman, O., & Boroditsky, L. (2010). Cross-cultural differences in mental representations of time: Evidence from an implication linguistic task. Cognitive Science, 34(8), 1430-1451.

Fuhrman, O., Boroditsky, L. (2007). Mental time-lines follow writing direction: Comparing English and Hebrew speakers. Proceedings of the Annual Meeting of the Cognitive Science Society, 29(29), 1007-1011.

Fujisaki, W., & Nishida, S. y. (2005). Temporal frequency characteristics of synchrony-asynchrony discrimination of audio-visual signals. Experimental Brain Research, 166(3-4), 455-464.

Fujisaki, W., & Nishida, S. y. (2008). Top-down feature-based selection of matching features for audio-visual synchrony discrimination. Neuroscience Letters, 433(3), 225-230.

Fujisaki, W., &Nishida, S. y. (2010). A common perceptual temporal limit of binding synchronous inputs across different sensory attributes and modalities. Proceedings of the Royal Society B: Biological Sciences, 277(1692), 2281-2290.

Fujisaki, W., Koene, A., Arnold, D., Johnston, A., & Nishida, S. y. (2006). Visual search for a target changing in synchrony with an auditory signal. Proceedings of the Royal Society B: Biological Sciences, 273(1588), 865-874.

Fujisaki, W., Shimojo, S., Kashino, M., &Nishida, S. y. (2004). Recalibration of audiovisual simultaneity. Nature Neuroscience, 7(7), 773-778.

Fung, B. J., Crone, D. L., Bode, S., & Murawski, C. (2017). Cardiac signals are independently associated with temporal discounting and time perception. Frontiers in Behavioral Neuroscience, 11, 1.

G'omez, C. M., Flores, A., & Ledesma, A. (2007). Fronto-parietal networks activation during the contingent negative variation period. Brain Research Bulletin, 73, 40-47.

Gable, P. A., & Poole, B. D. (2012). Time flies when you're having approach-motivated fun: Effects of motivational intensity on time perception. Psychological Science, 23(8), 879-886.

Gallace, A., & Spence, C. (2005). Visual capture of apparent limb position influences tactile temporal order judgments. Neuroscience Letters, 379(1), 63-68.

Geffen, G., Rosa, V., & Luciano, M. (2000). Effects of preferred hand and sex on the perception of tactile simultaneity. Journal of Clinical & Experimental Neuropsychology, 22(2), 219-231.

Geiser, E., Notter, M., & Gabrieli, J. D. E. (2012). A corticostriatal neural system enhances auditory perception through temporal context processing. The Journal of Neuroscience, 32(18), 6177-6182+6177.

Gibbon, J. (1991). Origins of scalar timing. Learning and Motivation. 22, 3-38.

Gibbon, J., & Church, R. M. (1984). Sources of variance in an information processing theory of timing. In H. L. Roitblat, T. G. Bever, & H. S. Terrance (Eds.), Animal cognition (pp. 465-488). Hillsdale, NJ: Erlbaum.

Gibbon, J., Church, R. M., & Meck, W. H. (1984). Scalar timing in memory. Annals of the New York Academy of Sciences, 423(1), 52-77.

Gibbon, J. (1977). Scalar expectancy theory and Weber's law in animal timing. Psychological Review, 84(3), 279-325.

Gibbons, H., Brandler, S., Rammsayer, T. H. (2003). Dissociating Aspects of Temporal and Frequency Processing: A Functional ERP Study in Humans. Cortex, 39, 947-965.

Gibbons, H., & Rammsayer, T. H. (2004). Current-source density analysis of slow brain potentials during time estimation. Psychophysiology, 41, 861-874.

Gleiss, S., Kayser, C. (2013). Acoustic noise improves visual perception and modulates occipital oscillatory states. Journal of Cognitive Neuroscience. 26(4), 699-711.

Glicksohn, J., & Myslobodsky, M. S. (2006). What it Takes to Remember the Future, Hackensack, NJ: World Scientific.

Goldstone, S., Lhamon, W.T. (1974). Studies of auditory-visual differences in human time judgment: Sounds are judged longer than lights. Perceptual and Motor Skills, 39, 63-82.

Graf, P., & Grondin, S. (2006). Time Perception and Time-Based Prospective Memory, Hackensack, NJ: World Scientific.

Grimm, S., Roeber, U., Trujillo-Barreto, N. J., Schröger, E. (2006). Mechanisms for detecting auditory temporal and spectral deviations operate over similar time windows but are divided differently between the two hemispheres. NeuroImage 32, 275-282.

Grimm, S., Widmann, A., & Schröger, E. (2004). Differential processing of duration changes within short and long sounds in humans. Neuroscience Letters, 356, 83-86.

Grondin, S. (2010). Timing and time perception: A review of recent behavioral and neuroscience findings and theoretical directions. Attention, Perception, and Psychophysics, 72 (3), 561-582.

Grondin, S., & Plourde, M. (2007). Judging multi-minute intervals retrospectively. The Quarterly Journal of Experimental Psychology, 60(9), 1303-1312.

Grondin, S., Laflamme, V., Mioni, G., Morin, A., Désautels, F., & Bisson, N. (2018). Retrospective temporal judgment of the period dedicated to recalling a recent or an old emotional memory. Timing and Time Perception, 6(2), 169-182.

Grosjean, F., Grosjean, L., & Lane, H. (1979). The patterns of silence: Performance structures in sentence production. Cognitive Psychology, 11, 58-81.

Gu, B. -M., van Rijn, H., & Meck, W. H. (2015). Oscillatory multiplexing of neural population codes for interval timing and working memory. Neuroscience and Biobehavioral Reviews, 48, 160-185.

Gunstad, J., Cohen, R. A., Paul, R. H., Luyster, F. S., & Gordon, E. (2006). Age effects in time estimation: relationship to frontal brain morphometry. Journal of Integrative Neuroscience, 5(1), 75-87.

Haering, C., & Kiesel, A. (2012). Mine is earlier than yours: Causal beliefs influence the perceived time of action effects. Frontiers in Psychology, 3, 393.

Hamilton, R. H., Shenton, J. T., & Coslett, H. B. (2006). An acquired deficit of audiovisual speech processing. Brain and Language, 98(1), 66-73.

Hammond, C. (2013). Time warped: Unlocking the mysteries of time perception. Britain: Canongate.

Hancock, P. A. (2010). The effect of age and sex on the perception of time in life. The American Journal of Psychology, 123(1), 1-13.

Hancock, P. A., & Rausch, R. (2010). The effects of sex, age, and interval duration on the perception of time. Acta Psychologica, 133(2), 170–179.

Hanke W. (2000). The Perception of Time .In: Buccheri et al eds. Studies on the Structure of Time: From Physics to Psychology. New York: Kluwer Academic / Plenum Publishers, 37–48

Hanslmayr, S., Aslan, A., Staudigl, T., Klimesch, W., Herrmann, C. S., & Bäuml, K. H. (2007). Prestimulus oscillations predict visual perception performance between and within subjects. NeuroImage, 37(4), 1465–1473.

Hanson, J. V. M., Heron, J., Whitaker, D. (2008). Recalibration of perceived time across sensory modalities. Experimental Brain Research, 185(2), 347–352.

Hanson, J., Roach, N., Heron, J., &McGraw, P. (2008). Spatially specific distortions of perceived simultaneity following adaptation to audiovisual asynchrony. Perception, 37 (ECVP Abstract Supplement), 27.

Harrar, V., & Harris, L. R. (2008). The effect of exposure to asynchronous audio, visual, and tactile stimulus combinations on the perception of simultaneity. Experimental Brain Research, 186(4), 517–524.

Harris, L. R., Harrar, V., Jaekl, P., & Kopinska, A. (2010). Mechanisms of simultaneity constancy. In R. Nijhawan (Ed.), Space and time in perception and action. Cambridge: Cambridge University Press.

Heed, T., Backhaus, J., & Röder, B. (2012). Integration of hand and finger location in external spatial coordinates for tactile localization. Journal of Experimental Psychology. Human Perception and Performance, 38(2), 386–401.

Henry, J. D., MacLeod, M. S., Phillips, L. H., & Crawford, J. R., (2004). A Meta–Analytic Review of Prospective Memory and Aging. Psychology and Aging, 19(1), 27–39.

Hermosillo, R., Ritterband–Rosenbaum, A., & van Donkelaar, P. (2011). Predicting future sensorimotor states influences current temporal decision making. The Journal of Neuroscience, 31(27), 10019–10022.

Heron, J., Hanson, J. V. M., &Whitaker, D. (2009). Effect before Cause: Supramodal Recalibration of Sensorimotor Timing. PLoS One, 4(11), e7681.

Heron, J., Roach, N. W., Whitaker, D., &Hanson, J. V. M. (2010). Attention regulates the plasticity of multisensory timing. European Journal of Neuroscience, 31(10), 1755–1762.

Herrmann, C. S., Munk, M. H. J., Engel, A. K. (2004). Cognitive functions of gamma-band activity: memory match and utilization. Trends in Cognitive Sciences, 8(8), 347-355.

Hicks, J. L., Marsh, R. L., & Cook, G. I (2005). Task interference in time-based, event-based, and dual intention prospective memory conditions, Journal of Memory and Language, 53, 430-444.

Hicks, R. E., Miller, G. W., & Kinsbourne, M. (1976). Prospective and retrospective judgments of time as a function of amount of information processed. American Journal of Psychology, 89(4), 719-730.

Hilkenmeier, F., Olivers, C. N. L., & Scharlau, I. (2012). Prior entry and temporal attention: Cueing affects order error sin RSVP. Journal of Experimental Psychology: Human Perception and Performance, 38(1), 180-190.

Hillyard, S.A., &Anllo-Vento, L. (1998). Event-related brain potential the study of visual selective attention. Proceedings of the National Academy of Sciences of the United States of America,95(3),781-787.

Hintzman, D. L. (2016). Is memory organized by temporal contiguity? Memory and Cognition, 44(3), 365-375.

Hipp, J.F., Engel, A.K., Siegel, M., 2011. Oscillatory synchronization in large-scale cortical networks predicts perception. Neuron, 69, 387-396.

Hirsh, I. J., & Sherrick, C. E., Jr. (1961). Perceived order in different sense modalities. Journal of Experimental Psychology, 62(5), 423-432.

Hodsoll, S., Viding, E., & Lavie, N. (2011). Attentional capture by irrelevant emotional distractor faces. Emotion, 11(2), 346-353.

Hopfinger, J. B., & West, V. M. (2006). Interactions between endogenous and exogenous attention on cortical visual processing. NeuroImage, 31(2), 774-789.

Horvath, J., Czigler, I., Sussman, E., Winkler, I. (2001). Simultaneously active pre-attentive representations of local and global rules for sound sequences in the human brain. Brain Res. Cognitive Brain Research. 12, 131-144.

Howard, M. W., MacDonald, C. J., Tiganj, Z., Shankar, K. H., Du, Q., Hasselmo, M. E., & Eichenbaum, H. (2014). A unified mathematical framework for coding time, space, and sequences in the hippocampal region. Journal of Neuroscience, 34(13), 4692-4707.

Huang, S.-L., Chang, Y.-C., & Chen, Y.-J. (2011). Task-irrelevant angry faces capture attention in visual search while modulated by resources. Emotion, 11(3), 544-552.

Hubbard, T. L. (2005). Representational momentum and related displacements in spatial memory: A review of the findings. Psychonomic Bulletin & Review, 12(5), 822-851.

Humes, L. E., Kewley-Port, D., Fogerty, D., & Kinney, D. (2010). Measures of hearing threshold and temporal processing across the adult lifespan. Hearing Research, 264(1-2), 30-40.

Ishihara, M., Keller, P.E., Rossetti, Y., & Prinz, W. (2008). Horizontal spatial representations of time: Evidence for the STEARC effect. Cortex, 44(4), 454-461.

Ivry, R. B., & Schlerf, J. E. (2008). Dedicated and intrinsic models of time perception. Trends in Cognitive Sciences, 12(7), 273-280.

Jack, F., Friedman, W., Reese, E., & Zajac, R. (2016). Age-related differences in memory for time, temporal reconstruction, and the availability and use of temporal landmarks. Cognitive Development, 37, 53-66.

Jackson, J. L. (1989). The Processing of Temporal Information: Do We Indeed Time Our Minds? Fraser J T. Time and Mind: Interdisci9 Plinar Issues. The Study of Time.

Jacobsen, T., Horenkamp, T., Schröger, E. (2003). Preattentive memory-based comparison of sound intensity. Audiology Neuro-otology, 8, 338-346.

Jacobsen, T., Schröger, E. (2001). Is there pre-attentive memory-based comparison of pitch? Psychophysiology, 38, 723-727.

Jacobsen, T., Schröger, E. (2003). Measuring duration mismatch negativity. Clinical Neurophysiology. 114, 1133-1143.

Jäger, T., & Kliegel, M. (2008). Time-Based and Event-Based Prospective Memory Across Adulthood: Underlying Mechanisms and Differential Costs on the Ongoing Task. The Journal of General Psychology, 135(1), 4-22.

Janssen, S. M. J. (2017). Autobiographical memory and the subjective experience of time. Timing and Time Perception, 5, 99-122.

Jaramillo, M., Paavilainen, P., Näätänen, R. (2000). Mismatch negativity and behavioural discrimination in humans as a function of the magnitude of change in sound duration. Neuroscience. Letters. 290, 101-104.

Jaśkowski, P. (1993). Selective attention and temporal-order judgment. Perception, 22(6), 681-689.

Jensen, O., Kaiser, J., Lachaux, J.-P. (2007). Human gamma-frequency oscillations associated with attention and memory. Trends in Neurosciences. 30(7), 317-324.

Jensen, O., Mazaheri, A. (2010). Shaping functional architecture by oscillatory alpha activity: gating by inhibition. Frontiers in Human Neuroscience, 4, 186.

Jiang, W., Jiang, H., &Stein, B. E. (2002). Two corticotectal areas facilitate multisensory orientation behavior. Journal of Cognitive Neuroscience, 14(8), 1240–1255.

Johnson, K. A., Burrowes, E., & Coull, J. T. (2015). Children can implicitly, but not voluntarily, direct attention in time. PLoS One, 10(4), e0123625.

Johnston, A., Arnold, D. H., &Nishida, S. (2006). Spatially localized distortions of event time. Current Biology, 16(5), 472–479.

Jokic, T., Zakay, D., & Wittmann, M. (2018). Individual differences in self-rated impulsivity modulate the estimation of time in a real waiting situation. Timing and Time Perception, 6(1), 71–89.

Joliot, M., Ribary, U., Llinás, R. (1994). Human oscillatory brain activity near 40 Hz coexists with cognitive temporal binding. Proceedings of the National Academy of Sciences of the United States of America, 91, 11748–11751.

A. C. Nobre & J. T. Coull (Eds) (2010). Attention and time. Oxford: Oxford University Press.

Jongsma, M. L. A., Coenen, A. M. L., & van Rijn, C. M. (2002). Omission evoked potentials (OEPs) in rats and the effects of diazepam. Psychophysiology, 39, 229–235.

Kahneman, D., & Tversky, A. (1972). Subjective probability: A judgment of representativeness. Cognitive Psychology, 3, 430–454.

Kambe, J., Kakimoto, Y., Araki, O. (2015). Phase reset affects auditory–visual simultaneity judgment. Cognitive Neurodynamics, 9(5), 487–493.

Kanabus, M., Szelag, E., Rojek, E., &Pöppel, E. (2002). Temporal order judgement for auditory and visual stimuli. Acta Neurobiologiae Experimentalis, 62(4), 263–270.

Kanai, R., & Watanabe, M. (2006). Visual onset expands subjective time. Perception & Psychophysics, 68(7), 1113–1123.

Kanai, R., Paffen, C. L. E., Hogendoorn, H., & Verstraten, F. A. J. (2006). Time dilation in dynamic visual display. Journal of Vision, 6, 1421–1430.

Kanai, K., Ikeda, K., & Tayama, T. (2007). The effect of exogenous spatial attention on auditory information processing. Psychological Research, 71(4), 418–426.

Kashiwakura, S., & Motoyoshi, I. (2017). Relative time compression for slow-motion stimuli through rapid recalibration. Frontiers in Psychology, 8, 1195.

Katai, S., Maruyama, T., Hashimoto, T., & Ikeda, S. (2003). Event based and time based prospective memory in Parkinson's disease. Journal of Neurology, Neurosurgery, and Psychiatry, 74, 704-709.

Nagai, K. (1996). A study of a rhythm perception model. Journal of language and culture, 5, 189-201.

Kaukoranta, E., Sams, M., Hari, R., Hamalainen, M., Näätänen, R. (1989). Reactions of human auditory cortex to a change in tone duration. Hearing Research. 41, 15-21.

Keetels, M., & Vroomen, J. (2005). The role of spatial disparity and hemifields in audio-visual temporal order judgments. Experimental Brain Research, 167(4), 635-640.

Keetels, M., & Vroomen, J. (2007). No effect of auditory-visual spatial disparity on temporal recalibration. Experimental Brain Research, 182(4), 559-565.

Keetels, M., & Vroomen, J. (2008). Temporal recalibration to tactile-visual asynchronous stimuli. Neuroscience Letters, 430(2), 130-134.

Keil, J., Müller, N., Hartmann, T., Weisz, N. (2013). Prestimulus beta power and phase synchrony influence the sound-induced flash illusion. Cerebral Cortex, 24, 1278-1288.

Keil, J., Müller, N., Ihssen, N., Weisz, N. (2012). On the variability of the McGurk effect: audiovisual integration depends on prestimulus brain states. Cerebral Cortex, 22, 221-231.

Kelly, M. H., & Freyd, J. J. (1987). Explorations of representational momentum. Cognitive Psychology, 19(3), 369-401.

Khan, A., Sharma, N. K., & Dixit, S. (2008). Cognitive Load and Task Condition in Event and Time-Based Prospective Memory: An Experimental Investigation. The Journal of Psychology, 142(5), 517-531.

Khoshnoodi, M. A., Motiei-Langroudi, R., Omrani, M., Diamond, M. E., & Abbassian, A. H. (2008). Effect of tactile stimulus frequency on time perception: the role of working memory. Experimental Brain Research, 185, 623-633.

Kimura, M., Katayama, J., Murohashi, H. (2005a). Neural correlates of pre-attentive and attentive processing of visual changes. NeuroReport, 16, 2061-2064.

Kimura, M., Katayama, J., Murohashi, H. (2005b). Positive difference in ERPs reflects independent processing of visual changes. Psychophysiology, 42, 369-379.

Kimura, M., Katayama, J., Murohashi, H. (2006a). Independent processing of visual stimulus changes in ventral and dorsal stream features indexed by an early positive difference in event-related brain potentials. International Journal of Psychophysiology, 59, 141-150.

Kimura, M., Katayama, J., Murohashi, H. (2006b). Probability-independent and -dependent ERPs reflecting visual change detection. Psychophysiology, 43, 180-189.

Kimura, M., Katayama, J., Murohashi, H. (2008a). Attention switching function of memory-comparison-based change detection system in the visual modality. International Journal of Psychophysiology, 67, 101-113.

Kimura, M., Katayama, J., Murohashi, H. (2008b). Involvement of memory-comparison-based change detection in visual distraction. Psychophysiology, 45, 445-457.

Kinsella, G. J., Ong, B., & Tucker, J. (2009). Traumatic Brain Injury and Prospective Memory in a Virtual Shopping Trip Task: Does It Matter Who Generates the Prospective Memory Target? Brain Impairment, 10(1), 45-51.

Kisley, M. A., Davalos, D. B., Layton, H. S., Pratt, D., Ellis, J. K., Seger, C. A. (2004). Small changes in temporal deviance modulate mismatch negativity amplitude in humans. Neuroscience Letters, 358, 197-200.

Kisley, M. A., Noecker, T. L., & Guinther, P. M. (2004). Comparison of sensory gating to mismatch negativity and self-reported perceptual phenomena in healthy adults. Psychophysiology, 41, 604-612.

Kliegel, M., Jager, T., Phillips, L. H., Federspiel, E., Imfeld, A., Keller, M., Zimprich, D. (2005). Effects of sad mood on time-based Prospective Memory. Cognition and Emotion, 19(8), 1199-1213.

Kliegel, M., Martin, M., McDaniel, M. A., & Einstein, G. O. (2001). Varying the importance of a prospective memory task, differential effects across time- and event-based prospective memory, Memory, 9(1), 1-11.

Klimesch, W., Sauseng, P., Hanslmayr, S. (2007). EEG alpha oscillations: the inhibition-timing hypothesis. Brain Research Reviews, 53, 63-88.

Koelewijn, T., Bronkhorst, A., &Theeuwes, J. (2010). Attention and the multiple stages of multisensory integration: A review of audiovisual studies. Acta Psychologica, 134(3), 372-384.

Kołodziejczyk, I., & Szelsg, E. (2008). Auditory perception of temporal order in centenarian sin comparison with young and elderly subjects. Acta Neurobiologiae Experimentalis, 68, 373-381.

Kosem, A., Gramfort, A., van Wassenhove, V. (2014). Encoding of event timing in the phase of neural oscillations. NeuroImage, 92, 274-284.

Krumhansl, C. L. (2000). Rhythm and pitch in music cognition. Psychological Bulletin, 126(1), 159-179.

Kujala, T., Kallio, J., Tervaniemi, M., Näätänen, R. (2001). The mismatch negativity as an index of temporal processing in audition. Clinical Neurophysiology, 112, 1712-1719.

Kuling, I.A., van Eijk, R. L. J., Juola, J. F., & Kohlrausch, A. (2012). Effects of stimulus duration on audio-visual synchrony perception. Experimental Brain Research, 221(4), 403-412.

Kuroki, S., Watanabe, J., Kawakami, N., Tachi, S., & Nishida, S. (2010). Somatotopic dominance in tactile temporal processing. Experimental Brain Research, 203(1), 51-62.

Kvavilashvili, L., & Fisher, L. (2007). Is time-based prospective remembering mediated by self-initiated rehearsals? Role of incidental cues, ongoing activity, age, and motivation. Journal of Experimental Psychology: General, 136(1), 112-132.

Lakatos, P., Chen, C.-M., O'Connell, M.N., Mills, A., Schroeder, C. E. (2007). Neuronal oscillations and multisensory interaction in primary auditory cortex. Neuron, 53, 279-292.

Lakatos, P., Karmos, G., Mehta, A. D., Ulbert, I., & Schroeder, C. E. (2008). Entrainment of neuronal oscillations as a mechanism of attentional selection. Science, 320, 110-113.

Lake, J. I. (2016). Recent advances in understanding emotion driven temporal distortions. Current Opinion in Behavioral Sciences, 8, 214-219.

Lange, J., Halacz, J., van Dijk, H., Kahlbrock, N., Schnitzler, A. (2012). Fluctuations of prestimulus oscillatory power predict subjective perception of tactile simultaneity. Cerebral Cortex, 22, 2564-2574.

Lange, K., & Heil, M. (2008). Temporal attention in the processing of short melodies: Evidence from event-related potentials. Musicae Scientiae, 12(1), 27-48.

Large, E. W., & Jones, M. R. (1999). The dynamics of attending: How people track time-varying events. Psychological Review, 106(1), 119-159.

Lee, K. H., Egleston, P. N., Brown, W. H., Gregory, A. N., Barker, A. T., & Woodruff, P. W. R. (2007). The role of the cerebellum in subsecond time perception: Evidence from repetitive transcranial magnetic stimulation. Journal of Cognitive Neuroscience, 19(1), 147-157.

Leonardelli, E., Braun, C., Weisz, N., Lithari, C., Occelli, V., Zampini, M. (2015). Prestimulus oscillatory alpha power and connectivity patterns predispose perceptual integration of an audio and a tactile stimulus. Hum. Brain Mapp. 36, 3486–3498.

Lewis, P. A., & Miall, R. C. (2003a). Brain activation patterns during measurement of sub- and supra-second intervals. Neuropsychologia, 41, 1583–1592.

Lewis, P.A., Miall, R.C. (2003b). Distinct systems for automatic and cognitively controlled time measurement: evidence from neuroimaging. Current Opinion in Neurobiology, 13, 250–255.

Liang, W., Zhang, J. Y., & Bao, Y. (2015). Gender-specific effects of emotional modulation on visual temporal order thresholds. Cognitive Processing, 16, 143–148.

Liberman, N., & Trope, Y. (2014). Traversing psychological distance. Trends in Cognitive Sciences, 18(7), 364–369.

Linkenkaer-Hansen, K., Nikulin, V. V., Palva, S., Ilmoniemi, R. J., & Palva, J. M. (2004). Prestimulus oscillations enhance psychophysical performance in humans. Journal of Neuroscience, 24(45), 10186–10190.

Los, S. A. (2004). Inhibition of return and nonspecific preparation: Separable inhibitory control mechanisms in space and time. Perception & Psychophysics, 66(1), 119–130.

Nobre, A & Coull, J. (Eds) (2010). Attention and time, Oxford: Oxford University Press.

Los, S. A., & Heslenfeld, D. J. (2005). Intentional and unintentional contributions to nonspecific preparation: Electrophysiological evidence. Journal of Experimental Psychology: General, 134(1), 52–72.

Luo, Y. J., Wei, J. H. (1997). Mismatch negativity of ERP in cross-modal attention. Science in China (Series C), 40(6), 604–612.

Luo, Y. J., Wei, J. H. (1999). Cross-modal selective attention to visual and auditory stimuli modulates endogenous ERP components. Brain Research, 842, 30–38.

Lustig, C., & Droit-Volet, S. (2017). Editorial of the Special issue on timing and development: The times of our lives. Timing and Time Perception, 5, 1–4.

Lustig, C., & Meck, W. H. (2001). Paying attention to time as one gets older. Psychological Science, 12(6), 478–484.

Macar, F. E., Pouthas, V. E., & Friedman, W. J. (Eds). (1992). NATO series. Time, action and cognition: Towards bridging the gap. St Malo, France. Kluwer Academic/Plenum

Publishers.

Macar, F., & Vidal, F. (2003). The CNV peak: An index of decision making and temporal memory. Psychophysiology, 40(6), 950-954.

Macar, F., & Vidal, F. (2004). Event-Related Potentials as Indices of Time Processing: A Review. Journal of Psychophysiology, 18, 89-104.

Macar, F., Vidal, F., & Casini, L. (1999). The supplementary motor area in motor and sensory timing: Evidence from slow brain potential changes. Experimental Brain Research, 125, 271-280.

MacDonald, C. J. (2014). Prospective and retrospective duration memory in the hippocampus: Is time in the foreground or background? Philosophical Transactions of the Royal Society B: Biological Science, 369, 20120463.

MacDonald, C. J., Fortin, N. J., Sakata, S., & Meck, W. H. (2014). Retrospective and prospective views on the role of the hippocampus in interval timing and memory for elapsed time. Timing and Time Perception, 2, 51-61.

MacDonald, C. J., Lepage, K. Q., Eden, U. T., & Eichenbaum, H. (2011). Hippocampal "time cells" bridge the gap in memory for discontiguous events. Neuron, 71(4), 737-749.

Mackinlay, R. J., Kliegel, M., & Mäntylä, T. (2009). Predictors of time-based prospective memory in children. Journal of Experimental Child Psychology, 102(3), 251-264.

Maekawa, T., Goto, Y., Kinukawa, N., Taniwaki, T., Kanba, S., Tobimatsu, S. (2005). Functional characterization of mismatch negativity to a visual stimulus. Clinical Neurophysiology, 116, 2392-2402.

Maekawa, T., Tobimatsu, S., Ogata, K., Onitsuka, T., Kanba, S. (2009). Preattentive visual change detection as reflected by the mismatch negativity (MMN)—evidence for a memory-based process. Neuroscience Research, 65, 107-112.

Mangels, J. A, Ivry, R. B., Shimizu, N. (1998). Dissociable contributions of the prefrontal and neocerebellar cortex to time perception. Cognitive Brain Research, 7, 15-39.

Mäntylä, T., Carelli, M. G., & Forman, H. (2007). Time monitoring and executive functioning in children and adults. Journal of Experimental Child Psychology, 96, 1-19.

Marsh, R. L., Hicks, J. L., & Cook. G. I. (2006). Task interference from prospective memories covaries with contextual associations of fulfilling them. Memory & Cognition, 34(5), 1037-1045.

Marsh, R. L., Hicks, J. L., Cook, G. I., Hansen J. S., & Pallos, A. L. (2003). Interference to ongoing activities covaries with the characteristics of an event-based intention. Journal of Experimental Psychology: Learning, Memory, and Cognition, 29(5), 861-870.

Martin, B., Wittmann, M., Franck, N., Cermolacce, M., Berna, F., &Giersch, A. (2014). Temporal structure of consciousness and minimal self in schizophrenia. Frontiers in Psychology, 5, 1175.

Martin, E. M., Nixon, H., Pitrak, D. L., Weddington, W., Rains, N. A., Nunnally, G., Bechara, A. (2007). Characteristics of prospective memory deficits in HIV-seropositive substance-dependent individuals: Preliminary observations. Journal of Clinical and Experimental Neuropsychology, 29(5), 496-504.

Matell, M. S., Bateson, M., & Meck, W. H. (2006). Single-trials analyses demonstrate that increases in clock speed contribute to the methamphetamine-induced horizontal shifts in peak-interval timing functions Psychophamacology, 188, 201-212.

Mathes, B., Strüber, D., Stadler, M.A., Basar-Eroglu, C. (2006). Voluntary control of Necker cube reversals modulates the EEG delta- and gamma-band response. Neuroscience Letters, 402, 145-149.

Mathewson, K. E., Gratton, G., Fabiani, M., Beck, D. M., Ro, T., (2009). To see or not to see: prestimulus α phase predicts visual awareness. Journal of Neuroscience, 29(9), 2725-2732.

Matthews, N., Welch, L., Achtman, R., Fenton, R., & Fitz Gerald, B. (2016). Simultaneity and temporal order judgments exhibit distinct reaction times and training effects. PLoSONE, 11(1), e0145926.

Matthews, W. J. (2013). How does sequence structure affect the judgment of time? Exploring a weighted sum of segments model. Cognitive Psychology, 66(3), 259-282.

Matthews, W. J., & Meck, W. H. (2016). Temporal cognition: Connecting subjective time to perception, attention, and memory. Psychological Bulletin, 142(8), 865-907.

Matthias, K., Mike, M., Mcdaniel, M. A., & Einstein, G. O. (2004). Importance effects on performance in event-based prospective memory tasks. Memory, 12(5), 553-561.

McClain, L. (1983). Interval estimation: Effect of processing demands on prospective and retrospective reports. Perception & Psychophysics, 34(2), 185-189.

McCormack, T. (2015). The development of temporal cognition. Handbook of Child Psychology and Developmental Science, Hoboken, NJ: Wiley.

McCormack, T., Brown, G. D. A., Maylor, E. A., Darby, R. J., & Green, D. (1999).

Developmental changes in time estimation: Comparing childhood and old age. Developmental Psychology, 35(4), 1143-1155.

McDaniel, M. A., & Einstein, G. O. (2000). Strategic and Automatic Processes in Prospective Memory Retrieval: A Multiprocess Framework. Applied Cognitive Psychology, 14, 127-144.

McDaniel, M. A., Glisky, E. L., Rubin, S. R., Guynn, M. J. & Routhieaux, B. C. (1999). Prospective memory: A neuropsychological study. Neuropsychology, 13 (1), 103-110.

McDermott, K. B., & Roediger, H. L. (1994). Effects of imagery on perceptual implicit memory tests. Journal of Experimental Psychology: Learning, Memory, and Cognition, 20 (6), 1379-1390.

McFarland, C. P., & Glisky. E. L. (2009). Frontal lobe involvement in a task of time-based prospective memory. Neuropsychologia, 47, 1660-1669.

McFarland, D. J., Cacace, A. T., & Setzen, G. (1998). Temporal-order discrimination for selected auditory and visual stimulus dimensions. Journal of Speech, Language, and Hearing Research, 41, 300-314.

Meacham, J. A. (1982). A note on remembering to execute planned actions. Journal of Applied Developmental Psychology, 3, 121-133.

Meck, W. H. (2006). Frontal cortex lesions eliminate the clock speed effect of dopaminergic drugs on interval timing. Brain Research, 1108, 157-167.

Meck, W. H., Penney, T. B., & Pouthas, V. (2008). Cortical-striatal representation of time in animals and humans. Current Opinion in Neurobiology, 18, 145-152.

Meck, W.H. (1984). Attentional bias between modalities: effect on the internal clock, memory, and decision stages used in animal time discrimination. Annals of the New York Academy of Sciences, 423, 528-541.

Meredith, M., Nemitz, J., & Stein, B. (1987). Determinants of multisensory integration in superior colliculus neurons. I. Temporal factors. Journal of Neuroscience, 7(10), 3215-3229.

Michon J A. (1972). Processing of temporal information and the cognitive theory of time experience. In: Fraser J T, Haber F C, Muller G H(Eds). The Study of Time, Heidelberg, Berlin: Springer.

Macar, F., Pouthas, V., & Friedman, W. J. (Eds.). (1992). NATO ASI series. Time,

Action and Cognition: Towards Bridging the Gap, Dordrecht: KIuwer Academic.

Mioni, G., Stablum, F., McClintock, S. M., & Grondin, S. (2014). Different methods for reproducing time, different results. Attention, Perception, and Psychophysics, 76(3), 675-681.

Miyazaki, M., Kadota, H., Matsuzaki, K. S., Takeuchi, S., Sekiguchi, H., Aoyama, T., & Kochiyama, T. (2016). Dissociating the neural correlates of tactile temporal order and simultaneity judgements. Scientific Reports, 6, 23323.

Miyazaki, M., Yamamoto, S., Uchida, S., &Kitazawa, S. (2006). Bayesian calibration of simultaneity in tactile temporal order judgment. Nature neuroscience, 9(7), 875-877.

Mochizuki, Y., Takeuchi, S., Masaki, H., Takasawa, N., Yamazaki, Katuo. (2005). An ERP study of the effect of time interval memory trace on temporal processing. International Congress Series, 1278, 373-376.

Monahan, C. B., & Carterette, E. C. (1985). Pitch and Duration as Determinants of Musical Space. Music Perception, 3(1), 1-32.

Morein-Zamir, S., Soto-Faraco, S., & Kingstone, A. (2003). Auditory capture of vision: examining temporal ventriloquism. Cognitive Brain Research, 17(1), 154-163.

Müller-Gethmann, H., Ulrich, R., & Rinkenauer, G. (2003). Locus of the effect of temporal preparation: Evidence from the lateralized readiness potential. Psychophysiology, 40(4), 597-611.

Murre, J. M. J., Janssen, S. M. J., Rouw, R., & Meeter, M. (2013). The rise and fall of immediate and delayed memory for verbal and visuospatial information from late childhood to late adulthood. Acta Psychologica, 142(1), 96-107.

Näätänen, R. (1990). The role of attention in auditory information processing as revealed by event-related potentials and other brain measures of cognitive function. Behavioral and Brain Sciences, 13, 201-288.

Näätänen, R. (1982). Processing negativity: an evoked-potential reflection of selective attention. Psychological Bulletin, 92(3), 605-640.

Näätänen, R., Sams, M., Alho, K., Paavilainen, P., Reinikainen, K., Sokolov, E. N. (1988). Frequency and location specificity of the human vertex N1 wave. Electroencephalography and clinical Neurophyswlogy, 69, 523-531.

Näätänen, R., Paavilainen, P., Reinikainen, K. (1989). Do event-related potentials to infrequent decrements in duration of auditory stimuli demonstrate a memory trace in man?

Neuroscience Letters, 107, 347–352.

Näätänen, R., Paavilainen, P., Reinikainen, K. (1993a). Event–related potentials reveal a memory trace for temporal features. NeuroReport, 5, 310–312.

Näätänen, R., Paavilainen, P., Tiitinen, H., Jiang, D., Alho, K. (1993b). Attention and mismatch negativity. Psychophysiology 30, 436–450.

Näätänen, R., Gaillard, A. W. K., & Mŭntysalo, S. (1978). Early selective–attention effect on evoked potential reinterpreted. Acta Psychologica, 42, 313–329.

Näätänen, R., Jacobsen, T., & Winkler, I. (2005). Memory based or afferent processes in mismatch negativity (MMN): a review of the evidence. Psychophysiology, 42, 25–32.

Näätänen, R., Michie, P. T. (1979). Early selective–attention effects on the evoked potential: a critical review and reinterpretation. Biological Psychology. 8, 81–136.

Näätänen, R., Paavilainen, P., & Rinne, T., Alho, K. (2007). The mismatch negativity (MMN) in basic research of central auditory processing: A review. Clinical Neurophysiology, 118, 2544–2590.

Näätänen, R., Syssoeva, O., & Takegata, R. (2004). Automatic time perception in the human brain for intervals ranging from milliseconds to seconds. Psychophysiology, 41, 660–663.

Näätänen, R., Winkler, I. (1999). The concept of auditory stimulus representation in cognitive neuroscience. Psychological Bulletin, 125(6), 826–859.

Nagai, M., & Saiki, J. (2005). Illusory motion and representational momentum. Perception & Psychophysics, 67(5), 855–866.

Naster, U. M., Okere, U., Stallkamp, R., Moor, C., Ehlert, U., & Kliegel, M. (2006). Psychosocial stress enhances time–based prospective memory in healthy young men. Neurobiology of learning and memory, 86, 344–348.

Naue, N., Rach, S., Strüber, D., Huster, R. J., Zaehle, T., Körner, U., Herrmann, C. S. (2011). Auditory event–related response in visual cortex modulates subsequent visual responses in humans. The Journal of Neuroscience, 31(21), 7729–7736.

Navarra, J., Hartcher–O'Brien, J., Piazza, E.,&Spence, C. (2009). Adaptation to audiovisual asynchrony modulates the speeded detection of sound. Proceedings of the National Academy of Sciences, 106(23), 9169–9173.

Navarra, J., Soto–Faraco, S., & Spence, C. (2007). Adaptation to audiotactile asynchrony. Neuroscience Letters, 413(1), 72–76.

Navarra, J., Vatakis, A., Zampini, M., Soto-Faraco, S., Humphreys, W., & Spence, C. (2005). Exposure to asynchronous audiovisual speech extends the temporal window for audiovisual integration. Cognitive Brain Research, 25(2), 499-507.

Navon, D., & Gopher, D. (1979). On the economy of the human-processing system. Psychological Review, 86(3), 214-255.

Naya, Y., & Suzuki, W. A. (2011). Integrating what and when across the primate medial temporal lobe. Science, 333(6043), 773-776.

N'Diaye, K., Ragot, R., Garnero, L., Pouthas, V. (2004).What is common to brain activity evoked by the perception of visual and auditory filled durations? A study with MEG and EEG co-recordings. Cognitive Brain Research, 21, 250-268.

Nelson, D. L., McKinney, V. M., Gee, N. R., & Janczura, G. A. (1998). Interpreting the influence of implicitly activated memories on recall and recognition. Psychological Review, 105(2), 299—324.

Nelson, D. L., Schreiber, T. A., & McEvoy, C. L. (1992). Processing implicit and explicit representations. Psychological Review, 99(2), 322-348.

Nicholas, B. (2015). How could circadian clock genes influence short duration timing? Time distortions in mind. Leiden, The Netherlands: Brill Academic Pub.

Nicholls M E R. (1994) Hemispheric Asymmetries for Temporal Resolution: A Signal Detection Analysis of Threshold and Bias. The Quarterly Journal of Experimental Psychology Section A, 47(2), 291-310.

Niemi, P., & Näätänen, R. (1981). Foreperiod and simple reaction time. Psychological Bulletin, 89(1), 133-162.

Nigro, G., Senese, V. P., Natullo, O., & Sergi, I. (2002). Preliminary remarks on type of task and delay in children' s prospective memory. Perceptual and Motor Skills, 95, 515-519.

Nishida, S. y., &Johnston, A. (2002). Marker correspondence, not processing latency, determines temporal binding of visual attributes. Current Biology, 12(5), 359-368.

Nobre, A. C. (2001). Orienting attention to instants in time. Neuropsychologia, 39(12), 1317-1328.

Nobre, A. C., Correa, Á., & Coull, J. T. (2007). The hazards of time. Current Opinion in Neurobiology, 17(4), 465-470.

Noulhiane, M., Pouthas, V., Hasboun, D., Baulac, M., & Samson, S. (2007). Role of the medial temporal lobe in time estimation in the range of minutes. Neuroreport, 18(10), 1035-1038.

Novitski, N., Huotilainen, M., Tervaniemi, M., Näätänen, R., Fellman, V. (2007). Neonatal frequency discrimination in 250--4000 Hz frequency range: electrophysiological evidence. Clinical Neurophysiology, 118, 412-419.

Nowinski, J. L., & Dismukes, R. K. (2005). Effects of ongoing task context and target typicality on prospective memory performance: The importance of associative cueing. Memory, 13(6), 649-657.

Okuda, J., Fujii, T., Ohtake, H., Tsukiura, T., Yamadori, A., Frith, C. D., & Burgess, P. W. (2007). Differential involvement of regions of rostral prefrontal cortex (Brodmann area 10) in time-and event-based prospective memory. International Journal of Psychophysiology, 64(3), 233-246.

Okuda, J., Fujii, T., Yamadori, A., Kawashima, R., Tsukiura, T., Fukatsu, R., Suzuki, K., Ito, M., Fukuda, H. (1998). Participation of the prefrontal cortices in prospective memory: evidence from a PET study in humans. Neuroscience Letters, 253, 127-130.

Olatunji, B. O., Ciesielski, B. G., Armstrong, T., & Zald, D. H. (2011). Emotional expressions and visual search efficiency: Specificity and effects of anxiety symptoms. Emotion, 11 (5), 1073-1079.

Ono, F., Kawahara, J. (2005). The effect of unconscious priming on temporal production. Consciousness and Cognition, 14, 474-482.

O'Reilly, J. X., Mesulam, M. M., & Nobre, A. C. (2008). The cerebellum predicts the timing of perceptual events. The Journal of Neuroscience, 28(9), 2252-2260.

Ornstein, R. E. (1915). On the Experience of Time. Monist, 25(2), 212-233.

Ortega, L., & Lopez, F. (2008). Effects of visual flicker on subjective time in a temporal bisection task. Behavioural Processes, 78, 380-386.

Ortega, L., Lopez, F., & Church, R. M. (2009). Modality and intermittency effects on time estimation. Behavioural Processes, 81, 270-273.

Ortells, J.J., Fox, E., Noguera, C., Abad, M. J. F. (2003). Repetition priming effects from attended vs ignored single words in a semantic categorization task. Acta Psychologica, 114, 185-210.

Ouellet, M., Santiago, J., Israeli, Z., & Gabay, S. (2010). Is the future the right time? Experimental Psychology, 57(4), 308-314.

Paavilainen, P., Simola, J., Jaramillo, M., Naatanen, R., Winkler, I. (2001). Preattentive extraction of abstract feature conjunctions from auditory stimulation as reflected by the mismatch negativity (MMN). Psychophysiology, 38, 359–365.

Palmer, C., & Krumhansl, C. L. (1987). Independent temporal and pitch structures in determination of musical phrases. Journal of Experimental Psychology Human Perception & Performance, 13(1), 116–126.

Park, D. C., Hertzog, C., Kidder, D. P., Morrell, R. W., & Mayhorn, C. B. (1997). Effect of age on event-based and time-based prospective memory. Psychology and Aging, 12(2), 314–327.

Pashler, H. (1998). The psychology of attention. Cambridge, MA: MIT Press.

Pathman, T., & Ghetti, S. (2014). The eyes know time: A novel paradigm to reveal the development of temporal memory. Child Development, 85(2), 792–807.

Pathman, T., Doydum, A., &Bauer, P. J. (2013). Bringing order to life events: Memory for the temporal order of autobiographical events over an extended period in school-aged children and adults. Journal of Experimental Child Psychology, 115(2), 309–325.

Pazo-Alvarez, P., Cadaveira, F., Amenedo, E. (2003). MMN in the visual modality: a review. Biological Psychology, 63, 199–236.

Pedri, S., & Hesketh, B. (1993). Time perception: Effects of task speed and delay. Perceptual and Motor Skills, 76(2), 599–608.

Penney, T. B., Gibbon, J., Meck, W. H. (2000). Differential effects of auditory and visual signals on clock speed and temporal memory. Journal of Experimental Psychology: Human Perception and Performance, 26(6), 1770–1787.

Penney, T. B., Meck, W. H., Roberts, S. A., Gibbon, J., Erlenmeyer-Kimling, L. (2005). Interval-timing deficits in individuals at high risk for schizophrenia. Brain and Cognition, 58, 109–118.

Penney, T. B., Tourret, S. (2005). Les effets de la modalité sensorielle sur la perception du temps [Modality effects in short interval timing]. Psychologie Française, 50, 131–143.

Penney, T. B. (2003). Modality differences in interval timing attention, clock speed, and memory. Functional and Neural Mechanisms of Interval Timing. Boca-Raton, FL, CRC Press.

Penton-Voak, I. S., Edwards, H., Percival, A., & Wearden, J. H. (1996). Speeding up an internal clock in humans? Effects of click trains on subjective duration. Journal of Experimental Psychology: Animal Behavior Processes, 22(3), 307–320.

Perbal, S., Droit-Volet, S., Isingrini, M., & Pouthas, V. (2002). Relationships between age-related changes in time estimation and age-related changes in processing speed, attention, and memory. Aging, Neuropsychology, and Cognition, 9(3), 201-216.

Perbal, S., Pouthas, V., & Van der Linden, M. (2000). Time estimation and amnesia: A case study. Neurocase, 6(4), 347-356.

Pérez, A., García, L., Valdés-Sosa, M., & Jaśkowski, P. (2011). Influence of the learnt direction of reading on temporal order judgments. Psychology, 2(2), 103-108.

Pérez, A., Penton, L. G., &Valdes-Sosa, M. (2008). Rightward shift in temporal order judgements in the wake of the attentional blink. Psicologica, 29(1), 35-54.

Pfeuty, M., Dilharreguy, B., Gerlier, L.,&Allard, M. (2015). fMRI identifies the right inferior frontal cortex as the brain region where time interval processing is altered by negative emotional arousal. Human Brain Mapping, 36(3), 981-995.

Pfeuty, M., Ragot, R., & Pouthas, V. (2003). When time is up: CNV time course differentiates the roles of the hemispheres in the discrimination of short tone durations. Experimental Brain Research, 151(3), 372-379.

Pfeuty, M., Ragot, R., & Pouthas, V. (2008). Brain activity during interval timing depends on sensory structure. Brain Reseach, 1204, 112-117.

Piantoni, G., Kline, K.A., Eagleman, D. M. (2010). Beta oscillations correlate with the probability of perceiving rivalrous visual stimuli. Journal of Vision, 10(18), 1-11.

Picton, T.W., Woods, D. L., Proulx, G. B. (1978). Human auditory sustained potentials: II. Stimulus relationships. Electroencephalography and Clinical Neurophysiology, 45, 198-210.

Poliakoff, E., Shore, D. I., Lowe, C., & Spence, C. (2006). Visuotactile temporal order judgments in ageing. Neuroscience Letters, 396(3), 207-211.

Pöppel E , Wittmann M. Time in the Mind(in Chinese). In:Wilson R A , Keil F C eds. 认知科学百科全书(The MIT Encyclopedia of the Cognitive Sciences), 上海:外语教育出版社, 2000:841-842

Pöppel, E., & Artin, T. T. (1988). Mind works: Time and conscious experience. Boston: Harcourt Brace Jovanovich.

Posner, M. I., Snyder, C. R., & Davidson, B. J. (1980). Attention and the detection of signals. Journal of Experimental Psychology: General, 109(2), 160-174.

Powers, A. R., III, Hillock, A. R., &Wallace, M. T. (2009). Perceptual training narrows the temporal window of multisensory binding. Journal of Neuroscience., 29(39), 12265-12274.

Provasi, J., Rattat, A. C., & Droit-Volet, S. (2011). Temporal bisection in 4-month-old infants. Journal of Experimental Psychology: Animal Behavior Processes, 37(1), 108-113.

Pylyshyn, Z. W. (1981). The imagery debate: Analogue media versus tacit knowledge. Psychological Review, 88(1), 16-45.

Raz, N. (1999). Aging of the brain and its impact on cognitive performance: Integration of structural and functional findings.1-90.

Reed, C. L., & Vinson, N. G. (1996). Conceptual effects on representational momentum. Journal of Experimental Psychology: Human Perception and Performance, 22(4), 839-850.

Requin, J., Brener, J., & Ring, C. (1991). Preparation for action. In Jennings, J. R., & Coles, M. G. H. (Eds), Handbook of cognitive psychophysiology: Central and autonomic nervous system approaches (pp. 357-448). New York: Wiley.

Roberts, R. D., & Humphreys, G. W. (2008). Task effects on tactile temporal order judgments: When space does and does not matter. Journal of Experimental Psychology. Human Perception and Performance, 34(3), 592-604.

Rochetta, A. I., & Milner, B. (1993). Strategic search and retrieval inhibition: The role of the frontal lobes. Neuropsychologia, 31(6), 503-524.

Roediger, H. L. (1990). Implicit memory: Retention without remembering. American Psychologist, 45(9), 1043-1056.

Rohenkohl, G., Coull, J. T., & Nobre, A. C. (2011). Behavioural dissociation between exogenous and endogenous temporal orienting of attention. PloS One, 6(1), e14620.

Romei, V., Brodbeck, V., Michel, C., Amedi, A., Pascual-Leone, A., Thut, G., (2008). Spontaneous fluctuations in posterior α-band EEG activity reflect variability in excitability of human visual areas. Cerebral Cortex, 18, 2010-2018.

Roy, M. M., & Christenfeld, N. J. S. (2007). Bias in memory predicts bias in estimation of future task duration. Memory & Cognition, 35(3), 557-564.

Sahakyan, L., & Smith, J. R. (2014). "A long time ago, in a context far, far away": Retrospective time estimates and internal context change. Journal of Experimental Psychology: Learning, Memory, and Cognition, 40(1), 86-93.

Samaha, J., Postle, B.R. (2015). The speed of alpha-band oscillations predicts the temporal resolution of visual perception. Current Biology. 25(22), 2985-2990.

Sambeth, A., Huotilainen, M., Kushnerenko, E., Fellman, V., Pihko, E. (2006). Newborns discriminate novel from harmonic sounds: a study using magnetoencephalography. Clinical Neurophysiology, 117, 496-503.

Sambo, C. F., Torta, D. M., Gallace, A., Liang, M., Moseley, G. L., & Iannetti, G. D. (2013). The temporal order judgement of tactile and nociceptive stimuli is impaired by crossing the hands over the body midline. Pain, 154(2), 242-247.

Sams, M., Paavilainen, P., Alho, K., Näätänen, R. (1985). Auditory frequency discrimination and event-related potentials. Electroencephalography and Clinical Neurophysiology, 62, 437-448.

Santi, A., Keough, D., Gagne, S., & Rooyen, V. P. (2007). Differential effects of empty and filled intervals on duration estimation by pigeons: Test of an attention-sharing explanation. Behavioural Processes, 74, 176-186.

Santiago, J., Lupiáñez, J., Pérez, E., & Funes, M. J. (2007). Time (also) flies from left to right. Psychonomic Bulletin & Review, 14(3), 512-516.

Scharlau, I. (2002). Leading, but not trailing, primes influence temporal order perception: further evidence for an attentional account of perceptual latency priming. Perception & Psychophysics, 64(8), 1346-1360.

Scharlau, I. (2004). Evidence against response bias in temporal order tasks with attention manipulation by masked primes. Psychological Research, 68, 224-236.

Scharlau, I., & Neumann, O. (2003a). Temporal parameters and time course of perceptual latency priming. Acta psychologica, 113(2), 185-203.

Scharlau, I., & Neumann, O. (2003b). Perceptual latency priming by masked and unmasked stimuli: Evidence for an attentional interpretation. Psychological Research, 67(3), 184-196.

Scharlau, I., Ansorge, U., & Horstmann, G. (2006). Latency facilitation in temporal-order judgments: Time course of facilitation as a function of judgment type. Acta Psychologica, 122(2), 129-159.

Schicke, T., & Röder, B. (2006). Spatial remapping of touch: Confusion of perceived stimulus order across hand and foot. Proceedings of the National Academy of Sciences of the United States of America, 103(31), 11808-11813.

Schneider, W., & Shiffrin, R. M. (1977). Controlled and automatic human information processing: Detection, search and attention. Psychological Review, 84(1), 1-66.

Schröger, E., Wolff, C. (1996). Mismatch response of the human brain to changes in sound location. Neuroreport, 7, 3005-3008.

Scullin, M. K., McDaniel, M. A., & Einstein, G. O. (2010). Journal of Experimental Psychology: Learning, Memory, and Cognition, 36(1), 190-203.

Scullin, M. K., McDaniel, M. A., Shelton, J. T., & Lee, J. H. (2010). Focal/nonfocal cue effects in prospective memory: monitoring difficulty or different retrieval processes? Journal of Experimental Psychology: Learning, Memory, and Cognition, 36(3), 736-749.

Seibold, V. C., Fiedler, A., & Rolke, B. (2011). Temporal attention shortens perceptual latency: A temporal prior entry effect. Psychophysiology, 48(5), 708-717.

Senkowski, D., Talsma, D., Grigutsch, M., Herrmann, C.S., Woldorff, M. G. (2007). Good times for multisensory integration: effects of the precision of temporal synchrony as revealed by gamma-band oscillations. Neuropsychologia 45, 561-571.

Setti, A., Finnigan, S., Sobolewski, R., McLaren, L., Robertson, I. H., Reilly, R. B., Newell, F. N. (2011). Audiovisual temporal discrimination is less efficient with aging: An event-related potential study. NeuroReport, 22(11), 554-558.

Shore, D. I., Spence, C., & Klein, R. M. (2001). Visual prior entry. American Psychological Society, 12(3), 205-212.

Shore, D. I., Gray, K., Spry, E., & Spence, C. (2005). Spatial modulation of tactile temporal-order judgments. Perception, 34(10), 1251-1262.

Simons, D. J. (2000). Attentional capture and in attentional blindness. Trends Cognitive Sciences, 4(4), 147-155.

Smith, M. R., & Parshuram, C. S. (2008). Learning in patient-based education sessions: A prospective evaluation. Pediatric Critical Care Medicine, 9(1), 86-90.

Smith, R. E. (2003). The cost of remembering to remember in event-based prospective memory: investigating the capacity demands of delayed intention performance. Journal of Experimental Psychology: Learning, Memory, and Cognition, 29(3), 347-361.

Smith, R. E., & Bayen, U. J. (2004). A multinomial model of event-based prospective memory, Journal of Experimental Psychology: Learning, Memory, and Cognition, 30(4), 756-777.

Smith, R. E., & Hunt, R. R. (2007). The cost of event-based prospective memory: Salient target events. Journal of experimental psychology: Learning, memory, and cognition, 33(4), 734-746.

Song, K., Meng, M., Chen, L., Zhou, K., Luo, H. (2014). Behavioral oscillations in attention: rhythmic α pulses mediated through θ band. Journal of Neuroscience, 34(14), 4837-4844.

Sonnadara, R. R., Alain, C., & Trainor, L. J. (2006). Effects of spatial separation and stimulus probability on the event-related potentials elicited by occasional changes in sound location. Brain Research, 1076, 175-185.

Spence, C., & Squire, S. (2003). Multisensory integration: Maintaining the perception of synchrony. Current Biology, 13(13), 519-521.

Spence, C., Baddeley, R., Zampini, M., James, R., & Shore, D. I. (2003). Multisensory temporal order judgments: When two locations are better than one. Perception &Psychophysics, 65(2), 318-328.

Spence, C., Shore, D. I., & Klein, R. M. (2001). Multisensory prior entry. Journal of Experimental Psychology: General, 130(4), 799-832.

Spence, C., & Parise, C. (2010). Prior-entry: A review. Consciousness and Cognition, 19(1), 364-379.

Srinivas, K. (1996). Contrast and illumination effects on explicit and implicit measures of memory. Journal of Experimental Psychology: Learning, Memory and Cognition, 22(5), 1123-1135.

Staddon, J. E. R. (2005). Interval timing: Memory, not a clock. Trends in Cognitive Sciences, 9(7), 312-314.

Staddon, J. E. R., & Higa, J. J. (1999). Time and memory: Towards a pacemaker-free theory of interval timing. Journal of the Experimental Analysis of Behavior, 71(2), 215-251.

Stein, B. E., & Stanford, T. R. (2008). Multisensory integration: current issues from the perspective of the single neuron. Nature Reviews Neuroscience, 9(4), 255-266.

Steinborn, M. B., Rolke, B., Bratzke, D., & Ulrich, R. (2009). Dynamic adjustment of temporal preparation: Shifting warning signal modality attenuates the sequential fore period effect. Acta Psychologica, 132(1), 40-47.

Sternberg, S. (1969). The discovery of processing stages: Extensions of Donders' method. Acta psychologica, 30, 276-315.

Sternberg, S., & Knoll, R. (1973). The perception of temporal order: Fundamental issues and a general model. Attention and performance IV. New York: Academic Press.

Stetson, C., Cui, X., Montague, P. R., & Eagleman, D. M. (2006). Motor-sensory recalibration leads to an illusory reversal of action and sensation. Neuron, 51(5), 651-659.

Stickel, A., Kawa, K., Walther, K., Glisky, E. L., Richholt, R., Huentelman, M., & Ryan, L. (2017). Age-modulated associations between KIBRA, brain volume, and verbal memory among healthy older adults. Frontiers in Aging Neuroscience, 9, 431.

Stolz, J. A. (1999). Word recognition and temporal order judgments: Semantics turns back the clock. Canadian Journal of Experimental Psychology, 53(4), 316-322.

Stolz, J. A., & Stevanovski, B. (2004). Interactive activation in visual word recognition: constraints imposed by the joint effects of spatial attention and semantics. Journal of Experimental Psychology: Human Perception and Performance, 30(6), 1064-1076.

Stone, J. V., Hunkin, N. M., Porrill, J., Wood, R., Keeler, V., Beanland, M., Porter, N. R. (2001). When is now? Perception of simultaneity. Proceedings of the Royal Society B: Biological Sciences, 268(1462), 31-38.

Strüber, D., Basar-Eroglu, C., Hoff, E., Stadler, M. (2000). Reversal-rate dependent differences in the EEG gamma-band during multistable visual perception. International Journal of Psychophysiology, 38, 243-252.

Strüber, D., Herrmann, C. S. (2002). MEG alpha activity decrease reflects destabilization of multistable percepts. Cognitive Brain Research, 14, 370-382.

Stuss, D. T., Alexander, M. P., Shallice, T., Picton, T. W., Binns, M. A., Macdonald, R., Katz, D. I. (2005). Multiple frontal systems controlling response speed. Neuropsychologia, 43(3), 396-417.

Sugano, Y., Keetels, M., & Vroomen, J. (2010). Adaptation to motor-visual and motor-auditory temporal lags transfer across modalities. Experimental Brain Research, 201(3), 393-399.

Szpunar, K. K., &Schacter, D. L. (2013). Get real: Effects of repeated simulation and emotion on the perceived plausibility of future experiences. Journal of Experimental Psychology: General, 142(2), 323-327.

Szymaszek, A., Sereda, M., Pöppel, E., & Szelag, E. (2009). Individual differences in the perception of temporal order: The effect of age and cognition. Cognitive Neuropsychology, 26(2), 135-147.

Szymaszek, A., Szelag, E., & Sliwowska, M. (2006). Auditory perception of temporal order in humans: The effect of age, gender, listener practice and stimulus presentation mode. Neuroscience Letters, 403(1-2), 190-194.

Takahashi, K., Saiki, J., & Watanabe, K. (2008). Realignment of temporal simultaneity between vision and touch. NeuroReport, 19(3), 319-322.

Tallal, P., Merzenich, M. M., Miller, S., & Jenkins, W. (1998). Language learning impairments: integrating basic science, technology, and remediation. Experimental Brain Research, 123(1-2), 210-219.

Tallon-Baudry, C. (2009). The roles of gamma-band oscillatory synchrony in human visual cognition. Frontiers in Bioscience, 14, 321-332.

Talsma, D., Senkowski, D., Soto-Faraco, S., & Woldorff, M. G. (2010). The multifaceted interplay between attention and multisensory integration. Trends in Cognitive Sciences, 14(9), 400-410.

Tata, M. S., & Ward, L. M. (2005). Early phase of spatial mismatch negativity is localized to a posterior "where" auditory pathway. Experimental Brain Research, 167, 481-486.

Tenpenny, P. L., & Shoben, E. J. (1992). Component processes and the utility of the conceptually-driven/data-driven distinction. Journal of Experimental Psychology: Learning, Memory, and Cognition, 18(1), 25—42.

Tervaniemi, M., Medvedev, SV., Alho, K., Pakhomov, S. V., Roudas, M. S., van Zuijen, T. L., Näätänen, R. (2000). Lateralized automatic auditory processing of phonetic versus musical information: a PET study. Human Brain Mapping, 10, 74-79.

Thoenes, S., & Oberfeld, D. (2017). Meta-analysis of time perception and temporal processing in schizophrenia: Differential effects on precision and accuracy. Clinical Psychology Review, 54, 44-64.

Thorne, J.D., De Vos, M., Viola, F.C., Debener, S. (2011). Cross-modal phase reset predicts auditory task performance in humans. The Journal of Neuroscience, 31(10), 3853-3861.

Thornton, I. M., & Hubbard, T. L. (2002). Representational momentum: New findings, new directions. Visual Cognition, 9(1-2), 1-7.

Tipper, S.P., Cranston, M. (1985). Selective attention and priming: Inhibitory and facilitatory effects of ignored primes. Quarterly Journal of experimental psychology section A: human, experimental psychology, 37(4), 581-611.

Tobin, S., Bisson, N., & Grondin, S. (2010). An ecological approach to prospective and retrospective timing of long durations: A study involving gamers. PLoS One, 5(2), e9271.

Treisman, M. (1963). Temporal discrimination and the indifference interval: Implications for a model of the "internal clock". Psychological Monographs, 77(13), 1–31.

Treisman, M., & Brogan, D. (1992). Time perception and the internal clock: Effects of visual flicker on the temporal oscillator. European Journal of Cognitive Psyhology, 4(1), 41–70.

Treisman, M., Cook, N., Naish, P. L. N., & MacCrone, J. K. (1994). The internal clock: Electroencephalographic evidence for oscillatory processes underlying time perception. Quarterly Journal of Experimental Psychology, 47(2), 241–289.

Treisman, M., Faulkner, A., Naish, P. L. N., & Brogan, D. (1990). The internal clock: Evidence for a temporal oscillator underlying time perception with some estimates of its characteristic frequency. Perception, 19, 705–743.

Triviño, M., Arnedo, M., Lupiáñez, J., Chirivella, J., & Correa, Á. (2011). Rhythms can overcome temporal orienting deficit after right frontal damage. Neuropsychologia, 49(14), 3917–3930.

Triviño, M., Correa, Á., Arnedo, M., & Lupiáñez, J. (2010). Temporal orienting deficit after prefrontal damage. Brain, 133(4), 1173–1185.

Troyer, A. K., & Murphy, K. J. (2007). Memory for intentions in amnestic mild cognitive impairment: Time–and event–based prospective memory. Journal of the International Neuropsychological Society, 13(2), 365–369.

Truong, G., Roberts, K. H., & Todd, R. M. (2017). I saw mine first: A prior–entry effect for newly acquired ownership. Journal of Experimental Psychology: Human Perception and Performance, 43(1), 192–205.

Ulbrich, P., Churan, J., Fink, M., & Wittmann, M. (2007). Temporal reproduction: Further evidence for two processes. Acta Psychologica, 125(1), 51–65.

Ulbrich, P., Churan, J., Fink, M., & Wittmann, M. (2009). Perception of temporal order: The effects of age, sex, and cognitive factors. Aging, Neuropsychology, and Cognition, 16(2), 183–202.

Ulrich, R., Nitschke, J., & Rammsayer, T. (2006). Perceived duration of expected and unexpected stimuli. Psychological Research, 70, 77–87.

Ulrich, R. (1987). Threshold models of temporal–order judgments evaluated by a ternary response task. Perception & Psychophysics, 42(3), 224–239.

Vaidya, C. J., Gabrieli, J. D. E., Keane, M. M., Monti, L. A., Gutierrez-Rivas, H., & Zarella, M. M. (1997). Evidence for multiple mechanisms of conceptual priming on implicit memory tests. Journal of Experimental Psychology: Learning, Memory, and Cognition, 23 (6), 1324-1343.

Vallesi, A., & Shallice, T. (2007). Developmental dissociations of preparation over time: Deconstructing the variable foreperiod phenomena. Journal of Experimental Psychology: Human Perception and Performance, 33(6), 1377-1388.

Vallesi, A., Arbula, S., & Bernardis, P. (2014). Functional dissociations in temporal preparation: Evidence from dual-task performance. Cognition, 130(2), 141-151.

Vallesi, A., McIntosh, A. R., Shallice, T., & Stuss, D. T. (2009). When time shapes behavior: fMRI evidence of brain correlates of temporal monitoring. Journal of Cognitive Neuroscience, 21(6), 1116-1126.

Vallesi, A., Mussoni, A., Mondani, M., Budai, R., Skrap, M., & Shallice, T. (2007). The neural basis of temporal preparation: Insights from brain tumor patients. Neuropsychologia, 45(12), 2755-2763.

Vallesi, A., Shallice, T., & Walsh, V. (2007). Role of the prefrontal cortex in the fore period effect: TMS evidence for dual mechanisms in temporal preparation. Cerebral Cortex, 17 (2), 466-474.

Van der Burg, E., Cass, J., Olivers, C. N. L., Theeuwes, J., & Alais, D. (2010). Efficient visual search from synchronized auditory signals requires transient audiovisual events. Plos One, 5(5), e10664.

Van der Burg, E., Olivers, C., Bronkhorst, A., & Theeuwes, J. (2008). Pip and pop: nonspatial auditory signals improve spatial visual search. Journal of Experimental Psychology Human perception and performance, 34(5), 1053-1065.

van Dijk, H., Schoffelen, J.-M., Oostenveld, R., Jensen, O. (2008). Prestimulus oscillatory activity in the alpha band predicts visual discrimination ability. The Journal of Neuroscience, 28(8), 1816-1823.

Van Eijk, R. L. J., Kohlrausch, A., Juola, J. F., Van De Par, S. (2008). Audiovisual synchrony and temporal order judgments: effects of experimental method and stimulus type. Perception & Psychophysics, 70(6), 955-968.

van Eijk, R. L. J., Kohlrausch, A., Juola, J. F., van de Par, S. (2009). Temporal interval discrimination thresholds depend on perceived synchrony for audio-visual stimulus pairs.

Journal of Experimental Psychology: Human Perception and Performance, 35(4), 1254-1263.

Van Kesteren, M.T.R., & Wiersinga-Post, J. E. C. (2007). Auditory temporal-order thresholds show no gender differences. Restorative Neurology and Neuroscience, 25(2), 119-122.

van Wassenhove, V., Grant, K.W., Poeppel, D. (2007). Temporal window of integration in auditory-visual speech perception. Neuropsychologia, 45, 598-607.

Vanneste J. H. & Wearden, S, V. P. (2001). Temporal control of rhythmic performance: a comparison between young and old adults. Experimental Aging Research, 27(1), 83-102.

VanRullen, R., Reddy, L., Koch, C. (2006). The continuous wagon wheel illusion is associated with changes in electroencephalogram power at approximately 13 Hz. The Journal of Neuroscience, 26(2), 502-507.

VanRullen, R., Zoefel, B., Ilhan, B. (2014). On the cyclic nature of perception in vision versus audition. Philos. Philosophical Transactions of the Royal Society B-Biological Sciences, 369, 1641.

Varela, F.J., Toro, A., Roy John, E., Schwartz, E. L. (1981). Perceptual framing and cortical alpha rhythm. Neuropsychologia 19(5), 675-686.

Vatakis, A., & Spence, C. (2007). Cross modal binding: Evaluating the "unity assumption" using audiovisual speech stimuli. Perception & Psychophysics, 69(5), 744-756.

Vitulli, W. F. (2003). A systematic replication of variations in verbal content and delay on time estimation and short-term memory. Perceptual and Motor Skills, 96, 1215-1222.

Vitulli, W. F., & Crimmins, K. A. (1999). An experiment in time perception: Separating rate of presentation from type of estimation. Perceptual and Motor Skills, 88(3), 961-969.

Vitulli, W. F., & Nemeth, Y. M. (2001). Perception of time: Variations in verbal content and delay of estimation. Perceptual and Motor Skills, 92(1), 316-318.

Vitulli, W. F., & Shepard, H. A. (1996). Time estimation: Effects of cognitive task, presentation rate, and delay. Perceptual and Motor Skills, 83(3), 1387-1394.

Vortac, O. U., Edwards, M. B., & Manning, C. A. (1995). Functions of external cues in prospective memory. Memory, 3(2), 201-219.

Vroomen, J., & Keetels, M. (2010). Perception of intersensory synchrony: A tutorial review. Attention, Perception & Psychophysics, 72(4), 871-884.

Vroomen, J., Keetels, M., de Gelder, B., & Bertelson, P. (2004). Recalibration of temporal order perception by exposure to audio-visual asynchrony. Cognitive Brain Research, 22

(1), 32-35.

Wada, M., Yamamoto, S., & Kitazawa, S. (2004). Effects of handedness on tactile temporal order judgment. Neuropsychologia, 42(14), 1887-1895.

Wagener, A., & Hoffmann, J. (2010). Behavioural adaptations to redundant frequency distributions in time. Attention and time. Oxford: Oxford University Press.

Walter, W.G., Winter, A. L., Cooper, R., Mccallum, W. C., Aldridge, V. J. (1964). Contingent negative variation: An electric sign of sensorimotor association and expectancy in the human brain. Nature, 203, 380-384.

Wang, Y., Chan, R. C. K., Hong, X., Ma, Z., Yang, T., Guo, L., Gong, Q. (2008). c Schizophrenia Research, 105(1-3), 114-124.

Wang, Y., Cui, J., Chan, R. C. K., Deng, Y., Shi, H., Hong, X.,Shum, D. (2009). Meta-analysis of prospective memory in schizophrenia: nature, extent, and correlates. Schizophrenia Research, 114(1-3), 64-70.

Wang, Y. P., Tian, S. J., Wang, H., Cui, L. L., Zhang, Y. Y., Zhang, X. (2003). Event-related potentials evoked by multi-feature conflict under different attentive conditions. Experimental Brain Research, 148, 451-457.

Wearden, J. H. (2005). The wrong tree: Time perception and time experience in the elderly.

Wearden, J. H. (2016). The psychology of time perception. London: Palgrave Macmillan.

Wearden, J. H., Norton, R., Martin, S., & Montford-Bebb, C. (2007). Internal clock processes and the filled-duration illusion. Journal of Experimental Psychology: Human Perception and Performance, 33(3), 716-729.

Wearden, J. H., Philpott, K., & Win, T. (1999). Speeding up and (…relatively…) slowing down and internal clock in humans. Behavioural Processes, 46, 63-73.

Wearden, J. H., Smith-Spark, J. H., Cousins, R., Edelstyn, N. M. J., Cody, F. W. J., & O'Boyle, D. J. (2009). Effect of click trains on duration estimates by people with Parkinson's disease. The Quarterly Journal of Experimental Psychology, 62(1), 33-40.

Wearden, J. H., Todd, N. P. M., & Jones, L. A. (2006). When do auditory/ visual differences in duration judgements occur? Quarterly Journal of Experimental Psychology, 59 (10), 1709-1724.

Wearden, J. H., Edwards, H., Fakhri, M., Percival, A. (1998). Why "sounds are judged longer than lights": application of a model of the internal clock in humans. The Quarterly Journal of Experimental Psychology Section B, 51(2), 97–120.

Wei, J. H., Chan, T. C., Luo, Y. J. (2002). A modified oddball paradigm "cross-modal delayed response" and the research on mismatch negativity. Brain Research Bulletin, 57(2), 221–230.

Weiler, J. A., Suchan, B., & Daum, I. (2010). Foreseeing the future: Occurrence probability of imagined future events modulates hippocampal activation. Hippocampus, 20(6), 685–690.

West, R., Herndon, R. W., & Crewdson, S. J. (2001). Neural activity associated with the realization of a delayed intention. Cognitive Brain Research, 12(1), 1–9.

West, R., Krompinger, J., & Bowry, R. (2005). Disruptions of preparatory attention contribute to failures of prospective memory. Psychonomic Bulletin & Review, 12(3), 502–507.

West, G. L., Anderson, A. A. K., & Pratt, J. (2009). Motivationally significant stimuli show visual prior entry: Evidence for attentional capture. Journal of Experimental Psychology: Human Perception and Performance, 35(4), 1032–1042.

Wiener, M., Lohoff, F. W., & Coslett, H. B. (2011). Double dissociation of dopamine genes and timing in humans. Journal of Cognitive Neuroscience, 23(10), 2811–2821.

Wiener, M., Turkeltaub, P. E., & Coslett, H. (2010). Implicit timing activates the left inferior parietal cortex. Neuropsychologia, 48(13), 3967–3971.

Winkler, I. (2007). Interpreting the mismatch negativity. Journal of Psychophysiology, 21(3–4), 147–163.

Winkler, I., Fischer, K., Kliesow, K., Rudolph, T., Thiel, C., & Sedlmeier, P. (2017). Has it really been that long? Why time seems to speed up with age. Timing and Time Perception, 5, 168–189.

Winter, R., Harrar, V., Gozdzik, M., & Harris, L. R. (2008). The relative timing of active and passive touch. Brain Research, 1242, 54–58.

Witherspoon, D., Allan, L. G. (1985). The effect of a prior presentation on temporal judgments in a perceptual identification task. Memory & Cognition, 13(2), 101–111.

Wittmann, M. (2013). The inner sense of time: How the brain creates a representation of duration. Nature Reviews Neuroscience, 14(3), 217–223.

Wittmann, M., & Paulus, M. P. (2008). Decision making, impulsivity and time perception. Trends in Cognitive Sciences, 12(1), 7–12.

Wittmann, M., Burtscher, A., Fries, W., von Steinbüchel, N. (2004). Effects of lesion size and location on temporal-order Judgment in brain-injured patients. NeuroReport, 15(15), 2401-2405.

Wittmann, M., Fink, M. (2004). Time and language-critical remarks on diagnosis and training methods of temporal-order judgment. Acta Neurobiologiae Experimentalis, 64, 341-348.

Wittmann, M., Rudolph, T., Linares Gutierrez, D., & Winkler, I. (2015). Time perspective and emotion regulation as predictors of age-related subjective passage of time. International Journal of Environmental Research and Public Health, 12(12), 16027-16042.

Wittmann, M., & Szelag, E. (2003). Sex differences in perception of temporal order. Perceptual & Motor Skills, 96(1), 105-112.

Woldorff, M.G., Hackley, S. A., Hillyard, S. A. (1991). The effects of channel-selective attention on the mismatch negativity wave elicited by deviant tones. Psychophysiology, 28(1), 30-42.

Woods, D. L., Alho, K., Algazi, A. (1992). Intermodal selective attention: I. Effects on event-related potentials to lateralized auditory and visual stimuli. Electroencephalography and Clinical Neurophysiology, 82, 341-355.

Wyart, V., Tallon-Baudry, C. (2009). How ongoing fluctuations in human visual cortex predict perceptual awareness: baseline shift versus decision bias. Journal of Neuroscience, 29(27), 8715-8725.

Xuan, B., Zhang, D., He, S., & Chen, X. (2007). Larger stimuli are judged to last longer. Journal of Vision, 7(10), 1-5.

Yamada, Y., &Kawabe, T. (2011). Emotion colors time perception unconsciously. Consciousness and Cognition, 20(4), 1835-1841.

Yarrow, K., Jahn, N., Durant, S., & Arnold, D. H. (2011). Shifts of criteria or neural timing? The assumptions underlying timing perception studies. Consciousness and Cognition, 20(4),1518-1531.

Yates, M. J., & Nicholls, M. E. R. (2011). Somatosensory prior entry assessed with temporal order judgments and simultaneity judgments. Attention, Perception & Psychophysics, 73,1586-1603.

Yates, M. J., & Nicholls, M. E. R. (2009). Somatosensory prior entry. Attention, Perception, & Psychophysics,71(4),847-859.

Ylinen, S., Shestakova, A., Huotilainen, M., Alku, P., Naatanen, R. (2006). Mismatch negativity (MMN) elicited by changes in phoneme length: a cross linguistic study. Brain Research, 1072, 175-185.

Yu, J., Cheng, H. B., & Peng, P. (2016). Using a pictorial timeline to assess age-related changes in time estimation of daily events. Acta Psychologica, 164, 19-26.

Yu, L., Stein, B. E., & Rowland, B. A. (2009). Adult plasticity in multisensory neurons: Short-term experience-dependent changes in the superior colliculus. Journal of Neuroscience, 29(50), 15910-15922.

Zakay, D. (1993). Time estimation methods—do they influence prospective duration estimates? Perception, 22(1), 91-101.

Zakay, D. (2014). Psychological time as information: The case of boredom. Frontiers in Psychology, 5, 917.

Zakay, D., & Feldman, T. (1993). The role of segmentation and recallability in retrospective time estimation. The Psychological Record, 43(3), 415-428.

Zakay, D., & Block, R. A. (2004). Prospective and retrospective duration judgments: An executive-control perspective. Acta Neurobiologiae Experimentalis, 64(3), 319-328.

Zampini, M., Bird, K. S., Bentley, D. E., Watson, A., Barrett, G., Jones, A. K., & Spence, C. (2007). "Prior entry" for pain: Attention speeds the perceptual processing of painful stimuli. Neuroscience Letters, 414(1), 75-79.

Zampini, M., Guest, S., Shore, D. I., & Spence, C. (2005). Audio-visual simultaneity judgments. Perception & Psychophysics, 67(3), 531-544.

Zampini, M., Shore, D. I., & Spence, C. (2003). Multisensory temporal order judgments: The role of hemispheric redundancy. International Journal of Psychophysiology, 50, 165-180.

Zampini, M., Shore, D. I., & Spence, C. (2005). Audiovisual prior entry. Neuroscience Letters, 381(3), 217-222.

Zélanti, P. S., & Droit-Volet, S. (2011). Cognitive abilities explaining age-related changes in time perception of short and long durations. Journal of Experimental Child Psychology, 109(2), 143-157.

Zion Golumbic, E. M., Poeppel, D., & Schroeder, C. E. (2012). Temporal context in speech processing and attentional stream selection: A behavioral and neural perspective. Brain and Language, 122(3), 151-161.